敢为人先

粤商精神源流

万赫 —— 著

社会科学文献出版社
SOCIAL SCIENCES ACADEMIC PRESS (CHINA)

序

1

党的二十大明确了中国共产党的中心任务就是团结带领全国各族人民全面建成社会主义现代化强国、实现第二个百年奋斗目标,以中国式现代化全面推进中华民族伟大复兴。在超大人口基数上实现社会主义现代化,这是震古烁今的宏图伟业,既不可能一蹴而就,亦不可能照搬照套其他现代化的既有模式。在 2022 年 12 月 8 日召开的中央政治局会议上,习近平总书记在部署加强党对经济工作的全面领导,全面学习、把握、落实党的二十大精神时强调,要坚持真抓实干,激发全社会干事创业活力,让干部敢为、地方敢闯、企业敢干、群众敢首创。这四个"敢"字为贯彻党的二十大相关部署、落实高质量发展相关要求提供了明确指引和根本遵循。

约瑟夫·A. 熊彼特(Joseph Alois Schumpeter)认为在经济发展这个"创造性破坏"(creative destruction)的内生的动态过程中,企业家精神是一种重要的生产要素,创造性破坏的灵魂是具备创新精神的企业家[1]。党的二十大把"完善中国特色现代企业制度"与"弘扬企业家精神"一并作为"加快建设世界一流企业"的重要举措,凸显了企业家精神的重要性。习近平总书记高度重视企业家精神,把企业家精神归纳为爱国情怀、勇于创新、

---

[1] 庄子银:《企业家精神、持续技术创新和长期经济增长的微观机制》,《世界经济》2005 年第 12 期。

诚信守法、社会责任、国际视野五个方面[①]。敢为人先是粤商精神的基石。历经千年，敢为人先始终位列粤商精神之首，敢闯敢拼、锐意进取始终是粤商最鲜明的特色。因此，只有继承与发扬粤商"敢"文化，重塑、弘扬具有中国特色、广东风范的企业家精神，才能更好地面对中国式现代化、高质量发展的全新命题；才能更好地面对世界百年未有之大变局加速演进、新一轮科技革命和产业变革深入发展。

笔者在多年的求学和工作中经常接触不同年龄段、不同受教育程度和不同成长背景的粤商，确实在他们身上，感受到了粤商敢为人先、敢为天下先的勇气。但近年来，随着国际环境不断变化、国内改革进入"深水区"，粤商主导企业的R&D投入虽保持上升趋势，但广东企业面对国际竞争的创新能力没有取得长足的进步，颠覆式和引领式创新的案例不再丰富。出现这样的情况，值得我们深思。作为广东财经大学新一代专注于粤商研究的青年教师，笔者切身感受到面对中国式现代化的繁重任务，有必要将激活粤商敢为人先的传统作为提升其精神力量的路径之一，有必要在弘扬粤商"敢"文化上贡献自己的一分力量。因而，有必要在自己力所能及的范围内，把粤商敢为人先精神的起源发端、历史脉络进行一次比较全面的梳理，为新一代粤商继承与弘扬"敢"文化夯实基础、提供素材。

2

2.1 积淀丰富：粤商的敢为人先穿越千年、史料充沛

粤商的"敢"文化源远流长。最早可上溯到秦末汉初的南越国时期（公

[①] 习近平：《在企业家座谈会上的讲话》，2020年7月21日。

元前204年~公元前111年），广东人就敢于扬帆远航，与罗马帝国（时称"大秦"）的商人进行贸易。南越王墓和王宫遗址中有大量"海淘"而来的物件。《淮南子·人间训》记载的"秦皇又利越之犀角、象齿、翡翠、珠玑，使尉屠睢发卒五十万"，其中犀角、象齿、翡翠均不是岭南大地原产之物，可见广东人的"海淘"或比南越国更早。到了汉朝，在公元前111年（汉武帝元鼎六年）平定南越之后，当年冬即从徐闻港实施"元鼎出海"，最远到达印度半岛东海岸的黄支国（今印度境内），在那里交换"明珠、璧琉璃（宝石）、奇石、异物"等[①]。这是史料中最早明确记载的中国对外商贸活动。

隋朝的"四方馆"和唐朝的"广州市舶使"，初步在广州建立了关税和口岸制度，并以《唐律疏论》中完备的商法，成就了"通海夷道"的辉煌，以及广州10多万名外国商人聚居的"蕃坊"。及至两宋，在中国历史上第一部系统性较强的外贸管理法则——《广州市舶条》的保驾护航下，广州的贸易、佛山的制造、潮州的窑场等均有诸如出口铁锅、焦煤炼铁、定制瓷器等敢为人先的创造。元朝时粤商抓住了朝廷鼓励贸易的机会，敢为人先地与140多个外邦开展贸易，并设立了三条往东南亚的固定航线，开固定航线贸易之先河。陈大震《南海志》记载："广为蕃舶凑集之所，宝货丛聚，实为外府、岛夷诸国名不可殚。"

在经历"郑和下西洋"的高光时刻后，明清两朝逐步收紧海防，实施海禁。广东人在这个时期敢于抵御侵略，在"西草湾之战"中赢得了对葡萄牙人的胜利；敢于实施变革，敢为人先地在广州取消了明朝皇帝钦定的"朝贡贸易"，改为以"抽分制"（即缴纳关税）为基础的对外贸易。特别是在清朝彻底关闭国门之后，广东人敢于刀刃向内，订立了以追求共同利益、维护贸易秩序、防止一家垄断为主要内容的公行制度，共十三条，是为"十三行"制度的发端。其优越性在于"有钱一起赚"——这是在小农

[①] 张保见、高青青：《民国以来〈汉书·地理志〉研究综述》，《湘南学院学报》2016年第1期。

经济时代，粤商最有胆量的创造之一。在公行制度面世数十年后，历经公行制度北上、1727年（雍正五年）全面开海禁等波折，广州在1757年（乾隆二十二年）被确定为独一无二的"一口通商"之地。粤商敢为人先订立的分享、共赢、"有钱一起赚"的机制，却为其赢下了全部市场。

广州的"一口通商"在"烟"（即鸦片烟）与"火"（"十三行"大火）之下落幕，粤商没有停止敢为人先的步伐，他们或北上，来到新开埠的上海等地，成为上海工商业的实力商帮；或出国，下南洋、赴美国"淘金"，到欧美留学，敢于打破封建桎梏、与世界全面接轨，积极探索富国利民之路。一批粤商后代远涉重洋求学，回国后成为终结封建统治的"主力军"。中国共产党成立100多年来，粤商及其后代敢于追求真理、与党同行、为党工作的故事、人物比比皆是，为革命做出了重要贡献。在社会主义建设时期和改革开放时期，粤商响应党和国家的号召，创造了很多的"第一"，成为改革开放的先锋。

2.2　地理支撑：资源紧平衡与海洋经济的敢为人先

粤商的敢为人先精神有着强力的地理因素支撑。南岭与南海共同促成了岭南大地特殊的自然形态，并由此衍生出独特的人文环境。在英德牛栏洞遗址发现的1.4万年前的稻作遗迹，为沃姆冰期后期（11万年前~1.2万年前）古老人种在南方一些环境受冰期影响较小的热带、亚热带地区开始从事前所未有的采摘或种植等创新活动提供了新的证据。或可将其归纳为"环境稍善假说"，即人们来到相对改善的环境中，就能够主动地开启具有探索性的创新活动，虽然资源依旧处于紧平衡状态。这是贯穿于粤商发展史的一条基本规律。

《史记·秦始皇本纪》记载："三十三年，发诸尝逋亡人、赘婿、贾人略取陆梁地"，这些"贾人"在相对安定但资源匮乏的南越国里创造了当时"海淘"的奇迹；从珠玑巷穿越而来躲避战火的人们，使始发于广州的"通海夷道"成为唐朝后期最主要的中央财政来源，直至形成海上丝绸之路；面对日益趋严的明清海禁，地处南岭之南的粤商主动变革，成立以抽分、公行为代表的先进商业制度，"较之宁波可以扬帆直达者，形势亦异"（引自乾隆二十二年的圣谕，大意是广东与浙江、福建等地可以较快到达天津相比，具有更好的地理优势），因而获取了"一口通商"的独特待遇。

广东地势北高南低，地处亚热带，气候温暖，雨量充沛，北部是高耸的南岭，平原面积（包括水面）仅5.3万平方公里。拔地而起、绵延超过800公里、平均海拔超过1000米的南岭与南海形成了岭南大地"次大陆"的独特形态。在农业自然条件先天不足的情况下，自古以来粤商就敢为人先地通过贸易引进了番薯、玉米、烟草、小粒花生、芒果、菠萝、番石榴、香木瓜等"番"作物（"番"即外国或外族），解决了食物的紧平衡问题，甚至在两宋年间有富余土地种植花卉供应出口。据国家统计局网站，2022年上半年广东农业产值达1698.6亿元，位居全国第4，而广东可耕地面积仅位列全国第20，是为广东由来已久的农业商业化使然。岭南久为中原所称"瘴疠之地"，《岭外代答》卷四《瘴》记载"南方凡病皆谓之瘴"，其实则是热带、亚热带地区的地方病，按照现代中医的理论而言，是为湿热之气诱发的疾病。而《史记·货殖列传》曾记载："岭南卑湿，丈夫早夭"，能够不顾"瘴气"之说穿越南岭来到岭南的，都是天然具有敢为人先精神的人。

与纽约湾区、东京湾区、旧金山湾区一样，以粤港澳大湾区为核心区域的广东，始终是来自全国各地和世界各地探险家、商人和企业家的"乐园"。四大湾区之所以能够从全世界45.08万公里的海岸线中脱颖而出，既得益于地理条件创造的陆地狭小、对海广阔的适宜环境，又得益于季风与洋流共同创造的适宜航海、鼓励探险的天然条件，特别是海洋和资源紧平衡条件带来的"天生国际化"创造的更加宽松、更加市场化、更加鼓励创新的优良营商环境。这就是从国内其他地区、海外其他国家来到广东、成为粤商的人们,都在这一片热土上迸发出强大创造力的重要原因之一。

2.3 传承广泛:敢为人先基因随粤商传遍世界

从南越国出海到珠玑巷移民,均给粤商编写了"勇闯天涯"的基因密码。在18世纪到19世纪这两个"茶叶世纪",粤商历经三次"茶叶移民",把敢为人先的精神带到了世界各地,成为诸多国家的"首富"。

第一次茶叶移民,大量广东人定居南洋,通过荷兰人成为从中国到欧洲的茶叶转口商人。第二次茶叶移民,则是因为英国人为削减贸易逆差,诱骗"契约华工"到印度等地种茶,写下了广东人移民史中黑暗的一页,但广东人依然在南亚培植出了当今畅销世界的茶包的重要原料——印度和斯里兰卡红茶。第三次茶叶移民,与"波士顿倾茶事件"和美国成立有关,大量广东人赴美"淘金"和修筑铁路,又是一部血泪史,但其中亦涌现了孙中山的兄长孙眉等知名粤商(不惜以全副家产襄赞革命);还有就是广东人的食物"炒杂碎"也留名美国,登上知名餐厅的菜谱。

从14世纪开始,来自佛山南海县的商人梁道明就在三佛齐(今苏门答腊岛东南部的巨港市)建立国家,梁启超称"盖南洋华侨能以匹夫崛起而得众心,握外国君主之权"。[①] 在加里曼丹岛,先后有矿业商人、梅州人吴元盛建立戴燕王国,采金商人、梅州人罗芳伯建立历经110余年的"兰芳大统制共和国";在中南半岛,著名华商、雷州人郑玖建立港口国;粤商的后代、澄海县人郑信(泰国名达信)创建泰国著名的吞武里王朝等。粤商以敢为人先的精神,敢于商而优则立国,以共同抵御外敌的"初心",庇护了同样漂泊在外的同胞们,并在东南亚的发展史上留下了浓墨重彩的一笔。

---

① 梁启超:《饮冰室合集》,中华书局,2015。

3

3.1 企业家精神是重要的生产要素

企业家精神是 entrepreneur-ship 的中文译名。entrepreneur 一词源于法文，意思是"敢于承担一切风险和责任而开创并领导一项事业的人"，带有冒险家的意思。

对于经济发展，熊彼特将其定义为"创造性破坏"（creative destruction）的内生动态过程，即不断地通过开发新产品、引入新生产方式、开辟新市场、获取新原料和建立新的组织结构来推动创新的过程。德鲁克认为，经济活动的本质在于以现在的资源，实现对未来的期望，这就意味着不确定性和风险。对于企业家精神，熊彼特认为创造性破坏的灵魂是具备了企业家精神的企业家，企业家精神而不是资本主义精神才是长期经济增长的真正源泉。德鲁克将其明确界定为"社会创新精神"，并把这种精神系统地提高到为社会进步发挥杠杆作用的地位。庄子银认为，只有长期不断追求创新的人才是真正的企业家，才能推动经济增长[1]。蒋春燕和赵曙明把企业家精神放在一个组织中进行考量，认为企业家精神对组织的生存和发展起着重要作用[2]。对企业家精神的测度方法虽各不相同，但均以"创新"作为核心含义。

习近平总书记在企业家座谈会上论及弘扬企业家精神时指出，企业家要带领企业战胜当前的困难，走向更辉煌的未来，就要在爱国、创新、诚

---

[1] 庄子银：《企业家精神、持续技术创新和长期经济增长的微观机制》，《世界经济》2005年第12期。

[2] 蒋春燕、赵曙明：《社会资本和公司企业家精神与绩效的关系：组织学习的中介作用——江苏与广东新兴企业的实证研究》，《管理世界》2006年第10期。

信、社会责任和国际视野等方面不断提升自己，并明确把爱国情怀、勇于创新、诚信守法、承担社会责任、拓展国际视野作为企业家精神的五个方面。习近平总书记在民营企业座谈会上还强调，要弘扬企业家精神，做爱国敬业、守法经营、创业创新、回报社会的典范。习近平总书记的论述，进一步完善了中国特色现代企业家精神的定义，明确了企业家精神在经济发展中的重要作用。

3.2 经济发展环境的变化需要弘扬企业家精神

经济发展的外部环境正在发生深刻变化。党的二十大报告中指出，当前世界百年未有之大变局加速演进，新一轮科技革命和产业变革深入发展，国际力量对比深刻调整，我国发展面临新的战略机遇。同时，世纪疫情影响深远，逆全球化思潮抬头，单边主义、保护主义明显上升，世界经济复苏乏力，局部冲突和动荡频发，全球性问题突显，世界进入新的动荡变革期。这是当前中国经济发展面临的外部人文环境。外部自然环境方面，温室效应不断加剧，南北极冰川持续融化，极端天气频率增加，全球气候环境相互作用的可能性正在提升；人类无序开发和过度浪费导致洁净水、洁净土壤和其他洁净资源的消耗加快，海洋环境急剧恶化，森林、湖泊、湿地等面积持续萎缩，地球洁净淡水资源总量减少的趋势尚无逆转。"温室效应"加剧带来的冰川融化，使得大量古老病毒或细菌可能"苏醒"，叠加现代工具的广泛应用导致人类常态体温下降、体能体力下降，给人类健康带来严重威胁。外部人文环境与自然环境相互叠加、相互作用，给经济发展带来新的挑战。

经济发展正在重新构筑内生动力源。在党的二十大报告中，习近平总书记针对发展不平衡不充分问题仍然突出，推进高质量发展还有许多卡点瓶颈，科技创新能力还不强；确保粮食、能源、产业链、供应链可靠安全和防范金融风险还须解决许多重大问题；重点领域改革还有不少硬骨头要啃；城乡区域发展和收入分配差距仍然较大；群众就业、教育、医疗、托育、养老、住房等领域面临不少难题，系统阐述了中国发展面临的困难和问题。面对中国式现代化的新使命新任务、世界百年未有之大变局加速演进，以及人民对美好生活的向往，引导经济发展的传统行业、推动经济发展的传统动力、刺激经济发展的现有做法，很多正在或将要面临"失速"，新时代经济发展急需新的动力源提供推力，急需形成诸如蒸汽机之于第一次工业革命、内燃机之于第二次工业革命、微机之于第三次工业革命的新产业革命的"龙头"产业。满足生活基本需求的传统行业，亟须进行数字化升级和现代化改造，提高生产效率，大力节约资源，以新的经济发展内生动力源促进外部环境的全面优化。

经济发展内外部环境发生的快速变化，进一步加剧了经济的非均衡状态[1]，提高了经济发展的不确定性。企业要想维持自身的竞争优势，就有必要适时发动战略变革来动态匹配不断变化的外部环境[2]。经过第二次世界大战之后70多年的经济全球化和全球一体化，各国经济、各地区经济甚至企业之间都是普遍联系的，环境的变化深刻改变着企业竞争的格局。无论是大企业还是中小微企业都是经济发展的细胞，不应只是大企业进行"创造性破坏"改变现状来适应环境变化，日益激烈的全球竞争以及日新月异的技术进步使得所有企业——包括新兴企业——都必须重视企业家精神以提高竞争地位和获得竞争优势[3]。同时，日益严峻的自然环境问题、社会问题，以及内部治理问题（本质上也是一种社会问题），即经济的非均衡状态，对企业战略选择和治理提出了更高的要求。企业家创新出一种新的产品或质

---

[1] 鲁传一、李子奈：《企业家精神与经济增长理论》，《清华大学学报》（哲学社会科学版）2000年第3期。
[2] 万赫、钟熙、彭秋萍：《以变应万变？经济政策不确定性对企业战略变革的影响探析》，《管理工程学报》2021年第5期。
[3] 蒋春燕、赵曙明：《社会资本和公司企业家精神与绩效的关系：组织学习的中介作用——江苏与广东新兴企业的实证研究》，《管理世界》2006年第10期。

量提高的产品，即为均衡的破坏者；企业家进行管理创新、市场创新、金融创新时，又是均衡的恢复者。企业家精神即为企业家处理非均衡的能力，企业家精神能够推动经济趋向均衡。

3.3 弘扬粤商"敢"文化是企业家精神的重要部分

粤商敢为人先的精神，本质上就是粤商在长期的营商实践中"创造性破坏"的生动实践。粤商史中的无数次"第一"，就是通过"破坏"来实现"创造"。而这些"创造性破坏"均是改变现状来适应环境变化的行为。比如，南越国时期的"海淘"，起因在于其开国皇帝在中原出现战乱之后"封五关"，隔绝了岭南北向与中原的联系。但在平原狭小、资源有限、技术不足的情况下，为了维持生活，必须向唯一可能的方向——南向大海寻求出路。又如，"十三行"制度创新之时，面对的外部环境变化是英国人取代荷兰人成为海洋贸易的"霸主"，中国的茶叶成为国际贸易的主流商品；面对的内部环境变化是海禁政策逐步收紧，市场空间日渐萎缩，同质竞争非常激烈。在这种情况下，粤商毅然进行"创造性破坏"，建立了以利益共享为基础的新型商会制度，进而一举拿下"一口通商"的独特待遇。粤商敢于"创造性破坏"，均是为了适应外部环境的剧烈变化。

粤商敢为人先的精神，历经千年的传承与弘扬，已经由粤商个体或家族所具有的优良品质，进化为粤商群体所共同具有并代代相传的独特"敢"文化。敢为人先精神，已经随勇闯天涯、走遍世界的粤商，播撒到世界各地。许多海外粤商的第二代、第三代，即便早已失去乡音，但依然在商界、政界、学术界等敢为人先。许多从其他省份或其他国家到广东营商的企业家，虽然未在广东出生和成长，但依然受到了粤商"敢"文化的熏陶，敢为人先，业绩卓著。在2021年广东省百强民营企业榜单中，前10名中有6位董事长（实控人）非广东籍，他们来自五湖四海，在广东这一片天然具有敢为人先特质的土地上，弘扬着新粤商的"敢"文化。

目录

第一部分　敢为人先精神的地理支撑

1　"险"是岭南大地的显著特征 / 003

1.1　岭南之险一：岭南"次大陆" / 004

1.2　岭南之险二：远离中原大地 / 032

1.3　岭南之险三：探险仍在继续 / 042

1.4　岭南之险四：湾区是探险者之家 / 056

2　恰到好处的自然资源禀赋 / 077

2.1　"茶晶战争" / 078

2.2　"依赖进口" / 081

2.3　"箍住喉颈" / 087

第二部分　敢为人先的历史脉络

3　饮"头啖汤" / 095

3.1　第一个历史节点：南越国 / 095

3.2　第二个历史节点：元鼎出海 / 105

3.3　第三个历史节点：通海夷道 / 113

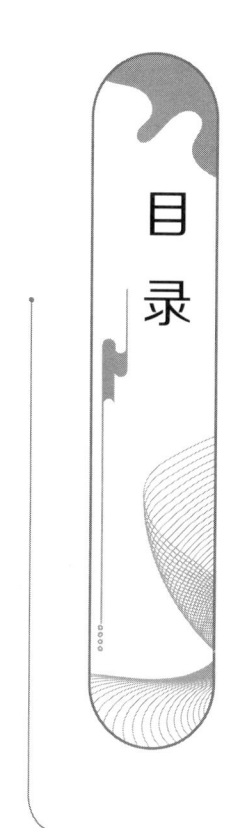

4 千港归一 / 141

4.1 两宋重商：地利先天不足下的最优选择 / 141

4.2 自由贸易：蒙元通商起国成就市舶之盛 / 160

4.3 海禁首现：郑和大宝船与三桅帆船禁令 / 178

4.4 "一口通商"：不许片帆入海下的唯一门户 / 201

5 漂洋过海 / 246

5.1 穿越珠玑巷的大移民：粤商勇闯天涯的基因库 / 246

5.2 唐人街里的粤语习俗：自由贸易下的商贸移民 / 249

5.3 海禁时代的去而复返：封建社会的"终结者" / 268

第三部分 敢为人先的接续传承

6 南岭逶迤腾细浪 / 295

6.1 第一位知名粤商——刘䅵 / 295

6.2 第一位北上的粤商——蒲寿庚 / 305

6.3 隐忍500年再崛起——许氏家族 / 316

7 南海磅礴创新章 / 334

7.1 粤商第一位世界首富——潘振承 / 334

7.2 香山胎记的粤商大姓——唐氏家族 / 347

参考文献 / 362

第一部分

敢为人先精神的地理支撑

> 历史本身是自然史的一个现实的部分，是自然生成为人这一过程的一个现实的部分。——马克思

任何人类文明最终都是自然地理的产物，地理特征塑造了人类活动的特点，为人类的文明精神提供了最基础、最底层的重要支撑。地壳变迁、砂岩层叠、山川湖海、沧海桑田这些地理形态和变化，实质上都是地球的一本"历史书"。民间俗语"一方水土养一方人""橘生淮北则为枳"等，都生动描述了地理对人文的重要影响。黄仁宇明确提出："地理是压倒一切的因素。"他认为："中华民族精神的构成，当然是一个可以进行不同诠释的主题。但是，正如我们所看到的，无论意识形态的重要性多么强大，也不能掩盖其下还存在着气候、地理和社会融合等物质性力量这样的基本事实。中国的历史之所以不同于其他一切文明的历史，乃在于中国在公元前若干个世纪里就发展出了一种中央集权的政治体制。……中国所达到的高度中央集权，并不是源于政治思想家们的想象，而是由环境造成的。"[1]那么，诞生在岭南大地、以敢为人先为第一特质的粤商，必然与岭南的地理形态有着密不可分的联系。在阐述粤商敢为人先的历史之前，让我们先从地理的视角，系统审视中国的南海之滨。

---

[1] 黄仁宇：《现代中国的历程》，中华书局，2011。

第一部分 敢为人先精神的地理支撑

1 "险"是岭南大地的显著特征

广东省地处中国大陆的南部，面积17.97万平方公里，约占全国陆地面积的1.85%；陆域东邻福建，北接江西、湖南，西连广西，西南端隔琼州海峡与海南相望。陆域南北窄、东西长，总体在五岭以南、南海以北。因为广东整体在南岭以南，因此自古被称为"岭南"。

从整体上看，岭南大地的特征以"险"为主：地势北高南低，北部崇山峻岭，南部河流纵横、大海汹涌；山地、丘陵纵横交错，平原狭窄分散。山脉大多与地质构造的走向一致，以北往南、西往东走向居多。比如斜贯粤西、粤中和粤东北的罗平山脉与粤东的莲花山脉，以南岭为代表的粤北山脉则多为向南拱出的弧形山脉，山脉之间有大小谷地和盆地分布。平原以珠江三角洲平原为最大，潮汕平原次之，此外还有高要、清远、杨村和惠阳等冲积平原。台地（主要指四周有陡崖、直立于邻近低地、顶面基本平坦似台状的地貌）以雷州半岛—电白—阳江一带和海丰—潮阳一带分布较多。构成岭南大地各类地貌的基岩岩石以花岗岩最为普遍，砂岩和变质岩也较多，粤西北还有较大片的石灰岩分布，此外局部还有景色奇特的红色岩系地貌，如著名的丹霞山和金鸡岭等。沿海、沿河地区多为第四纪沉积层，是构成耕地资源的物质基础。

1.1　岭南之险一：岭南"次大陆"

岭南地区是中国大陆在北回归线以南的一块相对独立的部分陆地，其与中国大陆其他地区显著不同，符合"次大陆"（subcontinent）的特征。广东显著不同于中国其他地区的地理形态，主要是南岭围住的平原与南海共同形成的，这是岭南文化、南粤精神的重要来源。

传统概念中的"次大陆"，主要是指一块大陆中，被一系列山脉分隔，形成的一个相对独立的地理单元。其面积又小于通常意义上的大洲，所以称为"次大陆"。最出名的次大陆是南亚次大陆。这是地理上对青藏高原，主要是喜马拉雅山脉以南的亚欧大陆的南延部分的叫法，其也称作印度次大陆、印巴次大陆，大体位于北纬8°~37°、东经61°~97°之间。虽然南亚是亚欧大陆向印度洋的延伸，但由于高耸的青藏高原（喜马拉雅山脉）、克什米尔高原，以及阿富汗境内的兴都库什山脉等阻隔，表现出与亚欧大陆其他地区截然不同的地理形态与气候环境。

除了南亚次大陆之外的大部分东亚地区，都被来自西伯利亚的季风（寒流）所控制，呈现四季分明的特征。而南亚次大陆除了巴基斯坦北部是大陆型气候之外，印度、孟加拉国全境和巴基斯坦南部均为炎热的气候表现。尤其是印度北部和孟加拉国全境，纬度与昆明、贵阳等地相当，气候却截然不同。夏天时有较明显的季风，冬天则无较明显的季风，无寒流或冷高压南下影响南亚次大陆。

岭南大地的地理形态与南亚次大陆很相似。

南岭，即长江流域与珠江流域的分水岭及周围群山。南岭西起于广西桂林市，东到江西赣州市大余县，北线是湖南邵阳市南部—永州市大部—郴州市南部，南线是广西贺州市北部—广东清远市北部—广东韶关市北部。作为中国著名的纬向构造带之一的南岭，基底由加里东运动形成，穹窿构造和背斜构造由燕山运动形成。南岭的绝对高度不高，平均海拔为1000余米，地形较破碎，但在长江中下游平原和东南丘陵之中，南岭就显得鹤立鸡群。南岭最主要的部分是五岭，五岭中的三个在湖南和广西之间，由西到东排列，分别是越城岭、都庞岭、萌渚岭；另一个在湖南南部，是骑田岭；还有一个在江西和广东之间，是大庾岭。越城岭的猫儿山是南岭最高峰，海拔2142米，显著高于中国东南丘陵地带的知名高峰：黄山1873米、庐山1474米、衡山1290米。都庞岭海拔800~1800米；萌渚岭长约130公里，宽约50公里，最高峰是山马塘顶，海拔1787米；骑田岭最高峰海拔1570米。山岭间夹有低谷盆地，西段的盆地多由石灰岩组成，形成喀斯特地貌；东段的盆地多由红色砂砾岩组成，经风化侵蚀后形成丹霞地貌。

南岭作为长江流域与珠江流域的分水岭，阻挡南北气流的运行，以致南北坡的水热状况有一定差异，以冬温最为明显。岭北常见霜雪，岭南则很少有霜雪。比如，瑶山以北的坪石，1月均温为7.5℃，而山南的乐昌为9.5℃；萌渚岭以北的江华1月均温为7.3℃，而岭南的连山则高达9.5℃。南岭的阻隔，使得来自西伯利亚的东北季风（寒潮）较难直接抵达岭南特别是珠江三角洲区域，广东常年平均气温为20~23℃，冬天（1月）最冷，粤北平均气温为9℃，雷州半岛平均气温为16℃，而广州没有严格意义上的气候学冬天。与同纬度的广西北部（桂林市）冬季平均气温普遍在0℃左右、广西南部海边（北海市）平均气温为8℃有显著的差别。

中国的沿海地区，能够构成与其他地区显著不同的亚热带海洋气候与自然环境的，只有岭南一处，特别是珠江三角洲。南岭与南海共同为岭南大地带来了特殊的自然形态，由自然形态衍生出特殊的人文环境。

1.1.1 温暖潮湿，水网密布

广东的温暖来自南岭阻隔了西伯利亚寒流，直接形成了相较于同纬度的广西等其他地区更加温暖的气候环境。而来自南海海面充沛的水汽，与夏季季风共同作用，让广东成为全国甚至是全球同纬度地区降水最丰沛的地区之一。广东多数地区年平均降水量为1500~2000毫米，年平均雨日为114~187天。相比于同纬度的其他地区，广东的降雨量位居前列，仅次于缅甸北部的热带雨林地区和加勒比海地区的海岛国家。

温暖潮湿的气候环境是一把"双刃剑"。好的方面，主要是构建了适宜的生存环境。不利的方面主要是对人的健康有影响。

好的方面首先是有利于农业生产，也为人类在获取食物方式上的敢为人先提供了适宜的土壤。最新的考古成果认为，距今1.4万年前，广东先民就驯化了水稻，或成世界稻作文明的源头[1]。距今1.4万年对于人类文明史而言，是一个遥远的历史时期。云南的马鹿洞人提供了这个时期古人类迁移和融合的证据。对马鹿洞人的研究表明，"青藏高原隆升在东南缘形成的独特的古气候和古环境可能为史前人类的多样性提供了一个避难所。200万年前左右到达欧亚大陆的第一拨元谋猿人、爪哇猿人、蓝田猿人和达玛尼西人等出现后，就开始了人群的迁移和融合。由于古人类在不同地区的进化速度不一样，不同群体的古人类体质特征出现了差异。现代人出现后，古老型人群在南方一些环境受冰期影响较小的热带、亚热带地区得以幸存下来"[2]。

对云南马鹿洞人的研究，提供了广东先民敢为人先、实现驯化水稻可能存在的地理缘由——南岭阻隔更新世冰河时期（即"大冰河时代"，发生于距今1.8万年前，结束于1万年前，当时地球约1/3陆地被覆盖在240米厚的冰层下）频繁活动的寒流，以及可能存在的移动冰川，正如马鹿洞人可能是古老型人群从寒冷、严酷、布满冰川的北方，迁徙到不受冰川影响、更加温暖湿润的云南一样。在英德牛栏洞遗址发现的1.4万年前的稻作遗

---

[1] 广东省珠江文化研究会岭南考古研究专业委员会：《英德牛栏洞遗址——稻作起源与环境综合研究》，科学出版社，2013。
[2] 杨默：《马鹿洞人——1万年前的少数民族》，《百科知识》2012年第11期。

迹，为沃姆冰期后期古老人种在南方一些环境受冰期影响较小的热带、亚热带地区开始从事前所未有的采摘或种植等创新活动提供了新的证据，这就可能为广东人的敢为人先精神提供了最原始、最底层的地理逻辑：在这种极其恶劣环境下出现的一片"稍微"适宜一点的绿洲，为来自恶劣、动荡环境的人们创造了相对安定的环境，人们能够主动地在这一片安定的环境中开启具有探索性的创新活动。这条来自1.4万年前的证据，可概括为"环境稍善假说"，贯穿于本书相关研究之中。

从历史学的认知来看，农业起源是人类历史发展进程中的一个重要转折点。在低纬度地区，农业起源最重要的组成部分就是稻作起源。稻作在岭南大地成为一项种植工作，而不是继续从事采摘工作之后，岭南大地的文明史就开启了。来自1.4万年前的探索，形成了具有岭南特色的农业文明，叠加温暖湿润的气候和农业科技的大范围应用，水稻等主要粮食作物形成了一年两造、三造的种植习惯。截至2021年，广东粮食总产量达1279.9万吨，在同纬度、同气候类型地区中名列第一；同时，以香蕉、荔枝、龙眼和菠萝为代表的岭南佳果，产量常年位居世界前列。

潮湿的气候、频繁的降雨还形成了岭南水资源丰富的自然环境。一方面是水网密布、适航力强，为构建发达的水运体系打下了良好基础。广东省境内主要水系为珠江的西江、东江、北江和三角洲水系以及韩江，其次为粤东的榕江、练江、螺河和黄岗河，以及粤西的漠阳江、鉴江、九洲江、南渡河等独流入海河流，河川径流总量4149亿立方米（含从邻省流入广东的客水量2330亿立方米）。珠江通航能力仅次于长江，居中国江河水系的第二位，形成了交叉密布的内河航运网络。另一方面是渔业资源比较丰富。截至2020年底，广东实现了年产各类鱼虾苗种超过1.3万亿尾，占全国的40%，26个品种产量居全国首位。悠久的渔业历史、成熟的渔业经验和充分的蛋白质补充，或许为广东人敢于走向深海、探索未知提供了足够的"底气"。

2016年，以往在粤北南岭区域才能短暂见到的雪景，竟然深入了珠江三角洲的腹地，特别是在城市热岛中心也"见雪"，可见这股寒流非常强劲。不是说岭南是"次大陆"吗？不是说珠江三角洲的冬季气温受海洋影响更大，显著高于同纬度的北海、昆明等地吗？这是一次性的现象，还是岭南变冷的新趋势？

历史记录显示，气温低于零度而导致的类似霰的固态降水天气广州出现过三次：最近一次观测到固态降水天气现象是1983年1月22日，发生在从化；稍早为1971年1月30日，花都出现冰粒；1967年12月29日，从化、花都有雨夹雪记录。但是出现在广州城区仍是第一次，就连2008年南方发生雨雪冰冻灾害的时候，广州城区都没有下雪。

由此回溯到2016年的气候表现，笔者发现2015~2016年是一个典型的厄尔尼诺年。厄尔尼诺现象是太平洋向西稳定信风变弱或者逆转方向产生的，引发热带太平洋中部和东部上层海洋显著变热；与之相反的是，正常积累在澳大利亚和印尼的暖水层显著变薄。该现象导致东南亚降雨量减少，可能引起热带低压的威力小于高压，因此来自西伯利亚的寒流（季风）能够更加直接地抵达岭南大地。太平洋东岸海水异常升温，东南亚东部（菲律宾、印度尼西亚等地）的气温低于往年均值，热带低压势力减弱。同样异常的还有蒙古北部、西伯利亚南部和北极圈的气温显著高于往年均值，北极圈中心温度甚至高出5℃以上。这是一个典型的厄尔尼诺年，这样的现象持续到了2016年中。

但是，历史上发生的厄尔尼诺现象不在少数，为何有气象记录以来，直到2016年才在广州市区下了第一场雪？这可能是由南岭的地理状态变化引起的。改革开放以来，特别是随着交通建设技术的不断进步，广东加快了高速公路、高铁等向北出省通道的建设速度。从2003年京珠北高速（现京港澳高速G4）通车，到2010年二广高速（二连浩特到广州）通车，广东数年时间内就完善了到湖南的跨省大通道。而这些通道无一例外均通过南岭，于是就开凿了大量的隧道，仅乐广高速（湘粤交界地小塘到广州市花都区）穿过的南岭大瑶山区就建有大小隧道26座。这些隧道在交通上贯通了岭南与岭北，同时也让南岭南北的气候环境直接连接起来，使得来自北方的寒流通过隧道，能够直接冲向岭南大地。

表1-1统计了2016年广州城区第一场雪之后，各年度1月的最高和最低气温情况。按照美国宇航局的气温比较模型，这个数值与广州有气象记录以来的多年日均最低气温10℃、最高气温18℃相比，均呈现最低气温显著降低、最高气温显著升高的状态。究其原因，可能是南岭中的隧道群让岭南、岭北的气流沟通更快，来自岭北的寒流不受阻隔，更便利南下；无寒流南下之时则完全受来自南海的暖流控制，温度更高。南岭隧道群或改变了岭南"次大陆"的气候形态。以上研究由于数据量的缺乏，尚需更多时间和更多地理、气候的证据，因此目前仅作为一个可能性提出，仍有待进一步的研究与证实。

表1-1 2017~2020年广州城区1月气温对比

单位：℃

时间	最低气温	最高气温
2017年1月	8	21
2018年1月	4	25
2019年1月	7	25
2020年1月	6	28
2021年1月	4	26
2022年1月	7	24

注：根据广东省气象局相关数据整理。

1.1.2 "湿气重"，瘴气之地

关于广东的饮食，唐朝末年的广州刺史刘恂在《岭表异录》中写道"赤蟹壳内黄赤膏如鸡鸭子黄，肉白，以和膏，实其壳中，淋以五味，蒙以细面，为蟹饦，珍美可尚"[①]；苏轼的《惠州一绝》写道"日啖荔枝三百颗，不辞长作岭南人"。但从古代到近代，岭南大地并不如同刘恂和苏轼所述的那样舒适，更不可能是天天海鲜大餐。根据历史记载，彼时的岭南充满了瘴气。

瘴气的说法，主要出自岭南以北的人们之口，起初是专门用来形容岭南等南方地区的气候和疫病的。最早的"瘴"写法是"障"，意即"阻障"，是大自然阻挡北方人的一只无形的手，魏晋以后才逐渐有了新字"瘴"，这个字形充分体现出其历史来源与后世附加的疾病性。

历史上较早把"瘴气"一词与岭南联系在一起的是东汉伏波将军马援南征交趾（现越南北部）、二平岭南的时期。《后汉书·马援传》中记载"军吏经瘴疫死者十四五"，并引用马援的原话"下潦上雾，毒气重蒸"。据专家学者的研究，彼时的瘴气主要是通过热带地区蚊虫传播的疾病，最主要的很可能是疟疾，还有出血热、登革热等。

北方南征的将士，以及南迁的中原百姓毫无防范的经验与措施，特别是当时的认知瘴气致死率极高，使得瘴气造成了巨大的恐慌。《后汉书》描述的马援军队死亡率为40%~50%，现场简直就是"人间地狱"，给后世的人们留下了巨大的心理阴影。这一点在"瘴气"一词不断扩大适用范围可见一斑。

一方面是把所有没见过的病症基本归结为瘴气：随着中原人足迹的不断扩大，瘴气被用来描述更多地方的疫病。在三国时期诸葛亮南征时，就遇到了泸水（即金沙江）以南南中地区的所谓"瘴气"。唐朝李贤在注《后汉书》时写道："泸水……特有瘴气，三月四月经之必死。五月以后，行者

[①] 大意是：红色的螃蟹，壳内黄红相间的蟹膏，如同鸡鸭蛋的蛋黄；螃蟹的肉是白色的，（把肉剔出来）与蟹膏在螃蟹壳中搅拌在一起，浇上五味酱汁，再盖上一层细面，（我们给这道菜起了个名字）叫"蟹饼"（饦同饼），它的珍贵与美味可以作为一道主菜（可尚）！

得无害。故诸葛表云'五月渡泸'，言其艰苦也。"这里的瘴气，肯定与岭南大地的瘴气不同，但由于巨大的恐惧，故统称瘴气。元朝以后，瘴气还被用来描述各种山林沼泽毒气、有害气体，甚至是青藏高原上的高原反应。其所描述的疫病种类范围也扩大了，包括但不限于传染病、流行病，比如痢疾、脚气（维生素B1缺乏症）、沙虱病、喉科病、黄疸，以及各种类型的中毒等。《岭外代答》卷四《瘴》记载："南方凡病皆谓之瘴。"

另一方面是由医学范畴扩大到了社会领域，"乌烟瘴气"被用来形容环境嘈杂、秩序混乱或社会上歪风邪气盛行（乌烟一词或许来源于在南方看到的一团团的黑蚊子）。瘴气有一定的贬义，实则中原人对南方的气候、疫病等不了解引发的恐惧心理。这里的"瘴"，有障碍、阻碍的意思，与"层峦叠嶂"的"嶂"异曲同工，都是像屏风一样挡住去路的障碍。

更有甚者，用"瘴"字来代指岭南流配犯人之地。比如，《明史·刑法志一》记载："充军者，明初唯边方屯种。后定制，分极边、烟瘴、边远、边卫、沿海、附近。"《清史稿·刑法志二》中也留下了"清初裁撤边卫，而仍沿充军之名……附近，二千里；近边，二千五百里；边远，三千里；极边、烟瘴，俱四千里"的记载，这里的"烟瘴"与"极边"一样，均为流放的最高处罚标准。这里的"瘴"，并不一定代指整个岭南，毕竟在明清时期广州、佛山一带已经比较发达，但字里行间渗透出一丝对岭南的恐惧、贬损。

据学者考证，安阳殷墟出土的甲骨文中已有"疟"字，中国人经历了漫长的抗疟史，积累了丰富的应对经验，并以药方医书或口口相传的形式保留至今。这就证明了，从商朝开始，中原人就认识到疟疾并开始抗击疟疾。东晋医书《肘后备急方》[①]已经列举了治疟药方，特别提到了"青

---

① 《肘后备急方》即东晋时期葛洪（公元3~4世纪在世）所著的中国第一部临床急救手册，原名《肘后救卒方》，共有8卷73篇。主要记述各种急性病症或某些慢性病急性发作的治疗方药、针灸、外治等法，并略记个别病的病因、症状等。书中对天花、恙虫病、脚气病以及恙螨等的描述都属于首例，尤其是首倡用狂犬脑组织治疗狂犬病，被认为是中国免疫思想的萌芽。

蒿"——"青蒿一握，以水二升浸渍，绞取汁，尽服之"。考虑到屠呦呦正是因"青蒿治疟"获得了 2015 年度诺贝尔奖，证实此方一直对疟疾管用。《肘后备急方》成书距离东汉马援南征 250 年到 300 年，因此，在马援南征之时，中原人对疟疾应当已有一定程度的了解，"瘴气"或许不仅仅是疟疾，应当还有其他的"玄机"。

笔者认为，虽然古代对岭南瘴气的记载不尽一致，但是从现代中医理论的视角看来，除了因蚊虫叮咬所致的疟疾、登革热、出血热等热带疾病外，其余大部分的症状或起因可以归结为"湿邪"，通俗地说就是"湿气重"。传统中医认为，湿邪有外湿、内湿之不同。外湿之起，多由气候潮湿、淋雨涉水、居住潮湿等外部因素所致。内湿则由脾失健运、津液不布、水湿凝聚而成。伤于外湿，湿邪困脾；健运失司，则内湿滋分而脾虚失运，水湿不化，亦容易招致外湿侵袭。在《后汉书》记载"瘴气"之前，《史记·货殖列传》曾记载"岭南卑湿，丈夫早夭"，实则最早肯定了岭南的"瘴气"就是"湿气"的说法。

岭南"次大陆"特征造成了岭南大陆四季水汽都异常丰盛，除了经年累月地下雨之外，空气湿度、土地湿度经常保持在很高的状态。在岭南相当部分地区尚未开发的古代，北方人翻越南岭迁徙而来，不断在水汽蒸腾、水网密布的林间穿行与露宿，即便抵达了城市，也要在低矮的房屋里居住，饱受水汽的侵扰，还要在雨水丰盛的环境下生活。即便是在蚊虫的袭击中幸存下来，也会产生头昏脑涨、腰酸背痛、汗多黏腻等"湿气重"的症状，就好像中了"瘴"一样。加上当时普遍缺乏对付瘴气的医学方法，更加剧了心理上的恐慌。南征军队、南行人们的"悲惨遭遇"通过幸存者传回了北方，使得当时整个北方社会都把岭南大地当作瘴疠之气横行、圣人之道不彰的极险之地，只有勇敢的人才有胆量南行。这样的胆量就从一代一代的探险者中传承了下来，形成了广东人敢为人先的精神品质。

1.1.3 陆地狭小，对海广阔

岭南次大陆准确意义上说并没有什么"大陆"，只是一块狭窄的陆地，而就是这块"小陆"，也并非平坦之地。按照现在广东省的区域统计，全省总面积为17.97万平方公里，仅相当于全国960万平方公里的1.8%[①]。而其中山地和丘陵地带为12.67万平方公里，占全省总面积的71%；平原面积仅有5.3万平方公里[②]。广东全省主要分为如下三个部分。

（1）岭北山地，就是南岭区域及其延伸区域，现统称为粤北山区。粤北山区被纵横交错的山脉与丘陵分割，小块的平原大多见于山间谷地，以及河流两岸。粤北山区常见喀斯特地貌，普遍风光较好，有丹霞山、金鸡岭等著名景区，还有大量的石灰岩地区。生活于此地区的人们普遍存在饮水、种养难题，以及常见的石灰岩地区病等。据相关统计资料，较为严重的石灰岩地区为清新、阳山、连南、英德、连州、乐昌、乳源这7个县级行政区，涉及47个乡镇级行政区，总面积1.3万平方公里。在这里生活的几十万人长时间缺乏基本的生产、生活条件，处于贫困甚至特困状态。直到20世纪90年代初，广东省下决心实施粤北石灰岩地区人口迁移，这部分特困人口才迎来脱贫的希望。可以说，粤北山区恶劣的生存环境与优美的自然风光形成鲜明对比。

但是，在历史上，粤北山区作为最早有人类活动的岭南地区，为岭南大地的发展做出了卓越的贡献。在1.4万年前就驯化水稻、成为世界稻作文明源头的证据，就出土在英德市的牛栏洞遗址。而清远英德市，正是石灰岩的"重灾区"。牛栏洞遗址确实是在一座石头山里面，而非肥沃的土地上。还有曲江马坝人，距今10多万年前就生活在粤北山区的韶关市曲江区马坝镇一带。而在珠江三角洲一带，甚至除了粤北山区的广东其他地方，

---

① 中共广东省委办公厅编印《广东省情手册》，2021。
② 广东年鉴编撰委员会编《广东年鉴（2021）》，广东年鉴社，2021。

均未发现得到历史学家肯定的史前人类遗址。这就比较有力地支撑了"人口迁徙说",岭南人主要由岭北迁移而来。同时,这也比较有力地支撑了"环境稍善假说",即冰河期南岭南麓有较温暖湿润的气候。

粤北山区如是,那么粤西北(主要是肇庆市北部与云浮市等地)、粤东北(主要是河源市、梅州市、惠州市龙门县等地)情况也是类似,山地占据大部分的面积,同样使得人类活动与发展受到局限。这就是从唐朝以来的中原人,在南下迁居珠玑巷(今韶关市南雄县城北部偏东)后,还要继续向南迁移的地理原因。716年(开元四年),丞相张九龄(韶州曲江人,今广东韶关市曲江区)奉诏开凿大庾岭路,拓宽路面,使得梅关驿道成为古代中原和江南通往岭南的大道,凡人口迁移、军队调动、商旅往来、使节访问等大多经过珠玑巷[1]。可以说,珠玑巷是继五岭(南岭上的五座要塞)之后,第一条官方开辟的陆路通衢大道,加快了岭南与中原、江南等地的人口交流。唐朝末年中原战乱,大量移民涌入珠玑巷。据对家谱、方志等有关资料的统计和实地调查结果,从珠玑巷南迁的姓氏有150多个,移民家族有797支之多[2],海内外后代超过7000万人。但是,这么多人都没有在粤北扎根,可见在农业时代粤北山区的生存条件还是相对不足。同样的,这也可能符合"环境稍善假说":为躲避战乱的人们历尽艰辛来到相对安定的岭南之后,在这个相对改善的环境里做出了探索式创新的决策——继续南迁,向南深入北方人口口相传的"瘴气之地"。

(2)海边平原。岭南的平原面积不大,总共为5万多平方公里,主要有珠江三角洲平原、潮汕平原、雷州半岛平原(粤西平原)这三大块平原区,以及高要、清远、杨村和惠阳等分散的平原区。与粤北山区相比,沿海平原受来自南海的季风影响更大,是更加典型的亚热带季风区。

岭南以冲积平原为主。这是由河流沉积作用形成的平原地貌。在河流

---

[1] 王元林:《唐开元后的梅岭道与中外商贸交流》,《暨南学报》2004年第1期。
[2] 李乔:《宋都珠玑巷粤港人魂牵梦绕的地方》,《大河报》2006年1月28日。

的下游，水流没有上游急速，从上游侵蚀的大量泥沙到了下游后因流速减缓便沉积下来。尤其是当河流发生水浸时，泥沙在河的两岸沉积，冲积平原便逐渐形成。岭南的珠江三角洲平原、潮汕平原、雷州半岛平原临海的边缘，大部分属于冲积平原中的滨海平原，即三角洲平原。三角洲平原的成因属冲积–海积类型，其沉积物颗粒很细，湖沼面积大。因有周期性的海潮侵入陆地，形成海积层与冲积层交错的现象。在滨海平原常见到潟湖、海岸沙堤等地貌形态。

岭南的江河主要是珠江（东江、西江、北江汇流而成），以及独流入海的韩江（主要在粤东，与梅江汇流）、潭江（主要在珠江三角洲西岸）、漠阳江（主要在阳江市境内）、鉴江（主要在湛江和茂名市境内）等。温暖湿润的气候和全年旺盛的雨水，使得这些江河水量十分充沛。虽然源于云南省曲靖市乌蒙山余脉马雄山东的西江，以及源于南岭山脉、罗平山脉、莲花山脉的其他河流含沙量显著少于北方的河流，但丰沛的水量和宽阔的河床显示了非常强大的堆积陆地的力量，"沧海桑田"在岭南，特别是珠江三角洲表现得淋漓尽致。

珠江三角洲平原。这是岭南最大的平原，平原面积约1.1万平方公里，平均海拔50米左右。中生代以来，地壳下面的地幔上升，引起地壳胀裂，因而断裂下沉，形成巨大凹地。全新世（最年轻的地质年代，从1.17万年前开始）海侵，海水淹入凹地，形成广大溺谷湾，吸引东、西、北三江流入。珠江三角洲平原最大的特点是河网纵横、孤丘散布。这大概率是因为三江汇流形成的珠江干流带来大量泥沙，在入海口不断堆积、扩展，把海中的各个岛屿连在一起，最终形成了珠江三角洲平原。

在距今6000~2000年前的全新世中期，珠江三角洲今珠海、中山等地区都在海底；广州、佛山、东莞的大部分区域，惠州、江门、清远的部分区域也在海底。据对秦代造船工场遗址的研究，在秦代广州的海岸线在现今的越秀区一带，而今天广州的海岸线已经推进到了南沙区南端，与秦代造船工场遗址直线距离超过45公里。从中山四路所在的越秀区开始，正南方向的广州海珠区、番禺区大部，以及中山市北部、珠海市大部、江门市东南部和佛山市南部均为海洋，这部分超过6000平方公里的平原地区，都是珠江干流（西江与北江汇流之后）创造的陆地。珠江三角洲平原是典型的河流冲积平原，而且与现在的地图对比可见，东岸的沉积速度要慢于西岸，这一点将在下文中详细说明。

雷州半岛平原。雷州半岛因古雷州府辖地而得名，是仅次于山东半岛、辽东半岛的中国第三大半岛。半岛的最南端即为中国大陆最南端，隔琼州海峡与海南岛相望，南北长约130公里，东西宽40~70公里，面积约为1.3万平方公里。半岛总体地势呈西北低、东南高。南部为玄武岩台地，占半岛面积的43.3%，略呈龟背状，台地上多分布有孤立的火山锥、双峰嶂，平均海拔382米；中西部和北部多为海成阶地，占半岛面积的26.7%，平均海拔在25米以下；中东部沿海为冲积和海积平原，占半岛面积的17.4%，平均海拔在25米以下。

传统的地理概念中并没有雷州半岛平原或者粤西平原，抑或明清时期所谓的广州湾平原。广州湾是湛江的旧称，1581年（明神宗万历九年，清朝时期年号因耳熟能详则不加皇帝庙号，其他年号一般均标注庙号）成书的《苍梧总督军门志》中的《全广海图》第四图，就把吴川县南仙门港标记为"广州湾"。后法国侵略者在1899年（光绪二十五年）用广州湾代称雷州半岛与吴川等地。根据湛江市相关统计，仅湛江市辖区范围内的平原面积就达8787平方公里，比潮汕平原的1200平方公里（广义可达4000平方公里左右）更大。因此，笔者认为，雷州半岛中北部与茂名市鉴江流域的平原应属于连片平原。特别是鉴江在其流域平原的成形中，作用相较于珠江和韩江小得多。鉴江年平均径流量为76.82亿立方米，年平均输沙量为180万吨，与珠江年平均径流量3300多亿立方米、年平均输沙量8579万吨，以及韩江年平均径流量245亿立方米、年平均输沙量730万吨相比差距较大。同时，雷州半岛地表水缺乏①，缺乏造陆的天然条件。鉴江流域与雷州半岛的平原成因可能比较类似，可以进行联合研究。

潮汕平原。潮汕平原主要指韩江三角洲的榕江、练江平原，面积约1200平方公里。广义的潮汕平原包括惠来县、海丰县、陆丰市的沿海平原地区，面积在4000平方公里左右。潮汕平原在地质构造上是数万年前形成的断陷盆地。数万年来，周边的山地、丘陵发生缓慢的上升运动，而平原区的地壳逐渐沉降。钻探资料显示，其沉降深度一般达几十米，沉降深度最大的沉降中心在潮安彩塘一带，第四纪松散层厚度达160多米。

潮汕平原主要是韩江及其支流塑造出来的。在战国时期，潮汕平原的海岸线大致在鮀浦—庵埠—上华—南峙山—樟林一线，2000多年来海岸又向东南推进了10公里左右，到了现在的海边。由于榕江泥沙较少，所以河口牛田洋仍保留喇叭状的海湾。

根据历史记载和相关研究，历代潮汕劳动人民"耕三渔七"、以渔盐为主的生存方式加速了潮汕平原的扩展。潮汕人民因地制宜探索出了"平土可耕、高土可种、下土可渔、下卤可盐"的土地利用方式，通过修堤筑围、引淡洗咸，发展出了水坦（地势低洼，与海相连，用来养殖鱼、贝等水产）、草坦（低潮时露出海面，可种植席草或咸草，发展手工业）、潮田（地势稍低、受潮水影响的"塭田"，产量低而不稳定，此外潮田还可辟为盐埕晒盐）和围田（地势较高，土壤完全脱盐的高产农田）等不同等级、不同层次的种养区域，逐步把海滩改造为良田。其中，汕头市澄海县自明朝设县到1813年（嘉庆十八年），250多年间在海滩上新开垦耕地近8万亩，年均增加300余亩。从1949年到1985年，潮汕沿海通过围海扩大土地31.7万亩（211平方公里），其中以澄饶联围最大，达7.25万亩，与韩江的泥沙一道，成就了今天人口密集的潮汕平原。

---

① 《湛江所属雷州半岛地理气候》，广东省第十四届运动会官方网站，2014年7月29日。

将岭南三大平原的经济社会发展轨迹与如今的发展水平进行比较可以发现，珠江三角洲平原是一枝独秀。珠江三角洲人们在经济社会各个领域开展探索式创新，步伐更大、业绩更优。即便汉朝汉武帝在公元前111年（元鼎六年）选择徐闻县（雷州半岛最南端）作为对外贸易港口，使雷州半岛一度呈现"徐闻港商贾云聚，千帆竞渡，对外贸易盛极一时"的景象，最终还是把贸易中心转移到了珠江三角洲。很多籍贯、出生地属于其他地区的人们，在珠江三角洲取得了更大的发展与进步，这其中应当有地理的作用。三大平原最显著的区别就是珠江在上一次大冰河期结束之后的造陆作用、造陆成果最大，不断给珠江三角洲平原的地理形态、海陆结构带来改变。沧海桑田的巨大变化，涌起了推动经济、社会、人文等方面不断重构与进步的强大力量；同时，沧海桑田的巨大变化从心理上也在吸引着人们不断探索未知，敢为人先地迈向"新大陆"开拓新局面。这是一个有趣的现象。

但是，即便造陆作用再强大，仍改变不了岭南大地总体陆地面积有限、山地多平原少的基本情况。岭南"次大陆"唯一可能的发展与致富方向，就是"离陆向海"。

（3）沿海港湾。据《广东省情手册》（2015年版），广东的"海域和海岸呈条状自东北向西南展布，大陆海岸线长4114.3公里，约占中国海岸线总长的1/5；管辖海域面积6.47万平方公里，拥有海岛1963个（含东沙岛），海岛总面积0.15万平方公里，岛屿岸线长2378.7公里"。笔者认为，仅从"发展"这个视角来看，岭南地区向海发展的空间比向陆发展空间大得多，无论是在交通闭塞、南岭阻隔的古代，还是在交通技术日新月异，南岭隧道贯通南北的现代。即便是在"复兴号"高速铁路已经实现4小时到长沙、8小时到北京的今天，海运在现代工业、现代物流等领域依然发挥着无可替代的作用，体量无可比拟、性价比无可比拟。

能够完成"离陆向海"是需要得天独厚的地理条件的。而岭南大地拥有一众非常优良的港口，让广东人向海探索成为可能。让我们一起来看看岭南港口的地理风貌，究竟有什么样的地理"魔力"让这些港口历经千年依旧兴盛。同时，在过去的2000多年中，岭南地区对外贸易中心和经济中心，一直在往珠江三角洲地区收敛和聚集，形成了当今世界四大湾区之一的粤港澳大湾区，成为热带地区经济体量最大的区域，又是有什么样的地理特点支撑粤港澳大湾区实现这样的宏图伟业？这里阐述粤港澳大湾区这个经济概念的地理情形。

广州港：深入陆地的典范海港

广州港地处珠江三角洲冲积平原，主要位于珠江入海口西岸。现在的广州港主要是指广州港集团所管辖的港口，布局为从白鹅潭的内陆港区到珠江口的南沙港区。东江、西江、北江汇流而成的珠江在广州港奔流入海。广州港还通过珠江三角洲水网，与佛山、惠州、肇庆等省内其他城市以及香港、澳门相通，并由西江联系中国西南地区。

广州港的河床主要为第四纪冲积覆盖层，依次为淤泥类土、砂类土、黏土和亚黏土，下伏第三纪砂岩和页岩的风化岩。风化岩、页岩与风化岩薄层互层，分别在地下31米至地下11米出现。广州港所在地域属6度地震烈度地区，据历史记载广州港沿线很少发生较大破坏性的地震，属于地质结构相对稳定的地区。

自黄埔港区至珠江口外崎洲岛南侧的天然深水区是广州港主航道，经珠海、深圳、中山、东莞等地，全长约160公里。主要包括口门航道、大濠水道分道通航区、大濠水道、榕树头水道、伶仃航道、川鼻航道、大虎航道、坭洲航道、莲花山东航道、莲花山西航道、新沙航道、赤沙航道、大濠洲航道、黄埔航道等。

从古到今，广州港的范围随着地形地貌的变迁而产生了巨大的变化。秦朝时期广州的海岸线在中山四路南越王宫遗址一线，当时的城区直接临海，海港自然就在现在的珠江岸边。主要的证据就是南越王宫附近出土的秦代造船工场遗址。而在唐朝以后，珠江沉积了千年的泥沙和逐渐退去的海水，共同塑造了现在的珠江主航道（白鹅潭到黄埔沿岸）和珠江江面的大小岛屿（海珠岛、大沙岛、二沙岛和大坦沙等）。唐朝时期最大的"广州楼船"排水量在300吨左右，吃水在2米左右，因此可以直航到白鹅潭附近停泊。而到了宋朝，特别是南宋以后，海船越造越大，达到了500~600吨级别，再溯江而上航行难度较大且深水泊位不足，因此这个时期海船更多集中在海珠岛上的"黄埔古港"。

黄埔古港位于现今的广州市海珠区石基村，与秦朝时期中山四路造船工场遗址直线距离在15公里以上，到南宋已经成为"海舶所集之地"。但随着珠江河沙的进一步淤积，黄埔古港区域的河道狭窄得连几十吨的小船都难以通过，因而到了元明清时期，广州的港口进一步向珠江口外移，逐渐形成了以扶胥港为主力的新港口群。

古扶胥港位于广州市黄埔区庙头村西，在今黄埔港老港区与新港区之间、南海神庙（始建于隋朝）西侧。这里江面非常宽阔，最宽处达2500米。《大明一统志》描述了扶胥港江面的宽："自此（古斗）出海，浩淼无际，东连闽浙，南通岛夷。"以古扶胥港为中心的黄埔港湾是距今7000~5000年前的中全新世，被海水所浸地面负重下沉而形成的溺谷湾。扶胥港及附近黄埔区域内的鱼珠港、长洲港等在元朝以后清朝之前，长期担当对外贸易的主力港口角色。此后随着河道泥沙淤积越来越严重，广州港继续外迁到莲花山港口等地。1840年第一次鸦片战争之前，1500~2000吨级的远洋货船更多停泊在虎门沿岸，虎门修筑的炮台也在一定程度上加速了黄埔港的衰落。无论是清朝同治年间（1862~1874年），随着中国贸易中心逐渐北移到上海，为了振兴广州港，将其管理机构迁到与扶胥港一水之隔的长洲岛北岸；还是广州国民政府时期孙中山把黄埔军校选在长兴岛，把兴建"南方大港"选址在与长洲岛隔江相望的珠江北岸；抑或是1937~1938年在鱼珠附近兴建深水码头，称为"黄埔新埠"（即今黄埔老港区的雏形），人为的选择都无法阻止地理原因带来的广州港向珠江口外移的历史进程。到改革开放以后，特别是兴建虎门大桥以后，广州港的主力港区一口气转移到广州市行政辖区最南端的南沙区龙穴岛，从而实现10万吨级集装箱船舶不乘潮单向通航、12万吨级散货船乘潮单向通航、5万吨级船舶不乘潮双向通航进出南沙港区，支撑着广州港维持吞吐量世界第4名。

澳门港：天然的避风塘

> 傲立中流长拥洪波，
> 激溅的浪花如霓裳婆娑。
> 似有相思牵动两边的恨水，
> 在她的脚下汇成一曲离歌。
>
> —— George Gordon Byron

这首诗描绘的是澳门的地理位置和海港景色，最早记载在《中央帝国》[①]之中，生动地展现了澳门联通中西、傲立中流的特点。

澳门以前是个小渔村，由于粤语把泊口称为"澳"，它的本名为濠镜或濠镜澳，在成为贸易港口之后得名"澳门"。澳门早期由澳门半岛和氹仔、路环两个岛组成，历经百年的填海这三块区域已经连成一体。澳门存在前泥盆纪和泥盆纪地层，早期应是三个天然的岛屿，后随着珠江口泥沙沉积造陆、香山区域形成新的陆地——珠海，"澳门岛"就成了澳门半岛。澳门的第四系包括冲积层、海积层、残坡积层、崩积物等，大多位于地表，覆盖于本区大部分基岩之上。包括澳门在内的整个区域，按地槽学说属华南褶皱系的赣湘桂粤褶皱带与东南沿海断褶带的交接地段，是一个以断陷为主的山间洼地和三角洲盆地。大地水准测量表明，在地壳运动的垂向上，盆地及其两侧仍沿袭着断裂继承性活动及断块差异性升降为特征的新构造

---

① 〔英〕乔治·N.赖特：《中央帝国》，何守源译，北京时代华文书局，2019。

运动特点[1]。

澳门、路环、黑沙等地,在春秋战国时期,就已是中国大陆的原始居民足迹所至之处。澳门出土的文物中,就有春秋时期的簋、罐以及战国时期的陶器等。到秦朝设南海郡,澳门就是南海郡辖地。到南宋末年崖山海战之后,几十万南宋军民从福建败退乘船长驱到达澳门一带,踏上这片半岛汲取淡水、寻找食物,有的就地藏身拓荒。澳门半岛上名为"永福古社"的沙梨头土地庙,便相传始建于南宋末年[2]。

到大航海时代以后,最早航行到达东亚的葡萄牙人,便寻求在东亚建立据点,开展香料贸易。1511年,葡萄牙人占领明朝保护国满剌加(现为马来西亚马六甲州首府所在地,位于中南半岛南端马来半岛西南侧),占据马六甲海峡,打开面向远东的大门。由于当时明朝实施严格的海禁,葡萄牙商人只能在广东沿海进行走私活动,而非正规的贸易。1513年夏天至1514年初(明武宗正德八年到九年),第一位到达中国的葡萄牙人欧维治从马六甲航抵"屯门澳"(在今香港屯门区或大屿山附近),与当地居民进行了香料贸易。1515年(正德十年),一位葡萄牙商人在东莞(应与上述屯门澳是一个地方,属于当时东莞县辖区)走私,获得了20倍以上的利润,巨大的利润空间使得葡萄牙人蜂拥而至,甚至把舰队开到广东沿海,以武力威胁提出开放贸易的要求。但明朝始终对葡萄牙人保持高度的警惕,在1521年(正德十六年)夏天,南头寨及东莞守御千所的明军与葡萄牙人(时称佛郎机人)进行了屯门海战,击败了葡萄牙军队,收回了被葡人盘踞的屯门岛及经常滋扰的屯门海澳及葵涌海澳。

这里所说的屯门,应是现在香港的屯门区;也可能指的是内伶仃岛,距今深圳南头约9公里;抑或是大铲岛,在今深圳赤湾西北3海里处,它们均非常靠近明朝时期的南头,归属当时的东莞县管辖。据考证,屯门岛

---

[1] 朱霭:《澳门地质概况》,《华北地质矿产杂志》1997年第2期。
[2] 邓开颂:《葡人入据和"租居澳门"》,《光明日报》1999年11月12日。

也有可能是指香港大屿山，因为葡萄牙人曾于该岛的大澳建立据点。该据点或是在今香港大屿山的"番鬼塘"（按照香港粤语的命名惯例，"番鬼塘"类似外国人的聚居地，"塘"较多用来命名水塘、洼地或者内港）一带。屯门海战后，葡萄牙人转而滋扰福建、浙江沿海，之后直到1541年（嘉靖二十年），历史文献中均没有葡萄牙人侵扰广东沿海的记录。但在20年后，葡萄牙人突然转向，通过所谓的"晾晒货物""补给淡水"等借口，登陆并盘踞澳门。在1553年（嘉靖三十二年），葡萄牙人成功贿赂广东官员换取在澳门的通商权，1572年（隆庆六年）终于获明朝政府准许以租地形式在澳门居留，澳门成为西方人在中国的首个落脚点。之所以不能称为租界，是因为当时的澳门还属于广东香山县管辖，有明朝官员的办公机构。

葡萄牙人最早登陆广东的区域，是在珠江口东岸的屯门澳，无论是香港的屯门区，还是内伶仃岛、大铲岛、大屿山，都不是今日澳门。让葡萄牙人赚到大笔利润、不惜一战的是珠江口东岸东莞县的屯门岛和屯门海澳、葵涌海澳。久历海洋波涛、率先环球航行的葡萄牙人看港口的眼光是非常独到的，香港的屯门码头、葵涌码头至今仍在海运中发挥作用，整个维多利亚港也被后来的事实证明了是世界级的深水良港。但由于在屯门海战中战败，葡萄牙人错失了香港这个世界级的海港，也让澳门迎来了千载难逢的发展机遇。而明朝时期的珠江三角洲海图中已经有香港这个名字，说明香港并非得名于英国人，很可能是得名于葡萄牙人与明朝开展的香料贸易。

澳门虽然面积很小，陆地面积仅有32.9平方公里，但在大航海时代的中西贸易中，仍具有不可替代的独特优势。第一是在明清两朝严格海禁时期，澳门的地理位置非常关键。其扼守珠江口门户，是从西边航行而来的外船歇脚、交易、中转的最理想之地，再通过本地船只转运货物到珠江内河。这也是澳门直到明朝中后期严厉海禁之后才发展起来的原因，而在不管制海外贸易的南宋和元朝，外船可直达广州港，澳门的优势就无法显现出来。第二是独特的避风塘形态。澳门半岛东岸面向珠江口，西岸隔十字门水道与横琴岛相望。《中央帝国》①中明确写道："澳门的港口在半岛的另一侧"（即澳门半岛西岸），"这是一个转运码头，陆上交易由水深不足、吞吐量有限的内港完成，两港之间有小型船只负责接驳"，"守护既无肆虐中国周边海域的东北季风之害，又无外港吞吐量过大不堪重负之忧，波平如镜，棹声相闻的内港"，"根据大清相关律例，外国女性禁止入境，故此只能在黄埔以外区域短暂停留——等待一纸虎门准入证"。这些描述都说明了一点，澳门是从外洋而来，进入珠江口和广州港的中转站，那么这样的中转站不可能波涛汹涌、浪高风急。总体位置在外洋、具体港口在内河的澳门，就具有天然的防波、避风优势，不需要额外投入修筑防波堤等防范设施。在帆船航海时代，无论是自然条件，还是社会条件，澳门都是一个天然的优良"避风塘"。

现代人对"避风塘"的认知，可能更多来源于流行于广东的一道名菜——避风塘炒蟹（见图1-1），以及用"避风塘"做法烹制的其他佳肴。避风塘炒蟹源于海上人家，是经典的疍家菜。传统认知中岭南人很少吃辣，但避风塘做法菜品的主要配料是大量的红辣椒、青辣椒和姜蓉。这与岭南"湿热"叠加常年在海上劳作、生活，按中医理论描述的"风寒"有关，需

图1-1 避风塘炒蟹

---

① 〔英〕乔治·N.赖特：《中央帝国》，何守源译，北京时代华文书局，2019。

要用辛辣的调味品把"湿"、"寒"和"风"驱散出来。把这种烹饪方法命名为"避风塘",一则其确实来源于居住在避风塘的海上疍家,二则吃了这个菜确实有"祛风"发汗的效果,这或许也是其他疍家菜没有再以"避风塘"命名的原因之一吧!

但澳门海运业兴盛是因为避风塘、衰落也是因为避风塘。在第一次鸦片战争、香港崛起之前的帆船时代,澳门一直是粤港澳大湾区最重要的外贸港口。英国作为"日不落帝国"的强盛,带动香港作为远东第一大自由港持续崛起,而葡萄牙日渐衰微,海外殖民地纷纷独立或更换宗主国,在19世纪60年代之后,澳门已经尽显疲态。一方面,正如《中央帝国》[①]中记载,"经过多次外交和军事较量,大清帝国当局迫于国际压力,不得不屈尊俯就,更改或者废止繁琐且不尽合理的通关规程",海船可以直达黄埔港口或通过香港中转,让澳门这个中转站的作用荡然无存。另一方面,澳门港的淤积日渐严重,远洋轮船的吨位却在不断加大,以蒸汽机、内燃机为主要动力的数千吨甚至上万吨的轮船不需要经常躲进避风塘,澳门港赖以生存的条件基本上消失殆尽了。衰败之后的葡萄牙,也难以驱动巨型船队,远涉重洋支持他们在远东最后一块殖民地的发展;其财政的紧缩,也使得港口的疏浚、港口设施整修等方面工作一拖再拖,形成港口收入萎缩加剧和财政紧缩的"恶性循环"。

但葡萄牙人在澳门抓住了另外一个历史机遇。《中央帝国》写道:从19世纪50年代开始,"每年的溽暑季节,广州的有钱人都会举家到这里消夏;葡萄牙人抓住这个虽说不是千载难逢却也是一年只有一回的机会,舞会、餐会、音乐会、展会,当然包括假面舞会和尽显南欧万般风情的假西洋景,一应娱乐项目粉墨登场,营造出一番歌舞升平的狂欢节气象"。这就是澳门娱乐业的雏形,此后澳门发展出了各类餐饮业、娱乐业,以至于如

[①] 〔英〕乔治·N.赖特:《中央帝国》,何守源译,北京时代华文书局,2019。

今的主业——博彩业，成为世界四大赌城之首。娱乐业的兴起延续了澳门的兴盛，2020年即便是在新冠肺炎疫情的巨大影响之下，澳门的人均GDP依然达到了35714美元，居全世界第25位。

香港：创造崛起奇迹的东方之珠

1840年至今，香港从一个默默无闻的小渔港，在不到200年的时间里崛起成为璀璨的"东方之珠"，其中的过程和故事，大家都耳熟能详。英国人持续要求割让香港，其中的地理原因，亦有很多专家学者分析过。在这里，笔者另辟蹊径，从珠江的造陆实际效果，来分析珠江口东岸和西岸的地理变迁，进而分析究竟是什么样的地理优势，能够支撑香港成为亚洲金融中心、世界三大金融中心之一。

香港位于珠江三角洲东岸，北邻深圳，西部隔珠江口与澳门、珠海相望。香港的区域范围包括香港岛、九龙、新界和周围262个岛屿，陆地总面积1106.66平方公里，海域面积1648.69平方公里。香港岛和九龙半岛是香港的核心区域。现在经过大量填海的香港岛，面积为78.1平方公里（不包括周围的小岛）；九龙半岛为46.9平方公里，合计125平方公里。

"年轻"岩石构成的坚硬基础。与地球45亿年的变化史相比，香港的岩石年纪尚轻，境内缺失中生代三叠纪、早古生代及更早时期的地层和岩石记录，香港发现的最古老的岩石是4亿年前泥盆纪的沉积岩。据相关研究推论，当时香港可能由大片河谷平原覆盖，河水流向东南方。这些冲积物逐渐形成新界东北部一带的岩石。至3.5亿年前的石炭纪早期，热带浅海淹没香港，水面下降后的沿岸沼泽地区出现植物，软泥地面则有枯萎的植物。这些物质经过掩埋、遇热及挤压，分别成为埋在地表下的大理岩，以及含有石墨的片岩，分布于香港西北部。1.6亿~1.4亿年前的侏罗纪时期，香港发生多次火山喷发，喷出大量熔岩及火山灰。香港的岩石约有一半由火山岩所形成。未喷出的熔岩则在地底深处慢慢冷却凝固，形成藏有粗大矿物颗粒的花岗岩。1亿年前白垩纪时期的香港干燥荒芜，来自大陆的江水偶尔会把砂石和软泥冲积到香港，形成东北部红色的岩石层。8000万~5000万年前的白垩纪晚期和第三纪早期，气候重新变得潮湿，香港地区逐渐形成辽阔的浅湖。雨季和旱季循环交替，为湖底的软泥铺上一层又一层的盐分凝固物，形成的粉砂岩薄层是香港最年轻的岩石。到了5000万年前的第三纪，气候和现今一样温暖潮湿，陆地隆起与风化侵蚀形成了今日香港的基本地理形态。200万年前第四纪的冰河时期，大片冰原由南北极推进，全球海平面下降，最多时比如今的海平面低130米，曾为香港增加120多平方公里的土地。1.8万年前最后一次大冰河期结束后，气候回暖，海平面回升，淹没山谷形成了香港弯弯曲曲的海岸线和200多个大小岛屿。组成香港的岩石虽然比较年轻，但基本上都是坚硬的火山岩，地质结构相对稳定，使得香港具备了成为世界级海港的沿岸基础条件。

香港地形主要为丘陵，最高点为海拔958米的大帽山。香港的平地较少，约有20%的低地，主要集中在新界北部，分别为元朗平原和粉岭低地，都是自然形成的冲积平原；其次是位于九龙半岛及香港岛北部、从原来狭窄的平地向外扩张的填海土地。

维多利亚港是位于香港岛和九龙半岛之间的内海海域，面积为41.88平方公里，最窄处740米，最宽处9600米，平均水深达12米。海港内包括青衣岛、青洲、小青洲及九龙石等岛屿，以及蓝巴勒海峡、硫磺海峡及鲤鱼门等水道。最深的航道是鲤鱼门，深约42米（30万吨的巨轮吃水为20.4米）；最浅的航道则是油麻地，深约7米。维多利亚港范围东至鲤鱼门，西至青洲、青衣岛南湾角及汀九（又称"西锚湾"）。维多利亚港潮差约1米，基本上属于波平浪静的"避风塘"型海港。维多利亚港西北部有世界最大的集装箱运输中心之一葵涌货柜码头，也就是葵涌海澳。这是葡萄牙人最早看中、被英国人开发出来的世界级集装箱港口。

维多利亚港是历经山谷—沧海—良港变迁的典型区域。据考证，在200万~1.8万年前的冰河时期，海平面大幅降低，维多利亚港是香港太平山与九龙（当时为九座山丘）之间的一个山谷。后来随着冰河期结束，海平面上升，原来的山谷被海水淹没，成为海港。这就决定了维多利亚港海底的坚固与稳定，陡峭山谷形成的港岸可直接靠泊吃水10米以上、8万吨的巨轮。

这些坚硬岩石、山谷海底，特别是以"万年"为时间计量单位的缓慢变化，为香港成为世界级深水良港和金融中心赋予了最独特的地理禀赋：稳定。

"一碗水端不平"的珠江口东西岸。维多利亚港能够历经千年却品质如一，还得益于珠江对入海口东岸的"恩赐"。

粤港澳大湾区的核心区域之一——珠江口西岸的广州市南沙区、中山市、珠海市、江门市的大部分或一部分区域，在2300多年前的战国到秦朝时期，都在海底；当时广州的海岸线在如今的市区内，后来成为世界级贸易港的黄埔港、南沙港也均在海底。而《简明中国历史地图集》[①]复原的战国时期珠江三角洲地图显示，香港的地形基本上与今天无异。在这里，笔者发现了一个有意思的历史地理现象，即：2300多年来，珠江口的西岸一直在不断淤积，形成新的大陆区域；东岸却基本保持稳定，特别是越往南海越稳定，可以说维多利亚港就是不会淤积的避风塘。

东岸的新造陆地主要是东江汇流造就了现今东莞市中堂镇、麻涌镇一带的陆地，形成了现在的狮子洋（与2300多年前相比，狮子洋的宽度缩小了10公里左右），还有现今深圳市宝安区西部、南山区大部，造陆面积不超过2000平方公里，与西岸造陆超过1万平方公里相差甚远。东江口的造陆，还造成了黄埔港的衰落与迁移。东江口北岸（现今广州市黄埔区黄埔新港港区）的造陆进程，直接填出数十平方公里的新陆地，并与西来的珠江干流泥沙一起，造成古扶胥港泥沙不断淤积、河床抬高，直到被废弃。

[①] 谭其骧：《简明中国历史地图集》，中国地图出版社，1991。

此后广州港的主力港区历经从南宋到现代的数百年"流浪",虽然大部分时间在黄埔区段江面的溺谷湾两岸来回,但在清末到民国的几十年间,竟然逆流而上在长洲岛及鱼珠沿岸甚至更西边的琶洲沿岸设立港口。

同在珠江口,东西岸在地理变迁上却"一碗水端不平"——东岸保持了2000多年的地理形态和地质结构相对稳定,而西岸不断地"沧海桑田",海岸线从广州的中山四路一路向南发展,现在真正意义上的珠江口西岸海岸线在珠海,向南推进超过130公里,把很多海中岛屿"吞没"。比如,今中山市的五桂山和珠海市的凤凰山,在唐朝以前还是海中高耸的岛屿山。其主要原因,笔者认为是珠江带来的大量泥沙,在东西岸堆积的速度不一致,东岸的泥沙相对较少,西岸则较多。从珠江口的卫星地图可以看出,西岸的海水主要呈黄色,到珠海外洋的万山群岛处才呈蓝色,说明珠江带来的泥沙主要在西岸;东岸海水一部分呈黄色,而到了深圳市南山区南侧海水就已经呈现浅蓝色,香港大屿山以东均呈蓝色,说明泥沙含量较少。

从上文论述来看,地理上"沧海桑田"的巨大变化能够赋予人们开拓进取、敢为人先的动力。在对历史进行回溯之后,确实也发现了这一点:珠江口西岸的珠海、佛山、中山和江门,均是著名的侨乡,当年无论是"下南洋",还是远赴美国加州淘金,抑或是改革开放初期兴办乡镇企业,都是西岸的人们喝"头啖汤";西岸诞生了孙中山,为中国开启了现代化的历史进程。西岸在很长一段时间里引领了粤港澳大湾区的发展,清朝中期以前以广州为中心的贸易网,上下游产业主要在西岸;开埠后的澳门,迅速成为东西方贸易主要中转港;改革开放后的顺德、南海、中山小榄镇等,都是全国经济发展排名前列的地区。但是,随着东西岸地理环境的变化,以及清末沦为半殖民地半封建社会的政治环境变化,珠江口西岸在粤港澳大湾区发展"主力军"的地位逐步让位给东岸,相对稳定的东岸赋予了此地粤商敢为人先的底气。

香港在19世纪60年代正式超越广州港,取代了澳门港的地位,成为东西方贸易在东亚的最重要港口，并在20世纪60年代之后成为亚洲金融中心、世界三大金融中心之一。而即便西岸有部分地区在改革开放之后领先一步，但在世界进入信息化革命阶段后，深圳和东莞迅速崛起，占据了粤港澳大湾区GDP排名的前列，成为全国乃至整个东亚经济最发达、创新最活跃的地区之一。深圳市2021年GDP为30665亿元，位列广东省第一；广州市为28232亿元，佛山市为12157亿元，东莞市为10855亿元，惠州市为4977亿元，分列第二到第五名（见图1-2）。前五名中，西岸有广州和佛山2个城市，东岸有3个城市。加上东岸的香港（2021年GDP相当于23740亿元）和西岸的澳门（2021年GDP相当于1929亿元），珠江口东岸已经明显占据了发展的优势位置。

排名	城市	总量
1	深圳	30664.85
2	广州	28231.97
3	佛山	12156.54
4	东莞	10855.35
5	惠州	4977.36
6	珠海	3881.75
7	茂名	3698.1
8	江门	3601.28
9	中山	3566.17
10	湛江	3559.93
11	汕头	2929.87
12	肇庆	2649.99
13	揭阳	2265.43
14	清远	2007.45
15	韶关	1553.93
16	阳江	1515.86
17	梅州	1308.01
18	汕尾	1288.04
19	河源	1273.99
20	潮州	1244.85
21	云浮	1138.97

2021年广东省21市GDP 单位：亿元

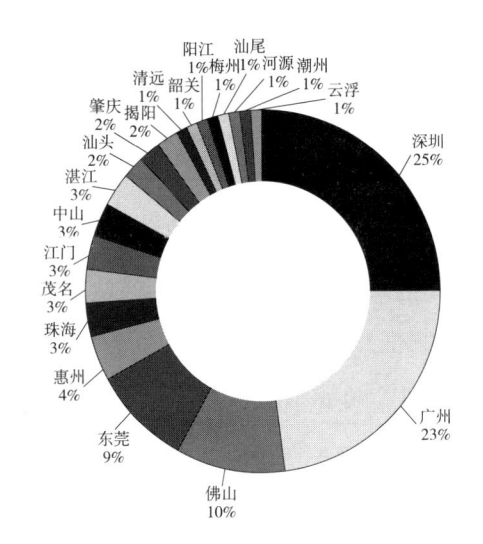

图1-2　2021年广东省21市GDP及占全省比重
资料来源：广东省统计局。

笔者认为，在进入第三次工业革命之后，随着人类工业水平的快速提高，生产越来越大规模、集成化、专业化，对高效的物流运输更加依赖。人类对海运的需求不仅没有减少，反而对具有巨型（10万吨以上）、快速（包括快速航行与快速卸港、清关等）、专业（专门运输汽车的滚装船、运输危化品的船只等)、安全(抵御自然灾害或海盗等)等特征的现代化海运业提出了更多的需求。除了技术层面外,对政治、社会、人文等层面的需求也越来越高,比如,2021年出现的美国"港口危机",既有美国港口基础设施陈旧的客观原因,也有美国两党政治博弈、工人持续罢工,特别是落后的管理机制对集装箱堆存(层数)的限制、集装箱车司机平均年龄在50岁以上等人为因素。直到2021年10月,美国运输代理商Flexport的首席执行官Ryan Petersen在视察港口后仍表示:"这是一个实实在在的交通堵塞,在港口的数百台桥吊中,我只看到大约7台在运行,而且运行中的桥吊也运作得十分缓慢。"美国的港口长时间卸不了货,导致了货物损失,而且其引起的全球大宗商品价格暴涨、美国经济陷入"滞胀"(物价飞涨但经济收缩),甚至可能诱发世界金融市场陷入巨大动荡,均表明了高效的现代海运业、物流业,以及各方面的稳定对经济发展具有非常重要的作用。

香港成为东亚最大的自由港,既是因为地质结构、地理环境、珠江流向等带来的地理稳定,又是因为在受殖民统治时期地理上远离英国,政治和人文环境相对稳定。尤其是在1997年回归祖国之后,中央政府坚持"一国两制",香港的基本政治制度和生活方式维持不变,为香港的发展吃下了最大的一颗"定心丸"。各方面均稳定的香港,就是无可替代的世界级深水良港、亚洲金融中心,必将在现代产业发展中发挥出自己独特的优势。笔者认为,研究香港的地理环境、变迁历史,对整个香港社会逐步回归到"求稳定"的一致预期,并为之付诸努力,是比较有帮助的。

总而言之,岭南大地特别是粤港澳大湾区具有陆地狭小、对海广阔的特点。向海洋要发展,在国际化中培育出生产力,是地理环境教会岭南人特别是岭南商人的天然选择。无论是泥沙沉积千年的珠江三角洲西岸,因沧海桑田的巨大变化为此地粤商带来敢为人先、探索未知的勇气;还是地理结构相对稳定、历经千年不变的深水良港为产业保持长久繁荣提供了稳固基础,赋予了此地粤商敢为人先的底气,敢为人先这一点,是地理环境带来的，是深深烙印在岭南人骨子里、气质里的。

但是，与世界其他三大湾区，特别是纽约湾区和旧金山湾区显著不同的是，海洋文化的高调、热情、奔放，以及斗争性、侵略性，在粤商乃至整个岭南人群体里均比较罕见。翻开历史，无论是本地土生土长的粤商，还是外地出生、岭南发迹的粤商，大部分人都是在做事情上敢为人先、勇于创新，在做人上却低调、内敛和务实。粤商兼具这两种品质，既十分难得，又十分令人费解。

1.2　岭南之险二：远离中原大地

岭南的"险"，自古以来都是相对于中原而言的。中原，古称华夏、中土、中州。狭义上的中原是指以洛阳至开封一带为中心的黄河中下游地区，主要位于今天的河南省境内。在秦始皇统一六国、建立大一统的封建帝国之后，广义的中原指整个长江以北、长城以南、黄河中游以东、黄海以西的广大范围，核心区是华北平原。中原地区作为汉民族、华夏文明和中华文明的发祥地，被历朝历代视为天下中心。古代的中原，历来为大一统封建国家最为聚焦、最为关注的区域，是稳固皇权的基础。中原大地既是兵家必争的"百战之地"，又是天下粮食主产区，农业思维根深蒂固。唐宋年间，北方的耕地面积在历史上一度占全国耕地总面积的60%以上。

到了明清时期，以江浙地区为代表的长江中下游平原崛起，供应了全国三分之一以上的粮食、税源、读书人、官吏等，成为最高统治者高度关注的重要区域。而岭南大地，却始终被人以"远"为名，不断强化构筑心理上的"次大陆"。

岭南在地理位置上真的离中原"远"吗？并非真的远，而是在封建社会、农业经济环境下，岭南的区位不如其他地区重要。岭南既不是战略要地，又不是农业主产区，更不是"书香门第"，自然容易被历朝历代的中央政府所忽视。所谓的"远离"，既指地理形态上的"远"，又指文化气质上的"离"。但正是因为这样的"忽视"与"远离",岭南大地才摆脱了束缚,成为敢为人先的热土。谭元亨在《中国南海海洋文化论》①中写道:"从文化区域的视角来看,恐怕很难有比南岭造成的阻隔,更大地造成内地与沿海的文化质态的落差——于吴越,并无高山大岭之隔;于闽台,武夷山也不如南岭。至于长城划出的游牧与农业文化的落差,恐怕就更模糊了。这也许正是岭南之福、广府之福,在中原强大的封建大一统的钳制下,能有较大的自由度,正可谓'山高皇帝远'。"

1.2.1 非战略要冲的宽松环境

作为一个传统的大陆国家,在鸦片战争以前,历朝中原政权的巨大威胁一直来自北方游牧民族。强悍如扫灭六国的秦军,亦要修筑万里长城来自保;"追亡逐北"的汉军铁骑,亦无法持续挡住南下的匈奴骑兵;鲜卑、柔然、沙陀等北方游牧民族甚至一度占据汉族传统的核心地区——中原,形成南北朝、五代十国的分割局面。可以说,中原的防御重心一直在北方。

从秦朝到清朝早期,重大的军事威胁全部来自陆地。在明朝中后期,出现来自海洋的安全问题,但绝大部分都是所谓的"芥藓之疾",海防事件没有动摇过明朝和清朝前期的统治。清朝中期以前,比较著名的海防事件也多发生在东部与北方沿海。

一是与流窜于中国沿海的倭寇作战。倭寇在明朝嘉靖年间(1522~1566年)最为猖獗,后被俞大猷、戚继光等明军将领剿灭。史书所见的最后倭寇,在1624年(天启四年)侵犯福建沿海。受日本太阁(前"关白"的尊称,相当于名誉丞相)丰臣秀吉发布《八幡船禁止令》(即禁止海盗行为)的影响,倭寇的活动开始减少。

二是万历年间的朝鲜战争,即1592年到1598年明军先后以20多万人

---

① 谭元亨:《中国南海海洋文化论》,广东经济出版社,2013。

次驰援朝鲜抗击丰臣秀吉军队的战争。万历朝鲜战争虽然属于秦朝以来来自海洋对中原政权的最大安全威胁，但仍属于偏师作战、"碾压式"胜利，而且战斗主要发生在境外，日军甚至没有威胁到东北地区和黄海海面。明军以3万多人的损失，歼灭日军超过8万人，直接导致丰臣秀吉的病亡、日本大一统专制政权解体，孵化了德川幕府和建州女真，使得此后东亚将近300年无国际战争。

三是清初东南沿海的战争。主要是郑成功从荷兰人手中收复台湾，以及施琅平台战役。由于相关史料较多，在此不赘述。

四是清朝乾隆年间英国商人洪任辉（James Flint）的洋船直闯大沽口事件。洪任辉出生于英国，经常到广州从事贸易活动，他汉语水平较高，是英国第一个中文翻译及当时有名的"中国通"。由于在广州受到不公平的贸易待遇（下文将详述），1759年（乾隆二十四年）六月二十四，洪任辉带着10多名英国水手和商人驾着一艘三桅帆船抵达天津大沽口外海。在船只和人员被守军扣留后，洪任辉声称是"进京告御状"。

洪任辉事件虽然没有产生任何实质的军事和安全威胁，但外国船只未经允许直接闯到天津的消息，仍在京师引起了很大的社会轰动，更是触动了乾隆皇帝脆弱的神经。乾隆皇帝和军机处一方面对沿海水师军官一律问罪，另一方面实施更严厉的海禁，进一步明确只有广州一地作为对外通商口岸。这就是"一口通商"的巩固，广州和岭南大地从此走上了一个新的历史巅峰。

英国在七年战争胜利后的1763年，首次骄傲地自称"日不落帝国"（The Empire on Which the Sun Never Sets），殖民地遍及世界各地。为了打开东方市场，英国人以东印度公司的名义大肆扩张对东亚尤其是对华贸易。这个时期英国的造船业发展迅速，已经可以建造2000吨级的大型战舰和商船，最大的超过2500吨。洪任辉的三桅帆船，吨位在1500吨以上，船长超过70米，船高也应超过70米，有数十门各类火炮。这样庞大的巨舰突然出现在平静的渤海，必然会在承平日久的清朝上层引起巨大的恐慌。

中国的海岸线如此之长，为什么选择广州作为"一口通商"之地？从乾隆皇帝在"洪任辉事件"发生之前的一份圣旨中可以看出一些端倪。在1757年（乾隆二十二年），乾隆皇帝发出上谕："粤省地窄人稠，沿海居民大半借洋船为生，不独洋行之二十六家而已；且虎门、黄埔所在设有官兵，较之宁波可以扬帆直达者，形势亦异，自以仍令赴粤贸易为正。……将来只许在广东收泊交易，不得再赴宁波，如或再来，令原船返棹至广，不得入浙江海口，豫令粤关传谕该商等知悉。若如此办理，于粤民生计并赣、韶等关均有裨益，而浙省海防亦得肃清。"[1] 梁嘉彬在《广东十三行考》中也总结了乾隆皇帝这篇谕旨中所提到的广州"一口通商"的四个方面理由：一是粤省地窄人稠，沿海居民俱借洋船为生，不独行商受益；二是虎门、黄埔所在设有官兵，较宁波可以扬帆直达者，形势亦异；三是闽浙向非洋船聚集之所，海防即宜肃清；四是外船专限广州通商，不独粤民有益，且赣、韶等关均有裨益[2]。

颁发这份诏书的重要原因之一，主要是在乾隆十五年（1750年）之前，历经康熙、雍正等朝的叠加，粤海关从进出口货物中抽税越来越重。仅关税就分为正税和杂税两种，正税又包含货税和船钞两项，而杂税更是"琳琅满目"。外国商船进关，先按照吨位交两三千两银子的正税，杂税从敬奉官礼银开始，到"打发"书吏、家人、通事、头役等小吏，就有规礼、火足、开舱、押船、丈量、贴写等30多项；到出关的时候，又有书吏等人验舱、放关、领牌、押船、贴写等30多项，还有官吏中饱私囊的规银、规礼。甚至对船员自用的食物、酒水等均不做豁免，无论进出都要计税。越来越严苛的贸易条件引起了境内外商人的强烈不满，以至于雍正年间，时常出现外船停泊在近海海面上拒绝泊岸，向粤海关施压的情况，但收效甚

---

[1] 王之春：《国朝柔远记》，朝华出版社，2019。
[2] 梁嘉彬：《广东十三行考》，广东人民出版社，1999。

微。直到洪任辉等外国商人率先把船驶向定海（今舟山市）和宁波，在浙江开展贸易，才引起了中央政府的警觉。乾隆皇帝颁发谕旨，首次明确了粤海关"一口通商"的特殊地位。

乾隆皇帝的谕旨，从表面上看是为广东人民的生计着想，强调"粤省地窄人稠，沿海居民大半借洋船为生"，实则以他为代表的清政府最关心的还是海防问题，"而浙省海防亦得肃清"这一句话才是重点。无论是浙江的定海还是宁波，距离天津和北京更近，历来是海防的重点区域。浙江海面靠近江南省和江西省，统称"两江"，其盐税、茶税、田税、丝绸税等历来占据清政府所收赋税的1/3以上，可谓"两江乃天下赋税之根本""朝廷不可一日无东南"。而京杭大运河更是清政府的财政命脉，第一次鸦片战争时，英国军队抵达大沽口外、直接威胁北京都没有迫使清政府求和，反而是英军占据宁波，进逼到南京下关江面之时清政府才妥协签约。由此可以说明两江、浙江和京杭大运河对于清政府的重要性。

而以广州为中心的岭南大地，对于封建大一统政权的最高层而言，决策起来就简单多了。岭南本就"偏安一隅"，是一块被南岭包着的"次大陆"，即便来自海上的敌人占据了岭南，也难以翻越南岭、直指中原，尤其是在交通极其不便的古代。岭南还是"瘴疠之气横行、圣人之道不彰的极险之地"，适宜作为所谓的"试验田"。还有，"敌人打北边来"的传统思维，以及海防事件的威胁实在微不足道，进一步固化了封建君主"重塞防、轻海防"的观念。上述四个清朝中期以前的典型海防事件，除了万历朝鲜战争朝廷出动了正规军之外，其他都是"小打小闹"。即便是在倭寇最猖狂的嘉靖年间，明朝中央政府依然能够从江淮抽取盐税，并开展丝绸生产、松江（今上海市附近）棉布生产等，财政基本不受影响。洪任辉的闯关事件，甚至没有军事威胁，只是当时已有百余年没有见过外船抵达大沽口，造成了朝廷心理上的严重震撼而已。恰恰是这种心理威胁，成就和巩固了广州、岭南在对外贸易中的中心地位。当时的"边陲"、"地窄"的广东，借着"次大陆"的地理位置和"天高皇帝远"的宽松环境，不断创新和探索，成就了敢为人先的粤商精神。

1.2.2 重农主义下的商业乐园

在中国 2000 多年封建社会的历史长河里，重农主义一直伴随着历代大一统封建王朝的更迭，不断得到巩固与强化。在所有经济活动中，封建君主最重视农业生产，把农业作为王朝稳定的第一要务。

与欧洲的重农主义不同的是，历代大一统封建王朝的"重农"与"抑商"是紧密相连的。诞生于 18 世纪 50~70 年代的法国古典经济学派——重农学派，其重要观点是"一切财富都是从土地里来的"，"打破商业壁垒，崇尚自由贸易"，并认为贸易并不产生财富，"财富是物质产品，财富的来源不是流通而是生产"。这是诞生在欧洲封建社会背景下，以自由资本主义为内核的经济学说。但中国封建君主的重农主义则与欧洲的重农主义截然不同，更加聚焦农业本身。从表面上看，人口是封建统治的基础。农业必须具有养活整个王朝人口，以及推动人口持续增长的能力，其折射出阶层稳固、人口固定是维护封建统治稳定的重要条件。商业、矿业甚至狩猎等行业都将带来人口的迁徙流动，发达的商业创造更多社会财富，造成部分商人因财富增长带来的阶层跃升，甚至威胁封建君主的统治地位，这些都是其所不允许的。对农业的极端重视和对商业的遏制，将人口牢固"捆绑"在土地上，永远成为封建王朝的"工具人"。直到清朝雍正年间，清廷竟然以"开矿聚集亡命，为地方隐忧"为由，下达"严行封禁""永远封禁"等命令[①]，把离开农业、从事开矿生产的人视为"亡命之徒"，可见封建帝王对脱离土地、人口迁徙的行为是何其厌恶。同时，对自给自足的过度重视，也是中国封建统治阶级重农主义的根源。其原因一方面是追求把帝国经济

---

① 白寿彝：《中国通史》，上海人民出版社，1999。

命脉牢牢掌握在自己手里，包括粮食、盐、铁等重要资源，全部纳入国家专卖的行列；另一方面是在世界工业革命之前，全世界都缺乏粮食，仅靠贸易不能获得足够的粮食，中国只能依靠自己。

岭南大地特别是广东，地势北高南低，境内山地、丘陵纵横交错，是主要的地貌形态。平原包括水面的面积才5.3万平方公里，与辽阔的中原和平原成片的长江中下游有着很大的区别。在畜力农业和天然水利的时代，岭南的丘陵地貌是提升农业生产效率的巨大阻碍。"五羊衔谷"的传说，既表明了岭南大地稻作文明起源很早，又说明了农业生产力的不足，祈求上苍赐以谷物获得温饱。从秦朝以来，中原传入的先进农业技术长期局限于广州、佛山平原地带以及西江、北江沿江流域。直到唐朝，广东大部分地区还保留着"火耕水耨"的粗放耕作法，而且水稻生产并不占统治地位，旱地作物如块根块茎类的薯类、芋类，仍是重要的食物来源，野生植物及水产资源还是食物的补充。到宋元两朝，随着人口急剧增加和水利技术的进步，耕地面积迅速扩大，主要农作物种植面积扩大及产量增加，部分经济作物开始成为商品，广东与中原、两江的发展水平差距大为缩小。到明清时期，因为广东人口大量增加（明朝末年广东人口比明初增加近一倍，清朝嘉庆年间又比康熙年间增加三倍），叠加因贸易发展，许多土地改种水果、甘蔗、花卉等经济作物，使得广东农业特别是粮食生产的发展陷入停滞。清朝时期广东主要依靠外省供应粮食，到19世纪初开始依赖外洋大米。而为了补充粮食缺乏带来的淀粉不足，岭南较早开始广泛栽培芋头、番薯等代替稻米食用，甚至有"薯粮"之称。薏苡（广东人称之为"薏米"）、稗子也是重要的杂粮。其中有一些采集的野生植物也很重要，种类有樱木、莎木、桄榔、蕨等，都能分离出可以食用的淀粉。杂粮的兴盛也从侧面说明了岭南大地主粮的长期短缺。

在重农主义思想的笼罩之下，历代封建王朝对粮食主产区——北宋以前的中原大地，以及南宋以后的两浙地区，都给予了更多的关注与重视。

而对于平原狭小、人口众多、农业无法自给自足，再叠加"瘴气"和"德化不彰"给人带来心理恐慌的岭南，自然处于放弃状态。从1757年（乾隆二十二年）圣旨可以看出，乾隆皇帝认为"粤省地窄人稠，沿海居民大半借洋船为生"，既说明了当时广东的主业不是农业是对外贸易，更与他严厉对待洋船北上浙江一事形成鲜明对比，说明乾隆皇帝对待广东就是"给你一条生路""这个地方可以开放给洋人""说个章程，随便折腾"的无所谓态度。乾隆皇帝对于广东不仅没有"抑商"的要求，反而鼓励广东商人与海外开展贸易。

封建帝王的这个态度，对于岭南而言，却是"坏事变好事"。除了交纳足够税银，《大清律例》规定的"粮、丝、铁、金银不许下海"之外，其他都可以尝试。特别是明清两朝实施最严格的海禁，却放开了广州这一个口子，均是拜"农业先天不足"的独特禀赋所赐，这反而给足了粤商敢为人先的机会。特别是在贸易方面，皇上谕旨已经明确了"自以仍令赴粤贸易为正。……将来只许在广东收泊交易"，这里是钦定与洋船交易之处，不用再担心因为"私通外船"而掉脑袋了。皇上也说了，"粤省地窄人稠，沿海居民大半借洋船为生"，那么不再需要过度担心交不上皇粮的情况了，可以想种什么就种什么、什么赚钱就种什么了。正是这样的宽松环境，让广东人特别是粤商可以不过多考虑政治的因素，反而可以按照商业规律、各行各业发展的趋势开展探索与创新。

意外的是，粤商在商业上的巨大成功反哺了农业的先天不足，在一定程度上为解决自秦朝以来长期面临的饥荒问题提供了新的路径。一方面，进口的"洋米"填饱了广东人的肚子，提高了广东人的生活水平，直到今天广东人仍保持着对泰国丝苗米、苏格兰面粉、意大利面等外国粮食产品的偏爱。另一方面，引入的农业新品种丰富了广东人的餐桌，进而在一定程度上改变了中国农业的发展方向。除了亚热带气候带来的丰富蔬果之外，广东在对外贸易中还引入了番薯（明朝万历十年，在今东莞开始种植）、玉米（明朝嘉靖到万历年间传入珠江三角洲）、烟草（明朝崇祯年间传入恩平县，清朝在今新会、鹤山等地形成大片产区）、小粒花生（明朝末年已传入珠江三角洲，清朝乾隆年间开始成为重要的油料作物）等，成为今天中国的重要农作物，玉米和番薯都具有主粮地位。水果方面，珠江三角洲在明朝嘉靖年间引入了杧果，清朝初年引入菠萝、番石榴、香木瓜等外国的水果品种，与荔枝、龙眼等本地热带水果一道成为贸易的主流品种。花卉自宋代海外贸易发展之后一直有新品种传入，成为广东最重要的经济作物之一。

番薯和玉米的引入，既是自然地理条件不足赋予广东人敢为人先精神的生动体现，更是缓解明朝中后期到清朝历次大饥荒的主要变量。由于粮食品种单一、过度开发、对人口和土地管制严厉，以及自然灾害、战争等原因，中国古代时常出现区域性甚至全国性的大饥荒。特别是每年的"春荒"，都是因为过度开展粮食生产而发生的规律性短暂饥荒。品种的单一使得在出现饥荒之时只能依靠国家赈灾，老百姓依靠自身根本无力应对，实在不行就"逃荒"，极端情形下甚至出现过"人吃人"的情况。据相关史料记载，自秦朝以来，中原大地累计出现过72次大饥荒，其他在史料上记载为一个"饥"字的局部饥荒，更是几乎每隔两三年就出现一次。直到清朝康熙皇帝在位的61年间，在农业技术发展了几千年、中央政府重农主义兴盛了将近两千年之后，竟然只有3年没有出现过饥荒，还有5次"人相食"的极端情况、2次人食树皮的情况。康熙年间记载，作为中原主要粮食产区的山东，竟有17次大饥荒，"人相食"有3次。而广东的大饥荒记载有9次，分别发生在吴川（康熙元年）、揭阳（康熙三年）、嘉应州（康熙十六年）、兴宁等四县（康熙十八年）、广宁和澄海等七县（康熙三十六年）、吴川（康熙四十一年）、广宁和广西合浦诸县（康熙五十二年）、阳江（康熙五十三年）、怀集（康熙六十一年）。由以上数据可以看出，广东的饥荒区域集中在北部，只有吴川、揭阳、澄海、阳江这四个是沿海县，珠江三角洲没有出现过一次饥荒。这就说明即便在当时落后的生产条件下，由于珠江三角洲地区种植的作物品种较多，成熟时间不一，再加上珠三角水网密布、水产丰富，以及粮食贸易比较发达，不至于出现无粮吃就闹饥荒的情况。

康熙年间饥荒区域较多且频率较高，主要原因之一还有明朝中后期到清朝初期正处于第四次"小冰河"时期。当时，全国气温骤降，持续遭遇奇寒天气。按照《明史·五行志》的记载，南京正常情况是冬天少有风雪，可明朝时却出现了"冬奇寒，河冻数日不解"的奇景。据《广东通志》记载，1506年（明朝正德元年）广州和琼州（今海南省和雷州半岛的统称）千里飘雪，境内积雪达数尺之厚，最冷的时候雪线甚至南推到了海南岛北部。而奇寒天气之后必然伴随着旱灾，粮食大量减产，游牧民族开始兴盛。在广东飘雪77年之后的1583年（万历十一年），羽翼已丰的建州女真首领努尔哈赤就以"遗甲十三副"起兵，最终取代明朝统一全国。然而，"小冰河"期造成的饥荒并没有随着改朝换代而结束。

与"小冰河"期人们向南迁徙相反的是，来自南方的耐寒、耐旱作物——番薯、玉米等一路北上。17世纪初，江南水患严重，五谷不收，饥民流离。明朝科学家徐光启得知广东、福建等地种植的番薯是救荒的好作物，于是引种到松江，取得较好的收成，帮助人们度过饥荒。清朝康熙初年，番薯又引种到浙江，并逐渐扩大到河南、河北、山东等地，在清朝末年开发东北的时候就引入东北，逐渐成为北方人最喜爱的食物之一。而广东人则开始食用番薯叶，蒜蓉炒番薯叶作为一道知名的粤菜深受食客欢迎。

玉米在传入中国后同样是一路扩展，到明朝末年已有广东、浙江、福建、云南、广西、贵州、四川、陕西、甘肃、山东、河南、河北、安徽等十余省种植玉米。即便种植区域比较广，但直到清朝乾隆年间，产量还非常有限，玉米还是御用之物，由内务府专门提供，后逐渐成为山区人们的主粮，直到19世纪以后，玉米栽培才发展到平原地区。由于玉米易于栽培管理，且春玉米的成熟期早于其他春播作物，玉米很快成为北方农民"春荒"时期的主粮。清朝时期成书的《三农纪》认为玉米"植宜土山"，清朝《救荒简易书》专门介绍了玉米的种植技术，说明清朝时期已经把玉米作为度荒的主要食物。到 20 世纪 30 年代，玉米在全国作物栽培总面积中已占 9.6%，在粮食作物中产量仅次于稻、麦、粟，居于第四位。到 20 世纪 50 年代玉米播种面积跃居第三位。而到 2019 年末，中国玉米种植面积多达 6.2 亿亩，总产量为 2.6 亿吨，高于水稻的 2.1 亿吨、小麦的 1.3 亿吨，占谷物总产量的 42.5%，占全年粮食总产量 6.6 亿吨的 39%，成为中国产量最大的谷物。

历史就是这样按照自然的规律运行着。历朝历代封建君主尊崇重农主义，在农业上高度重视中原和江南，几乎放弃岭南（甚至包括福建与广西等地），岭南反而因为对外贸易引入的新作物品种，拯救了饥肠辘辘的人们。

1.3 岭南之险三：探险仍在继续

从地理的角度看，即便历经了 2000 多年，在科技突飞猛进、人类足迹遍布岭南的今天，岭南大地上依然充满着待解决的难题，等待敢为人先的岭南人，特别是粤商用经济、科技等手段来探索与解决。

1.3.1 交通难题仍待完善方案

岭南"次大陆"形态，以及湾区的形态，决定了岭南大地的交通难题主要从两个方面考虑解决：一个是在北部崇山峻岭的南岭地区穿行的隧道，另一个是沟通湾区各个板块之间的桥梁。曾经有一位交通部的专家笑谈起广东的交通建设，就是大型隧道和大型桥梁建设难度都非常大。"只要建成，必获鲁班奖！"——这句话从一个侧面反映了岭南大地的交通问题都是难题，敢为人先、勇于挑战的精神在解决这些难题中体现得淋漓尽致。

首先是南岭的隧道。岭南的北部主要被南岭包围，从岭南出发，向北越过南岭才能达到长江中下游平原，进而达到中原。因此，无论是对畜力交通，还是对现代的高速公路、高铁来说，南岭都是天然的、难以逾越的屏障。最直接、最高效的解决方案就是建造穿越南岭的隧道。但南岭高峰密集，越城岭的猫儿山海拔2142米、都庞岭的韭菜岭海拔2009米、萌渚岭的山马塘顶海拔1787米、骑田岭的最高峰海拔1570米。山间虽有盆地，但西段的盆地多由石灰岩构成喀斯特地貌，东段的盆地多由红色砂砾岩组成，经风化侵蚀后形成丹霞地貌，均非传统的、适合建造隧道的坚固岩石。

改革开放之后，随着经济水平的提升与科技的进步，国家和广东省下决心解决南岭的交通问题，打通广东北上陆路"大动脉"。但南岭被当时的外国专家称为"地质博物馆"，断言"不可能建成隧道"，外国专家无不望而却步。南岭的问题，只有靠自己的力量才能解决。打通南岭，成为很多广东交通人毕生的追求，而打通这些"不可能"的道路，更是岭南大地敢为人先精神的生动体现。

第一条穿越南岭主山脉的大型双线隧道就是京广铁路衡广复线郴州到坪石的隧道。南岭隧道始建于1979年9月，历经9年到1988年11月才实现主体工程竣工。隧道全长6666.33米，穿越的地区属著名的南岭构造带，构造运动强烈，岩溶发育明显，地下水富集，地质条件十分复杂。"难"这个字，贯穿了隧道建设的全过程：9年间共发生大小突水涌泥24次，涌出稀泥和沙子近3万立方米；隧道洞内岩溶突水涌泥量和地表塌陷规模之大及其对施工的危害强度，在国内外隧道建筑史上均属罕见。

在开工建造从郴州到坪石的南岭隧道不久后的1981年，岭南人带着敢为人先的精神又把目光投向了南岭之中一个地质更加复杂、位置更加重要的山区——大瑶山。原有的衡（阳）广（州）铁路老线，从山峦重叠的南岭地带曲折蜿蜒地穿过后，在瑶山脚下沿武水河东岸绕行。由于这里山势险要、地形复杂，线路技术标准低、设备差，最小半径只有229米，最大坡度达11.8‰，运输能力远远不能满足要求。随着改革开放后广东与其他省份经贸、人员往来的不断加强，国家决定修建衡广复线大瑶山隧道。

大瑶山隧道所在地地质极为复杂，是中国隧道建设史上罕见的9号断层。隧道在断带上长465米，岩石破碎松软，节理发育，涌水流沙经常发生，最大水量达到每昼夜5万吨。在刚刚改革开放不久的20世纪80年代，从天南海北来到岭南的施工人员克服种种困难，特别是心理障碍，敢为人先地引入并使用了当时世界最先进的技术——新奥法原理、液压钻孔凿岩台车、大型装载运输机械等，大胆实施深孔爆破和全断面、半断面开挖，实现了隧道施工的开挖、运输、衬砌、注浆机械化，从而结束了旧式手工操作、分部开挖的施工方法，历经7年贯通了全长14.295公里、当时全国第一、世界第十的大瑶山隧道，成为我国铁路和隧道工程建设史上的一座里程碑。

到了2005年，中国铁路部门把修建第一条高速客运专线——武广铁路专线（武广高铁）的探索重任交给了广东和湖南、湖北三省。虽然在南岭中开凿隧道已经不是"天方夜谭"，但在大瑶山隧道附近开凿新的隧道群，其中，大瑶山1号隧道开挖断面超过150平方米（比大瑶山隧道大50平方米），行车时速是现有隧道3倍以上（设计时速350公里），设计工期不到大瑶山隧道的一半，对施工企业依然构成了巨大的压力。由于高速铁路需要尽量取直，施工环境甚至出现更加恶劣的情形。大瑶山1号隧道施工的3年时间里，先后遇到40多次涌水涌泥险情，几乎是20世纪80年代南岭隧道施工的2倍以上。施工团队避免了8次严重的灾害性突水、突泥事故，顺利通过了13条大断层等不良地质段。可以说，每一次在南岭上开凿南北通衢大道，都是一次全新的挑战。

广东人包括从国内外来参与大瑶山1号隧道建设的"新广东人"，都在践行着敢为人先的精神内核。在 2006 年特大洪灾和 2008 年初冰雪灾害损失工期近 6 个月的情况下，施工人员仍保持了快速施工进度，并且创下了超大断面隧道钻爆法施工单月掘进 284 米的全国新纪录。整个施工期间，未发生过一次塌方、突泥、突水等灾害性事故。

与 20 世纪 70~80 年代末以铁道兵（铁道部）所属力量为施工主体不同，2005 年开工的以大瑶山 1 号隧道为代表的武广高铁南岭隧道群，广东民营企业家深度参与其中并发挥了重要作用，孵化培育了以广州佳都科技、广州明路装备等为代表的轨道交通民营企业。在南岭的崇山峻岭中经过反复试验、反复经验积累的高速轨道交通产品和服务还向国际市场出口，仅 2018 年 1~8 月广东省出口轨道交通相关产品和服务就超过 2.8 亿元，民营企业占比超过 40%。2008 年武广高铁全线开通后，广东省与贵州省在当年下半年全线开工贵（阳）广（州）高铁，以数十年来在南岭中敢为人先的成果带动中国大西南全面发展。

其次是大湾区的过江（海）交通系统。湾区最主要的交通基础设施就是桥梁或隧道，没有这些过江过海的大型交通设施，湾区就是彼此相隔的"孤岛"，无法连接成一个经济整体。旧金山湾区由于地理形态与粤港澳大湾区相近，其第一次腾飞主要就得益于"大萧条"时期轰轰烈烈的造桥运动，基础设施的大笔投资、区域间的互联互通带动了湾区经济的起飞。而粤港澳大湾区与旧金山湾区不一样的是，大湾区处于亚热带季风地区，淡水水系更加发达、水网密布，海底（江底）地质结构更加复杂、泥沙更加充沛、状态更加活跃，建造桥梁的难度更大。

广州作为明清以来商品经济最发达的大湾区核心，虽然岛屿、水网密布，珠江干流穿城而过，并长期执东亚贸易的牛耳，但直到 1932 年才建造了第一座横跨珠江的桥梁——海珠桥（时称"珠江大铁桥"）。海珠桥长 180 米，宽 18.3 米，为当时先进的开合式铁桥。而珠江干流之上修建的第二座桥梁，则是 1967 年建成的海珠桥上游的人民桥。大湾区其他地方，除了在东江、北江，以及东江的支流西枝江、西江的支流等江面较窄的地方，建有部分石桥、铁路桥之外，其他多依靠渡轮来实现跨江、跨海，效率很低。

而香港，出于对城市景观的保护，以及维多利亚港水深等主、客观原因，更加重视建设跨海隧道。1972年香港建设了第一条海底隧道——红磡海底隧道，此后在维多利亚港区域只兴建海底隧道，与大屿山等离岛的交通则侧重修建跨海大桥。澳门则在1974年兴建了澳凼大桥，连接澳门半岛与凼仔岛。可以说，粤港澳大湾区在20世纪70年代中国改革开放前后，才有财力与技术开启跨海交通系统的全面建设。大湾区人在桥梁方面的"探险"，大概分为三个阶段。

第一阶段是从20世纪70年代前后到90年代中期。这个阶段重点是解决大湾区（时称珠江三角洲地区）过江交通难的问题，其中有四大里程碑工程。一是珠江隧道，该隧道位于广州市荔湾区，1990年10月动工，1993年12月建成通车。该隧道全长1.2公里，河中段全长475米，是珠江干流第一条公路隧道。二是九江大桥，位于佛山市南海区九江镇与江门市鹤山市杰洲之间，1985年9月动工，1988年6月建成通车，全长1.7公里。九江大桥是亚太地区第一座大跨径独塔双面索预应力混凝土斜拉桥，也是西江干流上第一座现代化、特大型桥梁。三是洛溪大桥，该桥位于广州市海珠区与番禺区之间，1984年10月动工，1988年8月建成通车，全长2.3公里，桥梁总长1.9公里，是横跨珠江主航道（江面更宽、水底更深）的标志性桥梁。洛溪大桥是中国第一座大跨度连续钢构桥，更好地满足了桥下船舶通航的要求，能让7000吨级船只顺利通过，自重还比国内同类桥梁轻10%。该桥还是大湾区第一座由港澳爱国商人捐资修建的交通工程，由霍英东和何贤、何添捐赠1700多万港元，占总投资的20%以上，开创了交通建设融资的崭新模式。四是香港荔枝角大桥，该桥位于香港九龙荔枝角，1966年动工，1968年10月建成通车，全长790米，属于香港5号干线的一部分。荔枝角大桥是香港第一座跨海大桥，也是大湾区兴建的第一座真正意义上的跨海大桥。

第二阶段是 20 世纪 90 年代中后期到 2009 年。这个阶段最重要的里程碑就是虎门大桥。虎门大桥是粤港澳大湾区首座跨越珠江口东西两岸的大型桥梁，于 1992 年 10 月开工，1997 年 6 月香港回归之前建成通车。大桥东起东莞市太平立交，上跨狮子洋入海口，西至广州市南沙立交；线路全长 15.76 公里，主桥全长 4.6 公里；桥面为双向六车道高速公路，设计时速为 120 公里。

在珠江狮子洋入海口建设大桥的构思，最早始于 1981 年，后因建设资金不足，退而求其次建设虎门汽车渡口。1991 年 5 月，虎门汽车渡口竣工运营，但很快就出现运力不足问题，广东省政府随即同意全力推进虎门大桥项目。1992 年春季，广东省决定把虎门大桥工程项目从广深珠高速公路的项目合作合同中分离出来，由省交通厅组织实施，采用中外合作集资修建模式，以独立核算、自负盈亏的方式，筹建一个新的项目公司进行建设和管理。这在当时属于敢为人先、步伐较大的体制机制改革，有力解决了资金难题，促进了大桥的迅速开工建设。

建设虎门大桥，不仅对于粤港澳大湾区的建设者而言是全新的挑战，其建设难度在当时也是世界级的。大桥所在的狮子洋是华南地区最大、最繁忙的国际航道，需要全程考虑万吨级轮船的安全通航问题。大桥地处珠江入海口，是台风、雷暴等恶劣天气多发区域，水位、地质条件对大桥的基础工程、防风防浪、防腐蚀等要求极高。与在南岭修建隧道的场景一样，从国内外来到大桥建设工地的人们敢为人先地进行了一系列前无古人的探索：在国内首次开发出一套完整的现代悬索桥结构分析程序，发展出系统且完整的悬索桥上部构造施工监测与控制技术；通过了中国最大限度的气弹性风洞试验；在国内率先采用了全新的焊接技术；在世界上率先采用顶、底板预应力索的配索技术，同时实现了结构轻型化和施工简化；等等。虎门大桥的顺利建成通车，为整个大湾区乃至全国各地建设超大型、跨海型桥梁积累了丰富的经验，成为中国桥梁工程师取经学习的"圣地"。

虎门大桥建成后，获得了中国土木工程詹天佑奖，多项技术获广东省科技进步奖和国家科技进步奖，其被认为标志着20世纪中国桥梁建设的最高成就。虎门大桥的技术输出到大湾区其他桥梁工程中，诞生了一大批获奖的超大型桥梁工程，确实做到了大湾区交通设施"逢建必获奖"。1998年7月开建的丫髻沙大桥也获得了鲁班奖；2002年4月通车的新会崖门跨海大桥，以及2008年3月建成的黄埔大桥等，都获得了詹天佑奖。

第三阶段是2009年至今。历经数十年和一大批重大工程的经验积累，大湾区无论是在造桥还是在修建跨海隧道方面，均取得长足的进步。这一阶段的重要里程碑主要有三个：港珠澳大桥、南沙大桥和广深港高铁狮子洋隧道。

港珠澳大桥是迄今为止大湾区最有代表性和显示度的世界一流交通基础设施项目，因超大的建筑规模、空前的施工难度和顶尖的建造技术而闻名世界。大桥于2009年12月动工，2017年7月实现主体工程全线贯通，2018年10月建成通车；东起香港国际机场附近的香港口岸人工岛，向西横跨南海伶仃洋水域接珠海和澳门人工岛，止于珠海洪湾立交；全长55公里，其中主桥长29.6公里、香港口岸至珠澳口岸41.6公里；桥面为双向六车道高速公路，设计时速100公里。

港珠澳大桥是一个集跨海桥梁、海底隧道、人工岛、口岸等于一体的综合性超大型交通系统。其构思最早源于1989年珠海市政府公布的伶仃洋大桥计划，历经29年才成为现实。港珠澳大桥最具敢为人先探险精神的方面有两点。一是技术难度非常大，远离陆地直接在海洋大陆架施工，平均施工水深超过30米；隧道由33节平均排水量7.4万吨的沉管组成，确保水上可通行30万吨的巨轮；在深水深槽、大径流、强回淤等情况下，于伶仃洋中心区域建造两座面积超过20万平方米的人工岛；等等。每一个难题都是世界级的。二是连通大湾区三地。港珠澳大桥连通的香港、广东珠海、澳门，具有三种不同的历史背景和政治、法律制度，使用三种不同的货币，经济体制也各不相同，这是全球跨海交通系统建设史上的一个创举。

在开工建造港珠澳大桥，积累了一定经验之后，大湾区迅速启动南沙大桥（原称"虎门二桥"）和深中通道建设。深中通道位于港珠澳大桥的北面，作为港珠澳大桥的补充，其设计理念、技术难度与港珠澳大桥相似，也是"桥、岛、隧、水下互通"，投资额500多亿元，单位投资额与港珠澳大桥相近（每公里投资额达20亿元以上）。而南沙大桥位于虎门大桥的北面，于2013年12月动工，2019年4月建成通车。大桥西起广州市东涌立交，上跨狮子洋入海口，东至东莞市沙田立交，全长12.89公里。桥面为双向八车道高速公路，总投资111.8亿元，每公里投资不到10亿元。直观来看，南沙大桥建造难度要远低于港珠澳大桥，也低于深中通道，但敢为人先的岭南桥梁人，依然在建造时创造了诸多壮举，使南沙大桥成为世界级的桥梁工程。其中，最大的创新点是采用"短线匹配法"工艺，将世界级工程搬上流水线，实现全桥节段箱梁的装配化预制拼装施工，大大节约了建造成本、缩短了建造时间。因此，南沙大桥在大湾区跨海交通系统建设史上，留下了浓墨重彩的一笔。

大湾区是台风的重灾区。因而在跨海高速铁路建造的过程中，更多选择建设水下隧道。广深港高铁狮子洋隧道就是其中具有代表性的一个水下高速交通系统，其位于广深港高铁广州市南沙区庆盛站和东莞市虎门站之间，隧道穿越小虎沥、沙仔沥和狮子洋三条水道；左、右线各长10.8公里，设计时速为250公里，是国内里程最长、建设标准最高的第一座水下铁路隧道。隧道可抗7级强震，可以抵御300年一遇的洪水的冲刷。其防水采用了双道密封条，满足100年耐久性要求，这些都是中国跨海隧道建设史上新的探险。

岭南的交通，自古以来都是"大难题"。新问题、新挑战时时刻刻都在扑向南岭之下、南海之滨的岭南人。即便在今天，岭南人以敢为人先的精神，在南岭中凿通了一条又一条的隧道，在海面上修建了一座又一座的跨海大桥，但南岭和南海，始终是岭南人特别是岭南交通人上下求索的探险领域。比如，隧道和桥梁等基础设施的耐久性问题、临近设计寿命基础设施的重建或翻新问题，以及如何开发新型快速、性价比更高的交通基础设施，等等。粤港澳大湾区复杂的地质环境和日夜不停的繁忙交通，使得新问题不断涌现。一是九江大桥事件，2007年6月15日凌晨，一艘满载河砂的船只撞塌了九江大桥旧桥的三个桥墩，致使4车落水、8人死亡，为大湾区行船与桥梁安全拉响了警报。二是雨雪冰冻灾害，2008年春，中国南方暴发大范围雨雪冰冻灾害，南岭上大量输电线塔在大雪的压力下倒塌，造成京广铁路停电，列车滞留隧道之中，给人们生命带来重大威胁。三是虎门大桥抖动事件，2020年5月3日，建成23年的虎门大桥突发异常抖动，整个大桥像波浪一样摇晃，虽未造成直接损失，但警告了大湾区桥隧系统的安全性。

仅从水下交通系统这个视角来看，香港在20世纪更多聚焦于修建隧道，而在21世纪聚焦于修建跨海大桥。每一种交通系统都有其利弊，如何兴利除弊，值得系统评估与深入研究。在修建珠江隧道21年之后，广州在珠江干流上建成了第二条隧道——洲头咀隧道，此后暂缓了修建大型桥梁，转而大量开工建设水下隧道。这或许是大湾区交通仍在探险、仍在不断迭代的生动体现。

1.3.2 预防抵御台风仍然无解

台风属于热带气旋的一种。热带气旋是发生在热带或副热带洋面上的低压涡旋，是一种强大、影响面很广的热带天气系统。中国把发生在南海与西北太平洋的热带气旋按其底层中心附近最大平均风力（风速）大小划分为6个等级，其中中心附近风力达12级或以上的，统称为台风，这是台风的狭义定义。广义上而言，"台风"这个词不仅是一个气象学名词，还是历史成词与民间俗称，代指中心持续风速每秒17.2米或以上的热带气旋，包括世界气象组织定义中的热带风暴、强热带风暴和台风这三种类型。在民间，"台风"甚至直接泛指热带气旋本身。

2002年是个厄尔尼诺年，高水温区偏东，使西北太平洋远洋地区也成为热带气旋广阔的舞台。这一年的台风季来得相对较早，6月下旬开始，西太地区风起云涌，热带辐合带活跃。当年第一、第二个登陆广东的"北冕"（在汕尾登陆）、"黄蜂"（在湛江登陆）由于相隔较远，只给珠海带来了一些大雨。第18号"黑格比"台风，路径更加接近珠海，给珠海带来了结结实实的狂风暴雨。9月11日下午到12日凌晨，呼啸的狂风持续不停，大雨倾泻而下，学校部分操场水深过膝，停在榕园广场上的自行车不仅被刮倒，还有的被刮得位移10多米。虽然学校在收到台风预警之后宣布停课，要求师生都在宿舍避风，但由于宿舍距离海边不足1公里，强风依然把玻璃门窗吹得轰隆作响。一夜过后，校园内的树木东倒西歪，足球场上的一个球门被吹倒并吹到了禁区外。

在21世纪科技进步如此飞速，人们面对诸如台风这样的重大自然灾害却又如此无助。诚然，与近代及以前相比，岭南的人们大部分住上了坚固的钢筋混凝土楼房，海面的船只、陆地上的交通工具无论是吨位还是坚固性都大为提升，各种基础设施相比以往都有了翻天覆地的变化；对台风的预警有了气象卫星、气象学知识的有力支撑，可以从热带低气压向热带气旋转变的时候开始，就提供很早的预警。但直到2018年，台风仍然在岭南大地上造成了比较严重的损失。2018年第22号台风"山竹"正面袭击广东省，在台山市海宴镇登陆，登陆时中心附近最大风力14级（45米/秒，相当于162公里/时），为强台风级。广东全省所有学校停课，深圳、广州、中山、江门、阳江等沿海多市采取"停工、停业、停产、停运"等措施严密防御，广东多个机场的航班大面积取消。"山竹"云系庞大，直径范围达

1000公里，七级风圈半径达到350~600公里。广东省遭受了巨大的经济损失，其中4人死亡，紧急避险转移和安置95.1万人；倒塌房屋超过700间，农作物受灾面积174.4千公顷，其中绝收3.3千公顷；直接经济损失超过30亿元。令人记忆犹新的是，"山竹"叠加天文大潮造成了很多城市的内涝，就连较难出现内涝的海滨城市——珠海、澳门等，都出现了严重的积水；广州城区的海印桥—江湾桥段珠江，江水竟然出现倒灌，淹没沿岸数个住宅小区的地下车库。据美国海军联合台风警报中心统计，1959年至2004年，西北太平洋及南海海域台风发生的数量与月份有关，平均每年有26.5个台风生成，出现最多台风的时间是8月，其次是7月和9月，其中1/3的台风会登陆或影响广东沿岸；广东平均每年因台风造成的直接经济损失超过46亿元，其中2006年的直接经济损失高达281.71亿元。

虽然预警很早，全程监控，智能预测台风的路径、风力、雨量等，但应对的措施还是相对比较被动的——停工停课、船只回港、取消航班、加高堤防、玻璃窗贴"米"字形胶带等。在每小时释放能量相当于2600多颗广岛原子弹的台风"山竹"面前，大量农作物就只能"任凭风吹雨打去"，车库、港口等设施根本无力抵御台风带来的洪水，甚至有的楼房出现了一定幅度的摆动和位移。在台风"山竹"和2017年8月的台风"天鸽"肆虐期间，都有停在港口的车辆被直接"吹"下海，又有停泊在港口的船只被"吹"上岸。即便发达如粤港澳大湾区，人类在自然灾害面前能做的事情依然很少。

台风并不是只给人们带来灾难。一方面台风为人类补给重要的淡水资源，较大程度缓解全球的"净水荒"，是海洋向陆地输送淡水的主要途径。一次直径为平均值的台风，登陆时至少可带来30亿吨降水。另一方面，台风还使世界各地冷热保持相对均衡。赤道地区气候炎热，若不是台风驱散这些热量，热带会更热，寒带会更冷，温带也可能会从地球上消失。

近年来，在厄尔尼诺与拉尼娜现象快速转换的同时，台风也出现了不同于以往的新规律：一是2020年7月西北太平洋及南海均无台风生成，是中国1949年以来首次出现7月"空台"现象；二是直接登陆广东的台风呈减少趋势，从2006年到2018年的年均4个以上，到2019年1个、2020年和2021年分别2个，降幅超过50%。从2021年的情况看，并非台风总数少了，而是已命名的22个台风或热带气旋大部分北上，在中国福建、浙江、江苏、上海，乃至更加靠北的山东、东北，以及日本或韩国等地登陆。其中，台风"舒立基""彩云""烟花""蔷琵""尼伯特""银河""妮妲""奥麦斯""灿都""蒲公英""玛瑙""妮亚图"，甚至生成于北部湾洋面的"卢碧"，这13个台风全部一路向北，直接往日本方向而去。2021年的台风"烟花"在上海登陆之后，深入中原内陆，带来持续的强降雨，酿成河南千年一遇的洪涝灾害，共造成河南全省150个县（市、区）1664个乡镇累计1481.4万人受灾，302人遇难、50人失踪，直接经济损失约1337.15亿元。其中，受灾最严重的郑州市市政道路损毁2730处，干线公路损毁1190处，受灾农村1126个，倒塌房屋5.28万间，农作物受损167.24万亩、绝收43.49万亩。而整个2021年夏季，中国的北方持续降雨湿冷，南方却呈现干热的旱季气候，与"岭南四季水汽丰盛"的特点相悖。但一年的异常并不能说明趋势的变化，需要更长期的观察。

2021年的高温干旱持续到了冬季，以致广东、福建、广西等地发生不同程度旱情。其中，广东东部东江、韩江流域遭遇60年来最严重的旱情，加之珠江口咸潮上溯加剧，旱情呈现"秋冬春连旱、旱上加咸"的不利局面。地处丰水地区的珠江流域，西江、东江上中游大型水库群有效蓄水率最低时分别仅有6%、3%，东江最大的新丰江水库一度在死水位以下运行25天。直到2022年3月下旬降雨后，旱情才好转。

2020年，这种台风北上的趋势尚不明显，28个命名的台风中有8个登陆于长江以北，8个登陆于长江以南（包括中南半岛），2个登陆广东省。

笔者思考的岭南大地仍然面临台风挑战这个问题似乎在逐渐消失。同时，南岭隧道的不断增加似乎正在改变岭南大地"次大陆"的独特环境，让来自西伯利亚的冬季季风可以直达南海边，以致2021年12月的超强台风"雷伊"，似乎受到了更加凛冽的冬季季风的抵抗，无法在广东沿岸登陆。而历史上最迟登陆广东的台风是1974年12月2日的"艾尔玛"，其以热带风暴级别（9级）在台山市登陆。这样的趋势能否确立，还需要进一步探讨与研究。

但是，在人类适应自然、发展自己的历史长河里，特别是在数千年应对台风袭击，不断地遭灾、救灾的过程中，更需要岭南大地的人们，系统总结千年抗风经验和抗洪教训，敢为人先地探索更坚固的房屋、抗灾能力更强的农业组织方式、容水排水更快的"海绵城市"系统，甚至具有更强抗灾容灾能力的智能化、综合性人类生活系统，让台风成为陆地的水库而不是大型灾害。

1.3.3　治疗湿热疾病有待探索

前文专门用较长篇幅描述了岭南大地的"瘴气"，把"瘴气"的重要起因之一归结为岭南"次大陆"独特的湿热环境。在"瘴气"一词首次面世的2000多年后，湿热类疾病不仅没有随着人类医学的进步而逐步消失，反而在中医传统和现代中医的理论与实践中，不断被提及、被关注，成为现代岭南人健康的主要"敌人"。

在秦军南征2100多年后的1949年，战无不胜、攻无不克的中国人民解放军第四野战军也在"瘴气"上吃了亏。据史料记载，四野一些指战员还没有过长江就患上了疟疾。解放湖南之后，全军患南方三大多发病（疟疾、痢疾、胃肠炎，标准的"瘴气"）的指战员达50%左右，指战员的平均体重由60公斤以上锐减到50公斤左右，有的连队由于病员多，连站岗放哨人员都难派。据第43军军史记载："急行军中，烈日如火，仅127师就中暑热死了60余人,晚上蚊虫捣乱,不能安睡,蚊虫引起的疟疾尤为严重。全军患痢疾、腹泻和疟疾者上万人,还有被毒蛇咬伤、疥疮、盲肠炎、脚气烂脚、眼疾等,部队非战斗减员严重。"对此,四野专门拨出5000两黄金到上海购买了数百箱药品,并开展暑期修整,总算渡过难关。

改革开放后,随着南北方人员流动往来频繁,特别是随着生活条件的改善、饮食结构的升级,以及中医辨证的演化,"湿热""湿气"等词跨过了南岭,为各地人们所认知与关注。就连气候干燥的内蒙古、新疆,都时常谈起"痰湿"等词。生活在这些区域的人们,主食就是牛羊肉、奶制品,这些较难消化的食物常常使得人们的消化系统运作失宜,水在体内的循环失控以致津液停聚;或因饮酒、进食生冷食物(比如北方常见的凉菜),而使体内津液聚停形成内湿。元朝以前,茶叶一直作为中原政权的战略物资,实行国家专营专卖制度,其中一个重要原因就是北方游牧民族需要喝茶来祛除其以肉类为主食所产生的"痰湿",只是当时并未将其与"湿气"挂上钩。

时至今日,"湿气"依然是中医领域认知的很多疾病的原因之一。中医把很多找不到明确起因、确定性治疗"靶点"的疾病——如久治不愈的咳嗽、不断复发的感冒、不明原因的头晕脑胀等均归结为"湿气过重",从这个角度寻找治疗的方法。特别是对于现代人常发疾病的辨证,显得尤为有效。即便居住在高楼、远离地面湿气,甚至不生活在水网地区的人们,也会因为过多摄入动物脂肪、糖、酒类等而在体内淤积"痰湿",产生湿气过重所引发的症状。胸闷痰多、容易困倦、身重不爽等古人形容的"中瘴"症状,以及常见的体形肥胖、腹部肥满等,都是"痰湿"的主要症状。

短期来看,"湿气重"是一种亚健康状态;而长期来看,"湿气重"则是很多疾病的重要诱因,比如高血压、糖尿病、脂肪肝等,严重威胁人们的身体健康。作为抗击"湿气""湿热"长达千年的岭南人,更有责任、有便利条件在中医药发展的过程中,以抗"湿"除"湿"为己任,以此作为新的探险，为发展中医、促进健康做贡献。

1.4 岭南之险四：湾区是探险者之家

从经济的视角来看，岭南大地的精华部分集聚于粤港澳大湾区，即传统意义上的珠江三角洲。无论是来自哪个地区的粤商，包括从省外、国外来的"新粤商"，大部分都在大湾区创业、兴业。大湾区究竟有什么样的魅力，吸引着来自五湖四海的创业者；究竟有什么样的魔力，能够支撑一家又一家世界级企业的诞生、发展。这个话题吸引着很多经济、管理和地理学者的目光。

什么叫湾区？地理意义上的湾区，主要是指由一个海湾或者相连的若干个海湾、港湾、邻近岛屿共同组成的区域。经济和人文意义上的湾区，主要是指滨海经济形态的最高实现形式。传统意义认知的滨海经济，是以滨海城市、港口经济，或者临海居住区、疗养地为主的形式。从世界范围来看，这种类型的区域很多，比如大航海时代的里斯本、巴塞罗那、阿姆斯特丹等，工业革命之后的利物浦、纽约、新加坡、东京等，以及第二次世界大战后涌现的滨海创新带——从洛杉矶到圣弗朗西斯科（旧金山），从西雅图到温哥华、釜山创新圈，以及广州、深圳和香港等。还有就是"黄金度假带"——澳大利亚黄金海岸、法国南特到波尔多葡萄酒产业带、新西兰奥克兰海湾等。

但是，不是所有的滨海城市、著名港口都能成为真正意义上的代表经济和商业高度发达的湾区。成为公认的湾区必须有超大规模的经济体量作为基础，必须以具有世界领先地位的科技创新水平作为支撑，还要有较为悠久的营商兴业历史底蕴作为精神支柱。湾区是形态齐整的，海、岛、江、山参差分布；湾区是宜居的，具有优良的居住与兴业环境；湾区是开放包容的，天生就是全球化的。最重要的是，湾区是极具探险精神的，勇士出海、搏击风浪、探索未知、不怕失败的精神，永远铭刻在湾区精神文化的最深处。

1.4.1 探险者的"归宿"

探险精神来自探险者，但我们可以归结出一个有意思的问题，就是地球海岸线如此之长，四大湾区能够成功究竟是天选还是人选？以纽约湾区为例：从哥伦布开始，每年从欧洲出发到美洲大陆探险的船只数以千计、人员数以万计；从美洲大陆北端的魁北克到南端的布宜诺斯艾利斯，最终成为世界经济和金融中心的就只有纽约。同样的，就旧金山而言，世界的大金矿绝不止这一处，只有这里成了第三次工业革命的起源地。这说明成就一个世界创新中心，不仅需要探险者的足迹，更需要探险者能够落脚的真正"归宿"，让探险者把他们的精神留下来、传下去。否则，世界创新中心应该在喜马拉雅山或撒哈拉大沙漠。

我们通常用"港湾"来比喻家，主要体现的就是安全、避风、温暖等特性。湾区的地理形态，主要是大陆（半岛）环抱着海湾，在帆船时代就是天然的"避风塘"。湾区普遍都是河流的入海口，但这些河流又不是特别长、特别宏伟的河流。世界流域和长度综合排名靠前的河流入海口，比如尼罗河、亚马孙河、密西西比河、叶尼塞河、黄河等，均没有形成与四大湾区实力相当的经济区域；即便是经济高度发达的长江三角洲，也较难定义出一个真正意义上的湾区。

湾区应当是一块面积足够大的海滨冲积平原，水流平缓、气候适中、港口优质，尤其是跨越不同时代成为真正湾区的，还应当具有形成"X小时交通圈"（X ≤ 3）的运输交通便利。自然条件不能处于极端形态，太冷或太热，泥沙过多或泥沙不足，都无法创造合适的发展和创新环境。比如黄河，因为泥沙过多，冲积平原扩展过快形成的是延伸到渤海的"突出部"，速度快造成了陆基不扎实、滩涂盐碱地占比过大，无法为经济发展提供稳固基础。比如世界第一大河——亚马孙河，就因为流域森林覆盖率高和下沉作用的影响，带入海洋的泥沙被沿岸海流带走，所以没有出现三角洲，而成为喇叭状海口，海口的沿岸没有形成天然良港。因此，亚马孙河既无海口的海港城市作为龙头，又无人类活动的悠久历史，数千年来一直保持着以无人区为主的原始森林状态。因此，成为湾区需要的是合适的环境，不能"过于优质"或过于贫瘠，不能不宜居又不能"太宜居"。

四大湾区能够从全世界45.08万公里海岸线中脱颖而出，本质上还是大自然的塑造。对比西雅图－温哥华区域与旧金山湾区可以发现，虽然西雅图一度在计算机软件、互联网领域占据上风，诞生了微软、亚马逊等世界级的互联网企业；西雅图港是美国第二大集装箱港，也是美国距离远东最近的港口；西雅图拥有多家知名高校和众多人才，但或因为敢为人先的历史积淀不够深厚，最终还是没能够形成匹敌四大湾区的经济体量、创新成果和大企业集群。

这样的情形一方面说明了人类活动不能显著脱离地球运行的基本规律，不能显著脱离地球运行的历史——地理规律对人类活动、精神塑造的巨大影响，面对地球运行的基本规律，"顺势而为"比"逆流而上"更重要；另一方面则来自宇宙，月球和太阳的运动规律对地球的动态影响——季风和洋流。

1.4.2　季风洋流共同成就

现代气象学认为，季风是因太阳对海洋和陆地的加热差异，进而导致的大气中气压的差异形成的。夏季时，由于海洋的热容量大，加热缓慢，海面较冷，气压高，而大陆由于热容量小，加热快，形成暖低压，夏季风由冷洋面吹向暖大陆；冬季时则正好相反，冬季风由冷大陆吹向暖洋面。这种由于下垫面热力作用不同而形成的海陆季风也是最经典的季风概念。

一些科学家认为，季风是人类迁徙和活动的重要影响因子。2019年11月，美国和以色列科学家在《美国国家科学院院刊》发文认为：12.5万年前，来自亚洲和非洲的夏季季风可能已经抵达中东，正是它为人类"打通了迁徙之路"。也就是说，新季风的到来，使得人们"敢于"离开自己的居住地，走向未知的"新世界"。

东亚地区是世界上最著名的季风区，其季风特征主要表现为存在两支主要的季风环流，即冬季盛行西北季风和夏季盛行东南季风。除了历史原因之外，正是季风的塑造让广东沿海的航海史早于中国大陆其他沿海地区，以及在主要依靠风力航行的帆船时代，粤港澳大湾区中的广州成为"一口通商"的单选项。

在近代以前，来自广东的海船是很少向北航行的，绝大部分都是南下到东南亚，通过马六甲海峡往印度洋、阿拉伯，直到非洲。因此，广东沿海传统上称夏季的季风为"舶风"，影响广东的夏季季风主要从东南洋面吹来，这样从东南亚出发的海船可以顺风回家。而大部分航海探险都在冬季出发，著名的"元鼎出海"就发生在公元前111年（汉武帝元鼎六年）冬天。在岭南设九郡后，汉武帝派遣直属于宫廷的"驿长"率领应募者，带着大量黄金和丝绸从徐闻（今湛江市徐闻县）、合浦（今广西壮族自治区北海市合浦县）到达印度半岛东海岸的黄支国（今印度），在那里交换"明珠、璧琉璃、奇石、异物"等。在航海条件比较原始的古代，需要依靠冬天的北风来远航。同时，据气象资料统计，我国冬季风比夏季风强烈，尤其是在东部沿海，常有8级以上的北到西北风伴随寒潮南下。南海海域以东北风为主，大风次数比北部少。由于冬天北风不烈，广东的先民们更加"敢于"驾驶简陋的海船出海，不会因担心船毁人亡而却步。因此很多地方有这么一个出海的习俗：回家的"舶风"与远航的东北风。

欧洲探险家用monsoon这个词，来描述他们在亚洲发现的季风这个很有规律的现象。这个词来自阿拉伯语mawsim，即一年中的某时间、某季节的意思。这也表明了欧洲探险家从近东、中东到远东的探险顺序。安东尼·瑞德在《东南亚的贸易时代：1450—1680年（第二卷）》中也谈到了

monsoon这个词，认为其来源于马来语muism，并记载道："中国、日本和琉球的商船总是利用1、2月自北向南的季风驶向南洋，到了6、7月或8月再乘自南而北的季风返航。南印度的商船则利用印度洋4月到8月非常可靠的西南季风向东航行。它们可以稍事停留，乘着同一季风返航，但绝大多数商船都选择在风下之地进行贸易，至少等到12月才返航，为的是避免10月经常发生的气旋，同时也利用东北季风返航……"[1]这也指出了另外的东西航路，即从中世纪以来，西方也有两条通向东方的贸易路线：其一是始于埃及和伊拉克的海上路线，其二则是被称为"丝绸之路"的陆上路线。在每年的4月到6月，船只从苏伊士或巴士拉出发，分别经由红海或波斯湾进入阿拉伯海，再顺着从海洋吹向大陆的西南季风前往印度洋和中国南海。大约在6个月后，也就是在10月到12月，吹向海洋的东北季风又会将航船带回其始发地。从笔者的考证看，muism实际上还是来源于阿拉伯语，即"一年四季"的意思。因而英语中的monsoon这个词，还要归功于航程更远、航海更早、与中国联系更早的阿拉伯人。

安东尼·瑞德谈到的"风下之地"，实际上与笔者提及的"避风塘"比较类似。"避风塘"更多指的是港口内或者某个区域内的"风下之地"，比如说澳门的内港。而"风下之地"主要指季风贸易区的交汇处。准确地说，粤港澳大湾区的香港和广州、东京湾区的六大港口，以及安东尼·瑞德认为的"安达曼海的避风港、暹罗湾、爪哇海，特别是马六甲海峡、扶南、占婆和室利佛逝在西历的第一个千年里都扮演了这样的角色，而这方面有碑铭材料和中文记载"。

同样地处受季风影响很大的东亚，日本天皇在明治维新之后迁居并重点发展东京湾区，正是考虑了季风的影响。与传统港口长崎、函馆等相比，东京湾直接面向太平洋，海船出海更加直接。与粤港澳大湾区类似，日本

---

[1] 〔澳〕安东尼·瑞德：《东南亚的贸易时代：1450—1680年（第二卷）》，吴小安、孙来臣译，商务印书馆，2013。

的南向航海需求更多，可以利用冬季风出海。同时，来自堪察加半岛和千岛群岛的千岛寒流（亲潮）和来自菲律宾以东太平洋洋面（也是影响东亚大陆台风的主要策源地）的日本暖流（黑潮），在东京湾外海交汇，给东京湾区带来丰富的渔汛。这里，我们要提到另一种同样来自宇宙的自然现象——洋流。

洋流也称洋面流，是指海水沿着一定方向有规律地以相对稳定速度的水平流动，是从一个海区水平或垂直地向另一个海区大规模的非周期性的运动。洋流按照成因，可分为摩擦流、重力-气压梯度流和潮流三类。摩擦流主要由风的摩擦形成；梯度流主要因风力作用、陆上河水流入或气压分布不同形成梯度，促进海水流动；潮流是因为月亮和太阳引力引发的潮汐效应，形成洋流。除了东京湾区处于寒流和暖流交汇处之外，纽约湾区处于拉布拉多寒流与墨西哥暖流、北大西洋暖流的交汇处，旧金山湾区受到北太平洋暖流、赤道逆流与加利福尼亚寒流的共同作用。三者均位于寒流和暖流在大陆附近的主要交汇点附近。

从气象学的角度看，洋流能够改变一个地方的气候特征。比如：加利福尼亚寒流与旧金山湾区三面环山的北美"次大陆"形态，共同打造了北美洲一个独特的气候区域——地中海气候区域。夏季炎热干燥、冬季温和多雨的地中海气候造就了一大批气候宜人的度假胜地，同时打造了宜居的旧金山湾区，吸引着全世界顶尖的科技与金融人才，符合"探险者之家"的特征。

洋流类似海洋上的"高速公路"。作为地球上最强的一支暖流，北大西洋暖流给纽约湾区到欧洲的航运带来了巨大的便利。从纽约及附近港口出海的货轮，与反向相比节省燃油成本超过一半，让纽约湾区的企业家更有条件以更低成本进行实业生产的投资冒险。而粤港澳大湾区的南向海船必须经过马六甲海峡，商船能够利用马六甲海峡洋流的季节性流向反转而节省大量航油开支，洋流的便利让敢为人先冒险的成本更低，让商人更有底气。

月球与太阳共同作用产生的季风和洋流，塑造了四大湾区，特别是湾区人的品质。这也许就能粗浅解释西雅图－温哥华区域为何无法成为世界级湾区：一方面，这里是加利福尼亚寒流的起点和北太平洋暖流的终点，沿岸的气候虽然呈现温带海洋性气候，相比大陆性气候会更加舒适，但全年均是雨季，冬雨尤其多，给经济活动带来一定阻碍；另一方面，正面来袭的北太平洋暖流无法给航运带来节约成本的便利。进一步延伸，洋流的相似为西雅图－温哥华区域与英论三岛、欧洲西部带来了几乎一样的气候类型，终年阴雨的大环境在一定程度上抑制了这一区域人们的冒险情绪，使得这些区域在历经一两次敢为人先之后容易归于沉寂。比如，英国在第一次工业革命领先全球、成为"日不落帝国"之后持续衰落，现在连苏格兰都在闹独立；荷兰人创造了现代银行业与金融业，但荷兰不是全球金融中心；西雅图－温哥华区域在诞生微软、亚马逊之后并无持续创新，已经落后于硅谷。

2022年1月，微软公司以687亿美元创纪录收购暴雪公司（Activision Blizzard）。交易完成后，微软将成为仅次于腾讯和索尼的全球第三大游戏公司，并推动这个世界上最大的软件公司切入元宇宙（Metaverse，与现实世界映射与交互的虚拟世界）。这是来自西雅图－温哥华区域的微软在近10年来最大的一次冒险。是否2021年以来肆虐的厄尔尼诺现象提高了北半球的海水温度和气候温度，让西雅图达到12年以来的夏季极值气温——40摄氏度，进而让寒流控制区的企业开始冒险？让我们拭目以待。

1.4.3　大海般博大的胸怀

四大湾区高度发达的方面主要是贸易、金融和科技创新，从大类来看就是商业。从四大湾区的商业发展史可以看出，这里成为世界经济中心的重要基础，就是天然形成的优越营商环境，以及一代一代湾区人弘扬的"重商主义"以及企业家精神传统。

湾区优越的营商环境，从地理上看可能出自海洋对人类心理的影响。

海洋面积占地球总面积的 71%，是地球上面积最大的地理形态；陆地上所有生命均来自海洋；世界人口的 60% 居住在距海岸 100 公里的沿海地区，70% 以上的 GDP 集中在这个区域。经济地理学的众多学者都在探究海洋对人类活动的影响。我们认为，海洋在商业领域对人类活动的影响可能更多出现在心理层面：辽阔的、一眼望不到边的海域为沿海地区的人们带来了宽广的胸怀与开放的心态，首先是提供了包容性、容错性更强的营商心理环境，人们更倾向于开展风险更高的商业活动、金融探索，即便在农业领域也更倾向于开展渔业，进而形成了支持营商、支持创新的社会环境。特别是粤港澳大湾区，从公元前 204 年的南越国到现在，无论是在封建社会、半殖民地半封建社会还是在社会主义社会，优越的商业环境代代传承。

湾区优越营商环境的来源，在于海洋带来的"天然国际化"。海洋意味着跨国，在罗马帝国分裂之后，还没有哪一片海洋是某个国家的"内湖"。"天然国际化"的海滨城市、海洋经济天然面临全球性的竞争，也可能产生全球化的合作，需要不断超越所处时代，营造出国际化的营商环境。从本质上看，国际化的营商环境就是跨境、跨国的商业事务是多边的，可以由各方共同制定规则，但不能由某一方完全说了算。比如：在社会管理最严格、等级最森严、特权阶层横征暴敛的元朝，却因为国际贸易制定了历史上较早的一部海关法规《市舶抽分则例》。其中的重要内容就是对特权阶层的海外贸易行为进行限定和规范，比如"诸王、驸马、权豪、势要、僧、道、也里可温、答失蛮诸色人等，下番博易到物货，并仰依例抽解"，遏制特权阶层过度抽取海关税和中饱私囊。这就说明即便身为"人类历史上最大的帝国"的统治者，需要贸易之利也不能实施海禁、闭关锁国，而要遵循和构建国际化的营商环境。而这样的宽松环境，只有海滨城市才能享受得到，进而让商业领域的敢为人先、积极创新无后顾之忧。

大湾区优越的营商环境，还来源于探险者的"家族记忆"。不是所有的海滨城市都能发展成为经济发达地区。因此，海洋的基础环境还需要有具有探险精神的人，比如粤港澳大湾区人主要为跨越南岭的中原探险者，纽约湾区人主要为欧洲逃亡出来的新教徒，旧金山湾区人主要为全世界的"淘金者"，东京湾区人则是一群厌恶幕府、厌恶封建家族的"新武士"。就是这些探险者及其后代，把海洋带来的开放包容环境提升到更高的层次。

延伸阅读

2016年广州城的第一场雪

2016年1月25日一早起来，广州市民都看到了漫天飞舞的雪花，同时听到了这么一条有意思的新闻："广州市气象台证实，前天夜间到昨天上午，广州大部区域出现的是雨夹霰，昨天中午前后转为雨夹雪，这是新中国成立以来广州市区第一次出现雨夹雪。省气象台监测也显示，昨日白天珠三角、云浮、汕头、汕尾和揭阳等地方出现了短暂的雨夹雪，粤西市县出现了小雨。"

图1-3 广州塔上，游客玩雪

资料来源：《新中国成立以来广州城区首次下雪　今晨最低将降至0℃》，http://m.cnr.cn/news/20160125/t20160125_521224101_tt.html。

南征的秦军为何没有遇到瘴气？

公元前219年，已经统一中原的秦始皇东行泰山、南登琅琊，宣扬"六合之内，皇帝之土。……人迹所至，无不臣者。功盖五帝，泽及牛马"的丰功伟绩。为了实现"人迹所至，无不臣者"的目标，秦始皇命屠睢率50万大军南征。

屠睢大军的目的地是百越，也包括岭南大地，在当时人们的认知里，是比原楚国南部潇湘之地（湖南中北部）还要遥远的南方。虽然这里所称的50万大军，在古人行军作战的惯例里是一个概数，包括作战的军士和从军出征的民工、车夫、伙夫等，但就这个概数而言，也算是"倾全国之军"了。毕竟在统一六国之后，秦军野战部队统共85万人，30万人由扶苏、蒙恬率领北御匈奴，5万人镇守咸阳，其他能动员的军力全数投入南征作战，可见秦始皇和秦王朝的高层对岭南作战的凶险是心里有数的，并未轻敌。即便是50万大军，还是因为《淮南子》中记载的"九嶷之南，陆事寡而水事众"，因不擅"水事"遭到了"披发文身，以像鳞虫"的百越袭击，屠睢被杀、军士"伏尸流血数十万"，全军败退。此后，仅用10年时间扫灭六国的精锐秦军，竟然在岭南大地陷入了"旷日持久，粮食绝乏"、"三年不解甲弛弩"的困境。

南征战事陷入僵局之后，秦始皇却显示出了极强的耐心和一统天下的意志力，一方面命令南征大军副帅赵佗就地屯兵、修筑城堡、扼守要道；另一方面依据秦人办事的逻辑，先疏通后勤供应后进兵。秦始皇派遣越人后裔、监御史禄"以卒凿渠而通粮道"，挖通了一条迄今仍在发挥作用的人工运河——灵渠。灵渠沟通了离水（今漓江）和湘水（今湘江），是世界上最古老的运河之一。这条运河甚至在唐朝以前，一直发挥着岭南与中原人员物资往来的通道作用，免去了翻越南岭之苦。

秦军第一次南征的5年之后，也就是公元前214年，秦军向岭南发起第二次南征。这一次，秦朝上下都做了充分的准备。据《史记·秦始皇本纪》记载，秦始皇三十三年以名将任嚣为主帅、赵佗为副帅，率领由逃亡者、穷人子弟（原文为"赘婿"，用以形容穷人家的男人）、商人所组成的远征军南下，兵锋直抵南海之滨，一举平定岭南百越，并设南海郡、桂林郡和象郡三郡。此后秦末大乱，赵佗封五关自立为王，其建立的南越国延续到西汉初年。

那么有意思的情况就出现了。在相关史料中，竟然没有出现对南征秦军染瘴、染病的记载，只有对粮食缺乏、开凿粮道的记叙。难道两次南征、超过50万人次的秦军"如有神助"？为何到了东汉，在秦军南征200多年之后才有了对岭南瘴气的记载？

笔者认为，秦军肯定不是"天兵天将"，他们一定遭遇了以"湿热"为主的瘴气的袭击。这一点从大军伤亡数字可以判断。《淮南子》记载："（越）人皆入丛薄中，与禽兽处，莫肯为秦虏。相置桀骏以为将，而夜攻（秦）人，大破之。杀尉屠睢，伏尸流血数十万。"秦军加上后勤辎重人员一共才50万人，不可能一仗就损失"数十万"，而且当时百越人没有正规野战军，战斗规模不可能达到"数十万"，一夜之间更不可能损失"数十万"。这个伤亡数字很可能是一个时期的统数。从第二次南征，一年即平定岭南、设三郡的时间进度来看，5年前秦军遇到的主要敌人很可能不是所谓的百越人，而是无处不在的"瘴气"。

那么为何史料直到东汉初年才有关于瘴气的记载呢？笔者认为，一方面现存史料大部分出自中原史学家，对先秦时期的记载更多集中于中原东西两块，比如秦灭六国、楚汉之争等。秦军两次出征岭南都被认为是"偏师南征"，既没有详细的记录，更没有对岭南相关文献的承认与引用。正如傅斯年在《夷夏东西说》中所指出的："自东汉末以来的中国史，常常分南北。"直到东汉后，由于三国、南北朝、两宋等"划江而治"（东西晋实则为南北晋）的情况出现，历史记载才更多有南北之分。"瘴气"的记载恰好出现在《后汉书》之中，这绝非偶然。另一方面是经历了南越国数百年的统治和两汉时期的民族大融合，岭南地区在三国时期正式成为中华版图的重要部分，南北方越来越频繁的交流与碰撞，使得中原人面对南方地方病产生的观念正式进入主流文化圈。

中国历史上的北伐为何难以成功？

岭南大地对于中原的大一统政权而言，并非战略要地、国防要冲，中华大地数千年征战史中"北伐成功、建立全国政权"的案例也不多见，由岭南大地出征统一全国的史实更少。这个现象引起了一些史学家的关注与研究。

历代中国的大一统政权，绝大部分是自北向南统一全国的。秦、西汉是出关中，自西向东统一中原，进而向南统一吴、闽，直至岭南；西晋、隋、唐、北宋、元、清等朝代，均是向南统一。历史上从长江以南出发的著名北伐战争不到10次，主要有三国时期陆逊北伐、东晋时期祖逖和桓温北伐、东晋时期刘裕北伐、南朝宋文帝刘义隆元嘉北伐、南宋高宗时期的岳飞北伐、元末朱元璋北伐建立明朝、太平天国运动、国民革命军北伐战争等。其中，从岭南大地出发的主要有太平天国运动、国民革命军北伐战争等。与封建社会时期不同的是，清朝中后期进入半殖民地半封建社会后，北伐的数量明显增多，蔡锷护国军北上讨伐袁世凯、红军长征等，均属于北伐作战。

中国历史上成功北伐、统一全国的案例，最显著的仅有两次：朱元璋北伐和国民革命军北伐。但这两次都不算是真正的成功。一方面，朱元璋北伐把蒙古人赶到长城以外，在南京建立了南北统一的明朝政权。但在朱元璋去世后不久，驻守北平（今北京）的燕王朱棣（朱元璋第四子）就率军南下，攻破南京，随后迁都北京，明朝又恢复成定都北方的封建大一统政权。另一方面，1926年第二次国共合作成立的国民革命军从广州出发北伐，在中国共产党人和国民党爱国将士的浴血奋战下，很短时间内就消灭了吴佩孚、孙传芳两大军阀的主力部队。但由于1927年4月蒋介石悍然发动罪恶的"四一二"反革命政变，大批共产党员遭到杀害与排挤，国民革命军力量大为削弱。此后，即便是东北易帜后国民党名义上统一全国，各地仍处于大大小小的军阀割据状态中。太平天国运动从广西到南京的"北伐"成功了，建立了以南京（此后改名为天京）

为中心的政权。但太平天国政权并没有成为全国政权，派出林凤祥、李开芳的偏师北伐也没能撼动清朝在中原和华北地区的统治。

北伐难以成功，或者难以彻底成功，其原因固然有南北方在经济、政治、军事，甚至人的性格、体质等方面的显著差异，但笔者认为，地理差异所造成的人文区别，可能是决定性的。

首先，地理形态决定了南北方获取资源的方式存在巨大差异。农业社会时期的北方大陆地区，主要从土地中获取资源。在平原地区，大部分依靠人的辛勤劳作，那么主要资源就是土地和附着在土地上的人口；在高原和山地，大部分依靠狩猎、采矿等获取资源，那么主要资源是通过"掠夺"获得的。

在幅员辽阔、气候适宜的中原地区，从事农业生产既历史悠久，又容易在工业社会之前获得较高的生产率，开垦难度相比南方的丘陵地区要小得多。因此，北方的农业社会基础是异常牢固的，农业社会强烈的"护土意识"带来了非常凌厉的尚武精神、强悍的身体素质。另外，北方农业用地一望无际、连面成片、协作较多的特点，更适合冷兵器时代的大兵团作战。这也是商鞅变法、严禁"私斗"之后，秦军成为天下纪律最严明的军队的原因之一，严苛的秦法使秦人迸发出恐怖的战斗力。

而在北方的高原和山地，以骑兵为主要战力的军队更是冷兵器时代的绝对"王者"。这些骑兵本就以家族的形式，聚拢在一起狩猎和抵御猛兽，可以说一天不战斗就没有食物。在狩猎地进入秋冬、猎物越来越少之后，这些家庭又聚在一起，形成家族式的军队南下掠夺。所以，中原大一统政权的国防重心从来都是北方，即便是原来的游牧民族，在入主中原之后仍要抵御新的游牧部落的崛起。比如，北宋年间崛起的以骑兵见长的女真人，打败源于蒙古高原的骑兵契丹人建立的辽朝和北宋。他们入主中原成立金朝之后，却不惜与世仇南宋媾和，全力抵御正在蒙古高原崛起的以骑射和远程奔袭见长的蒙古人。由此可见，所处地理形态能够深刻改变人们本身。

可以说，无论是来自中国北方平原地区的农民，还是来自北方山脉的牧民，在冷兵器时代都是天生的军人。要想打败他们、取得北伐的成功，实属不易。

其次，南北方军事地理上的巨大差异决定了北伐与南征的"胜负天平"倒向一边。从总体上看，中国的地理形态是北高南低、西北高而东南低。在冷兵器时代，地形基本上是决定战争走向的主要因素之一，占据高地的军队基本上为胜券在握的一方。比如，从高原俯冲下来的游牧骑兵基本上对步兵处于屠杀的态势；秦国依靠函谷关、武关，力保关中三百年基本安定；四川钓鱼城让横扫欧亚的蒙古大军望城兴叹，成为欧洲人笔下的"上帝折鞭处"，直接为南宋政权"续命"20年等，案例不胜枚举。

南北方军事地理视角上的巨大差异还体现在生物物种、资源类型上。北方高原属于温带大陆性气候，高山草甸区盛产良马，传说中的"汗血宝马"、现实中的阿哈尔捷金马（又名大宛良马）来自盛产苜蓿的中亚高原；蒙古马则是人类军事史上性价比最高的战马，只产于蒙古高原。这些马匹在冷兵器时代均是核心战略资源。此外，蒙古高原成片的羊群，就是天然的、会自主移动的军粮；蒙古牛耐粗饲、耐寒、抗病力强，可作为畜力，牛乳也是士兵营养的重要来源，这些都是南方大地所不具有的军事资源。还有就是生产武器的重要矿产——铁，在南方较为稀缺，岭南更是非常罕见，以致南越国在对汉朝的贸易中，进口的主要物品就是铁器。在南越王第一次封关背叛西汉王朝之时，吕后（吕雉）随即下令禁止向南越国出售铁器、铁制农具等，说明铁资源对于古时岭南的重要性，这样的局面直到南宋才有显著改观。

但近代以后，来自南方的军队、军人在中国政治舞台上展现了前所未有的实力。随着僧格林沁骑兵在八里桥（第二次鸦片战争期间）的全军覆没，冷兵器战法逐步退出中国大陆。在此后以后膛枪、火炮、海军为主的近代，打的既是先进武器，又是先进战法，这些背后依靠的都是雄厚的经济基础。粤军在"一口通商"百余年之后正式站上了历史的舞台。出自黄埔军校的1926年国民革命军是其第一次辉煌，可惜蒋介石利欲熏心断送了这一支具有前途的粤军部队，幸好南昌起义、广州起义保留了粤军精神的星星火种。

表1-2 近代以来部分广东籍著名将领

姓名	生卒年月	成就
叶剑英	1897.4~1986.10	中华人民共和国开国元帅
叶 挺	1896.9~1946.4	新四军军长、解放军创始人之一
蔡廷锴	1892.4~1968.4	十九路军抗日名将、中华民国陆军上将
张云逸	1892.8~1974.11	中华人民共和国开国大将
薛 岳	1896.12~1998.5	抗日名将、中华民国陆军上将
张发奎	1896.9~1980.3	中华民国陆军上将、北伐和抗日名将
罗卓英	1896.3~1961.11	中华民国陆军上将、抗日名将

最后，岭南之险使得广东人更愿意在商业和创新上敢为人先，而不愿意在政治和军事上过多冒险。世界稻作的起源地会在1.4万年前的岭南，笔者认为可能是因为大冰河时期的古人类，在气候环境稍微改善的岭南大地安顿下来（整个世界还处于大冰河期，因此只能认为是稍微改善），在"劫后余生"的庆幸中开始建设自己的新家园。在古代岭南，中原人或因流放发配，或因生计所迫，翻山越岭来到瘴疠横行、德化不彰的岭南，能够生存实属侥幸。在这样情境下的"新"岭南人更愿意搞建设，而不是抢地盘。在六山三水一分田的岭南（平原面积占广东全省总面积的比重不到30%），确实也没有更多的地盘、没有什么资源可以抢。这也是岭南在秦末就能够开展海外贸易的主要原因。广东人和此后陆续来到广东的人们更善于用交易、合作的方式解决问题。这就使得南方军事力量，特别是岭南的军队在整个冷兵器时代都有天然的"缺陷"：没有视死如归的作战精神。

随着南越国最终与东汉融为一体，以及东晋之后中原人的不断南下，岭南人"合作求生存"的思想在南方大地蔓延开来。历经唐、宋、元三朝海内外贸易的兴盛，江南和岭南地区逐渐积累了大量财富，并始终保存着合作的精神。

据《宋史》记载，两宋时期很多物资都需要经由行商来采买，包括军队日常所需的粮草，都是由行商来负责供给。在当时，这种行商与官方的商业合作被称为"入中"。有学者认为，岳飞军队超强战斗力的主要来源之一是江南地区富裕的粮饷支撑。最终令岳飞撤军的重要原因之一也是临安（今杭州）等地的富商对岳飞收复江北后，需要巨额经费重建汴京（今开封）等北宋故地的担忧。还有就是第一次鸦片战争之时，当时的世界首富、十三行巨商伍秉鉴面临清政府关于"十三行行商与英商串通一气欺骗官府"的指责，并无多做辩解或斗争，而表示"愿以家资报效"，先后捐资210万银元协助清政府偿还战争赔款。这也是岭南人合作心态的突出表现之一。

X：热带≠经济发达

从人类发展的历史沿革与经济发达地区的分布来看，绝大部分文明古国、世界性大国、经济发达地区的大部分，乃至三次工业革命的发祥地都处于北温带。处于热带（亚热带）的经济发达、具有全球影响力的地区，从目前来看仅有粤港澳大湾区和新加坡。由于扼守马六甲海峡的关键地段，新加坡是世界重要的金融、贸易和航运中心之一，但在数字经济时代新加坡已经显著落后，2019年新加坡GDP为3720亿美元，排在全球第33位，落后于同在热带的尼日利亚和菲律宾；2020年受新冠肺炎疫情冲击航运业的影响，新加坡GDP减少了200多亿美元，在2021年反弹到3970亿美元。而世界最贫穷的10个国家有9个在这个区域：津巴布韦、刚果（布）、利比里亚、布隆迪、索马里、尼日尔、厄立特里亚、塞拉利昂、中非、阿富汗。

同属于温带的南温带因为陆地面积不足，无法提供更多经济产出，但为数不多的南温带国家均为发达国家或曾经为发达国家。澳大利亚、新西兰为发达国家，阿根廷、南非在20世纪70年代以前为发达国家，目前属于较发达国家。智利等南美洲国家也不是贫困国家。

传统认知中，热带地区的物产比温带地区更加丰富：热带农作物种类多，主流工业品橡胶、蔗糖和油棕，大部分香料，人类进食最多的水果——香蕉，人类最主要的饮料——咖啡等都只在热带出产；农作物成熟期更短，稻米可以种植三造；热带海洋性气候非常适合人类生存，诞生了三亚、加勒比海、夏威夷、泰国芭提雅和太平洋岛国等一大批度假胜地；非洲还大概率是人类的起源地。

热带区域创新不足、经济不发达的共性，应该还是来源于地理环境带来的气候条件。有学者认为，生活在热带地区的人们，由于气候常年如夏，也就是气候终年高温、四季不分明，每一天的天气都差不多，所以当地人们在生活中主要具有"天"的概念，而缺乏"年"的概念，也就少有长远的规划。而温带地区由于四季分明，春夏秋冬和春耕秋收都是以"年"为时间单位进行的，能够制定比较长远的计划，按年来实施，有利于社会整体的长期发展。笔者认为，导致热带经济发展缓慢最主要的原因是人类由农业社会转型到工业社会之后，热带的环境过于舒适，物产过于丰富，"躺平"心态导致冒险精神欠缺、发展过慢。

在 15~17 世纪地理大发现、欧洲的船队出现在世界各大海洋之前，热带人民普遍过着比较富足和自由的生活。1299 年成书出版的《马可波罗行纪》，除了记载了中国元朝时期"无穷无尽的财富，巨大的商业城市，不错的交通设施，以及华丽的宫殿建筑"等繁华景象，也描写了他护送中国公主到波斯去时，访问和听说过的所有传说般的国度——新加坡、爪哇、苏门答腊、锡兰、印度、索科特拉岛、马达加斯加、阿拉伯半岛、桑给巴尔和阿比西尼亚[1]。这些"传说般的国度"集中在热带地区，主要特征就是一个：富有。

从马可·波罗夸张的描述中可以看出，这个来自欧洲的"土人"对东方的富饶还是非常震惊的。同时期的欧洲，还处于中世纪中后期——这个时期被认为是欧洲最为黑暗的时期，欧洲十字军屡次东侵、天主教会异常强大、蒙古军

---

[1] 〔法〕沙海昂注《马可波罗行纪》，冯承钧译，商务印书馆，2012。

队频繁西征，造成当时的欧洲人普遍生活穷困、城市破败不堪。在《马可波罗行纪》成书 48 年后，一场席卷欧洲大陆的鼠疫——中世纪大瘟疫开始了，夺走了 2500 万欧洲人的性命，占当时欧洲总人口的 1/3。在这种情形下，痛定思痛的欧洲人开始冒险，走上了寻找东方、寻找出路的征程。

从美国学者史景迁《大汗之国：西方眼中的中国》考据和介绍哥伦布大航海的动机中可以看出，哥伦布的目的地不是美洲，而是《马可波罗行纪》中描述的"遍地黄金"的东方："他（哥伦布）1496 年返乡后，订购了该书，并且或在当时或日后，于书页空白处写下了近百个眉批。这些眉批主要以拉丁文写成，间杂以西班牙文，显示了最吸引哥伦布注意的段落。……虽然哥伦布对这些感官描述、奇闻搜秘深表兴趣，我们却不难发现，他真正的意图还是在贸易经商，以及其中隐藏的危险和机会。因此只要马可·波罗提到黄金、白银、纯丝买卖、香料、瓷器、红蓝黄宝石、琉璃、醇酒、采珠人等事，哥伦布就会做记号。同样深受哥伦布注目的内容，包括季风期来临时船队航行的方向及时间、海盗或食人部落猖獗的情形以及类似食物及其他物资可能的位置。"

但是，在进入"大航海时代"短短 200 年后，曾经马可·波罗眼里的"传说般的国度"全部沦为欧洲人的殖民地；"黄金国度"——中国和日本，相继沦为半殖民地。这些地处热带的"传说般的国度"，除了新加坡等少数几个国家之外，至今都是贫困、战乱的国家。这些先天资源禀赋优异的国家和地区，也可能正是被丰富的资源蒙蔽了眼睛、束缚住了手脚，没有追求改革创新、没有敢为人先的精神，被当时来自欧洲的"野蛮人"给冲击得七零八落、一蹶不振。这里并不是为侵略者的侵略行为"正名"，而是我们应当从热带国家的兴衰史中吸取教训，不断自我革新，坚持追赶时代的脚步。

克洛德·列维－斯特劳斯在《忧郁的热带》中写下了这么一段话："当哥伦布第一次横越大西洋，航抵西印度群岛时，他或许以为所到之地是印度，不过，他更确定的是发现了地面上的天堂之存在，从那时到现在虽然已有 400 年，但仍然无法完全扫除一两万年以来新世界一直是在历史的变易之外这一事实所造成的巨大的时间差距。有些差距还是继续存在，不过是存在于另一个层面。我很快就学到，南美洲虽然不是什么人类堕落以前的伊甸园，但由于它所具有的神秘声名，它还是某种黄金时代的具体呈现，特别对有钱人是如此。南美洲得天独厚的地位开始像受阳光照射下的雪一样融化掉。到今日只剩下小小的可贵的一小片；同时，这一小片地方只有享受特别恩宠的少数人可以去，那地方也因此而变质：以前是永恒的，现在成为历史性的；以前是形而上学的，现在变成社会性的。哥伦布所瞥见的地上天堂还是会继续存在，同时也受到破坏变质，变成只是富人的豪华生活方式之专属品。"[①] 这就是热带≠经济发达这句话的一个最好注脚。

大江大河流不出经济大区

有一个奇怪的现象，除长江之外，世界长度排名前十的大江大河的入海口（湾区），均没有成为具有全球影响力的经济中心，主要原因或有三。

表 1-3　世界长度排名前十位的大江大河

单位：公里，个

排名	河流的名称	长度	位于地区	流域国家数
1	尼罗河	6670	非洲东部	11
2	亚马孙河	6400	南美	3
3	长江	6397	中国	1
4	密西西比河	6020	美国、加拿大	2
5	叶尼塞河	5539	西伯利亚	2
6	黄河	5464	中国	1
7	鄂毕河	5410	西伯利亚	1
8	澜沧江－湄公河	5290	中国及东南亚	6
9	巴拉那－拉普拉塔河	4640	南美	4
10	刚果河	4500	非洲中部	1

---

① 〔法〕克洛德·列维－斯特劳斯：《忧郁的热带》，王志明译，中国人民大学出版社，2009。

第一，除了密西西比河在美国，长江、黄河在中国之外，其他大江大河的入海口都在世界上相对欠发达的地区。叶尼塞河、鄂毕河的入海口甚至地处永久冻土区——西伯利亚的北极圈内，与亚马孙河一样，流域基本上是无人区。

第二，人类文明的发祥地，都是在大江大河流域或入海口处。古埃及文明在尼罗河三角洲孕育，古希腊文明诞生于爱琴海（即黑海与地中海的连接处，理论上具有湾区的环抱特征），古巴比伦文明在幼发拉底河、底格里斯河流域和出海口兴盛（现伊拉克境内），中华文明在黄河与长江流域传承至今。但进入大航海时代之后，由于河流对航运的限制，人类的经济中心逐步向海边迁移。特别是在以电力为代表的第二次工业革命之后，没有天然深水良港的国家和地区不可能孕育出世界级的经济区域。

第三，大江大河丰富的资源禀赋抑制了创新精神。人类在经济和商业领域的探索，特别是科技、金融创新，都是高风险活动、革命性创造。传统认知中，人类的第一次工业革命是条件成熟后"呼之欲出"的，实际上并没有这么"顺理成章"。当时的情形是，英国在海外殖民地战争中陆续打败了西班牙和法国，开拓了新的殖民地，在殖民地的大量投资形成了新的商品倾销地和廉价原料供给地。在拓展市场方面的过度投资但产品生产跟不上使得新兴的英国资本家随时都有破产的风险。可以说，第一次工业革命是市场的扩大"倒逼"出来的技术革命。1765年后，珍妮纺纱机的发明和蒸汽机的改良，算是让资本家们松了一口气。第一次工业革命首先在纺织领域兴起，也是因为1733年英国机械师凯伊发明了"飞梭"，大大提高了织布的效率，纺纱顿时供不应求，然后接连发明了织布机和带动织布机的能源设备。

大江大河流域宽广、资源丰富，自然资源的唾手可得可能反而抑制了原住居民和后来者的冒险精神。这里的人们往往满足于靠天吃饭，不愿意把全副身家押上去开展颠覆式创造、探索式创新，久而久之就形成了"躺平"的风气。纽约湾区、东京湾区、粤港澳大湾区都是资源匮乏的区域，大量的矿产资源、石油天然气都要依靠进口；即使是自然资源禀赋最好、真有金矿的旧金山湾区，黄金储量亦非居于世界前列，同时受东南部科罗拉多沙漠极热和北部内华达山极寒的恶劣气候影响，不创新就真的会"饿死"。这个"资源'恰到好处'优于'物华天宝'"的假说，引出了下一部分对"恰到好处的自然资源禀赋"的探讨。

2 恰到好处的自然资源禀赋

据《广东省情手册》:"广东自然资源比较丰富,有植物种类6000多种,珍稀动物700多种,水力资源丰富,鱼类800多种,矿产148(亚)种,探明储量101种,开发前景良好。"就岭南大地的具体情况而言,"比较"一词用得至为妥当。广东由于地处温暖湿润的亚热带,又具有"次大陆"的特征,动植物资源尤其是鱼类资源自然是非常丰富,在全国都能排在前列,但由于地域狭窄、地质结构复杂,在矿产资源方面仅居全国中等水平[1]。岭南山地多、平原少,在近代以前农业生产一直处于落后地位,叠加北方人对"瘴气"和炎热气候的恐惧心理,因此传统认知中岭南大地是自然条件不足、资源禀赋一般的地区。

实际上,由于开发较早、不断应用新的找矿技术,广东有34种矿产资源已探明储量位居全国前五:其中,排第一位的有高岭土、石英、水泥粗面岩、锗、碲等;排第二位的有铅、铋、银;排第三位的有锡、钽铌、硒、冰洲石、玉石等;排第四位和第五位的有硫铁矿、陶瓷土、稀土、锌、汞等。但按照能源矿产、金属矿产、非金属矿产和水气矿产这四大类矿产来分类,广东在最重要的能源以及基本金属等方面确实不足,而且

---

[1] 据《广州日报》2021年4月21日《广东矿产资源亮家底!已查明矿产资源储量101种》:"广东省已查明的矿产资源储量101种,矿种比较齐全,居全国中等水平。"

因地壳活动频繁，矿产资源多数属于贫矿，矿石组成复杂，矿石中往往是多金属共生，比如广东最大的铅锌矿凡口铅锌矿是铅、锌、硫、银等多种元素的混合矿，采选难度较大。因此，广东在多年的发展中一直处于资源相对短缺的情况之下，无论是上述的以进口农作物弥补粮食产量的不足，还是通过贸易获得矿产资源的支持，广东人特别是粤商在一开始视野就是开阔的，就是"全球化的视野"，从秦朝开始就是以开放的姿态吸引各方资源。因为"出海"太早，甚至还引发了一场资源战争——"茶晶战争"。

2.1 "茶晶战争"

现代人或许很少接触到"茶晶"这类装饰物，甚至很多百科书籍或网络资料中将其归为茶叶的萃取物，比如普洱茶茶晶。但在公元前476年到公元前221年的战国时期，茶晶这种天然晶体制成的装饰品，却是中原六国贵族趋之若鹜的"心头好"。秦始皇统一六国之后，竟然为了茶晶发动了一场战争。

2.1.1 何以好茶晶

茶晶，化学成分是二氧化硅，大部分呈六角柱体，外观有浅棕色、深棕色、黑棕色，通体透明、大小不一，有晶洞、晶簇、晶尖等形状，具有一定的放射性。茶晶实质上是 α-石英的显晶质异种，大概率因为呈棕色，与茶色相近，战国时期中原人以"茶"命名之。可见中原人对茶和茶晶的喜爱，有爱屋及乌之意。

显晶质石英可分为各种颜色的异种：纯净的 α-石英无色透明且晶体粗大者，称水晶（rock crystal）。因含微量色素离子或细包裹体，或因存在色心而呈各种颜色，并使透明度降低，如紫色者称为紫水晶，烟黄色者称为烟水晶，黄色者称为黄水晶，棕色者称为茶晶；等等[①]。石英是地球表面分布最广的矿物之一，石英有多种类型，日用陶瓷原料所用的有脉石英、石英砂、石英岩、砂岩、硅石、蛋白石、硅藻土等。水晶实质上与普通砂子"同宗同源"，都是二氧化硅：二氧化硅结晶完美时就是水晶，二氧化硅胶化脱水后就是玛瑙，二氧化硅含水的胶体凝固后就成为蛋白石。二氧化硅晶粒小于几微米时，就组成玉髓、燧石、次生石英岩。包括茶晶在内的石英本质上与今天常见的玻璃一样，但在科技力量不足的战国时代，由于人工打造透明的水晶难度非常大，因而以茶晶为代表的水晶类物质异常珍贵。

2.1.2 为茶晶而战

物以稀为贵。七国的王公贵族们极尽所能，也要在服饰上镶嵌以茶晶为代表的装饰品，彰显自己的尊贵。茶晶主要用来做纽扣和其他装饰品。除此之外，还有同样稀有的犀角、象牙、翡翠、珠玑（珠宝）等。在秦国统一六国之前，中原人一直认为这些宝贝均来自七国中相对神秘的楚国，在齐国加工。但在秦始皇统一六国之后，却发现已经占领的楚国大地（长江以南、南岭以北）并不出产这些物件。因此，《淮南子·人间训》中提到，"秦皇又利越之犀角、象齿、翡翠、珠玑，使尉屠睢发卒五十万"。秦始皇派出大军南征，为了寻找茶晶等宝贝。笔者认为，大军出征岭南的目标应主要是茶晶，因为与其他奢侈品相比，茶晶既足够珍贵，又有较大的用量——一件衣裳有多个纽扣，整体的价值更大。因此可以把秦军南征定义为更加容易理解的"茶晶战争"。

这里所说的"翡翠"，在战国和秦朝主要代指水晶和绿玉。东汉时期许慎所著的中国最早的字典《说文解字》中就有了这个词："翡，赤羽雀也；

[①] 赵珊茸主编《结晶学及矿物学》，高等教育出版社，2017。

翠，青羽雀也"，指岭南地区一种鸟类。用岭南（当时与楚国接壤）的鸟类代指翡（褐红色的茶晶、红色的玛瑙等）和翠（一说为碧玉，另一说为绿松石），更证明了到东汉时期人们就已经知道这些物件来自岭南大地。

秦始皇南征是为了实现"人迹所至，无不臣者"的目标，但动员全国60%以上的军队南征（统一中原后秦军共计80万人，50万人参加南征，仅5万人驻守国都咸阳），一方面是因为对征服岭南的困难估计得比较充分；另一方面还是因为倾国之军征服岭南"值得"，并不能简单归结为"好大喜功"。

笔者认为，其中原因可能有两个方面。一是当时中原人普遍认为，"犀角、象齿、翡翠、珠玑"等奇珍异宝皆出自岭南，岭南一定是繁花锦绣、"黄金流淌"、"财宝无数"，与欧洲开启大航海时代之时对繁华东方的向往是一样的。二是秦军历经10年大规模征战攻灭六国，人疲马惫，物资、粮饷耗费无数，在六国故地仍未完全臣服、中原和吴越一带物资均没有想象的丰盛之时，秦始皇亟须开辟一块新的经济来源，弥补战争所产生的巨大财政窟窿。因此，即便是在第一次南征受到巨大挫折之后，当时的秦始皇和秦国决策层做得最多的事情，大概率仍是把岭南大地与李冰父子修筑都江堰之前的蜀地做了详细对比，结论是"情报准确"，值得在此继续投入，以期获得巨大的回报，因而斥巨资修建了灵渠，后一战而下岭南。能够让秦始皇持续追加"投资"的区域和事情，一定是他和秦国决策层都非常看重的。若没有系统的规划、节约的意识和获得高回报的心态，秦军是无法在10年内攻灭六国的，但攻灭岭南的百越之战竟然花去了相当于攻灭六国一半的时间。

由于在军事理念、组织结构和军队战力等方面的碾压性优势，灵渠投入使用后一年左右，秦军就消灭了岭南百越的军事力量，正式占领岭南。后继续进军桂林，及至今越南北部，设立南海郡、桂林郡、象郡等三郡。岭南正式纳入秦朝的版图之后，百越人和百越的军事力量始终没有较大的反弹，岭南一直处于相对安定的状态。这说明当时岭南的百越是没有国家建制的，甚至没有统一的组织，主要还是部落与氏族组成的松散型社会结构。《汉书·地理志》记载的"自交趾至会稽七八千里，百越杂处，各有种姓"，描述的正是百越的松散状态。同时，秦始皇焚书坑儒，毁灭了大量有价值的古籍，让研究秦军南下之前岭南大地的政治、经济、文化状态变得难上加难，只能通过考古的方式获取有限的信息。

在大手笔的投入和耐心等待下，历经两次征伐岭南、一次征伐象郡，秦始皇终于让岭南大地臣服于自己。历史上称之为秦军南征百越之战，但从发动这场战争的真正原因来看，其更类似一场资源战争，因此笔者称之为"茶晶战争"。

那么秦军南征获取了想要的大批财宝吗？答案是——没有。从地理上可以推断，无论是过去还是现在，岭南大地并不出产中原人视以为珍宝的茶晶、犀角等物。茶晶的主要产地是巴西、美国、非洲，岭南即便在当时出产一定数量的水晶，但产量肯定不足以供应中原贵族制作纽扣。犀牛主要分布在非洲，岭南的犀角必然全部来自进口。岭南可能出产"象齿、翡翠、珠玑"（"象齿"就是象牙，"翡翠"中的"翠"可能是云浮等地的玉石，"珠玑"是海里的珍珠），但是，就当时岭南落后的生产力，天然的产量是不可能弥补秦军作战的巨大窟窿的。那么，销往中原的奇珍异宝是从哪来的呢？只能是从海上来的。这就引出了下一个话题——"依赖进口"。

2.2 "依赖进口"

在上文"重农主义下的商业乐园"一节中谈及岭南的粮食长期处于短缺状态，因而进口外省米甚至"洋米"的情形。"茶晶战争"一节谈到秦始皇征服岭南后，才发现当地并不出产茶晶等可以为帝国带来丰厚收入的宝贝。这就引出了一个新的话题：岭南所需物品，上至奇珍异宝，下至米面粮油；上溯到秦代以前，延续到21世纪，大部分依靠进口。

2.2.1 自然条件带来紧平衡

大部分依靠进口的主要原因，一方面是岭南大地确实不够"地大物博"。平原面积有限，与农业技术不发达叠加，因而岭南一直以来需要进口粮食。矿产资源有限，排名全国前列的均不是铁、铜、铝等基本金属，以排全国第四名的硫铁矿为代表的贫矿较多，开发利用难度大，因此在农业社会长期缺乏铁制农具，在进入工业社会之后长期缺乏基本工业原料，必须依靠进口。水资源丰富，但在农业社会并非优势，每年的台风、水灾等反而造成农产品歉收，这个难题至今仍未解决。渔业资源丰富，但在封建大一统政权"重农主义"的思维之下，长期不受重视，虽然可以保证珠江三角洲较早摆脱饥荒的困扰。

另一方面是岭南温暖湿润、水网密布的条件，让岭南人很早就善于御舟航行。《山海经》曾记载"番禺始作舟"，《淮南子·原道训》记载"九疑之南，陆事寡而水事众"。九疑，即《水经注》命名的九嶷山，位于湖南省南部永州市宁远县境内，是南岭的组成部分。据历史学家推断，早在四五千年前的新石器时代，居住在南海之滨的南越先民就已经使用平底小舟，从事海上渔业生产。而广州市区中山四路挖掘出来的秦代造船遗址，则有力证明了秦朝时期岭南所具有的造船与航海能力。这处造船遗址始建于秦始皇统一岭南时期，至西汉初的文景期间废弃。按出土的部分船台推算，可制造出5~8米，载重25~30吨的平底木船；若乐观估算，最长可以修造长30米、宽8米，载重五六十吨的木船。这样吨位的船只是具有航海能力的。出土的船台同时有力证明了秦朝及秦朝之前，广州的海岸线在中山四路。那么由此推断，南越王宫就修建在海边，南越国是一个海洋国家。

2.2.2 紧平衡下的运输变革

具有修造海船的能力，对于当时的岭南有着非常重大的意义，让以进口弥补资源的不足成为可能。叠加季风（主要是冬季季风）和洋流（主要是源于黄海的寒流）影响，百越时期的岭南人就能够"顺风顺水"到达南海南部，进而通过马六甲海峡抵达古印度（今印度、斯里兰卡、孟加拉国等地）、波斯、非洲等地。在广州的南越王墓中出土了一捆五支原支的非洲象牙，同时出土的还有一只与伊朗出土的波斯薛西斯王所有的类同的银盒，这是迄今在中国发现的最早的海上舶来品。而波斯薛西斯王约公元前519年到公元前465年在位，一定程度上说明了岭南人在比公元前214年更早的时候就掌握了远洋航海技术。

图 2-1 南越王墓出土的波斯银盒
资料来源：南越王墓博物馆官方微信公众号。

当时30吨级载重的海船，已经足够沿着越南海岸南下；50吨级的海船，足够远航穿越马六甲海峡到达印度洋。考虑到在公元前214年设交趾郡以前，东南亚大部分地区都是无人区，补给较难，远航的商人和水手驾驶着原始形态的船只，既需要有过人的技术，更需要有过人的胆识与勇气。他们需要携带部分动物，并练就通过捕鱼、狩猎等补给的能力。从南越王墓出土的船纹提筒上的花纹摹本可以清晰看出，船上有类似鸡、海鸥的禽鸟，船下有鱼，还有一个头戴羽毛（可能是翠鸟羽毛）的人拿着短剑意欲对其身下的人行凶，另一个头戴羽毛的人举着长矛（或戈）站在第二层甲板上。这幅图画了两艘先秦时期的海船，可能反映的是海战的场景。并且，两艘船的船头都有一把与三叉戟类似的武器或装饰，这并不是中国传统的武器或装饰。三叉戟多见于地中海沿岸，著名的形象是希腊神话中海王波塞冬的武器。在南越王墓中出土这样图案的物件，可以证明当时中西方通过海洋已经进行了初步的交流接触，中西文化已经开始交汇融合。

图 2-2 南越王墓出土的船纹提筒

图 2-3 南越王墓出土的船纹提筒花纹摹本

资料来源：《广州南越王墓出土船纹铜提筒》，http://wap.ycwb.com/2021-04/21/content_1611619.htm。

与江浙沿海等地所不同的是，岭南造船航海是生计所迫，因此在造船技术的迭代与进步上必然敢为人先——这是一件拼命的事情。

汉朝的广州，还为世界造船业贡献了两个非常重要的发明。一是舵。1958年，科技史专家李·约瑟风尘仆仆地来到广州博物馆，意外地看到一艘东汉时期的陶船时，就肯定地说："这艘船说明中国是世界上第一个使用舵的国家！"这艘从广州先烈中路出土的东汉陶船（图2-4），说明中国早在公元2世纪就已经发明和使用船尾舵。欧洲人一直用侧桨来控制方向，舵在欧洲的出现，是在公元12世纪，要比中国晚了1000多年。二是水密隔舱。从这艘汉代陶船可以看出，船体用舱壁分隔成若干水密舱，以防船破损后水流入邻舱，这项技术也是领先世界的。还有船首系锚、装置桨橹，都是广州人对世界造船业的重大贡献。

图2-4　出土于广州市的东汉陶船
资料来源：广州博物馆官方微信公众号。

另据史料记载，两晋南北朝时期，广州已能造出承载500~600人、"载货万斛"[①]的船舶，而最壮观的是广州的楼船，水面上有四层，每层楼高三四米，抵御风浪的能力较强。而哥伦布1492年远航美洲之时的旗舰——"圣玛利亚号"，排水量仅为130吨，载重应在100吨左右。

唐朝中后期广州有了大规模的造船业，能造楼船、斗舰、游艇等种类的船只，在性能、设备、载重、动力、作战能力等各方面，已进入世界前列。唐朝的张九皋（张九龄之弟，官至光禄大夫）在任职广州时曾"召募

---

① 唐朝之前，"斛"为民间对"石"的俗称，1斛=1石=10斗=120斤，当时1斤折合为现在的250克。"万斛"实际载重应在300吨左右。

敢勇，缮治楼船"。《新唐书》则记载，广州一地一次"能造船五百艘"。《中国印度见闻录》记载："只有庞大坚固的中国渔船，才能抵御波斯湾的惊涛骇浪，而畅行无阻。"① 可见，当时的外国商人十分喜欢搭乘中国船。唐朝时广州造船业大量吸收国外造船的经验，不断改进船只修造技术。当时有各种外国货船，名叫"南海舶"，每年均到广州贸易。其中斯里兰卡的货船最大，据说船高数丈，安装了梯子方便上下船，堆积宝货如山②。

两宋及以后，由于海外贸易的繁荣，广州和延伸到珠江三角洲其他地区的造船业更具规模，所造船舶更大，可载数百人远航并备用一年的食品，还能在船上养猪、酿酒。同时，这些船上使用当时世界上最先进的航海设备——指南针进行导航（比1731年英国人和美国人同时发明八分仪早500年以上）。元朝时，广州已经拥有了建造可远航爪哇大船的技术。这些大船可载上千人，共四层，卧室、客厅、货仓、厕所等一应俱全。近代后，广州开启了中国现代造船工业。1845年，在第一次鸦片战争结束后不久，由于广州厚重的造船历史和巨大的航运需求，英国人约翰·柯拜（John Couper）在广州黄埔岛建设了"柯拜船坞"，可以修造西方制式的新式帆船、蒸汽轮船，使得广州的造船业继续保持领先地位。此后延续至今，由黄埔造船厂、菠萝庙船厂、龙穴船厂等组成的广州造船业，可以修造超过8万吨的巨轮，以及军舰、危化品运输船等特种船只，75%以上的产品出口海外，成为中国乃至亚洲排名前列的造船基地。

除了广州的造船业兴盛了1000多年之外，东莞大头船、"乌艚"艚船，新会横江大哨、尖尾船、大龙艇，潮汕地区的"红头船"，顺德陈村的"头艋"等，亦是从汉朝以来历朝历代著名的实用船型。

---

① 原载于《中国印度见闻录》，阿拉伯文抄本，系根据唐朝来华的阿拉伯商人苏莱曼等人的见闻所撰，851年汇集，880年续成。该书是先于《马可波罗行纪》约四个半世纪问世的关于远东的一部最重要的著作。
② 钱穆口述、叶龙整理《中国经济史》，北京联合出版公司，2016。

2.2.3 紧平衡与"天生国际化"

粤商是"天生国际化"的。岭南大地地狭人多、资源短缺、难以自足的独特地理禀赋，使得粤商在对外贸易、海洋贸易中应运而生。粤商的海洋贸易需求，又推动岭南人在造船技术方面勇于探索，连续千年都位居世界造船业的前列，很多技术都是在数百年甚至千年之后才被赶上或超越。但岭南大地既没有出现类似哥伦布、麦哲伦这样的航海家，又没有能够在历史上值得浓墨重彩书写的"地理大发现"之类的业绩，虽然出海粤商实际上推动着地理大发现，但记载极少。广东人更没有借助海船技术的优势发展海军，去侵略他国，开拓海外殖民地。穿越千年的粤商，一直在踏踏实实地做贸易。这是一个非常值得深入探究的独特现象。敢为人先的粤商、处处领先的岭南大地，却是一番延续千年的低调景象，令人感到非常地不可思议。历史的视角，笔者将在第二章重点研究。而地理的视角，很可能符合一句粤语所形容的态势——"箍住喉颈"。

2.3 "箍住喉颈"

"箍住喉颈"在粤语里的意思，就是形容一个人被另外一个人用双手扼住喉咙。"箍"指束紧，"箍，以篾束物"。在《广韵》中"箍"读"古胡切"，通语今音 gū，粤音 ku¹。

2.3.1 低调特质越千年

翻开历史，无论是本地土生土长的粤商，还是外地出生、岭南发迹的粤商，大部分人都是在做事情上敢为人先、勇于创新，在做人上却大部分是低调而内敛的，敢干但较少"敢说"。同时具有这两种矛盾的品质，既十分难得，却又十分令人费解。延续千年、辉煌千年的粤商，为何始终非常低调？究竟是何种力量，让这样一种优良品质千年不变？

千年不变的，不会是经济模式、社会形态、制度机制，更不可能是人或者家族。百年家族不罕见，千年家族极其少。那么，这一品质的根源，或许能从岭南大地的地理特征，特别是外部地理特点上找到一些蛛丝马迹。

岭南大地相较于中原、长江流域或闽浙沿海，更类似"次大陆"的形态：气候炎热、台风肆虐、湿热横行；地不大、物不博，岭南人生存更多依赖外界，"天生国际化"；地理与心理双双远离中原，长期被中原政权所忽视；"东西南北中，发财到广东"与"蛮夷之地""烟瘴之地"的说法并存；等等。这是由岭南大地地理环境所内生的"箍住喉颈"，既是岭南发展的不利因素，却又成了岭南人贡献无数个"第一"的主要原因之一，即"环境稍善假说"。这个假说或许是包括粤商在内的岭南人"天生低调"的原因之一，但是，其中亦有缺陷，就是在环境稍微改善的时刻，或是那个时间阶段，即便持续十数年、数十年乃至数百年，在粤商辉煌了千年之后，大浪淘沙，低调依旧存续，与传统认知的海洋型奔放性格、高调心态相去甚远。这一章，请与笔者一起看看岭南大地的外部地理环境，探究是否真正的"向海无限"，探究形成岭南人低调品质的可能性。

南岭把岭南的陆地空间，以及向北发展的直接空间，牢牢地"箍"了起来。而把海图的比例尺略为放大，可以发现岭南面对的南海，严格意义上是"内海"，与地中海、黑海等相似，是另一个稍微大一些的"箍"。

2.3.2 南海南岭共铸箍

南海位于中国大陆南部、中南半岛东部、菲律宾群岛西部、加里曼丹岛北部。南海是西太平洋的组成部分，也是中国三大边缘海之一。南海自然海域面积约为350万平方公里，为中国面积最大、水最深的海区，平均水深1212米，最大深度5559米。陆地在南海的四面环绕——东北方向，中国台湾岛和菲律宾北部巴丹群岛之间有巴士海峡与西太平洋相通，过了巴士海峡就是一片汪洋；西南方向，中南半岛南端的马来半岛与苏门答腊岛之间有非常狭窄的马六甲海峡，与印度洋相通；其他方向，分别与爪哇海、苏禄海等相通，但均不是浩瀚的大洋，而是另外一片区域的边缘海。

岭南大地特别是粤港澳大湾区所面临的海洋地理形态，与纽约湾区、旧金山湾区、东京湾区均完全不一样。纽约湾区的外海，是一望无际的大西洋，对岸就是欧洲；旧金山湾区和东京湾区，分别向西、向东面对浩瀚的太平洋，向着海洋的空间何其辽阔！而从岭南出发的海船，向着欧洲、非洲和南亚方向，势必经过马六甲海峡。马六甲，就是南海这个"箍"上的第一个"节"。如果不经过马六甲海峡，海船须从苏门答腊岛和加里曼丹岛中间的爪哇海向南穿过，绕道班达海、帝汶海，进入印度洋。航程至少增加 2000 海里以上，正常人不会这么做。向着日本、太平洋对岸的夏威夷和美国方向，势必经过台湾海峡或巴士海峡，这两个海峡也是南海向外重要的"节"。向着澳大利亚、新西兰或南美洲的方向，既可以用爪哇海—班达海—帝汶海这条浅海航路，也可以穿越巴士海峡直接南行，但都是在陆地、岛屿之间穿行。

南海这个稍微大一点的"箍"，以及"箍"上窄窄的、浅浅的海峡构成的"节"，用地理中"咽喉之地"的概念来阐述最合适不过，均可能令岭南人的敬畏感油然而生：自己再有本事、再有勇气，依然"天外有天、海外有箍、人外有人"；即便船只大、船队长、载重多，仍然可能在一场台风中毁于一旦。

2.3.3 敬畏自然更敢先

岭南人把敬神、礼佛、拜妈祖的传统延续至今。在广州，1400 年多前人们就在著名的扶胥古港的后山，修筑了南海神庙，供奉南海神祝融；即便是闹市里一家小小的杂货店，都可能会供奉着关公、观音等各路神仙。在粤东的潮汕地区，很多寺庙、道观的香火非常旺盛。澳门的英文，就是 Macao,

也就是供奉海神妈祖的地方"妈阁"的音译。从现代的视角看来，这些都属于"迷信"的范畴。但据相关研究，无论是哪个时代、哪个地方，但凡高风险、不可预测的领域，人们就更容易"迷信"，即便到了现代社会，股民和足球运动员也常常盛行种种"迷信"，因为他们高度关注的结果总有意外。

岭南人，特别是沿海的岭南人把很多看似"迷信"的行为习惯延续千年，这不是偶然的。海洋的地理形态与变化莫测的气候环境，往往给以海为生的航海者、渔民等带来巨大的不确定性；南海与南岭"箍"住岭南的"喉颈"，处处受限、处处受制于人让岭南人产生天然的畏惧感；沿海岭南人多以贸易、捕捞为业，这从古至今均属于高风险、不可预测的领域。因此，岭南人不是"迷信"，而是敬畏天地、敬畏自然，久而久之自然养成了低调、不张扬的独特品质。笔者认为，岭南人的"迷信"，不仅不是唯心主义，反而是崇尚客观、依据事实的。在敬畏自然的基础上，粤商反而是更加容易做到敢为人先的。正是因为知道底线在哪里、边界在哪里，才能够更大限度地释放创造力。

被"箍住喉颈"、低调了千年的粤商，在实践敢为人先精神上迸发出了无穷的力量。而且，从国内其他地区、其他国家来到广东成为粤商的人们，都在这一片热土中迸发出强有力的创造力和胆量。除了地理原因，以及上文一直在阐述的"环境稍善假说"之外，岭南营商千年的历史堆叠，更把敢为人先的精神力量代代传承。在探究地理特点之后，研究粤商之所以成为粤商的历史进程，把过去的片段组合成为历史的脉络，尤为重要。

创新者生，守旧者亡。

延伸阅读

"拍拖"的由来

"拍拖"是粤语里很常用的一个词，用来描述男女之间的恋爱状态。但你要是"穿越"回清朝的一条客船上,旁边一艘小火轮上的船工问你要不要"拍拖",肯定会令你大吃一惊。实际上船工大爷问的是,你的船要不要"拍"在他船的边上,以相靠并行的方式来航行。

这是因为在清朝末期,依靠蒸汽机驱动的小火轮在广东越来越多,人们通常以一艘小火轮来拖行木质的客船,加快客船的航行速度,避免受到风向的影响。这种航行方式就是"拖渡"。而在通过一些比较狭窄河道的时候,小火轮便要靠在客船旁边并列拖着客船航行。粤语中将两艘船靠在一起称为"拍",将两船相靠并行称为"拍拖"。后来男女在街上相伴牵手而行,人们便称他们为"拍拖"。用"拍拖"来形容约会与恋爱这种寻常不过的举动,充分说明了船的行为在人们生活中是何其常见,更说明了广东航运的发达程度。

进一步地,粤语"拍"这个字的发音,类似于"帕",在这里应该是来自英语 park 这个词,两艘船靠泊的意思。这点也表明了广东的国际化程度之深,外语发音深入人心。

第二部分 敢为人先的历史脉络

第一部分，笔者根据自己的探访、经历、理解与感悟，阐述了岭南地理特征为形成敢为人先精神带来有力的支撑。地理因素对于生活在这片土地上的人们，是无差别的，但并非每一位岭南人都具有敢为人先的精神品质；并非每一位具有敢为人先精神的岭南人，都能够把这个精神持续用好、用到点子上；并非每一位敢为人先的岭南人都能够在营商办企业上取得成功。地理也是历史，地理是书写地球的"历史书"，为认识生活在这一片独特地理场景中的人们，提供了最底层的根本性逻辑。

第二部分，笔者将把探讨的对象，逐步向"粤商"这个群体聚焦，回归到全书的主角上来。粤商源远流长，这是一个历史的概念。粤商敢为人先的精神特质不是凭空产生的，也不仅是地理因素普惠产生的，而是历史长河中一次一次的历史事件累积而成的。

3 饮"头啖汤"

广东有一个流传甚广的饮"头啖汤"的俗语。广东人喜好煲汤、喝汤，"头啖汤"即第一口汤，饮头啖汤的人就是在靓汤出锅的时候第一个品尝到美味的人，延伸含义主要是指做什么事都争当第一的人。可见，敢为人先就是根植于广东人内心深处的重要理念，就连吃饭喝汤都要"争第一"，恐于落后。

粤商精神的源头，一般认知最早可以上溯到南越国时期（即公元前204年～公元前111年）。但笔者认为，根据"环境稍善假说"，粤商雏形的形成应更早。据《史记·秦始皇本纪》记载："三十三年，发诸尝逋亡人、赘婿、贾人略取陆梁地，为桂林、象郡、南海，以适遣戍"。上文解释过此段，"贾人"即商人，是中国史料第一次明确记载的"粤商"。从彼时彼刻的视角看，这些商人是外来的，用今天的话来说就是"新粤商"。从中原南下、在岭南落地生根的商人，徐徐拉开了千年粤商精神的大幕。这一节，主要探讨从秦军征岭南到唐朝，粤商的起源与成长，以及如何敢为人先、勇喝"头啖汤"的。

3.1 第一个历史节点：南越国

岭南大地第一次出现商人，是秦军第二次征伐岭南时，随军南下的中原商贾。那么，在史料记载中第一批出现的粤商，源头应是战国时期的中原商贾。

"商人"这个称谓，最早源于周朝（主要是西周）时期对殷商后裔的统称。这些殷商后裔主要生活在殷商故地——宋、卫、齐等诸侯国。因为其作为前朝后裔，在周朝的政治地位不高，因而较难通过出将入相来谋生；甚至在周朝的井田制之下，由于土地属于周王室和贵族所有，这些殷商后裔想安于农耕都不容易。

而殷商时期，正是中国乃至当时世界商业萌芽之时，殷商先王相土发明马车、王亥发明牛车。《管子》记载："殷人之王，立皂牢，服牛马，以为民利，而天下化之。"意思是说，商朝先王圈养牲畜，驯服牛马作为运输工具，为百姓的生产和生活提供了便利，逐渐赢得了天下民心。相土是商朝第三代商王，传说他发明了马车，以及驯服马的笼头和缰绳；他的曾孙王亥驯服野牛，发明了牛车，以及使用鼻环牵引牛的方法。从此以后，商族的农业生产获得迅速发展，再结合原有的畜牧业，商族人的生活条件得到明显改善。商朝还出现了中国最早的货币，这是由最普遍的天然海贝——"齿贝"加工而成的，腹部带有槽齿，背部隆起，又称"货贝"，汉字中的财、贬、贩、购、贮、质、账、贱、贴、赂、赃、贼、赊、赈、赐、赌、赋、赎、赚、赠等与货币、财物有关的字，都以"贝"字作为部首。可以说，划时代交通工具——牛马车和划时代的交易等价物——货币的出现，让殷商时期具有了商品经济的完整萌芽。

周朝的殷商后裔较多为当年的王族或贵族，家中有一定的积蓄，家族有一定的文化底蕴和商业素质，起码识字、会简单的算数。即便在西周时期备受压制，但在"烽火戏诸侯"后，政治生态发生重大变化，使得这部分殷商后裔得以迅速崛起，在社会商品流通贸易领域占据了高地，成为春秋战国时期一股重要的商业和社会力量。因而，此后就以"商人"作为贸易者、企业家等人群的统称，王亥也被后世史学家称为"中国第一位商人"。

3.1.1 军商随军南征百越

随着周天子地位一落千丈，诸侯群起争霸。由于各诸侯国物产不一、发展各异，需求随着人口增加而增加，为商品流通贸易创造了基础条件。随着诸侯国之间的竞争全面展开，各位诸侯都越来越重视能够为本国带来"财货之利"，特别是盐铁之利的商人。齐桓公称霸的时候，曾经与列国签订盟约，其中有"无忘客旅"的表述，即保护来往于列国的客商们，还有"无遏籴"，就是要保护粮食的自由贸易，他更是在此后数年间降低关税、市税。同时，由于彼时属于百家争鸣时代，儒家尚未实现一家独大，因而没有诸如"士农工商"的尊卑排序，春秋战国时期涌现了一大批社会地位比较高、故事广受传颂的著名商人——白圭、子贡、吕不韦、管仲、弦高、范蠡。春秋战国可谓中国古代商品经济第一次全面暴发的时代，那时的商业与贸易不仅为老百姓生活服务，更重要的是为诸侯国的核心利益服务：一是交易急需的军用物资，比如铜、铁、战马、铠甲用皮革等；二是交易国家核心的战略物资，比如盐、情报等。春秋战国时期的大型商贾、商队，不仅"低买高卖"赚取利润，还与所在国、家族利益紧密捆绑。

随军出征岭南的商贾就是这样的"军商"。据《淮南子·人间训》记载，秦军第一次征伐岭南之时并未携带商贾同行："（秦始皇）乃使尉屠睢发卒五十万，为五军，一军塞镡城之岭，一军守九疑之塞，一军处番禺之都，一军守南野之界，一军结余干之水。"这里的"卒"是军士与民夫的统称，而且可能并非正规军（据史料记载，第一次南征包括楚国投降的军人）。《淮南子·人间训》中记载了第一次征伐惨败、主将屠睢被杀的情形："三年不解甲弛弩，使临禄无以转饷。又以卒凿渠而通粮道，以与越人战，杀西瓯君译吁宋。而越人皆入丛薄中，与禽兽处，莫肯为秦虏。相置桀骏以为将，而夜攻秦人，大破之。杀尉屠睢，伏尸流血数十万，乃发谪戍以备之。"这里有一个涉及商贾的关键句："三年不解甲弛弩，使临禄无以转饷",主要意思就是战争持续了三年之久,以至于后勤保障难以维系,然后让民夫凿通"渠"继续输送粮饷(这里所指应当不是"灵渠")。此处反映的一方面是战争的基础设施不足,另一方面是缺乏保障后勤的得力商贾,以致征伐失败。

第二次征伐岭南,随着灵渠的贯通与商贾的随行,顺理成章取得了胜利。史料很少记载商人在这一次征伐中所起的重要作用,但笔者认为,与秦国统一六国之时商贾的作用是比较类似的,既供应后勤军需,打通军事要道;又提供情报支持,提前造成敌方内部分化等。据上文"茶晶战争"一节所述,岭南可能最早在战国中期就为中原供应自己所无法生产的"犀角、象齿、翡翠、珠玑"等珍稀物品,岭南的商业已经较为发达,但从岭南在第二次南征作战时不足一年就设郡来看,珍稀物品贸易并没有形成具有竞争力的"越商"群体,也没有给当时岭南大地上的百越政权(或是百越氏族部落)带来强盛。秦军在第一次南征之时实则败于"瘴气",败于"拉胯"的后勤。

岭南大地纳入大一统的秦朝版图之后,置桂林郡、象郡、南海郡三郡。秦朝中央政权在三郡设立之后,仍继续派遣商人到岭南"适戍",可能表明了秦始皇对商贾在第二次南征时的重要贡献给予了充分肯定,也表明了秦始皇开发"陆梁地"——岭南的决心。东汉学者应劭在《汉书·食货志第四上》中注道:"秦时以適发之,名適戍。先发吏有过及赘婿、贾人,后以尝有市籍者发,又后以大父母、父母尝有市籍者。戍者曹辈尽,复入闾,取其左发之,未及取右而秦亡。"大意就是秦始皇为了开发边疆,专门征集有"市籍",也就是有营商许可证的商人到边疆戍卫,既可让商人经营开发艰苦的边疆地区,又可以为军队提供后勤补助。而且前后征集了很多商人,甚至连父辈、祖辈是商人的人都送到了边疆。商人和与商人沾边的人派遣完了,又从贫苦群众(即"闾左")中组织人员戍边。但在秦军一统岭南仅5年之后,公元前209年陈胜吴广起义就全面爆发,又过了2年到公元前

207年秦朝就灭亡了。

3.1.2 史上首次"东南互保"

从陈胜吴广起义到秦朝灭亡期间，岭南的政治、军事、社会也出现了巨大的、全方位的变化——赵佗封五关自立为王，成立南越国。这是历史上第一次"东南互保"（笔者认为此举与刘䶮创立南汉政权、清朝庚子国变时期的"东南互保"、20世纪20年代军阀混战时期的广东军政府能够并称四次"东南互保"），为形成岭南后来的经济社会格局，特别是形成粤商"天生国际化"的特质与敢为人先的精神起了至关重要的基础性作用。

《史记·南越列传》关于这段历史的记载如下："佗，秦时用为南海龙川令。至二世时，南海尉任嚣病且死，召龙川令赵佗语曰：'闻陈胜等作乱，秦为无道，天下苦之，项羽、刘季、陈胜、吴广等州郡各共兴军聚众，虎争天下，中国扰乱，未知所安，豪杰畔秦相立。南海僻远，吾恐盗兵侵地至此，吾欲兴兵绝新道，自备，待诸侯变，会病甚。且番禺负山险，阻南海，东西数千里，颇有中国人相辅，此亦一州之主也，可以立国。郡中长吏无足与言者，故召公告之。'即被佗书，行南海尉事。""嚣死，佗即移檄告横浦、阳山、湟谿关曰：'盗兵且至，急绝道聚兵自守！'因稍以法诛秦所置长吏，以其党为假守。秦已破灭，佗即击并桂林、象郡，自立为南越武王。"

赵佗所封的五关，又名"五岭""五领"。综合《广州记》《南康记》《舆地志》《水经注》等史料，笔者认为五岭具体指越城岭（在今广西兴安县之北）、都庞岭（在今湖南省永州市蓝山县南和广东省连州市之北）、萌渚岭（在今湖南省永州市江华瑶族自治县和广西贺州市八步区、钟山二县区之北）、骑田岭（在今湖南省郴州市区和宜章县之间）、大庾岭（在今江西省西南角的大余县南境的梅岭古道附近，与广东省南雄市接壤）。这五关都在南岭山系之上。南岭的大小山岭远超五个，比此五岭更高的山峰比比皆是，史书单举大庾、骑田、都庞、萌渚、越城这五岭，与秦军的进军路线有关①。

上文在分析岭南地理特征时谈到，由于岭南的"次大陆"形态，古代岭南物资的进出口渠道要么通过南岭，要么通过海路。在秦末中原大乱之时封关，虽然可以让"盗兵"无法南下袭扰，但也封住了向北继续获取盐、铁、粮等战略资源的渠道。向东是同为"蛮夷"的闽越，向西是更为荒凉的云开大山、十万大山。赵佗封五关自立，岭南大地并未获得直接、实在的好处。

以农业为例，在秦末中原大乱之时，由于50万南征大军带来了很多军用、民用的铁器，以及中原的稻、黍、粟等种植技术，岭南刀耕火种的原始耕作迅速被铁具牛耕所代替，农业生产经济结构迅速改变。除了水稻之外，南越国还种植有其他的粮食作物，考古出土的有黍、粟、菽、薏米、芋、大麻子等。在广州、贵港、梧州、合浦等地南越国时期墓葬或稍后一些汉墓中也屡有瓜果发现，经鉴定，有柑橘、桃、李、荔枝、橄榄、乌榄、人面子、甜瓜、木瓜、黄瓜、葫芦、梅、杨梅、酸枣等。即便如此，岭南平原狭窄，叠加秦朝时期在丘陵、山地等地农业技术与农具的匮乏，农业铁器的短缺还是限制了岭南的农业生产力。以当时的农作物产量，叠加饲养的家禽家畜、渔获捕猎等，大概率很难养活岭南本地人和南征的50万大军。

又以战略物资为例，在公元前183年（汉高后五年），汉朝有关部门的官吏请求禁止南越国在边境市场上购买铁器。赵佗就被迫以军事行动来应对，于公元前181年（汉高后七年）九月出兵攻打西汉封国——长沙国的边境城邑，以此压迫汉朝中央政府同意开放"边禁"。

陆地贸易受制于地、受制于人，当时的南越国商人自然把目光望向了

---

① 黄现璠：《壮族通史》，广西民族出版社，1988。

海洋。虽然百越没有形成政权，更多以氏族部落形式存在，但已经开展了海外贸易。《史记》中记载"犀角、象齿、翡翠、珠玑"等物，大部分不以岭南作为原产地，而来自海外。出土于广州市中山四路的秦代造船工场遗址，被历史学家认为始建于秦军第二次南征之时，在赵佗汉初称帝、营建南越王宫的时候废弃（根据1号船台放射性碳素断代，年代为公元前240±90年）。这些考古发现，均说明了当时的航海条件能够支撑商贾出海、开展海外贸易。

3.1.3　南越国的大海淘

关于南越国的海外商业活动，直接的史料记载非常少，大部分研究建立在南越王墓的出土文物，以及间接的史料之上。南越王墓出土的波斯银盒和船纹提筒，作为重要的物件见证了秦末到西汉南越国海外贸易的兴盛。还有就是本地生产的角形玉杯（图3-1），这种形似海螺的造型，更多是海洋文化的形象，在中国文化特别是秦汉时期文化中尚未出现，但与希腊人的"来通"（Rhyton）——角形杯金银器有着很大的相似性（图3-2）。或是南越国的贵族在看过希腊人所使用的角形杯之后，要求工匠用国内传统玉石雕刻而成。角形玉杯的出现，与船纹提筒上的"三叉戟"有异曲同工之妙。

图3-1　角形玉杯

图 3-2　角形玉杯在希腊雕塑中的母型
资料来源：《广州扬帆通海两千多年！南越王与海上丝绸之路干货大放送》，http：//www.gzyxlib.cn/pub/gzyxtsg/hdxx/bgxx/202011/t20201118_316144.html。

在广州博物馆的展品中，还有一件产自公元前1世纪古罗马帝国的玻璃碗（图3-3）。这个玻璃碗的主要成分为钠钙，与中国传统的铅钡玻璃有显著不同，与古罗马的制作工艺类似，因此此碗即为"海淘"而来。

图 3-3　出土于广州横枝岗汉墓的玻璃碗
资料来源：摄制于广州博物馆。

而南越王宫遗址内出土的花园中的水池，池壁竟然采用的是地中海风格的冰裂纹铺石（图3-4），这在秦汉两朝极为罕见，直到1900多年后营建圆明园西洋楼及其门前的"大水法"，才在皇家园林中大量采用。出现在南越王宫之内的冰裂纹铺石水池,显然是那个时期通过贸易"海淘"而来的设计与材料。

图 3-4　南越国御苑石砌水池的冰裂纹铺石
资料来源:《广州扬帆通海两千多年!南越王与海上丝绸之路干货大放送》,http：//www.gzyxlib.cn/pub/gzyxtsg/hdxx/bgxx/202011/t20201118_316144.html。

南越国出土的木简、帛书等文字记载非常有限,幸运的是其中部分木简记载了"南海"的字样,以及"横山"这个地名(见图3-5)。根据专家的研究、考证,"横山"应该是在越南中部,至今仍有此地名,此地西汉年间是南越国的一个海外贸易中转站,后来不断地发展,成为一个城市。2006年,广州市黄埔区庙头村(即扶胥古港所在地)发掘了一个战国晚期到南越国时期的遗址,出土了不少南越国时期的陶器,在香港海边也有类似遗址的发现,也是拓展海上交通的物证,说明南越国时期从广州沿着珠江到出海口,都有一些生活的据点。同时,也从另一个角度证明了笔者在上文所述的,珠江西岸不断淤积,海岸线持续南移,西岸的遗址大部分都已经深入内陆,而香港等东岸比较稳定的推断。

余媛媛在《斯里兰卡华侨华人口述史》中考证,据一部完成于公元前3世纪至公元前1世纪的斯里兰卡古籍《西哈拉瓦图帕卡拉纳亚》记载,约公元前1世纪,十余位斯里兰卡僧人乘船到达南印度,北上会合印度商

图 3-5 南越木简

资料来源：《广州扬帆通海两千多年！南越王与海上丝绸之路干货大放送》，http：//www.gzyxlib.cn/pub/gzyxtsg/hdxx/bgxx/202011/t20201118_316144.html。

人，一同游历中国[①]。公元前3世纪，即公元前299年到公元前200年，也就是战国末期到秦朝时期，世界各国或各部落之间的联系，并非如同我们今天根据有限的史料来猜度的那样不紧密，国与国之间、部落与部落之间或许有非常密切的交往。那么南越国历经数千公里的"大海淘"，也就不足为奇了。

赵佗封五关，这是岭南发展史上的重要节点，更是推动岭南千年商业发展、形成粤商群体，特别是构筑粤商敢为人先精神的重要历史事件。岭南的特点是"恰到好处"的资源禀赋，也是就说岭南的资源是短缺的、不足的。任嚣对赵佗说的"且番禺负山险，阻南海，东西数千里，颇有中国人相辅，此亦一州之主也，可以立国"只是谈到了南岭、南海把岭南围成

---

① 余媛媛：《斯里兰卡华人华侨口述史》，中国华侨出版社，2020。

了一座险要的"城池",辅助以中原来的人,天时地利人和都适合建国,但任嚣并没有从资源视角看当时的岭南。在封关之后,岭南人特别是从中原来的商贾、父母或祖辈是商贾的人们,必须发挥自己的商业所长,敢为人先地下海与外邦进行贸易,否则不仅南越国很难立足,人们吃上粮食、填饱肚子都是奢望。王孝通在《中国商业史》中谈道:"然始皇开边,专以有市籍者戍之,意者以边境贫瘠。使内地商贾经营其地,或可为兵略之助,惜吾国人民,素无进取思想,以戍为苦,故其殖民政策,未能见效耳。"[①]笔者认为不然,为秦戍边确实苦,然赵佗封关后,岭南就由秦国的边疆转变为南越国的中心,商贾就有了较强的主动性。如果说在秦朝时期到达岭南的商贾,是受迫而来的,那么在南越国时期出海的商贾,就是因为客观条件主动走出去的。彼时的敢为人先,充满了"杀出一条血路"、不成功便成仁的拼搏精神。这种"被迫"与"无奈"在此后的历史进程中不断得到巩固,直至成为粤商主动的选择,以及根植在粤商骨血之中的自觉行动。

没有统一的精神,粤商就不能成为一个穿越千年的商帮群体。南越国时期轰轰烈烈的海外贸易,为粤商作为一个整体的精神传承与千年征程,奠定了第一块基石。

3.2 第二个历史节点:元鼎出海

南越国作为岭南大地第一个相对独立的政权,在中国的历史长河中,终究是一条支流,终究会汇流到中华民族不断融合的历史主流之中来。

从汉初到汉文帝、汉景帝时期,汉朝中央政权虽渴望统一全国,但休养生息更为重要,因而对南越国基本上是以抚为主,跟南越王打交道的主要是长沙国。携打破匈奴王庭、封狼居胥的余威,公元前113年(元鼎四年),汉武帝派安国少季、终军等出使南越,说服南越王赵兴内附。但南越

---

① 王孝通:《中国商业史》,东方出版中心,2020。

的丞相吕嘉不愿归汉，于翌年杀死南越王赵兴及其母汉女樛氏，安国少季、终军等汉使亦遇害。公元前112年（元鼎五年）秋，汉武帝发动对南越国的战争，于公元前111年（元鼎六年）冬灭亡南越国，设置南海等九郡，将今广东、广西、海南以及越南中北部地区并入汉朝版图。

3.2.1　千年粤商史中一个重要的年号——元鼎

皇帝的年号是汉武帝在纪年、历法方面的重要发明创造之一。在汉武帝大破匈奴，建立崇高的威望之后，朝廷有司和部分官员于公元前114年依据汉武帝自己的意见，提出更改纪年的命名方式，废掉以前简单的数字排列法，代之以某种"天瑞"来纪年。第二年（即公元前113年），汾阴出土宝鼎，遂将五元命名为"元鼎"，本年为元鼎四年，并将一、二、三、四元分别追加建元、元光、元朔、元狩的年号（汉武帝初年沿袭文景二帝六年一改元的习惯，以一元、二元至五元等来称呼）。三年后，汉武帝封禅泰山，改元元封。到公元前104年（太初元年）才正式启用年号纪年，不过在最后两年又未建年号，后世习称后元。年号制度成为之后中国绝大多数帝王所采用的纪年方式，并影响了东亚各国，延续至今。

元鼎是中国历代帝王中实质上第一个被使用的年号（建元到元狩为追加的年号），同时对于岭南商业史而言，也书写下多个"第一"。

第一次史书明确记载的国际贸易事件，即"元鼎出海"。根据班固《汉书·地理志》等史籍的记载，公元前111年（元鼎六年）冬，汉武帝派遣直属于宫廷的驿站负责人驿长率领应募者，带着大量黄金和丝绸从徐闻、合浦等港口出发，最远到达印度半岛东海岸的黄支国，在那里交换"明珠、璧琉璃（宝石）、奇石、异物"等[①]。这是史书记载的最早、最完整的一次对外贸易。

---

① 张保见、高青青：《民国以来〈汉书·地理志〉研究综述》，《湘南学院学报》2016年第37期。

第一次史书明确记载的国际贸易航线。《汉书·地理志》中记载："自日南障塞,徐闻、合浦船行可五月,有都元国。又船行可四月,有邑卢没国……黄支之南,有已程不国,汉之译史自此还矣。"寥寥几句话,已经勾勒出"元鼎出海"所建立的国际贸易航线的轮廓,即:从徐闻(今广东徐闻县境内)、合浦(今广西合浦县境内)出发,经南海进入马来半岛、暹罗湾,(通过马六甲海峡)往孟加拉湾,最后到达印度半岛南部的黄支国和已程不国。

第一次通过海路开展丝绸贸易。《汉书·地理志》记载,当时海船载运的是"杂缯",即各种丝绸。虽然在更早时期就有丝绸贸易的历史痕迹,但正式的、官方的记载,《汉书》是第一次,这就首次构成了"海上丝绸之路"的历史概念。唐朝李吉甫在《元和郡县图志》中记述:"雷州徐闻县,本汉旧县,县南七里与崖州澄迈县对岸,相去约百里。汉置左右侯官。在此囤积货物,备其所求,与交易有利。"这也可能是中国历史上第一次设置贸易官员——"左右侯官",管辖对外贸易事宜,但无法确定他们是专职还是兼职。

第一次以徐闻为主力贸易港口。郭沫若主编的《中国史稿》写道:"从中国高州合浦郡徐闻县乘船去缅甸的海路交通也早在西汉时期已开辟,那时海路交通的重要都会是番禺(今广州),船舶出发点则是合浦郡的徐闻县。"部分历史学家研究认为,元鼎年间开启的海上丝绸之路,始发港有泉州、广州、徐闻与合浦等,但以徐闻港为始发港的航线,是中西海上交通史上记载最早、最详细、最完整,也是最长的由汉朝官方经营的"海上丝绸之路"航线,这次出海也是徐闻县在历史上最为"高光"的时刻之一。

南越国在公元前111年(元鼎六年)冬才灭亡,正式设立汉朝的郡县,而元鼎六年冬,在同一个季度之内汉朝就征集了商船队从徐闻、合浦出发远航,开展贸易活动。这在信息闭塞、交通不便的西汉初年,还是很不可思议的。可以把相关史料信息加工为如下三个方面:一是汉武帝派商船出海，非常急切；二是出海港口的选择，越靠近海外越好（徐闻为中国大陆最南端）；三是时机的选择比较恰当，冬季的岭南以自北向南的季风为主，适合顺风出海。这或许可以反推汉武帝南征的重要动机，与秦始皇南征类似，一方面是统一全国，实现"率土之滨，莫非王臣"；另一方面就是急于寻找"犀角、象齿、翡翠、珠玑"等珍稀物品的生产地，以此贴补多年来与匈奴作战所造成的巨大财政亏空。在发现这些奇珍异宝并非南越国原产、实则来自海外贸易之后，汉武帝可能以最快速度发布了"出海令"，带着丝绸等汉朝特产，赶紧去交换"明珠、璧琉璃（宝石）、奇石、异物"，并依据《盐铁论》的中心思想，以国家的名义和力量把海外贸易开展起来。

3.2.2 如流星般划过千年商业史夜空——徐闻港

说起徐闻，今天的人们认知较多的是另外一个词——"菠萝的海"。徐闻是中国菠萝种植大县。若谈到徐闻是国际贸易的大港，相信很多读者都会表示惊讶，但历史确实如此。

徐闻县位于雷州半岛南端，是中国大陆最南端，隔琼州海峡与海南岛相望。徐闻县是广东最早的县治之一。公元前 111 年（元鼎六年），伏波将军路博德率师平南越，建置徐闻县，辖地为整个雷州半岛，隶于合浦郡；县治、郡治均设在徐闻县西南海滨讨网村。东汉时徐闻县仍属合浦郡，县治不变，郡治迁往合浦县（今广西合浦县）。20 世纪 60 年代以来，以今徐闻县南山镇华丰岭为中心，发掘了汉墓总计 350 多座。徐闻汉墓呈群体分布，反映了汉代"聚族而居、合族而葬"的风俗。古汉墓出土文物丰富，有大量陶器、陶珠、铁器、铜器、银饰和琥珀珠、玛瑙珠、水晶珠、琉璃珠等海外舶来品。这些墓葬品是"海上丝绸之路"商贸活动的千年沉淀物，向世人展示了当年的富庶与繁荣。

徐闻县所在的雷州半岛，北部为广州湾平原，南部为火山岩形成的台地。徐闻县现有海安港、徐闻新港两个港口，其中海安港，最深 4 米，最大靠泊能力为5000吨级；徐闻新港靠泊能力也为5000吨级，二期通过填海才实现1万吨级船舶靠泊。到2014年徐闻县港口货物吞吐量才首次突破1亿吨大关，与粤港澳大湾区的世界级港口不可同日而语。

汉武帝时期，选择港口天赋并不优越的徐闻县作为"海上丝绸之路"主力港口，原因很可能与上文所述类似，既有以汉武帝为首的汉朝中央政府"急切"的缘由，又有徐闻地处中国大陆最南端的天然优势，从而让徐闻经历了一次港口商贾汇集、千帆竞发、奇货遍地的繁荣时刻，特别是留下一句著名的徐闻谚语——"欲拔贫，诣徐闻"，与后来的"东西南北中，发财到广东"有异曲同工之妙。

徐闻县二桥村西汉遗址还出土了"万岁瓦当"，这是红褐色泥质陶物品，直径14.5厘米，正中为近似小篆的"万岁"二字，两边为云纹。汉代及以前，"万岁瓦当"象征着使用者的高贵身份与崇高地位，南越王墓中曾有出土。在徐闻出土"万岁瓦当"，正是其当时海外贸易繁荣的有力证明。

然而在汉朝之后，或许更早地在西汉末年，徐闻港无可避免地走进了没落的趋势之中。此后在相关文献和历史遗迹中，较少出现徐闻作为东亚贸易重要港口的相关表述。或许是徐闻本就不具备大港的地理潜力；或许是徐闻本就是"皇港"，出土"万岁瓦当"也从某个角度证明了这一点，西汉的灭亡自然带来官办港口和商品集散地的结束；或许是造船技术的迅猛发展，让徐闻、雷州半岛乃至北部湾失去了地理优势；等等。据历史学家考证，徐闻从三国时期开始逐渐具有军港的功能。《水经注》记载："从徐闻对渡，北风举帆，一日一夜而至。"徐闻成为控制海南岛和交趾（今越南北部）的重要军事基地，从而解决了在海南岛直接驻军所带来的粮食运输问题。但在1073年（宋神宗熙宁六年），宋朝确定海南岛属广南西路，设置琼州、昌化军、万安军和珠崖军，开辟了直接驻军海南岛的历史，徐闻港作为控制海南岛的军港的使命，也走到了尽头。徐闻之名，从此湮灭在历史长河之中。

3.2.3 独尊儒术与《盐铁论》的后遗症——农商分道

岭南大地是"重农主义下的商业乐园",而"重农"与"抑商"实则始于汉武帝时期,"重农"的起源在于罢黜百家、独尊儒术,以及巩固封建统治的需要,"抑商"的起源则在于《盐铁论》,抑制的不是所有的商业与贸易,而是民营经济萌芽与自由贸易行为。

独尊儒术带来的"病商之政"。汉武帝刚继位就表现出崇儒的意向,他在公元前141年(建元元年)十月第一次举贤良文学时明确"申、商、韩非、苏秦、张仪之言"者都不予以录用①,同时以安车蒲轮、束帛加璧征召鲁诗学和春秋谷梁学大儒申公,让申公师徒商议明堂等礼制,但不久就因窦太后崇尚黄老之学而中止。公元前136年(建元五年),汉武帝设置五经博士,重申尊崇儒术。公元前134年(元光元年),汉武帝第二次举贤良文学,丞相田蚡"黜黄老、刑名百家之言",录取数百名儒者,后来儒生公孙弘又做了丞相,引领天下学子竞相习儒。在尊儒的过程中,汉武帝又最为重视公孙弘、董仲舒等所代表的春秋公羊学,并让太子刘据学习《春秋公羊传》。汉武帝没有采取秦始皇"焚书坑儒"这类极端做法,而是采取"博开艺能之路,悉延百端之学"的方针,也就是在将儒学提升为官方意识形态的同时,保留了诸子百家之学。在治国实践过程中,法家思想和做法同样受到重视,与儒家思想糅杂并用,从而形成了一套"霸王道杂之"的"汉家制度",被后人归纳为"阳儒阴法""外儒内法"。

"重农抑商"是儒法两家合流后的产物。传统认为是儒家首先提出的这个思想,实则不然,是法家率先确立了"重农抑商"思想。在《商君书·垦令》(又名《商君书·垦草令》)中,就有多项法律条款保证人们"专注于"

---

① 《汉书·卷六·武帝纪第六》记载:"建元元年冬十月,诏丞相、御史、列侯、中二千石、二千石、诸侯相举贤良方正直言极谏之士。丞相绾奏:'所举贤良,或治申、商、韩非、苏秦、张仪之言,乱国政,请皆罢。'奏可。"

农耕，比如"无得取庸，则大夫家长不建缮，爱子不惰食，惰民不窳，而庸民无所于食，是必农"、"民不贵学则愚，愚则无外交，无外交则勉农而不偷"等，即采取一切办法促使人们从事农业；又有多项条款来限制商人、商业，比如第五条规定禁止商人从事粮食买卖，第八条规定"废逆旅"（即禁止开办旅社、客栈），第九条规定"壹山泽"（即国家垄断自然资源，防止商人从中获利）和第十七条规定"重关市之赋，则农恶商"（即以重税让农民无法营商）等，都是后世重农抑商、减少人口流动等举措的"模板"。而儒家，虽然孔子及其诸位弟子中不乏巨贾大富，但其思想基础之一是"义利之辨"——"君子喻于义，小人喻于利"，而"利"常被看作商人的思想与行为。因此，《论语》中虽然没有"重农抑商"的相关文字，但儒家的思想确实是"义"在"利"前，天然抑制追逐利润的商业行为。

儒法合流、外儒内法的"汉家思想"，符合封建社会最高统治者的核心利益，因此由汉武帝确立之后，影响了此后2000多年的中国社会。"汉家思想"一经确立，农、商的分道势在必行。汉武帝以"病商之政"为中心确立经济政策："令贾人有市籍及家属皆无得名田以便农，一人有市籍，则身及家内皆不得有田，犯令者没入田货（货指田中所出）"[1]，即商人及其家属不能拥有田地，否则罚没田地的产出，以致"兴商者益少，病商者多，国用虽赡，而商业不进，盖春秋、战国以来，一大变革矣"。[2] 汉朝以后，中原等封建王朝集中关注的地区，商人逐渐减少，商业逐步衰落，人们以"出将入相"为最高追求。"汉初商人不得为吏，而商业反兴，武帝时，商贾得仕宦以至于大农丞，而商业反衰，然则商业之兴衰，初不系在上者之贵贱明矣。"[3] 但"国用虽赡"，国库虽然能够得到充盈，但人们的需求依然旺盛，并且随着人口的增加、历史的进步，需求规模不断扩大、需求层次

---

[1] 王孝通：《中国商业史》，东方出版中心，2020。
[2] 王孝通：《中国商业史》，东方出版中心，2020。
[3] 王孝通：《中国商业史》，东方出版中心，2020。

不断提高，这些需求靠谁来满足？其中很重要的一个方面就是下文将谈到的"盐铁专营"，重点物资国营制度。这样的"重农抑商"政策，反而促进了岭南大地商业的发展，特别是逐步形成了粤商敢为人先的精神气质。

盐铁专营带来的"官商""皇商"。盐铁专营并非始创于汉武帝时期，在春秋时期齐国的管仲就提出"官山海"政策，即对盐和铁一起实行专卖。秦国商鞅变法，也提出"壹山泽"，国家控制山泽之利，实行盐铁等战略物资专营制度。春秋战国时期的盐铁专营，及其衍生的国家控制经济命脉的制度，确实让齐国和秦国分别成为春秋、战国最强大的诸侯国。秦国一统天下，主要因素就是立法、耕战与山泽之利国有化。

汉朝初期，为彻底解决秦朝暴政带来的弊端，历任皇帝均主张"无为而治"，实行休养生息政策，对盐铁开放民营，使得当时很多经营盐铁的商人富比王侯。及至汉武帝，国库充盈，因此有实力彻底解决匈奴的威胁，以及闽越、南越等地的统一问题。但到了元鼎年间，汉朝因连年用兵，国库亏空巨大。公元前115年（元鼎二年），汉武帝根据大农令孔仅和大农丞桑弘羊的建议，在中央主管国家财政的大司农之下设立均输官，把应由各地输京的物品转运至各处贩卖，从而增加朝廷收入，抑制商人垄断市场，稳定物价。此后，汉武帝以桑弘羊为负责经济的主要官员，开展了一系列经济和币制改革，先后推行算缗、告缗、盐铁官营、均输、平准、酒榷等经济政策（史称"桑弘羊改革"）。桑弘羊本出身于商人家庭，13岁时以"精于心算"入侍宫中，因对商人和行商非常了解，所以针对民间商业行为开展了一系列"精确打击"。比如：设立算缗，主要针对商人征收财产税，以至于"得民财以亿计，奴婢以千万数，田宅称是，商贾中家以上，大抵因之破家"。[①] 桑弘羊的改革因而饱受批评，被认为是对商业活动的限制，使中国民间的商业动力逐渐式微，破坏了春秋以来的商业发展趋势。

---

① 王孝通：《中国商业史》，东方出版中心，2020。

盐铁官营的法令名义上由郑当时（时任大司农）提出建议，颁布于元狩三年（前120年），但桑弘羊已经作为侍中参与盐铁专营规划，负责"计算"和"言利"之事，历史上仍认为是桑弘羊订立了西汉盐铁官营的实施办法。盐铁官营与南征南越国、实现"元鼎出海"一样，都是为了弥补对外战争所造成的巨大财政亏空，并依据法家治理思想的内核，由皇帝进一步控制国家的经济命脉。在盐铁专营中，朝廷设立盐官，主要作用是组织盐务生产并转运盐及收取盐的专卖税；铁器则从制造到销售都是官营，虽然极大地增加了朝廷的收入，并延缓了铁兵器的外传，保证了汉军的武器优势，但官方垄断的铸铁业生产出的很多铁器性价比很低，在一定程度上反而降低了生产力。

在实施过程中，为顺利过渡，汉武帝任命大盐商东郭咸阳、大冶铁商孔仅为大农丞，专门负责此事。贯穿于2000多年封建社会的营商模式——"官商""皇商"正式走上历史舞台。经济历史学家评价："汉初商人不得为吏，而商业反兴，武帝时，商贾得仕宦以至于大农丞，而商业反衰。"[①] 此后直至清朝末年，这类商人一直横跨商业和政治两大领域，活跃在历史舞台之上。粤商翘楚伍秉鉴、晋商翘楚乔致庸、浙商翘楚胡雪岩，实则均为"红顶商人"。

封建统治者一直把目光聚焦在地理位置、农业生产均高度重要的中原，乃至此后的江南等地，反而给了"瘴疠之地""南蛮边疆"的岭南大地以宽松的营商环境。"官商""皇商"一直以来并非粤商的重要组成部分，即便到了"一口通商"的辉煌阶段，粤商依然具有较大的自主权，比如：伍秉鉴可以自主与外商订立交易、借贷条款，对外具有"伍浩官"的信用等，均是其他区域商人所无法拥有的。因此，在岭南这片土地上，粤商能够真正放开手脚、敢为人先。

3.3 第三个历史节点：通海夷道

独尊儒术和盐铁专营，以及随之而来的"病商之政"，即便是在"王莽

---

① 王孝通：《中国商业史》，东方出版中心，2020。

改制"时期，王莽仿照《周官》泉府之制，以对商贾征税不超过10%（即"计所得受息毋过岁什一"，类似于现代的营业税）为核心内容的重商主义之下，依然没有得到逆转，反而随着封建帝制的不断发展愈加得到巩固。在封建重农主义、抑商政策逐渐在中原扎下根，并向"苏常熟、天下足"的江南大地渗透、推进之时，岭南作为地理和心理上的"次大陆"，即将迎来重要的历史节点——打造"通海夷道"，构筑对外贸易中心，建立对外贸易的稳固地位。

从东汉末年到五代十国的759年历史中，有三国时期60年、十六国135年、南北朝169年、五代十国72年，累计超过400年的国家分裂状态。与北方和中原地带持续被少数民族政权统治，以及纷繁复杂的战乱局面相比，南方则相对稳定得多。根据"环境稍善假说"，这400多年间岭南的人们并不仅仅安于农耕，而是积极投身更具有挑战性的商业活动，进一步释放敢为人先的创造力。

而这个时期的历史，对包括江浙和岭南在内的南方区域的相关记载逐渐增多，即傅斯年在《夷夏东西说》中所述的："自东汉末以来的中国史，常常分南北。"丰富的史料为研究粤商历史奠定了坚实的基础。

3.3.1 以珍易马——维护南方政权

上文在"中国历史上的北伐为何难以成功？"的相关内容里，谈到了南北方军事地理视角上的巨大差异还体现在生物物种、资源类型上。北方盛产良马，而马则是战争的核心资源，直到第二次世界大战期间依然如此。从三国时期开始，南方政权与北方的主要贸易品种就是马。王孝通在《中国商业史》[1]中记载："魏使至吴，以马易珠玑翡翠玳瑁。"由于身处北方、骑兵强悍，魏国在三国时期一直保持强大的优势，以至于代魏而立的司马

---

[1] 王孝通：《中国商业史》，东方出版中心，2020。

家族能够一统三国。魏国却不惜以战略资源——马匹来换取珠玑、翡翠、玳瑁等岭南"特产",可见魏国皇族和贵族对这些奇珍异宝是多么地喜好,不惜以给国家安全造成风险的方式来交易。

东晋时期,北方处于五胡十六国阶段,战乱频仍。偏安于江南的东晋朝廷,时刻面对来自北方游牧民族政权的强大压力。而东晋内部,又是以王、谢、庾、桓等贵族为主干支撑的门阀政治,家族为了巩固自身地位、提高在朝廷中的"话语权"而组建军队,加上"世兵制"(即军人家庭世袭当兵的制度)的腐败与衰落,客观造成了"私兵""府兵"的逐渐兴盛。《东晋门阀政治》中明确指出:"以军权谋求门户利益,本来是东晋门阀政治的特点之一。"[1] 笔者认为,北府兵之所以成为力保东晋、刘宋等朝100多年不受北兵侵入的重要军事力量,一则是因为北府兵主要由北方南迁的流民组成,无后顾之忧;二则是因为北府兵是私人武装,也就是"雇佣军",打仗拼命都是为了自己和雇主,战斗力强悍;三则是因为北府兵的后勤保障水平比较高。与清朝中后期的湘军、淮军等"团练"类似,组建、保有一支强悍的私人武装力量,必须有很强的财力作为支撑。

而东晋在财政上有两个必须解决的问题:土地和人。但终东晋一朝,及至刘宋,因为原本南方的贵族和新的门阀占据了太多免税的土地,以及大量南逃的侨民和"白籍"(即用白色纸登记的"临时身份证",区别于黄色纸登记的原住居民),这两个问题一直没有得到根本性解决,桓温等权臣欲实施"土断"(整理户籍)来减少白籍人口、扩大国家税基均以失败告终。北府兵的创始人谢安,以及此后的实际控制人刘裕(即刘宋的开国皇帝),都只能依靠贸易来维持巨大的军事支出。在打赢了东晋保命之战、北府兵巅峰之战——淝水之战两年后,为弥补战争造成的亏空,东晋中央政府开

---

[1] 田余庆:《东晋门阀政治》,北京大学出版社,2012。

始加税，每人每年的税负变成五石粮食，此举反倒成了对东晋的"釜底抽薪"之举，淝水之战37年后东晋就宣告灭亡。

史料中虽没有直接记载东晋与北府兵交易战马、武器和铠甲等军需物资的记录，但作为从三国延续下来的交易习惯，以及依据两晋时期中原贵族的奢靡之风，五胡十六国大概率都与东晋开展过"以马易珠玑翡翠玳瑁"的交易。同时，史书还曾记载北方游牧民族政权前秦的军队，虽有号称铁骑的"具装骑兵"，但骑兵在其军队中所占比重已经与当年的匈奴、羌胡等不可同日而语。东晋豫州刺史桓伊所部曾俘获前秦军丢弃的大量"人马器铠"，但多数已经残损破坏，经过数年修补，仅拼凑出马铠100多具。李硕在《南北战争三百年》[1]中谈道："桓伊所部只能收集到如此少的马铠，说明秦军中具装骑兵所占的数量也不多。"这个数量能够说明北方游牧民族的政权，出现了马匹、骑兵装备短缺的情况，可能是南北贸易之中，北方"买空"了岭南的奇珍异宝，南方则"买空"了北方的这些战略物资。

王孝通在《中国商业史》中谈道："（南梁之前）广州边海旧饶，外国舶至，多为刺史所侵，每年舶至不过三数。"[2]即南朝时期，广州沿海地区比较富饶，外国的船只过来贸易，多数都被刺史强征税收，以致每年到广州来的船只越来越少。但在萧励（南梁皇族宗亲，后封吴平侯）任广州刺史后，对外国船只秋毫不犯，打造了良好的营商环境。萧励任职广州两年多时间，竟然"献军国所需，相继不绝"，以至于梁武帝都感叹："朝廷便是有广州。"以广州为中心的贸易，为巩固江南政权贡献了很大的财力与物力。

3.3.2 皇帝行商——助推贸易繁荣

从汉末到五代十国，长达400多年国家分裂、诸国林立的局面，非常

---

[1] 李硕：《南北战争三百年》，上海人民出版社，2018。
[2] 王孝通：《中国商业史》，东方出版中心，2020。

类似于春秋战国诸侯纷争之时。为了在这样的"大争之世"站稳脚跟、保证国家安全，各政权特别是南方政权以更加实用主义的心态来看待商业与贸易，只要有利于富国强兵，就可以为我所用。这个时期比较登峰造极的做法，就是王孝通《中国商业史》中所评价的"帝王之好为商贾"，即皇帝亲自操持商业与贸易活动[①]。试举几个比较典型的例子。

一是五代十国时期的南汉开国皇帝——刘龑。刘龑于917年（后梁贞明三年）在广州称帝，定国号为大越；次年，刘龑认为自己是汉朝皇室的后裔，为了表示自己建国是恢复昔日的"汉家天下"，于是又改国号为"汉"，史称五代南汉。南汉是岭南历史上继南越国后建立的第二个地方割据政权，全盛时期疆域有60州，约为今广东、广西及云南的一部分。

刘龑为商人刘安仁之孙、封州刺史刘谦之子、南平王刘隐之弟。据日本藤田丰八、中国陈寅恪等历史学家考证，刘安仁为大食商人，从西亚来到泉州，谎称河南上蔡籍。祖父为华籍阿拉伯商人，又适逢当时的乱世，因此刘龑非常重视商业与贸易，史称"刘龑总百越之众，通珠贝之利，开国而为汉"。"通珠贝之利"在开国之前，可见南汉以商贸立国。

二是西晋愍怀太子——司马遹。司马遹为晋武帝司马炎之孙、晋惠帝司马衷之子，初封广陵王，290年（太熙元年）晋惠帝继位后，被册立为太子。不久遭到皇后贾南风与贾谧等设计谋害，被废为庶人并先后囚禁于金墉城和许昌宫，23岁时被人暗害。及至贾南风倒台，朝廷追复司马遹太子名位，赐谥愍怀。

《晋书·卷五十三·列传第二十三》记载，司马遹"于宫中为市，使人屠酤，手揣斤两，轻重不差。其母本屠家女也，故太子好之。又令西园卖葵菜、篮子、鸡、面之属，而收其利。东宫旧制，月请钱五十万，备于众用，太子恒探取二月，以供嬖宠。洗马江统陈五事以谏之，太子不纳，语

[①] 王孝通：《中国商业史》，东方出版中心，2020。

在《统传》中"。即太子在宫中开设集市，让人杀牲卖酒，太子亲手掂量斤两，轻重一点不差。受外祖父家是杀羊屠户的影响，司马遹对卖肉非常钟爱。又让在西园卖葵菜、篮子、鸡、面之类物品，从中牟取利润。按东宫旧礼制，每月钱五十万，以备各种费用，司马遹常常预支两个月以供宠幸者之用。这是在宫中营商的一个极端案例，虽然司马遹是一位追授的太子，但可见三国时期以来，商业氛围对全社会的影响有多么深刻，以至于太子都能够具有"使人屠酤，手揣斤两，轻重不差"的高超商业技艺，并说明太子宫中设立集市，不是纯属玩乐，而是比较实在的营利性市场。

三是南齐的末代皇帝——萧宝卷。萧宝卷是南齐的最后一位皇帝，即东昏侯（南史也作齐废帝），498 年（南齐永泰元年）即位。南梁开国皇帝萧衍起兵围建康，萧宝卷城破被杀，在位 3 年。

据史料记载，萧宝卷极其宠爱一名叫潘玉儿的妃子。潘玉儿出身市井，萧宝卷为了讨她欢心，特意在皇宫中搭建了一个市集，卖肉、卖酒、卖杂货，煞有介事地做起了小生意。他让潘玉儿做市场的管理者，而自己充当官府的小头目，执行罚款事宜。为了真实再现市井生活，萧宝卷动用了数千宫人。这事儿在民间也传开了，老百姓为此编了个民间小调："阅武堂，种杨柳，至尊屠肉，潘妃酤酒。"历史上多以负面文字来记载这位亡国之君的行为，但从另外一个视角来看，这也说明了当时的主流社会并没有明显的"抑商"思想，特别是没有对商人的歧视。王孝通在《中国商业史》中写道："此必当时市井驵侩，乐易优游，较之帝王反有过之，故生长王室者，甘于效此贱役也。"[①]也就是说帝王们很羡慕当时市井商人优哉游哉的生活，因而心甘情愿地投身到卖肉、卖酒、卖杂货，甚至是屠夫这种所谓的"贱役"之中。

刘宋朝有一句很著名的俗语，就是："广州刺史，但经城门一过，便得

---

① 王孝通：《中国商业史》，东方出版中心，2020。

三千万。"这句话与"三年清知府，十万雪花银"类似，但又有本质的不同。南朝的商业氛围，比清朝要浓厚得多，对外贸易也更加兴盛，因此广州刺史的"三千万"，很大一部分是以官行商而得，并非全部贪污受贿而来。广州刺史萧励，就属于青史留名的对商人"纤毫不犯"的好官。刘宋时期的交州刺史檀和之，攻灭林邑国（今越南中部）后，"往还交市"，大规模开展与林邑、扶南（今柬埔寨）、顿逊（今缅甸南部）等国的海外贸易。《梁书·海南诸国列传·扶南国》记载，"金、银、铜、锡、沉木香、象牙、孔翠、五色鹦鹉"等特色货物往来于交州、广州，"其市东西交会，日有万余人，珍物宝货，无所不有"。笔者认为，此数百年间，营商习惯从皇宫延伸到臣子，进而在整个社会中形成浓厚的商业氛围，而战争越频繁，营商的需求就越迫切。如果说中原的重农主义和抑商政策，为岭南一地的营商创造了符合"环境稍善假说"的良好氛围，那么偏安江南的历代封建政权的皇帝们、统治阶层对商贸的迫切需求、大力支持与浓厚兴趣，则进一步奠定了中国南方特别是岭南大地的营商社会基础，巩固了岭南特别是以广州为中心的粤港澳大湾区"天生国际化"的气质，并为粤商的敢为人先创造了非常宽松的条件。"日有万余人，珍物宝货，无所不有"的景象，推动粤商干脆利落地饮下了"国际化"这碗"头啖汤"。

3.3.3 设市舶使——开启海关先河

隋朝时间虽短，享国仅有37年，但承上启下，在中华文明中具有重要的历史地位。唐朝享国289年，疆域辽阔、经济发达、军事强大，开启了中华民族的又一个全盛时期。用今天的话来说，唐朝是当时世界上唯一的"超级大国"，无论是在文化输出，还是在对外贸易等方面均为中华民族开创了全新纪元。直至今日，海外华人聚居之处，都叫"唐人街"，汉族传统服饰统称"唐装"，唐文化在全世界的影响力可见一斑。

商贸领域，因隋唐时期诸位皇帝在位期间的施政纲领不同而发展状况不一，但其趋势与方向，却是一脉相承。简单归纳，就是"隋唐重基建"。无论是交通基础设施建设，还是交通工具的更新迭代，以至商贸制度机制的建设等方面，隋唐两朝都在中国商贸史上留下了浓墨重彩的一笔。特别是隋唐均设立了从中央到地方的外贸管理机构——四方馆与市舶使。作为海关的前身，无论是中央政府的组成部门四方馆，还是中央派出的外贸管理大臣市舶使，均在南北朝皇帝大臣行商的浓厚氛围之中，为对外贸易开辟了一条正式的官方渠道：在合法缴纳税收之后，官府、军队就能够名正言顺地为商贸活动保驾护航。这是中国古代商业活动从商人、商队自发行为，逐渐走向国家经济行为的重要标志：从国家专营贸易的"元鼎出海"模式、南朝"广州刺史"模式（即任命好的广州刺史就能够使贸易兴盛、国家得益）等，逐渐走向国家立法、抽税，民间商人自主经营的模式。隋唐时期的"基建"，既为唐宋元时期对外贸易第一个全盛时期奠定了坚实基础，又为以广州为中心的粤商开展创新、收获诸多的"第一"构筑了牢固的制度框架。

"岭南圣母"与四方馆。上文谈到，在400多年分裂的历史中，南方政权特别是岭南基本上保持稳定，较少受到战火的摧残，商贸活动在稳定的社会环境中得到了长足的发展。但中华民族是不断走向大一统的。历代统一都是艰辛的、充满血与火的历程，但岭南在融入中国统一的历史进程中，时常能够以损失最小的方式，甚至以和平的方式实现。在五代十国以后，中国再无数百年的长时间南北分治。

隋文帝杨坚在接受北周静帝的"禅让"之后，于588年（开皇八年）发动灭陈战争。次年，隋军攻入建康（今南京市），俘陈后主，陈朝灭亡，正式结束了自西晋末年以来的大分裂局面。590年（开皇十年），隋朝中央政府派使臣韦洸等人安抚岭南，冼夫人率众迎接隋使，岭南诸州皆并入隋朝的版图，隋文帝完成了全国统一。

这位冼夫人是岭南历史上的一位传奇人物。她本名冼英，约512年生[①]（另一说是522年生[②]），602年去世，是南北朝时期高凉郡人（今广东省茂名市），世袭俚人（壮族先民分支）首领，又称高凉郡主，后被封为石龙太夫人、谯国夫人，谥号为诚敬夫人。丈夫是当时的高凉太守冯宝。冼夫人一生致力于维护岭南的安定与团结，并多次审时度势、因势利导，使岭南免于战争，因此被岭南人奉为"岭南圣母"。《隋书》《北史》均为她立传。

冼夫人是岭南和平的"守护神"。她的家族从秦朝开始就世袭南越俚人首领，统领着"部落十余万家"。年幼时，冼夫人就按照女性世袭首领制度，当上了"俚人大首领"。冼夫人以自己的善良、贤明、信义，不断引导部族人做好事、行善事，曾制止了其大哥刺史冼挺恃强侵略邻近州县的行为，改变了越人部落爱互相攻击的风俗，从而改变了部落之间、部落与官府之间争战不断、"岭表苦之"的混乱局面。

冼夫人不仅以超前的政治眼光，率岭南归顺隋朝，实现了国家和平统一，而且审时度势，以一己之力维护了岭南的和平安定。南梁时，大力帮助在交趾平叛的陈霸先（即后来的陈武帝）北上讨伐侯景，为后来进一步巩固岭南在陈朝的地位奠定了基础。在陈朝时，冼夫人统领百越酋长平息了广州刺史欧阳纥的叛乱，获封为中郎将、石龙太夫人。及至陈朝亡国时，岭南大地的地方官和老百姓共奉冼夫人为"圣母"，以求保境安民。事实上冼夫人也不负众望，维护了岭南的和平稳定。

冼夫人审时度势的超强政治智慧，维护了中国的统一，客观上为对外贸易的"基建"贡献了力量。528年（梁武帝大通二年），冼夫人借力梁朝在岭南设置高州（今茂名高州市）、罗州（今云浮罗定市）等治所，巩固岭南的防务。同时，上书朝廷请求在海南岛设置崖州获得批准，正式把脱离

[①] 郑天挺等主编《中国历史大辞典·下卷》，上海辞书出版社，2000。
[②] 广东省地方史志编纂委员会编《广东省志·文物志》，广东人民出版社，2007。

中央皇权586年之久的海南岛重新收归国家管理，并在海南岛大力推行教育和发展生产，推动海南融入大陆文化体系。三国时期，随着吴国海船技术的快速进步，徐闻港作为商港的历史使命终止，而只作为中央政权管理控制海南岛的军港存在。在设置崖州治所、在海南岛置官和驻军之后，徐闻港彻底走向没落。但冼夫人在海南岛恢复郡县制具有重要的历史意义，既让海南始终在中央政府的管辖之下，又为唐宋以后对南海诸岛的直接管辖奠定了坚实的基础，彻底打通了南海航路。这对于"海上丝绸之路"而言，的确是非常重要的"基建"。

冼夫人维护岭南和平稳定的每一件事，都闪耀着岭南人务实低调、喜好和平的精神光辉。冼夫人作为隋唐前期岭南人的杰出代表，无论是在当时还是在今日，都获得了极高的威望。但冼夫人即便身居高位、手握权势、坐拥重兵，始终秉持"唯用—好心"精神（即务实和善心），顺应历史潮流和人民意愿，坚决不独立、不称王，明识远图，心无磷缁，其后人即便成为望族，也无一在岭南称王称霸。冼夫人文化在粤、桂、琼及"海上丝绸之路"沿线国家极具感召力，是世界范围内拥有最多庙宇和纪念馆的女性之一，目前海内外有冼夫人庙宇和纪念馆超过2000座。周恩来总理称她为"中国巾帼英雄第一人"，国内学者评价她为"中国历史上最完美的女人"，欧美学者称她是"东方最具人格魅力的女性"。

与岭南大地的和平稳定形成鲜明对比的是，西域战火纷飞，以至于陆上丝绸之路几乎中断。540年，突厥崛起，填补了鲜卑、氐族的空缺，占据了蒙古高原。南北朝后期，中原的北朝屡受突厥的侵袭。581年杨坚代北周自立为帝后，停止向突厥的岁贡，突厥汗国趁隋朝立足未稳，从甘肃一带向隋朝发起大举进攻，西域的战争正式爆发。这场战争竟然持续了11年，到602年才基本结束。583年，突厥汗国分裂成东突厥、西突厥两部；589年，东突厥又分裂，启民可汗在河套地区建国。615年（隋炀帝大业十一年），隋炀帝巡狩北塞时受到始毕可汗数十万骑兵的袭击，差点成了俘房。可以说，陆上丝绸之路始终处于动荡中，失去了作为商路的价值。隋朝的对外贸易，只能依靠海路。王孝通在《中国商业史》中写道："但突厥、吐谷浑分领羌、胡之国，为其拥遏，朝贡不通，令商人密送诚款，矩之能为此图。"可见西部的通道已经被阻隔，需要"密送"才可通行[①]。两条商路，阻断了一条，但隋朝时期的外贸事业却没有一次性减少50%，反而取得了长足的发展。隋炀帝时期，在外贸的制度建设方面开展了一项具有历史意义的创新，就是建立四方馆。

四方馆，设置于鸿胪寺（隋唐时期的中央行政机构，九寺之一，主掌外宾、朝会仪节之事）之下，主要职责是接待东西南北四方少数民族及外国使臣。四方馆分设使者四人，各自主管不同方向的往来及贸易等事。四方馆是中国首次设立的外贸外事专职机构，其重要意义就是把外贸上升为国家经济行为，此外，还有三个方面的历史价值。一是首次以统一的中华国家视角来面向世界，"中央之国"的心态由此不断完善与固化，外国均是"四方"。二是中国的疆域范围基本固定，秦、汉两朝的疆域不断扩大，中原政权的疆域由黄河流域向北扩大到蒙古高原、向南到南海、向西到帕米尔高原，与今天中国的疆域相近，标志着中国从此不再主动发动大规模对外战争。"中央之国"的心态，以及不再大规模对外扩张，保证了中华文化的延续性，成为四大文明古国中唯一延续至今的。三是说明海上丝绸之路在隋朝出现了暴发式的发展，王孝通在《中国商业史》中也认为："互市至设专官（四方馆、四方使者），可见隋与外国市易，盛于前代。"这既说明海上丝绸之路完全行得通，粤商自然一马当先、受益最多；又说明海上丝绸之路为对外贸易营造了良好的文化环境。东南亚、印度和非洲等传统贸易伙伴对中国的传统认知就是：中国人是来做生意的，不是来侵略的。直到改革开放后的今天，中国商人依然在享受和发展这一"文化

---

① 王孝通：《中国商业史》，东方出版中心，2020。

红利"。

在此"文化红利"上受益最多的，还是最稳定的岭南和粤商。但由于隋朝享国很短暂，而且大量资源投入以大运河为代表的"基建"之中，加上隋炀帝在位时期的征高丽（今朝鲜半岛）、征林邑（今越南中部）等，耗费了大量人力物力财力，因此，粤商来不及敢为人先、大力创新，来不及充分享受四方馆带来的外贸红利。《隋书·地理志》记载了当时的商业特点，在谈到岭南时，这么写道："南海、交趾多犀象玳瑁珠玑诸异珍，故商贾至者，多取富焉。"与上文对比就能够发现，这与《汉书》记载的比较一致。虽然历经了500多年，但改变确实不大，或是因为隋朝享国太短、数十年一遇的改朝换代妨碍了创新。"隋室统一，民困苏息，而享祚短促，寻遭变乱，故其实业尚不得为极盛。"[1] 对于广州而言，隋朝时期的进步还是显著的。《羊城古钞》记载，在广州"东南扶胥之口，黄木之湾，庙中有波罗树，又临波罗江，故世称波罗庙。祀南海神，……隋开皇中创建"。隋代营建了扶胥港和护佑千年的南海神庙，"隋唐重基建"此言不虚。

四方馆这碗"头啖汤"，其实是岭南人谯国夫人"煲"的。没有谯国夫人的深明大义，就没有安定繁荣的海上丝绸之路；没有海上贸易的盛于前代，自然不需要设立专门的行政机关来管理。而隋朝喝下的这碗"头啖汤"，其功效却要等到唐朝的时候才能充分显现了。

设市舶使终铸"通海夷道"。说起唐朝，大家都会想起"贞观之治""开元盛世""疆域辽阔""万国来朝"等词语。唐朝时期，除了武功、文治、疆域、人口、艺术达到了中华民族又一个巅峰之外，在商贸特别是对外贸易方面也达到了"生意兴隆通四海"的新高度。唐朝外贸之盛，既得益于"隋规唐随"，唐朝沿用并升级了四方馆等隋朝创造的"好喝又营养"的"头

---

[1] 王孝通：《中国商业史》，东方出版中心，2020。

啖汤";又得益于唐朝相对宽松、直至出了上下五千年唯一女性皇帝的政治社会环境,对商业较为宽容与鼓励;更由于粤商特殊的精神品质与岭南优越的地理环境,以及经济重心逐渐向海与向南转移,终究铸就了"通海夷道"。

"通海夷道"是海上丝绸之路的早期名称,最早见于《新唐书·地理志》,以广州为起点,全长1.4万公里,途经100多个国家和地区,是当时世界上最长的远洋航线。当时通过这条通道出口的商品主要有丝绸、瓷器、茶叶和铜铁器这四大宗;进口的主要是香料、花草等一些供宫廷赏玩的奇珍异宝。与其他名称所不同的是,"通海夷道"是官方赋予的正式名称,与后来的"亚欧大陆桥""一带一路"等类似。这个名字说明从广州出发的外贸航线,其贸易量之庞大、对经济财政的促进作用已经引起了官方的高度关注,得到了官方的正式认可,这是四方馆的胜利,更是对粤商敢为人先、搏击风浪、勇于出海的最大褒奖。

一是设市舶使。唐朝初年,以通事舍人或检校官来管理四方馆事务,作为中央政府管理外交的主要行政人员。四方馆的上级部门,则延续隋朝的制度,为鸿胪寺。鸿胪寺在662年(唐高宗龙朔二年)改名为同文寺,670年(唐高宗咸亨元年)又称鸿胪寺,684年(唐睿宗光宅元年)改为司宾寺,705年(武则天神龙元年)复称鸿胪寺。唐朝在隋朝基础上的创新之一,则是把外贸作为中央政府直接管理的事务,并派出人员(市舶使)直接到外贸大港行使职权。市舶使的职责主要是向前来贸易的船舶征收关税,代表宫廷采购一定数量的舶来品,管理商人向皇帝进贡的物品,对市舶贸易进行监督和管理、"抽分"(征收关税)。这就形成了现代海关的雏形。

唐朝市舶使的职责主要有七大方面:一为奏报,蕃舶(外国船只)抵达之后,负责及时向朝廷上报;二为检阅,蕃舶进港后,首先对其进行检查;三为款待,举行"阅货宴",对外籍商人加以款待;四为舶脚,即征收关税，又称"下碇税"；五为收市，即政府优先垄断收购蕃舶带来的珍贵商品，朝廷收购完毕再任其与民间交易，收市所得商品称为"官市场"，上交中央少府监以供皇室之需；六为进奉，即替蕃商向皇帝进贡珍异物品；七为作法，即制订某些有关蕃舶管理的具体政策法令。

对市舶使起源于哪一年，历史学家们有较大的争议。一方面，顾炎武在《天下郡国利病书》中谈道："唐始置市舶使，以岭南帅臣监领之。设市区令蛮夷来贡者为市，稍收利入官。凡舟之来，最大者为独樯舶，能载一千婆兰。次曰牛头舶，递得三分之一。贞观十七年诏三路舶司：番商贩到龙脑、沉香、丁香、白豆蔻四色，并抽解一分。"市舶使创立于643年（唐太宗贞观十七年），这个说法被《粤海关志》《广东通志》等书广为引用与肯定。另一方面，北宋时期王钦若等编撰的历代君臣事迹《册府元龟》中记载："开元二年……市舶使右威卫中郎将周庆立，……广造奇器异巧以进。"不过，这里写的714年（唐玄宗开元二年），并不一定是市舶使首次派遣或制度创立的时间。对广东名胜古迹的记载也提供了一些说法，比如怀圣寺（现存中国第一座清真寺，又名光塔寺）内藏书就记载："唐高宗显庆六年，创设市舶使于广州，总管海路邦交外贸，派专官充任。"显庆六年即661年，此时唐朝立国已经超过40年，岭南完成和平统一也超过30年，由于国内局势基本稳定和经济发展、需求增加，以广州为中心的对外贸易必然更加昌盛，此时设置市舶使似乎更合逻辑。而且，从对外贸易中征税、"抽分"由来已久，南朝时广州刺史的"三千万"大部分由此而来，但把外贸纳入皇帝内库，由中央政府甚至内府（宦官）直接派员到贸易口岸征税，唐朝是喝了"头啖汤"。

而历史上可以考证姓名的广州市舶使，则是从开元二年的周庆立开始的（见表3-1）。无论如何，唐朝开始在广州设置市舶使，是不争的事实。

表 3-1 开元二年至唐末广州市舶使名录

时间	姓名	任职	地点	身份	资料出处
开元二年	周庆立	市舶使	岭南	昭州首领（本官：右威卫中郎将）	《旧唐书》卷八《玄宗纪》
开元十年后至天宝初	韦光闰	市舶使	广州	宦官（本官：内府局丞）	《英华》卷九百三十一于肃《内给事谏议大夫韦公神道碑》；《唐代墓志汇编续集》乾元四《韦光闰妻宋氏墓志》
天宝八年	（阙名）	中人之市舶使	广州	宦官	《新唐书》卷一百二十六《卢奂传》
广德元年	吕太一	市舶使	广州	宦官	《旧唐书》卷十一《代宗纪》
开成元年	（阙名）	市舶使	广州	宦官（监军使兼领）	《旧唐书》卷一百七十七《卢钧传》
大中四年	李敬实	市舶使	广州	宦官（都监兼领）	《唐代墓志汇编续集》《李敬实墓志》
唐末	（阙名）	市舶使	广州	宦官	《中国印度见闻录》卷二《中国见闻续记》

唐朝时期重要的港口商埠，从南向北有安南、广州、泉州、扬州等各地。王孝通的《中国商业史》认为："而置市舶司（使）者，似仅有广、扬二埠。"① 扬州在唐代的繁荣，主要得益于隋朝大运河的建设，其作为邗沟与江南河以及长江的交汇之处，天然处于海外与唐朝内陆的连接点上，可直航洛阳、长安等地。但扬州设置市舶使时间较晚，而且大部分的船只都是从广州转口而来。李恒著于 835 年（唐文宗大和八年）的《疾愈德音》写道："南海番舶本以慕化而来，固在接以恩仁，使其感悦，恩有矜恤，以于绥怀，其岭南、福建及扬州番客，宜委节度观察使，常加拜问，除舶脚

---

① 王孝通：《中国商业史》，东方出版中心，2020。

收市进奉外，任其往来流通，自为交易，不得重加税率。"这段话实为建议朝廷在扬州实行自由贸易政策，吸引岭南、福建的外国商船到扬州贸易，除了该收的税之外，不要重复加税盘剥。

而广州，则"久为西南洋诸国贸易之地"，是"国际商业之重要地点"[①]。广州作为"通海夷道"的起点，在唐朝时期对外贸易的繁荣，已有《新唐书》《国史补》《唐大和上东征传·广州条》（即鉴真和尚东渡记）等史籍做了比较详细的记载。《道程及郡国志》直接指出："四口岸之中，以广州为最大。"此外，从韩愈和柳宗元的著作中也可一窥当年盛况。韩愈在《送郑尚书序》中描述"（来广州贸易的海外各国）若耽浮罗、流求、毛人夷亶之州、林邑、扶南、真腊、干陀利之属，东南际天"，即来自今天的朝鲜半岛、冲绳、日本、越南、柬埔寨、苏门答腊岛等地。他还说，在唐朝以前没有来过的国家也"重译而至"。柳宗元在《岭南节度使军堂记》中谈道："（和广州来往者）由流求河陵，西抵大夏、康居，环水而国以百数。"而广州当时外贸的繁荣，可以从航行到广州的外国船只视角进行观察。《国史补》中写下了著名的一段话："南海舶，外国船也，每岁至安南、广州、师子国舶最大，梯上下数丈，皆积宝货。"

唐朝时期的广州已经拥有了面积很大的"蕃坊"，也就是外国人社区。具体位置在今天广州市越秀区光塔路一带，怀圣寺，就在唐代的蕃坊之内。据《中国印度见闻录》记载，在蕃坊里有各种外族的头目（藩长）、教法官管理本族事务；除了必要的行政指令外，各种外族的风俗都得到尊重，除非是不同民族发生矛盾，广州的官吏才插手管理。这让《中国印度见闻录》的作者苏莱曼感到很惊讶，进而影响到他对晚唐时期中国的其他描述，大体都比较正面，认为唐朝时期的中国是世界上仅次于阿拉伯帝国的好地方。

---

① 王孝通：《中国商业史》，东方出版中心，2020。

实际上，市舶使驻地带来的自由贸易便利，形成了"广州地当要会，俗号殷繁，交易之徒，素所奔凑"的局面。顾炎武在《天下郡国利病书》中谈道："自唐设结好使于广州，自是商人立户，迄宋不绝。"他还分析道"禁网疏阔，夷人随商翱翔城市"，也就是政策放宽、外商沓至，肯定了市舶使对商贸的促进作用。市舶使驻跸于此，直接代表皇帝，多为皇帝身边亲近的宦官担任，表明了皇帝对国际贸易的认可，最大限度地维护了对外政策的稳定性，避免了地方官员与民间商人争利，为中外商人们留出了自由度和创新的空间。这从广州敢为人先设立有十多万名外籍人员居住的蕃坊，并在其中实行"准自治"就可见一斑。但唐朝作为一个中央集权、延续了近300年的强盛王朝，必有维护统治、保持稳定的强大法律体系，在商界亦是如此。因此，涉及商业的完备法律，更是重要的"基建"之一。

二是完备商法。唐朝沿袭汉制，也是以"外儒内法"的原则订立其政治、经济、社会制度。由于创建唐朝的李氏家族长期镇守、生活于边疆，家风习惯与胡人多有相似，在北周时还作为"关陇贵族"的成员被赐胡姓——大野，因此整个唐朝的风气更加开放、包容，甚至出了中国封建历史上第一位也是唯一一位女皇帝武则天。及至经济商贸领域，一则没有过度的抑商政策，在天宝之乱走向没落、财政紧缺之后才出现一些"病商之政"，但在广州、交州、扬州、泉州等贸易口岸则始终保持一贯政策；二则重视依法治国，制定了秦朝以来最为详整的商事法律，允许在法律框架下的自由贸易。

在《唐律疏议》中，涉及商事的法律主要有"校斛斗秤度"（量具务必准确）、"器用绢布行滥"（不得以次充好）、"市司评物价"（维护物价稳定）、"私作斛斗秤度"（不得私自制作量具）、"卖买不和较固"（打击虚假交易）。关于打击制作假币、维护金融稳定，《唐律疏议》明确规定："诸私铸钱者，流三千里，作具已备，未铸者，徒二年；作具未备者，杖一百。"完备的商事法律，起到了为唐朝的商贸繁荣保驾护航的重要作用，特别是让外贸有规可循。包括商事法律在内的唐朝法律，很多都被后世所沿用。笔者认为，唐朝还有很多法律与规则，有力助推了外贸的健康发展。

首先是官商分离。唐律规定五品以上，不得入市。这就摒弃了东晋以来官商不分、以公营私的不利局面。虽然官僚乃至皇帝亲自行商，对商业活动确有促进作用，但其手握重权，时常动用国家公器与民间商人争利，反而会抑制整个商业的进步。唐律对官员营商做了明确划线，叠加市舶使与地方官员互不隶属，直接对皇帝负责，形成了相互制约。同时，曾任广州节度使的刘巨鳞、彭杲均因"坐赃巨万"而被处死刑，使得岭南一地，此后廉官辈出，南朝时期的广州刺史模式不复存在，代之以"国家得税收、商人获自由"的良好局面。

其次是赏罚分明。唐朝涉及商事的法律，较好地做到了内外一致、严格执法、一视同仁。《国史补》记载："有番长为之主，领市舶使，籍其名物，纳舶价，禁珍异，番商有以欺诈入牢狱者。"外籍船只进入广州的港口，须登记所载货物（籍其名物），依法纳税（纳舶价），并有外国商人因为欺诈而坐牢。唐朝开始打击走私，唐律规定："诸赍等物，私渡关者，坐赃论；赃轻者，从私造私有法，若私家之物，禁约不令度关而私度者，减三等……"前一条法令严厉，但后一条则又是从轻处罚的规定。禁止走私让内外贸易均回到照章纳税的正道上来，而对自用的私家之物放开一个小口子，则说明唐朝对私有财产的维护。

完备的法律与严格的执法，对于整个社会的诚信体系建设大有帮助，更是商贸活动顺利进行、健康发展的重要保证。这些唐朝商事法律在安史之乱后，虽然在北方尤其是在各大节度使控制的区域，已经形同虚设，但在岭南，特别是广州，却日渐渗入粤商的骨血，培育了敢为人先基础上的诚信意识和规则意识，使得广州的"通海夷道"成为唐朝中后期朝廷最重要的收入来源，以至于879年黄巢起义军围困广州，并上书唐僖宗要求任安南都护和广州节度使之时，大臣于琮议进谏唐僖宗："南海市舶利不罚，贼得到更富，而国家财用屈。"这充分说明了稳定的广州对当时的唐朝财政是多么重要。

三是岭南稳定。从唐初到唐末黄巢攻城为止，加上南朝末隋初冼夫人的努力，岭南大地维持了将近320年的稳定局面，为商贸健康发展和粤商创新提供了稳定、持续而优越的环境。

首先是和平统一。唐朝建立后，隋朝左武卫大将军、冯家族长冯盎（高凉太守冯宝与冼夫人之孙、石龙太守冯仆之子）延续了冼夫人高瞻远瞩的政治眼光与"唯用—好心"的家族价值观，主动归降唐朝，再次实现了岭南与中原的和平统一。为了奖赏冯盎的功绩，唐高祖李渊封冯盎为国公、上柱国、高州总管，整个岭南几乎都在冯盎治下。

但在和平统一后，冯盎与周边的部落酋长和地方官吏屡屡爆发冲突，不断增加朝廷的疑虑，冯盎也出于恐惧而长时间不敢入朝。到627年（唐太宗贞观元年），冯盎与岭南酋长谈殿再次爆发激烈冲突，周边的不少州府便向中央报告冯盎已经起兵造反。唐朝中央大部分官员都认为冯盎确实造反了，唐太宗便准备调集大军进攻岭南地区。这时候，大臣魏征却站出来阻止出兵岭南，认为冯盎没有造反的迹象："岭南瘴疠险远，不可以宿大兵。且盎反状未成，未宜动众。"并分析，冯盎是名将，出身名门望族，如果他要造反，必然派兵抢占交通要道和险要地形（与赵佗自立必封五关类似），可他的军队没有离开防区，冯盎只是害怕朝廷听信邻近州县政敌的报告而不敢入朝，请唐太宗立刻派人前往岭南安抚冯盎并调查真实情况。唐太宗采纳了魏征的意见，派遣韦叔谐、李公淹持旌节前往岭南慰问冯盎。冯盎见到唐太宗的使者后非常感动，还让自己的儿子冯智戴随使者返回长安。

此后，朝廷因岭南在国家财政中的重要地位，慎重选拔委任岭南特别是广州的地方官。除了对犯法的广州节度使进行严惩之外，还从唐朝中后期开始，根据韩愈的建议"若岭南帅得其人……外国之货曰玉、珠、香、象、犀、玳瑁、奇物溢于中国，不可胜用，故选帅常重于他镇"形成了选拔委任广州地方大员的政策主张，选拔了一批廉洁奉公的官员到岭南任职。特别是韦正贯，到任广州后见到南方风俗右鬼，于是毁淫祠，教民毋妄祈，扫除不良风气，并以身作则，史载"南海舶贾始至，大帅必取象犀明珠，上珍而售以下直。正贯既至，无所取，吏咨其清"。因而直到唐末，岭南大地总体上都保持了安定。

其次是海路安定。从"元鼎出海"开始粤商就利用冬季季风，冬天出海、夏天回粤；叠加造船技术的巨大进步，远洋船只不再需要沿着海岸线航行，并能够抵御印度洋的巨浪，航行到非洲东海岸、波斯湾等地。《中国印度见闻录》曾带着感情色彩地记载道："只有庞大坚固的中国渔船，才能抵御波斯湾的惊涛骇浪，而畅行无阻。"可见，唐朝时期的航海已经不再是每一次都"九死一生"的探险活动。

同时，直接穿越南海的航线还能够最大限度地防止沿岸的暗礁与海盗的袭击。《汉书·地理志》曾有"剽杀人"的记载，就是指南海的海盗。东晋末年以孙恩、卢循为首的海盗在东海、南海活动长达13年。远离海岸的航线，确实能够躲开大部分海盗的袭击。海路稳定之后，直接到广州来贸易的国家和地区大为增加，开元年间有15个之多。航线也固定化，"由泉州、广州而航师子国，或经师子国沿印度之西海岸，而入波斯湾或沿阿拉伯海岸而至红海湾之阿曼"。[①]

海路的安定还在于港口的安定，特别是广州。广州和岭南的安定，既得益于远离中原大地，与安史之乱后中原的乱局关系较小；又得益于唐律关于商事的规定，以及市舶使的驻跸，保证了政策延续性。安史之乱时，唐肃宗向回鹘与阿拉伯借兵。回鹘与阿拉伯的军队在战胜安史叛军后却在洛阳"大掠"，给东都洛阳造成了巨大破坏。后因唐朝失去了对河西走廊的

---

① 王孝通：《中国商业史》，东方出版中心，2020。

控制权，阿拉伯1万多人的军队只能由广州走海路回国，却悍然联络广州城内个别贪婪的阿拉伯商人发动叛乱。阿拉伯军驱逐了广州刺史，把广州府库抢劫一空，甚至进攻并焚毁了藩坊，劫掠了大笔财物后才离开。《旧唐书·卷十·肃宗纪》记载："癸巳，广州奏大食国、波斯国兵众攻城，刺史韦利见弃城而遁。"《资治通鉴·卷二二〇》记载："癸巳，广州奏大食、波斯围州城，刺史韦利见逾城走。二国兵掠仓库、焚庐舍，浮海而去。"但广州较快就恢复了元气，唐代宗广德元年就恢复向广州派出市舶使吕太一；代宗年间，每年到达广州的阿拉伯商船就超过千艘，来自西亚、非洲的商人大量在广州出入，广州也恢复了"云山百越路，市井十洲人"的盛况。岭南人始终坚持"唯用"精神，并没有把阿拉伯军的侵略行为记在阿拉伯人账上，恢复了与阿拉伯的通商。这同时也说明，广州外贸的收入对唐朝中后期财政的重要性。

最后是陆路动荡。汉朝开辟了陆路和海路两条丝绸之路，到隋末时，陆路已经中断超过400年；海路虽有中断，但因为海船技术的进步而相对处于安宁的状态。唐朝初期，唐太宗、唐高宗等皇帝继续推进与突厥等游牧民族的战争，取得了巨大的胜利：630年（唐太宗贞观四年），唐军击败了东突厥汗国，接着又扫除了高昌、焉耆、龟兹等势力；640年（贞观十四年），大唐在西域设立了安西都护府，统辖了下属的各个都督府、州，进一步加强对西部边疆的军事和行政管理；646年（贞观二十年），唐朝攻入漠北，设立了六府七州，后来又开辟了"参天可汗道"。历经十几年的开疆扩土和苦心经营，唐朝把西域和漠北连成一片，陆上丝绸之路得以恢复和进一步开拓。

在安史之乱前后，唐朝对西域和北疆的控制力日渐下降，影响了"参天可汗道"的运行。在唐朝全盛的741年（开元二十九年），突厥却卷土重来，在蒙古高原到贝加尔湖这个区域内建立后突厥汗国；此后745年（天宝四年），唐朝与回鹘联军攻灭后突厥汗国，虽实现了唐玄宗的文治武功，但此后北疆的节度使权力过大，也为后面的安史之乱埋下了祸根。吐蕃趁安史之乱之时，夺取了河西走廊，彻底隔断了中原地带与西域的联系。突厥人西迁之后，回鹘汗国填补了其空缺，回鹘虽帮助唐朝平定了安史之乱，却摧毁了洛阳，其与吐蕃在河西走廊的重复拉锯，使得"参天可汗道"难以恢复往日的繁华、便利与荣光。

陆路丝绸之路的不确定性，不断提升着海上丝绸之路和广州、泉州等港口的重要性。直到黄巢起义军兵锋指向广州，屠杀了很多蕃坊之中的外籍商人，广州和"通海夷道"的第一段辉煌随着唐朝的落幕而落幕。

自南越国开启的粤商历史，无论是南越国时期舶来的西洋珍品，还是汉武帝的"元鼎出海"；无论是南北分治时期的权贵行商，还是隋唐时期的依法治商，最终确立了广州和岭南地区在中国商贸史上的重要地位——"通海夷道"，广州展现了"雄藩夷之宝货，冠吴越之繁华"的兴盛景象。笔者重点分析了其间岭南商业不断喝"头啖汤"的各个历史节点、关键历史事件、珍贵历史文物。南越王墓遗址中出土的来自波斯、地中海等地的"海淘"物品，汉代徐闻古港中的"万岁瓦当"，以及复原的广州在隋唐时期的繁华盛况，无不展示着粤商敢为人先、贸通天下的历史；冼夫人"唯用一好心"精神，市舶使带来的商事法律，以及广州城内的蕃坊，无不组合着粤商低调、务实、诚信的历史基因。

喝下"头啖汤"，粤商敢为人先的历史脉络已经形成了清晰的源头。岭南最终形成热带地区经济最发达之地，粤商最终成为中国第一大商帮，就要在源头奔流敢为人先的活水，让历史在自由奔流的大前提下，来一个"收口"的契机，迸发出强大的力量。这个"收口"，就是后来的千港归一、"一口通商"。

> 延伸阅读

百越商贸文明古国——缚娄

　　缚娄古国（又名"符娄"）是春秋时期一个无君主的小国。其疆域主要位于东江流域内，管辖地域包括今惠州全境，以及河源、东莞、深圳、汕尾、香港一带。相传为罗氏所建，公元前 337 年后消失。

　　史籍上关于缚娄古国有少量的文字记载，《吕氏春秋》记载百越之地曾经存在过"古缚娄国"，谭其骧主编的《中国历史地图册》的战国地图上也详细标明在博罗县境内有缚娄国。历史学家从广东省惠州市博罗县横岭山上发现的一系列文物中，找到了缚娄古国曾经存在的有力证据：1985 年，博罗县公庄镇出土了 7 件完好的春秋时期中原制式的青铜器和编钟；1996 年，博罗县龙溪镇银岗村发现先秦时期的陶片，发掘出目前广东境内最大的先秦时期的龙窑窑址；2000 年，在博罗县罗阳镇横岭山下发现的春秋墓葬群中，出土了大量精美的陶器、青铜器和玉石制品，特别是铜甬钟、青铜鼎和水晶手镯。缚娄古国遗址的发现，改写了整个岭南的文明史，岭南文明史得以上溯至 3000 年前。

　　缚娄古国遗址的发现，不仅改写了岭南文明史，更有力地改写了岭南的商贸史。出土文物中，最引人注目的是铜甬钟、青铜鼎和水晶手镯这三样物件。其中，编钟与铜鼎即便在春秋时期的中原大地也是相对罕见之物，鼎是士大夫以上阶层才能拥有的、象征权力的名器，钟也是诸侯和贵族才能享用的大型乐器。缚娄古墓中出土的鼎虽然比较小，约 30 厘米高，但也补齐了岭南历史的"青铜器时代"。

　　当前没有直接证据表明缚娄的编钟与铜鼎的产地，但其原产于岭南的可能性更大。据历史学家考证，缚娄编钟的质地和形态均与中原的编钟相似，而花纹又有所不同，可以认为编钟的设计来自中原匠人，而制作则在缚娄国内完成，毕竟这么重的器物要实现翻越南岭的运输，实属不易。

　　而缚娄古墓葬品中出现的水晶，属于非常罕见。以茶晶为代表的水晶，不产于岭南，更不产于中原，而是海外进口而来。与东南亚、南亚等地出土的中国春秋时期陶瓷互相印证，有力地证明了此前对海船和出土陶器，以及有肩有段石器、铜鼓和铜钺的分布区域的研究成果：距今 5000~3000 年，东江北岸近百平方公里的惠阳平原，已经形成以陶瓷为纽带的贸易交往圈，并通过水路将其影响扩大到沿海和海外岛屿。龙窑窑址就是制作出口瓷器的主要工场。先秦时期的岭南先民已经穿梭于南海乃至南太平洋沿岸及其岛屿，其文化间接影响到印度洋沿岸及其岛屿。目前，笔者认为这是"缚娄出海"猜想，但仍需要不断通过各类物品与记载予以佐证。

如果"缚娄出海"猜想得到证实，那么就可以把岭南商贸史向前推进 500 年左右，当年困惑秦始皇的"茶晶从何而来"的问题也会迎刃而解，岭南人敢为人先的历史脉络也将进一步向上延伸。同时，这亦是对"环境稍善假说"的进一步佐证，与中原西周、东周交替，诸侯国混战相比，相对安定的岭南大地，人们更愿意尝试开创性的探索与活动。

我花开后百花杀——黄巢为"通海夷道"按下暂停键

黄巢（820~884 年），曹州冤句人（今山东菏泽曹县西北），出身盐商家庭，善于骑射，喜任侠（人有侠气）；粗通笔墨，少有诗才，却"屡试不第"（多次参加科举考试没有考中）。875 年（唐僖宗乾符二年）六月，黄巢响应王仙芝起义，加入王仙芝起义军。次年，在蕲州阻止王仙芝降唐，开始分兵独立作战。877 年（乾符四年），攻陷郓州，杀死天平军节度使薛崇。878 年（乾符五年），王仙芝战死后，黄巢成为起义军领袖，号称"冲天大将军"，年号"王霸"；置官属，部众增加至十余万人。此后黄巢北攻中原不利，遂南渡长江，经江西、浙西、浙东，开山路七百里，进入福建。879 年（乾符六年），围攻并屠广州。880 年（唐僖宗广明元年），攻占洛阳，突破潼关，进入长安，在含元殿即位，定国号为"大齐"，年号"金统"。黄巢即位不久，长安被唐军包围，随后于883年（中和三年）退出长安；东进先克蔡州（今河南汝南），进围陈州（今河南淮阳）300多天而不下，兵力疲敝，以致被李克用等部所破，主力瓦解。884年（中和四年），黄巢退至泰山狼虎谷，战败自杀，时年65岁。黄巢在起义中提出并实践了"均平"的口号，在中国封建社会农民战争史上占有承前启后的重要地位。

879年（乾符六年）九月，黄巢起义军翻越五岭，兵围广州，却没有立即攻城。黄巢此时有了归顺朝廷的想法，因而托被俘的浙东观察使崔璆写信给困守在广州城内的岭南东道节度使李迢，让李迢向朝廷上书，希望朝廷任命其为天平军节度使。宰相郑畋与枢密使杨复恭奏，欲请授同正员将军；宰相卢携、宦官田令孜执意不可。黄巢又请求任安南都护、广州节度使，朝廷亦不允。右仆射于琮就说了那决定广州命运的名句："南海市舶利不罚，贼得到更富，而国家财用屈。"

谈来谈去，朝廷只愿意任命黄巢为率府率（即太子东宫的护卫队长）。还威胁说，如果黄巢不接受这个任命，就让高骈去讨伐他。黄巢见到诏书后，大骂之余，急攻广州，仅一天即破城，生擒李迢，自称"义军百万都统"，并发布檄文。《新唐书·黄巢传》里记载的檄文如下："宦竖柄朝，垢蠹纪纲，指诸臣与中人赂遗交构状，铨贡失才，禁刺史殖财产，县令犯赃者族，皆当时极敝。"即斥责朝廷宦官把持朝政，藏污纳垢，败坏纲纪，诸位大臣却与宦官相互勾结，独吞各地的纳贡，失去人才的拥护，节度使、刺史等官员以权力谋私财，县令贪赃枉法的很多，造成商贸凋敝、民不聊生。

苏莱曼在《中国印度见闻录》中写道："城破之后，城里的居民都被（起义军）杀害了。"笔者对此略有异议，因为在占领广州后，由于广州非常富庶、商贸非常发达，以及起义军已经转战多年、希望安定（准备归顺朝廷亦是如此），黄巢本来是打算以广州作为立国之本，"欲据南海之地，永为巢穴"[①]。但在占领广州的第二年（即880年，乾符七年），疫病大为流行，不少起义军将

---

① 王钦若：《册府元龟》，中华书局，2022。

士染上了疫病，死者十之三四，部下"劝请北归，以图大利"。黄巢见在广州难以持久，于是决定回师中原地区。同年十月，黄巢军离开广州，向西北进发，攻取了桂州（广西桂林），此后进一步北上。笔者认为，黄巢军在广州遇到的疫病，实则岭南"瘴气"，以山东人为主的起义军士兵很难适应岭南的湿热气候，尤其是春、夏两季。

　　黄巢屠广州城，应发生在其北上之时。之前屠城的可行性比较小，是因为黄巢希望以广州作为"巢穴"，不可能在未来自己的首都行屠城之事。而北上之时屠城，既有掠取广州的财物作为军需粮饷之目的，又有不把富庶的广州留给唐军、进一步抽空唐朝的财政来源之目的。但值得关注的是，黄巢在广州屠城的事情，中国古籍中未见记载，而在《资治通鉴》和《旧唐书》中却明确记载了安史之乱后阿拉伯军屠广州城的历史。黄巢屠广州的事情，苏莱曼的《中国印度见闻录》记载得最为详细："据熟悉中国情形的人说，不计遇难的中国人在内，仅寄居城中经商的伊斯兰教徒、犹太教徒、基督教徒、拜火教徒，就总共有12万人被他杀害了。黄巢还把那里的桑树和其他树木全都砍光了。特意提起桑树，是因为中国人用桑树的叶子喂蚕，一直喂到蚕把自己包裹起来为止。因此，这一事件，就是阿拉伯各国失去货源，特别是失去丝绸的原因。"除此之外，还有10世纪阿拉伯学者马素第的《黄金草原》也有相似记载："据估计，在面对刀剑的逃亡中死于兵器或水难的穆斯林、基督徒、犹太人和祆教徒共达20万人。"美国当代汉学家魏斐德先生所著《大门口的陌生人》记载："黄巢让他的部下抢掠、焚烧了这座城市。总共有12万外国人被杀，当时城内总共罹难的人也不过就20万左右。"英国学者崔瑞德主编的《剑桥中国隋唐史》亦做了完全相同的记载："黄巢杀害了勇敢的李迢，并在暴怒之下洗劫广州，使这一大港口变成废墟。有的材料估计死者高达12万人，其中大多数是来自东南亚、印度、波斯和阿拉伯世界的外国商人……许多中国人逃往福建。"[①]

---

① 〔英〕崔瑞德编《剑桥中国隋唐史——589—906年》，西方汉学研究课题组译，中国社会科学出版社，1990。

黄巢屠广州，或许只屠了蕃坊，掠夺了外籍商人的财物，因而只在外国史籍中有详细记载。笔者认为，有这么三种可能。一是蕃坊在唐朝广州城外，属于卫星城和外籍人员居住专区，单纯从筹集军需粮饷的军事角度而言，只进攻处于城外的蕃坊显然既直接又便利。二是蕃坊的富裕程度超出了起义军的想象。唐末时期，整个北方大地百业凋零、民生困苦，以至于流民遍地，起义军不断揭竿而起，而广州特别是蕃坊一派歌舞升平，奇珍异宝遍地，自然成了黄巢"均平"的首要目标。三是蕃坊必然不听黄巢的号令。蕃坊不仅属于半自治的区域，更因为富裕，雇用了大批昆仑奴（黑人）组成"牙军"。《资治通鉴》就记载了一次昆仑奴悍然杀害唐朝官员的事件：684年（唐睿宗第一次即位时期），"有商舶至，僚属侵渔不已。商胡诉于元睿，元睿索枷，欲杀治之。群胡怒，有昆仑袖剑直登厅事，杀元睿及左右十余人而去，无敢近者。登舟入海，追之不及。"元睿即时任广州都督路元睿。可见蕃坊在军力强盛的唐朝时期，尚偶尔作乱；在黄巢攻占广州之时，更不可能听起义军的号令，因此在黄巢北归之时，遭到屠城就在所难免了。而所谓的雇佣兵式的"牙军"，根本抵挡不住南征北战的起义军的攻击。

蕃坊之中为何有10多万名外商与如此之多的财富？首先得益于外贸发达，蕃坊里来自世界各国的奇珍异宝堆积如山。其次得益于唐朝时风气开放，允许本国女子与外商通婚，但不允许其随外商归国，因而很多外商都在蕃坊置业、久居。同时，唐律规定外商去世后，如三个月内没有妻子和儿女前来认领，则遗产全部没收入官。到877年（唐僖宗乾符四年），岭南节度使孔戣以海上往来每年仅一次为由，取消了认领的时间限制，只要有亲属来认领并有验证，遗产即全部给予亲属。

因此，黄巢屠广州，可能是黄巢屠蕃坊。此举在阿拉伯商人乃至更多的非洲、欧洲商人心中留下了较大的阴影，持续记载于各类史籍之中。同时，叠加唐末大乱，以及五代十国前期的战乱局面，海上丝绸之路"通海夷道"一度中断。

正如黄巢在科举落榜之后所赋的《不第后赋菊》：

待到秋来九月八，我花开后百花杀。

冲天香阵透长安，满城尽带黄金甲。

自唐朝蕃坊的落幕始，从广州出发的"通海夷道"中断了超过50年，阿拉伯世界"失去了丝绸"。直到北宋再次统一全国，广州作为东方最大的国际贸易港，方才日渐恢复超过两万里的航线和往日繁荣景象，并走向更盛大的辉煌。

4 千港归一

千港归一，指的是粤商最辉煌的时刻之一——"一口通商"。这个"粤商时刻"在明朝中后期的嘉靖年间初见雏形，完全形成于清朝前期的乾隆时代，在第一次鸦片战争后全面走向没落，前后持续时间超过300年。

广州的"一口通商"并不是在300多年间线性延续的，而是主要分为三段：明朝嘉靖年间、清朝康熙年间、清朝乾隆至道光年间。地点亦是由全面开放、千港万舶逐步收敛到三港、两港，最后形成"一口"。

为什么是广州？这是很多经济学者、历史学者都很感兴趣的一个话题，亦有一些令人信服的结论。笔者在上文讨论了岭南和粤港澳大湾区的地理特征，认为非战略要冲的宽松环境、重农主义下的商业乐园等地理因素提供了解释的新视角。广州作为一个深入内陆超过130多公里的"海港"，能够在中国1.8万公里海岸线、千余个天然良港之中脱颖而出，历史的因素不可或缺。广州最终能够拥有"一口通商"的独特地位，唐朝及以前的长期积累、宋代的重商政策和元代的自由贸易，以及明清两朝的渐进海禁，三大因素缺一不可。

4.1 两宋重商：地利先天不足下的最优选择

五代传至后周，分裂已经超过60年，天下无不盼望统一、结束连年无休的战争。后周两代皇帝——郭威与柴荣，都显现出雄主的气魄，中华大地再度统一已经呼之欲出。但他们均英年早逝,幼主继位后不久,禁军统领赵匡胤就于960年(后周世宗显德七年)发动著名的"陈桥兵变",黄袍加身,定都汴梁,建立宋朝,史称北宋。在此后的19年间,北宋先后攻灭南平(荆南)、后蜀、南汉、南唐、北汉等,基本统一全国,结束了五代十国的纷乱局面。

宋钦宗靖康二年(1127年),金军攻破汴梁,俘虏了宋徽宗、宋钦宗二帝,北宋灭亡,享国167年。同年(1127年),宋徽宗之子赵构于应天府(今河南省商丘市)称帝,恢复宋朝的国号,史称南宋,赵构是为宋高宗。宋端宗景炎元年(1276年)元军攻入临安,南宋三年后(1279年)在崖山海战中战败,宣告灭亡,享国152年。

很多历史学家认为,北宋是中国古代历史上经济文化最繁荣的时代,"宋代是我国封建社会发展的最高阶段,其物质文明与精神文明所达到的高度,在中国整个封建社会历史时期之内,可以说是空前绝后的"[1];南宋虽然外患深重,统治者偏安一隅,但其经济上外贸高度发达[2]。很多史料都佐证了这些观点,两宋确实是继唐朝之后,中国古代经贸发展的又一个高峰。与唐朝所不同的是,两宋尤其是南宋,"民富"达到了中国封建社会其他朝代难以企及的高度。在这样经贸大发展的时代,民间商人自然不受过多的束缚,更加自由地开展商贸活动。粤商生活的岭南大地在宋朝时期保持了300多年的和平稳定,为粤商延续创造"第一"的传统,持续迸发出敢为人先的精神动力,为中国经济重心的历史性南移做出了自己的贡献。

4.1.1　中国历史上疆域最小的统一王朝之一

北宋是中国历史上疆域最小的统一王朝之一,比秦朝还少幽云十六州

---

[1] 邓广铭、漆侠:《宋史专题课》,北京大学出版社,2008。
[2] 〔英〕安格斯·麦迪森:《世界经济千年史》,许宪春、叶燕斐、施发启译,北京大学出版社,2003。

（今北京、天津北部，以及河北北部、山西北部等地区）。与商贸领域的大跨步发展相反的是，北宋时期的军事、外交均是屡战屡败，反而不断签定"城下之盟"。其中原因，笔者认为主要有以下三个。

一是五代十国时期的长期混战，消耗了中华民族大量"元气"。造成五代十国分裂局面的根本原因是唐朝中后期的节度使制度，地方官员权力过大，不仅拥有军队（府兵），还有外交权力。此时类似清末民初的情形，节度使就是军阀，在自己的地盘上就是"土皇帝"。因而在唐朝灭亡后，其故地就分裂为10多个国家，彼此之间长期战争，百业凋敝，民不聊生。比如人口，在唐朝时期全国人口已经超过8000万人，而在北宋初期仅有3000多万人，连年战争导致人口损失非常严重。

二是军事要地均不在北宋的掌握之中。北宋在立国之初，没有占据向北防御游牧民族入侵的有利地形，一半以上的长城和幽云十六州等天然屏障都不在宋军的控制之下，朝廷只能在北部边界上广植柳树抵御契丹人的南下；无法控制河套地区和河西走廊，进而首次失去了对西域的控制，没有产马地的宋军只能依靠大量步兵与游牧民族的铁骑对抗，自然负多胜少。直到南宋依靠当时强大的基建能力，依托有利地形营建了钓鱼城堡垒，才取得了防御蒙古大军作战胜利的奇迹。

三是宋初大刀阔斧更改唐朝和五代积弊，在加强中央集权的同时却产生了新的弊端。针对造成唐朝中后期和五代十国混乱局面在于藩镇权力过大这一根本问题，北宋规定州郡长官不能兼任一个州郡以上的职务，州郡的兵权、财权和司法权也归朝廷。最重要的是实行"文人治国"，从州郡长官到司法、治安官员，甚至部分军事主官，均由科举产生的文人担任。后来，又把全国州郡划分为十五路，陆续在各路设转运使、提点刑狱、安抚使、提举常平等司，统称"监司"，也都由文臣任职。宋朝不仅大量启用文官，而且从地方官到军官，都采取任期制、临时指派和兼职的方式，地方官"以京、朝官权知，三年一替"。三年任期很短，以致很多官员甚至没能及时到任就令调他职;"军无常帅,帅无常军"导致军队与将领相互不熟悉,战斗力自然很弱。北宋虽有80多万人组成的禁军①(即中央直属军队),以及厢军、乡兵等庞大的军事力量②,但自宋太宗起,北宋曾多次与契丹人的辽国交战,也一直未能收复幽云十六州的失地。直到1004年(宋真宗景德元年),与辽国在澶州定下了停战和议。

这次被后世称为"澶渊之盟"的结盟,可谓打开了北宋统治者新的思路,开启了用财物通过纳贡方式"购买"和平的新局面,北宋也从"澶渊之盟"开始,用财物换取了100多年宝贵的发展时间(直到1119年宋江和方腊相继起义),为庆历新政、熙宁变法争取到难得的和平环境。"澶渊之盟"约定宋、辽为兄弟之邦,规定宋朝每年赠辽国"岁币"10万两、绢20万匹。1042年(宋仁宗庆历二年),又增加"岁币"10万两、绢10万匹,并改"赠"为"纳",进一步放低姿态。后来,宋神宗时又割让河东地区七百里,以图双方互不侵犯。

"澶渊之盟"作为屈辱的城下之盟,在历史上饱受诟病。但笔者认为,"澶渊之盟"虽然放弃了部分国家主权、丢掉了民族气节,间接导致了最后的"靖康之变"和北宋的灭亡,但"澶渊之盟"在客观上对整个两宋时期的政治、经济、文化等方面产生了巨大的影响:一则改变了宋朝在群狼环伺时代的生存模式,朝廷决策更加务实;二则因为每年都要交纳大量"岁币"和财物,朝廷更加重视发展商贸,以"恤商之政"较彻底地代替了西汉以来时常出现的"病商之政",甚至允许商人开矿,商人的社会地位达到前所未有的高度;三则积极扩大外贸规模,升级市舶使为市舶司并扩大设置范围,主观上为征收更多税赋,客观上大大促进了外贸的发展。

① 摘自《续资治通鉴·宋仁宗庆历八年》:"向因夏人阻命,诸路增置禁军约四十二万余人,通三朝旧兵且八九十万人,其乡军义勇、州郡厢军、诸军小分剩员等不在此数。"
② 摘自《宋史·兵志》:"宋之兵制,大概有三:天子之卫兵,以守京师,备征戍,曰禁军;诸州之镇兵,以分给役使,曰厢军;选于户籍或应募,使之团结训练,以为在所防守,则曰乡兵。"

北宋作为中国历史上疆域最小的统一王朝之一，拥有中国古代最大的经济发展成就，成就了世界古代史上难得一见的《清明上河图》式的商贸盛况。

4.1.2 以自由贸易为基的两宋全国市场

地利天生不足引发的军事、外交孱弱，使得两宋都摒弃了前代的"病商之政"与西汉以来的"重农抑商"政策。对商贸活动的大幅度"松绑"，加速了商品流通，消除了市场壁垒，进而在两宋形成了封建社会中最高水平的全国市场体系，在封建社会中实现了较高水平的"人尽其才、物尽其用、地尽其利、货畅其流"。

便商惠民之举堪为后世治国者取法也。王孝通在《中国商业史》中对北宋历代统治者的"恤商之政"褒扬有加，认为其堪为后世所效仿，因而写下了"便商惠民之举堪为后世治国者取法也"这句褒扬之语。[1] 宋太祖赵匡胤接受禅让之后，立即针对商贸颁布诏书："所在不得扣留旅行，赍装非有货币当算者，无得发篋搜索。"就是说要求地方官员不能随意扣留商旅，除了征税，不得无端打开货箱搜查。这条法令就是针对五代十国割据期间，因为战争军需开支巨大，各国各地都对商人横征暴敛所采取的禁令措施。此后不久，宋太祖又发布诏书："榜商税则例于务门，无得擅改增损及创收。"这两条法令与后来"杯酒释兵权"收缴军权、采取官员临时委任制收缴行政权一样，把财税大权一并收归朝廷。

973年（宋太祖开宝六年）还专门颁布了一份专门针对岭南地区的诏书："岭南商贾赍生药者勿算。"这条法令一则反映了岭南地区在北宋初期商贸地位非常重要，二则反映了岭南药材在当时医药体系中的重要作用。为了鼓励药材流通，北宋在建立之初财政如此紧张的情况下还免除经营药材的

---

[1] 王孝通：《中国商业史》，东方出版中心，2020。

税赋，因而开启了民营"细碎物"免税的先河。此后，991年（宋太宗淳化二年）下诏："关市之租，其来旧矣，用度所出，未遑削除，征算之条，当从宽简，宜令诸路转运使以部内州军市征所算之名品告，参酌裁减，以科细民"和"除商旅货币外，其贩夫贩妇，细碎交易，并不得收其税；当税各物，令有司件拆揭榜，颁行天下"。宋太宗进一步简化征税的办法，实行"细碎交易"免税制度（类似于现在的提高税收起征点），并严令要求对征税的办法、标准等必须"以科细民""颁行天下"。随后还免除了"纸扇芒鞋及细碎物""民间所织缣帛"等货物的税赋。宋真宗、宋仁宗也接连跟进。其中，宋真宗免除了杭、越等十三州的"鸡鹅钱"，也就是禽鸟税；还实现了"降费"，免除了携带柴火、农具等过渡口、进港口的过路费。宋仁宗"亦屡下减税之令"，并明令公布税收的细则，革除"官吏必有勒索之弊"。吴晓波在《历代经济变革得失》第六讲《王安石变法：最后的整体配套改革》中谈道："宋朝的工商税金很低，而且税种很清晰，在所有城门，都贴有一张榜单，告诉百姓政府收什么税，税率是多少。"[1]在中央集权程度日渐加深的封建农业社会里，北宋能为民间商业提供如此大幅度的营商便利与税收优惠（按今天的表述就是"针对中小微企业和个体工商户的减税降费政策"），平心而论，实属难得。

不少经济学家、历史学家认为宋朝时期的国有专营制度比汉、唐两朝更为"严酷"，不仅种类范围大为扩大，从盐铁专营延伸至茶、酒、醋、矾，以及外贸所得的香料、象牙等，如吴晓波认为"凡是主要商品，几乎全在国有专营之列……这些商品都有三个鲜明的共同特点——资源性、必需性和暴利性"；而且对私营"禁榷货"（即国有专营商品）的惩罚非常严重，私自贩运矾超过一两、销售超过三斤，或私自贩盐超过十斤等，都要处以极刑，以致"茶利自一钱以上皆归京师"。严厉的国有专营制度并非没有原

---

[1] 吴晓波：《历代经济变革得失》，浙江大学出版社，2013。

因，两宋时期无论是"岁币"纳贡，还是维持庞大的军队，加上相比汉、唐都更加庞大的官僚机构，都需要中央政府提供巨大的财政支出，实行更大规模的国有专营符合国家的客观需要。严厉的专营制度与宽松的民间经济政策，特别是减税乃至免税政策是相辅相成的，税源非此即彼，严厉的国营政策实则比苛捐杂税要好上不少。两宋商贸之发达，叠加起来的国祚甚至超过唐朝，经济发达程度实为封建历史之最，也从侧面印证了此政策的有效性。

流通业的高度发达形成了全国大市场。北宋中期以前的历代皇帝，在商贸领域坚持让利于民，并牢牢把握国有专营不放松的政策。这样"泾渭分明"的经济政策，客观上促进了商品的形成与流通，打造了全国大市场体系。在封建农业社会各类物资始终保持"紧平衡"的大背景下，较大限度地满足了人们的消费需求。形成全国大市场的因素不仅有国家政策这一项，还有农产品商品化的推进、交通技术的进步，以及国内的稳定。及至南宋，亦是如此，商贸得到了很大的发展。

首先是农产品商品化。吃粮始终是2200多年封建社会的最大问题。作为封建农业社会中期的一个朝代，宋朝依然面临"吃"的问题，粮食、副食等始终处于"紧平衡"状态。与"粤商在商业上的巨大成功却反哺了农业的'先天'不足，在一定程度上为解决自秦朝以来中原长期面临的饥荒问题提供了新的路径"一样，宋朝对流通方面持宽松政策，比如免除"鸡鹅钱"，免除携带柴火、农具等过渡口、进港口的过路费等，叠加"官课几乎无视这些地区差别（主要是在产粮方面的差别），而多以货币形态进行课税，而且城市和乡村的手工业者又受到商人、高利贷者的经济支配，因此便产生了由于紧迫的货币需要而依赖于商业性作物栽培的这样一种结果"[1]的"需要货币纳税"效应，使得社会分工进一步细化和特产化，把很多适宜

---

[1] 〔日〕斯波义信：《宋代商业史研究》，庄景辉译，浙江大学出版社，2021。

经济作物生产、手工业、商贸，甚至金融行业（高利贷）的人们从土地中解放出来，从事能够创造更多社会财富的行业。这是封建农业社会的一大进步。"从当时米既已在任意地区不问远近、多方面流通起来的情况看，似乎也可把它作为商品来理解。"[1]

特别是对于本就拥有很少平原、很少良田、本地粮食长期处于短缺状态的岭南而言，更是一大幸事。在能够公开进口粮食的助力下，岭南人得以释放自己敢为人先的商贸基因，把商贸之盛推到了一个全新的高度。岭南的水果种植在这个时期达到了高峰，其中荔枝的产量大幅度增加，没有在新鲜时候被消费的荔枝，用红盐、蜜煎等加工起来，被当作奢侈品成为竞相追逐的对象，不仅在国内销售，还运销"北戎、西夏、新罗、日本、琉球、大食"等地。这说明当时岭南地区的农业加工业已经比较发达。

其次是水运技术的大发展。荔枝，从唐朝的"一骑红尘妃子笑"，到北宋苏轼的"日啖荔枝三百颗，不辞长作岭南人"，及至南宋，已成为临安（南宋首都，今浙江省杭州市）上流社会竞相追捧的佳果。但众所周知，荔枝的保鲜难度很大，即便在千年后的今天，依然免不了"若离本枝，一日而色变，二日而香变，三日而味变，四五日外，色香味尽去矣"。但南宋商人却有办法，专门开通海上"荔枝专线"，顺风时三天就能够从福建到达宁波。有范成大的诗为证："鄞船荔子如新摘……赶舶飞来不作难，红尘一骑笑长安。孙郎皱玉无消息，先破潘郎玳瑁盘。"诗中的"鄞"即宁波的旧称，"鄞船"即宁波型船，"赶舶"即顺风的意思。可以说，以海船为代表的交通运输技术的突破式进展，快、大、稳的船只和港口装卸技术的进步，让越来越多特别是保鲜要求较高的商品种类加入宋朝大范围的商品流通之中，形成全国大市场的正循环。

《岭外代答·卷六·木兰舟》曾这样描述岭南的船只："浮南海而南，

---

[1] 〔日〕斯波义信：《宋代商业史研究》，庄景辉译，浙江大学出版社，2021。

舟如巨室，帆若垂天之云，柂长数丈，一舟容千人，中积一年粮，豢豕酿酒其中……盖其舟大载重，不忧巨浪而忧浅水也。又大食国更越四海，至木兰皮国，则其舟又加大矣。一舟容千人，舟上有机杼市井。"这种船上可备一年粮食，养猪酿酒，甚至开设裁缝店和商店，在当时的人眼中，俨然一座"海上城市"。上文在论述广州港时，谈到宋朝时期广州港的中心从扶胥古港逐步迁移到黄埔古港，这就说明当时的商人非常重视港口的效率，既追求深水泊位，又需要更加靠近广州城区，方便及时卸港和交易。船舶装载力的巨大化、海上维持能力越来越久、港口日渐靠近城市，"正意味着商品贸易量的巨大化。"①

在火车和汽车进入中国之前，中国古代从春秋战国时期到清朝这2000多年间，陆运均是采用畜力驱动，就连车轮都一直是木质的全实体车轮，两宋也不例外。因此，水运的发达程度就成了决定商贸发达程度近乎唯一的交通因素。《旧唐书·卷九四》中这么写道："且如天下诸津，舟航所聚，前指闽粤。七泽十薮，三江五湖，控引河洛，兼包淮海，弘舸巨舰，千轴万艘，交贸往还，昧旦永日。……一朝失利，则万商废业。万商废业，则人不聊生。"这句话既深刻分析了水运对于古代商贸的重要性，又道出了商贸与民生之间的正相关关系。

最后是国内整体稳定。北宋理学家、教育家程颐曾总结"本朝超越古今者五事"：其一就是"百年无内乱"，直到北宋末年宋江、方腊才相继起义；其二是"四圣百年"，太祖、太宗、真宗、仁宗四位皇帝均比较开明；其三是"受命之日，市不易肆"，简单而言就是商业法令一以贯之；其四是"百年未尝诛杀大臣"，其五是"至诚以待夷狄"，指的就是称臣纳贡。作为以道学闻名的儒家思想学说大家，程颐关注到"市"与"肆"，直言"无内乱""不折腾"是北宋超越之前其他朝代的长处，确实如此。

---

① 〔日〕斯波义信：《宋代商业史研究》，庄景辉译，浙江大学出版社，2021。

北宋初年在商贸政策上做到"公私分明",保护私营经济并尽可能采取减税降费措施,这是"不折腾"的重要表现。而自上而下带来的,则是"百年无内乱",稳定的国内政治军事局面为商贸的发展提供了优良的环境。

975年(宋太祖开宝八年),宋军灭亡北汉,完成了有限的统一。此后直到1111年(宋徽宗政和元年),朝廷为解决财政困难设立"西城括田所",专事搜刮民财,才逼反了宋江、方腊等起义军。136年间,除了部分对外战争之外,北宋国内基本上保持了难得的稳定。叠加中央集权不断加强、干强枝弱,因而地方行政既无权力,又无权限搜刮民财。而且,北宋公开允许官员经商,《宋会要·职官》中写道:"(赵)普……广营邸店以规利,太祖知其事,每优容之。"宋太祖时期的宰相赵普,靠经商大发其财,面对他人的弹劾,太祖却每每宽容于他。这就作为两宋的一个"规矩"延续了下来。官员经商实则"王安石变法"失败的根源之一,其与后来的不抑制土地兼并政策一样,为两宋的走弱直到灭亡埋下了祸根。

南宋偏安一隅,在很多制度上更加激进,比如科举取士完全不受出身门第的限制,只要不是重刑罪犯,即使是工商、杂类、僧道、农民,甚至杀猪宰牛的屠户,都可以应试授官,南宋的科举登第者多数为平民。南宋在封建社会历程中,有限地实现了"皇帝与士大夫共治天下"。与北宋相似的是,南宋延续了重商政策,不断激发民间商业活动的活力,底层人民有"营商"和"入仕"两条改变命运的途径,与商鞅变法的"军功授爵"一样,激发了人们从商和读书的热情。因而,两宋是中国封建历史上少有的没有直接因农民起义而灭亡的朝代。

岭南大地在两宋时期更加稳定。宋朝依然把岭南作为放逐被贬官员的地方。据相关统计,整个宋朝被贬谪到岭南的官员多达491人,其中就有寇准、苏轼、苏辙、梁焘、章惇、蔡确、陈自强等高官。但从另一个角度讲,当时的朝廷或许与笔者一样认为有南岭作为天然阻隔,属于与中原交通不便的"次大陆",相互的安全有保障。毕竟这些人作为前高官,很多还因为涉及擅言废立、谋反等"重罪"被流放，因而找一个安全之地，让他们不能利用影响力再行谋反显得格外重要。这从侧面印证了岭南一地的"安全"，既有地理上的安全，又有人们均从商、鲜有问政的安全。这些被贬谪的官员也在客观上促进了岭南文化向中原传播，渐次改变了中原人对岭南的固有印象，并推动人才持续来到岭南，进一步巩固了中国经济重心南移的趋势。清朝诗人江逢辰有诗道："一自坡公谪南海，天下不敢小惠州"。

极端的王安石变法打破北宋政经平衡。谈论北宋的经济发展，绕不开的是著名的"王安石变法"。这次变法在历史上受到的争议非常大，但从其结果来看，确实没有达到其设立的"理财""整军"的目标。从时间上看，王安石变法于1069年（宋神宗熙宁二年）开始，至1085年（宋神宗元丰八年）结束，而北宋在1127年就发生"靖康之变"，即便从变法开始之时算，也就是说58年后北宋就灭亡了，可见变法的成效不及预期。从具体措施上看，在实行均输法、市易法、青苗法等法令之后，国库确实在一段时间内非常充盈，"不得不新建52个大仓库"[①]。但继续实施后，就把发运使衙门（负责均输法实施的部门，实行物资统购统销）打造成了一个"超级企业"，严重扰乱市场秩序（官方采购价格与市场价格背离，要么严重低于市场定价收购赚取大额差价，要么以严重高于市场定价收购抽取回扣），让一众官员有了中饱私囊的机会，与市场发展的趋势背道而驰。从群众基础来看，市易法和青苗法均在一定程度上摧毁了北宋的执政基础。"尽收天下之货"的市易法广泛而琐碎，连水果、芝麻也由官府专营，彻底扭转了北宋开国以来鼓励民间营商、"细碎交易，并不得收其税"的政策，让很多商人失去生计。连宋真宗都看不下去了，《宋史·食货志》记载："后帝复言：'市易鬻果太琐碎，罢之如何？'"，却被王安石以"立法当论有害于人与否，不当以琐碎废也"顶了回去。对于普通农户而言，青苗法杀伤力更大，特

[①] 吴晓波：《历代经济变革得失》，浙江大学出版社，2013。

别是遇到能够自由营商的北宋官员，农户实际承担的利息竟然比高利贷还要重。王孝通在《中国商业史》中感叹道："（王安石变法后）商业早入于衰颓之境矣。"①

及至蔡京为宰相，把王安石的政策推向了极致，并"毫无悬念地转型为权贵经济"②。《宋史·蔡京传》记载："尽更盐钞法，凡旧钞皆弗用，富商巨贾尝赍持数十万缗，一旦化为流丐，甚者至赴水及缢死。"蔡京为了把盐的经营全部改为国家专营，竟然突然直接废止现行盐钞，很多商人甚至被迫自尽。盐名义上是国家专营，实则成为少数利益群体独享之利。在蔡京被罢官后第二年，北宋就灭亡了。

而南宋实亡于通货膨胀叠加军事地理上的尽占劣势。虽然在钓鱼城持续抗击蒙古，但在蒙古大军强大而全面的攻势下，南宋军队根本无力抵挡，直到崖山战败。同时，对外抵御蒙古的战争需要大量粮饷。在官商一体的情形下，很多时候南宋竟然采用"多印纸币"的方式弥补财政赤字，造成了恶性通货膨胀。宋理宗竟专门设置"撩纸局"，夜以继日地赶印、增印纸币。但在1247年（宋理宗淳祐七年），200文的十八界会子却连一双草鞋都买不到，会子已与废纸无异。1264年（宋理宗景定五年），贾似道规定十七界会子须在一月之内全部换成十八界会子，并将会子改为"金银见钱关子"，宣布关子与会子的兑换比例为一比三。结果通货膨胀更恶性发作③。发明并广泛应用交子和会子等纸币，是两宋时期商贸发达的重要基础，但"官商一体"又放大了其弊端，成为底层人民财产的收割机，直到南宋灭亡。

4.1.3 随"南海一号"出水的宋代粤商风华

1987年8月，广州救捞局与英国的 Maritime Exploration & Recoveries

---

① 王孝通：《中国商业史》，东方出版中心，2020。
② 吴晓波：《历代经济变革得失》，浙江大学出版社，2013。
③ 虞云国：《黎东方讲史之续·细说宋朝·会子危机》，上海人民出版社，2019。

PLC 公司在江门台山市外海的上下川岛海域寻找东印度公司沉船莱茵堡号（RIJNSBURG）时，意外发现了深藏在 23 米水下的另一条古代沉船，并打捞出一批珍贵文物。由于发现沉船的海域位于传统的海上丝绸之路航线上，专家认为其历史价值不可估量，当时将这艘偶然发现的沉船命名为"川山群岛海域宋元沉船"，后由中国水下考古事业创始人俞伟超先生命名为"南海一号"。历经 20 年的准备，广东省于 2007 年 1 月开始整体打捞"南海一号"；12 月 21 日，"南海一号"古沉船起吊；12 月 28 日，"南海一号"完成整体打捞，正式进入位于阳江市海陵岛十里银滩的海上丝绸之路博物馆（即"水晶宫"）。

这次打捞不仅文物贵重，方式也是一个敢为人先的创举。"南海一号"的发掘不属于传统意义上的"出土"，而属于整体打捞，用起重船把一块长 30 米、宽 10 米以上、高 4 米左右，连带海底淤泥等凝结物重达 3000 吨的庞然大物整体吊离水面，整体平移到海边的"水晶宫"中，然后一边发掘一边展览，按照今天的话来说，就是"沉浸式考古"。此次成功打捞得到了世界水下考古之父乔治·巴斯的惊讶与赞誉，认为"这是在中国才能发生的事情"。淤泥包裹的"南海一号"木船残体长约 22.1 米、最大船宽约 9.35 米；经专家复原后的船长为 41.8 米、最大船宽约 11 米、船身高约 4 米（不包括桅杆），排水量估计可达 828 吨，载重量近 425 吨，是一艘三桅远洋货船。

2019 年 8 月 6 日，国家文物局发布了"南海一号"保护发掘项目考古工作成果：沉船中共出土 18 万余件文物精品，其中以铁器、瓷器数量最多。在完整出土的 1 万多件瓷器中，汇集了德化窑、瓷灶窑、景德镇、龙泉窑等宋代著名窑口的陶瓷精品，品种超过 30 种，多数可定为国家一级、二级文物。还有不少瓷器极具异域风格，比如德化窑方棱执壶显然是阿拉伯人的定制品，与传统的阿拉伯壶的壶型、花纹都非常类似（见图 4-1、图 4-2）。此外，还有大量的金器、铜钱、铜环等。金器除了最先出土的长 1.7 米、重 566 克的"南海一号"吉祥物——金腰带（图 4-3）之外，还有口径大过饭碗、粗过大拇指的 200 克鎏金镯（图 4-4）。甚至还发现了铜钱 1 万多枚，其中年代最老的是汉代的五铢钱，最晚的为 1174~1189 年（宋孝宗年间）的淳熙元宝。结合一件德化瓷罐上的"癸卯"字样，历史学家判断该沉船出航的时间可能在癸卯年——1183 年（宋孝宗淳熙十年），属于南宋中期。而从 1183 癸卯年到下一个癸卯年的 60 年间，南宋还有 10 个年号，皆未在船上发现相关铜钱或纪年的文字。

图 4-1　"南海一号"出土的德化窑方棱执壶
资料来源：海上丝绸之路博物馆官网，https://www.msrmuseum.com/Home。

图 4-2　阿拉伯壶
资料来源：《阿拉伯咖啡文化礼仪》，https://www.sohu.com/a/223966600_274029。

图 4-3 "南海一号"首先出土的金腰带

图 4-4 "南海一号"出土的二龙戏珠鎏金镯

关于这艘船的始发港，颇具争议，认为从泉州港始发和从广州港始发的历史学家各执一词。其实，争论始发港意义不大，因为南宋时期整个沿海地区都很富裕，商贸非常发达，"南海一号"始发于哪个港口，甚至不是泉州或广州都有可能。宋朝在杭州、明州（今浙江省宁波市）、泉州、密州（今山东省诸城市）都设置了"升级版"的市舶司。

与派驻市舶使所不同的是，市舶司是一个常驻机构，971年（宋太祖开宝四年）北宋在广州设市舶司，作为朝廷的派出机构管理对外贸易与口岸港口，并制定颁布了中国历史上第一部系统性较强的外贸管理法则——《广州市舶条》，后推广到其他的新设市舶司。与唐朝市舶使不同的是，市舶司作为"升级版"，正式成为一个直属于中央管辖的地方常设机构，不再是临时意味很浓的派驻官员。虽然官制变化与全国其他地方一样频繁，有时是地方官员与转运使共同负责，有时是转运使专责，还有时是专设提举官，但职责却以立法形式固定下来，其中包括：公凭（颁发出海许可证）、点检（防止走私）、阅实（对回港船舶检查核实）、抽分（又称抽解，收取税款，且全部运至首都上交朝廷）、博买（专门针对官府船只进行的抽分与发放公凭）等。以立法方式确定外贸规则，一方面说明宋朝的法治进一步发展，另一方面说明外贸规模确实很大。将广州试点法令推广到全国，亦证明了广州外贸的盛况。

从"南海一号"海量的出土文物中，我们可以一窥粤商在两宋时期的风采。

"广东"的横空出世。两宋时期，为加强中央集权，把"州"的概念进一步缩小。春秋时期以来是"九州万方"、天下分九州，到宋朝，"州"的大部分管辖范围局限在现代一个城市的范围。中央所辖的地方行政区，宋朝时称为"路"，类似于唐朝的"道"和现在的省。

971年（宋太祖开宝四年）平南汉后，北宋在南汉故地、南岭以南原唐朝岭南道的大部分地方复置岭南道，后来改为广南道，继而与其他地区一致改设为广南路。997年（宋太宗至道三年），宋朝把广南路分为广南东路和广南西路，东路治所在广州，西路治所在桂州，现今广东的大部分属于广南东路。这就是"广东"名字的由来。到明朝时正式称为广东，广东的名称和辖区从此基本固定下来。广南东路和广南西路的疆域合并起来，基本上就是现在广东和广西的区域，只是粤西部分地方、广南西路西部部分地区，以及海南岛（时称崖州）的归属略有不同。广东不仅在两宋时期没有大的变化，而且基本延续至今，充分体现了广东区域的稳定特征。

岭南手工业大发展。中国在整个封建社会进程中，科技和工业的进步是非常缓慢的，很多时间反而是在退步。比如：冶铁技术方面，春秋时期就能够制造2500年不锈和有复杂花纹的越王勾践剑，而到清末都无法独立制造过关的火车钢轨；明朝军队已经较大规模装备火枪、火炮，反而在第一、第二次鸦片战争的时候，都要依靠冷兵器与外军作战。其主要原因，还在于商贸流通在很多时期都是被阻断的，产品无法商品化，质量无法得到持续改进，科技含量无法根据需求持续提高。

两宋时期，商贸大发展、全国大市场的形成，使得广东出现了很多具有比较优势的手工业，主要是陶瓷业和铁器制造业。据相关史料记载，宋朝在广东出现了广州西村窑、潮州笔架山窑等著名窑场，计有窑址80多处，年产瓷器达1.3亿多件，比唐朝时增加近22倍。南宋朱彧的《萍洲可谈》中记载了北宋末年广州商船大量出口瓷器的情况："舶船深阔各数十丈，商人分占贮货，人得数尺许，下以贮物、夜卧其上。货多陶器，大小相套，无少隙地。""南海一号"出土的大量瓷器，虽然经专家鉴定多为江西景德镇青白瓷、福建德化窑白瓷、青白瓷、磁灶窑酱釉、绿釉瓷，闽南青釉瓷以及浙江龙泉青釉瓷等，但这些瓷器的来源对于本文论述的视角，并不是最重要的。在商贸发达的时期，一种商品特别畅销之后，自然会得到很多其他地方的竞相仿制、竞相争夺"代理权"，再加上"做定制"是粤商的拿手好戏、是敢为人先的生动体现（详见下文与"哥德堡号"有关的分析），以及两宋时期尚未有知识产权保护机构，因而这些瓷器无论来自哪个工场，都是"当时称东南之利，海商居一"的盛况①。"南海一号"仅仅一船就能出口数量如此之大、品种如此之丰富的瓷器，也难怪英语以代表中国的单词China来称呼瓷器。学界基本认定其作为瓷器的双关含义远远晚于China作为中国的本义②。

在"南海一号"上还有一类商品，可能与粤商有直接的关系——铁锅。随瓷器、金器出土的，还有一摞一摞的铁锅，因为海水的作用，保持完整的已不多。铁锅是南宋时期重要的出口商品，广受阿拉伯、东南亚、日本甚至欧洲人的喜爱。在11世纪以前，即便阿拉伯、欧洲等地的贵族做饭，都主要使用陶器烹煮或直接烧烤，"宋朝铁锅"横空出世的意义，不亚于电饭煲的面世，大幅度提升了生活品质。

当时世界其他国家为什么造不出铁锅？这要从矿业、冶炼和制造工艺方面来分析。当时，宋朝是世界第一产铁大国。重要冶铁中心徐州东北的利国监，有三十六冶，矿工约4000人。据历史学家估算，1079年（宋神宗元丰二年），已经达到生产铁大约15万吨的水平，而18世纪初整个欧洲的总产量才14.18万吨。南宋立国后，淮水和汉水以北地区的大量矿藏，不再为宋所有。因而南宋通过提倡民间采炼和改进冶铁技术的方法，尽力增加铁的生产。宋高宗年间，曾达到年产铁216万多斤（折算为6万多吨，十六两进制）的水平，相当神宗时年产量的十分之四③。南宋还发明了"冶银吹灰法"和"铜合金铁"冶炼法，并开始使用焦煤炼铁（欧洲人在18世纪时才发明），是中国冶金史上具有重大意义的里程碑④。很多朝代都严令禁止开矿，而两宋的做法与其他封建王朝大相径庭。这与两宋一直在军事上积贫积弱有较大关系，战马不够，武器来凑。这客观上促进了两宋经济的

---

① 王孝通:《中国商业史》，东方出版中心，2020。
② 梁志坚:《"China"一词的由来》，《中国科技术语》2008年第2期。
③ 范文澜等:《中国通史·第五册》，中国社会科学出版社，1995。
④ 万钧:《南宋社会文化面面观》，电子科技大学出版社，2015。

进一步发展，为手工业提供了足够的原料，为商贸提供了更好的产品，甚至有足够的铁之后，都能够为人们烹饪提供更好的器具，"宋锅"应运而生。在南宋冶炼技术进步之后，铁锅竟然可以大量出口，"科学技术是第一生产力"确为真理。

南宋出口的铁锅，"佛山造"占重要部分。佛山从宋朝开始就是中国南方的冶炼中心，其所铸造的铁线、铁锅、铁链、铁砧、铁针、农具、军器和钟鼎等产品质量上乘、享誉全国，客户遍及海内外。在此后的明朝明代宗景泰年间，佛山的工匠们就敢为人先地发明了"红模铸造法"，以佛山特有的红山泥来制模铸造铁器，去除了铁器中的气泡与孔洞。此后佛山铁锅在内外贸中更加无往不利，铁锅与丝、棉、瓷器等并列最受欢迎的中国商品，成为响当当的"硬通货"。蒋良麒在《雍正朝东华录》中记载："（夷船）所买铁锅，少者自一百至二三百连（连为量词，类似打）不等，多者买至五百连并有一千连者。其不买铁锅之船，十不过一二，查铁锅一连，大者二个，小者四五六个不等。每连约重二十斤，若带至千连，则重二万斤。"佛山的陶瓷与铁锅一样，也一直享誉海内外。

还有的专家研究，"南海一号"的沉没，与这些铁锅有一定的关系。据推测，"南海一号"的载货方式，即先在泉州港装载瓷器，向南到达广州港，在此地装载大而重的铁锅和其他商品，再运往东南亚或阿拉伯，这样更顺路；在到达目的地后，先卸下铁锅，之后再卸下瓷器，方便更快卸船，以及与不同的商人进行次第交易。这种载货方式虽然最大限度体现了效率，但因为铁锅太重，当时没有更好的固定方式，因而海上一场风暴袭来，固定不稳的铁锅在剧烈颠簸下发生偏移滑动，随后全部叠倒于船的一侧。由于铁锅重量与数量巨大，船的重心瞬间严重偏移，直至发生侧翻而沉没。造成"南海一号"沉没的千年"黑锅"，还可能真被铁锅给背起来了。

图 4-5 "南海一号"上出土的铁锅
资料来源:《火了的这口锅可能产自佛山?》,https://www.sohu.com/a/223392106_99940276。

佛山作为两宋时期岭南大地手工业的一个"缩影",反映了商贸与手工业、矿业互相促进的"正循环"良性格局,其作为广州乃至整个粤港澳大湾区的制造业基地,延续至今。特别是在"一口通商"之时,与广州形成"前店后厂"模式,相得益彰。

两宋时期"泾渭分明"的经济商贸政策,对国有专营物品的从严管制和对民间商品的放开甚至免税,客观上促进了全国大市场的形成。在全国大市场的宽松环境中,粤商不仅在贸易领域敢为人先,从广州出发的货船最远航至阿拉伯和非洲沿岸,而且在发展手工业方面敢为人先,其大量出口铁制品,得到了宋徽宗的称赞:"坑冶之利,二广为最"。

南宋开启了中国社会的平民化进程,并出现了欧洲近代前的一些特征:市民阶层形成、雇佣关系产生、城市化开始[1]。其中,两宋允许土地兼并,虽为南宋最后败亡的原因之一,但也在客观上解除了农民对土地、地主的人身依附,使得大量农民进城、进工场务工,促进了雇佣关系的发展。《都官集·说工》中谈到广东的铁器工场时说"(与雇工)立定工限、作分、钱数,与免对工除豁支破工钱,庶得易为和雇手高人匠",已经展示了广东工

---

[1] 《还原一个真实的南宋》,中国新闻网,2013 年 10 月 8 日。

场中的雇佣关系和资本主义萌芽。这个阶段，商人、手工业主和工人获得了更高的社会地位，更加不受束缚、敢为人先地开展商贸和生产活动。因而两宋时期在中华文明发展中具有文艺复兴和经济革命的意义，在世界历史进程中有着重要的地位。此后的元、明、清三朝，商人地位逐步下降、商业活动逐步式微，但岭南因为南岭屏障，反而获得了"一口通商"的独特地位。两宋的粤商风采，特别是市民意识、雇佣关系等，成为宋朝以后粤商开展海外贸易牢固的文化基础。

2022年7月，《南方日报》旗下的"南方Plus客户端"刊载了广东省文物考古研究院最新公布的重磅发现——"南海一号"沉船部分陶瓷器产自佛山南海奇石窑和文头岭窑，并确认"南海一号"曾经到过广州。历史学家认为，"南海一号"有相当一部分与南越国宫署遗址出土物品类似的酱釉大罐产自南海奇石窑或文头岭窑。同时，从"南海一号"出土的印花陶罐上，发现了"酒墱"的字样，按照广州市舶司官员"款待"的职责，推测"南海一号"曾到过广州并接受了广州官员的宴请和赠酒。历史学家的新发现，为笔者在上文推测"南海一号"曾到广州装载铁锅或其他商品提供了有力的支撑。

4.2 自由贸易：蒙元通商起国成就市舶之盛

汉朝之后的游牧民族，逐渐成了天生的商人。在匈奴分裂成北匈奴和南匈奴之后，北匈奴一直奉行掠夺政策，直到被汉军多次攻破王庭，被迫西迁；而南匈奴则奉行贸易政策，逐步与汉族互相融合。此后的鲜卑、突厥、契丹，既有秋天膘肥马壮的时期南下掠夺，又有边境贸易，以此两个渠道获得铁器、衣服、瓷器、陶器、盐等生活必需品。

到了两宋，特别是"澶渊之盟"后，北方游牧民族就以"互市"为主、劫掠为辅。历史上称边境贸易场所为"榷场"。《金史·食货志》专门有记载榷场的章节："榷场者，与敌国互市之所也，皆设场官，严厉禁，广屋宇，以通二国之货，岁之所获，亦大有助于经用焉。"辽国（契丹）除了在南边置榷场与宋通商以外，"在高昌、渤海立互市"。辽国不仅与北宋，还与周边的部族，如女真、铁骊（渤海边的一个部族国）、靺鞨（今吉林和辽宁省境内的古老部族，黑水靺鞨发展为女真族）、焉舍（今山西省境内一个古部族）、高丽（今朝鲜与韩国）等通商。金朝时榷场数量更多、贸易额更大，王孝通在《中国商业史》中记载："泗、寿、唐、邓、颍、蔡、凤、密、巩、洮、净等处，皆有榷场。"仅泗州一个榷场，单年贸易额就在5万多贯（宋朝货币的单位之一，一贯相当于770文铜钱）以上，在金宋两国战争基本停止后就增加到了10万贯以上。金朝官员吕鉴认为："尝监息州榷场，每场获布数千匹，银数百万，兵兴之后，皆失矣。使无兵战之祸，榷场之利，殊未可以量限也。"就连游牧民族的官员都承认边境贸易获利的丰盛。两宋300多年形成的榷场边贸习惯，在蒙古高原各民族之中，也是深入人心。

4.2.1 成吉思汗——"老谋深算的生意伙伴"

《元史译文证补》、《世界征服者：成吉思汗及其子孙》与波斯史学家志费尼所著的《世界征服者史》均记载了成吉思汗与商人一个有意思的故事：曾有巴勒乞黑（Balchikh）等三位不花剌国（今乌兹别克斯坦境内的布哈拉城）商人到蒙古贸易，根据成吉思汗颁布的一条扎撒（即法令）——"凡进入他的国土内的商人，应一律发给凭照，而值得汗受纳的货物，应连同物主一起遣送给汗。"因为巴勒乞黑的货物成色好，因而被带去见成吉思汗。当把织金的布匹和曾答纳赤（即不花剌附近曾答纳村生产的彩色印花棉布）呈给成吉思汗时，成吉思汗对此爱不释手。巴勒乞黑发现了成吉思汗的喜爱，竟趁机开高价，把市价仅仅价值10~20第纳尔的（即罗马帝国时期的银币，也是意大利语里"钱"的意思）织金布匹，抬高到3个金巴里失（成吉思汗时代蒙古的货币单位，一个金巴里失大概折合二两银币），即抬高了10多倍。成吉思汗是清楚知道市价的，立即拒绝了商人的漫天要价，非常愤怒地说道："此人以为我们从未见过织物吗？"然后，他向巴勒乞黑等三位商人展示了蒙古大汗已经拥有的大量华丽的织物，并命令卫士没收了巴勒乞黑他们的货物，要把他们抓起来。

巴勒乞黑一看这个架势，就立刻明白了他在跟谁做生意。他和其他两位商人把货物作为礼物献给成吉思汗（另外一说是他们谎称自己是奉花剌子模国王之命来贸易的）。成吉思汗随后原谅了他们，按照比市价高的价钱付了布料的费用（每匹织金布匹付给了1个金巴里失，每匹棉织品或彩色印花棉布付给1个银巴里失，均是市价的3倍以上），展现了蒙古人的豪爽与精明。因此，整个伊斯兰世界都流传着一句话："当中亚的穆斯林商人抵达成吉思汗的营帐时，他们见到的不仅是一位现成的顾客，也是一位老谋深算的生意伙伴。"

成吉思汗还为他们的回程投资，并鼓励他的后妃、诸王和大臣们各自挑选了两三名亲信，组成了一支450人的商队，带着大量金、银巴里失和来自东方的宝贝，跟随这些商人到"西边的"国家进行贸易，换取当地的珍品。这支富裕的商队走到锡尔河畔的讹答剌城（今哈萨克斯坦奇姆肯特市阿雷思河和锡尔河交汇处）时，却被贪婪的海尔汗盯上了。海尔汗借口这些商人是"间谍"，下令拘捕并残忍杀害他们，夺取了全部财物。此举引起了成吉思汗的强烈不满，亲征并灭亡了花剌子模国，从此开始了"世界征服者"的历程。

成吉思汗对商业活动的熟悉，起源于其在崛起的过程中，重视商队和贸易对行军作战、后勤保障的重要作用。在1203年与克烈部交战受挫之后，成吉思汗在班朱尼河（又作巴勒渚纳河，今呼伦湖西南附近）收拾残部，并与追随他的"那可儿"（即忠实伙伴）们宣誓："使我克定大业，当与诸人同甘苦。苟渝此言，有如河水。"[1] 其中就有一位穆斯林商人阿三（又

---

[1] 宋濂等：《元史》，中华书局，2000。

名哈散纳，Asan/Hasan）。成吉思汗还与阿三订立了一个重要的誓约，允许阿三从事貂鼠皮和灰鼠皮贸易。此后商人成了成吉思汗的"那可儿"，正式进入蒙古帝国的上层，成为蒙古持续征战的重要财政来源与经济支撑。

与其他封建君主不同的是，成吉思汗喜欢同造访蒙古帝国开展贸易活动的各国商人谈话。在谈话过程中，他既可了解商人祖国的政治情况和风土人情，又可让商人们了解到贸易对蒙古的重要性。他还重视在战乱时期对商队的保护，在1206年的忽里勒台大会上，他组建了名为"哈剌黑赤"的卫队，既在商路上保护商人，又审查商人、发现间谍并为自己搜罗宝物。把巴勒乞黑等人引荐给成吉思汗的就是这支卫队。成吉思汗对商路与商队的大力保护，以及海尔汗的贪婪造成的花剌子模灭国，客观上打通了从唐末到两宋时期断断续续400多年的陆路丝绸之路，恢复了汉唐时期商旅络绎不绝的繁华景象，同时，改变了欧洲和中亚、西亚很多国家与民族的命运，推进了世界历史的进程。

蒙古族的发祥地在蒙古高原腹地。蒙古高原即东亚内陆高原，东起大兴安岭，西至阿尔泰山，北界为萨彦岭和雅布洛诺夫山脉，南界为阴山山脉，范围包括蒙古国全境和中国内蒙古北部。蒙古高原大部分为古老的台地，西北部多山地，东南部为广阔的戈壁，中部和东部为大片丘陵，地势自西向东逐渐降低，平均海拔1580米；气候属于温带大陆性气候，主要地貌是高山草甸。蒙古高原是东亚大部分游牧民族的主要起源地，著名的匈奴、东胡、鲜卑、乌桓、柔然、高车、突厥、回纥、黠戛斯、契丹、室韦、蒙古等部落和民族都在这里兴起和衰落。但在蒙古之前，没有一个民族可以完成统一中华的大业，更遑论当上"世界征服者"。蒙古高原上的生存环境，历来非常恶劣，除了从事畜牧业之外，基本上没有更好的生存方式。

游牧民族要么南下劫掠，要么开展边境贸易，才能获得生活必需品。但纳贡—榷场—赏赐（或岁币）这种原始的物物交易模式，不仅获得的货品种类有限，盐、铁、茶之类的商品动辄就被"卡脖子"，而且价格高昂，性价比很低。可以说中原和中西亚的"定居"政权，利用交易的不平等来"薅"游牧民族的"羊毛"，这也是游牧民族历来都是越打越弱的重要原因之一。

这个现象或可以用运输成本的相关理论来解释。亚当·斯密在《国富论》中指出："（在这两地之间）如果除了陆运之外没有其他的交通手段，而除了与重量相比价格非常昂贵的东西之外，没有其他货物能从一地运往另一地，那么，他们就只能进行现时在两地间所维持的商业的一小部分，因而也只能提供现时彼此相互提供的鼓励的一小部分。在世界各个遥远地区之间，就不可能有多少商业，或者根本没有任何的商业。"[①]这句话表明了运输成本是"斯密定理"（即市场规模限制劳动分工假说）发挥作用的重要条件，如果运输成本居高不下，那么只有交易价格昂贵的奢侈品才有利润，那么市场规模就无法扩大，而经济增长取决于市场规模的扩大。

蒙古汗国之前的草原贸易，主要有行商和榷市两种渠道。行商即巴勒乞黑的模式，流动在草原各处，按照需求出售货物。榷市是固定交易场所的，与两宋时期的"坐贾"模式一致。无论是行商还是榷市，商品生产和运输的成本都是必需的。那么我们可以用下面的公式来计算商人的利润：

$$P=V-(E+T)$$

这里，P 表示利润，V 表示市场价格，E 表示生产成本，T 表示运输成本。为方便分析，取一个固定的时间截面，即在这个截面中，生产技术和效率不变，则 E 不变；市场环境不变，则 V 不变。式中唯一的变量是 T。榷市与商品产地的距离相对固定，那么在环境不变的前提下，T 相对固定；行商的交易地与商品产地的距离是变化的，商队行进路线更是随时变化的，因而 T 是不可控的。蒙古高原环境恶劣，叠加游牧民族居住分散、牧场不定等特征，因此草原上行商的 T 就是非常不确定的因素。这就让生产力较

---

① 〔英〕亚当·斯密：《国富论》，郭大力、王亚南译，商务印书馆，2014。

低、可生产产品种类较少的游牧民族始终处于劣势位置，要购买总价相对低的生产生活物资，就必须到边境的榷市，行商做不起这个生意。而榷市的商品不仅性价比不高（生产生活物资价格高于市价），还经常关闭（遇到两国战争或贸易禁运）。因而游牧民族的市场无法扩大，经济无法发展，只能逐渐消亡或者被新的部族替代。

在成吉思汗创立蒙古帝国的过程中，商贸起到了重要的作用。但这是 T 显著降低、P 显著提升的商贸新模式。这个模式就是阿三开创的。在"班朱尼河盟誓"后，阿三拿到了蒙古部落当时最重要的商品貂鼠皮和灰鼠皮的贸易许可。阿三认清了"穆斯林所居的中亚与西伯利亚之间存在着毛皮贸易，而且有一条商路从蒙古草原中央穿过"和"中亚的撒儿塔黑（Sartaq，城居穆斯林）并不会为了购买毛皮而向蒙古输入羊"这两个事实，他采取分段贸易的新模式：将中亚的货物带入蒙古出售，从蒙古牧民手中购买羊，转卖给贝加尔湖附近的槐因亦儿坚（即蒙古的林木中部落），换取生皮后再出售给中亚商人。这种分段贸易的模式，大大缩短了交易的时间与路程，即尽可能地降低了 T 值，并满足了草原商路沿途人们的需求，初步形成了《国富论》中谈及的分工局面，让阿三成了蒙古帝国商业模式的先驱。

此后，随着阿三逐渐富裕，更多商人进入草原成为行商。他们遵循了阿三的成功模式，即沿途购买大宗货物而售卖于他处。随着安全日益得到保障，而且在商路的另一端有大宗货物与奢侈品的购买者，远距离大宗货物贸易在当时经济背景下成了经济合理的命题。同时，随着草原行商的不断增加，与金国边境时断时续的榷市就显得不那么重要了。据《元史·卷一》记载，成吉思汗曾接受了金国任命的札兀惕忽里官职，即边境指挥官之意，并在净州（今内蒙古四子王旗一带）见过后来的金国皇帝完颜永济。净州也是当时的榷场之一，成吉思汗想必在净州对边境贸易的弊端有更深刻的理解。

同样的，中国古代的科技历经 2000 多年仍处于缓慢发展的态势，即上述公式中的 E 始终变化不大。中国经济重心的逐步南移，东南沿海在古代的富庶，主要得益于水运带来的极低 T 值，并随着航运和造船技术的进步而持续降低。放眼世界，在火车、汽车和飞机出现之前，亦是如此。

4.2.2　元代市舶之盛——"锐意扩张海权"

王孝通在《中国商业史》中感叹道："（攻打花剌子模）亦可见蒙古之重商业矣。"把游牧民族天生的商人气质发挥到了一个新高度的蒙古人，特别是在草原因为运输成本降低获得巨大财富的蒙古人，在统一中国后，自然发现了海运之利和外贸之富。因此在整个元朝期间，始终锐意扩张海权，为沿海地区带来了可以媲美两宋的市舶之盛。

谋建"蒙古圈"。南宋虽然拥有强大的商业船队，以及看似强大的舰队，但其本质上还是一个在政治军事上偏保守的国家。两宋拥有强大的海上力量，以及丰厚的贸易利润、海洋权益，却没有推动舰队扬帆出海，扩张海外市场，甚至没有对关键的海峡与隘口进行有效控制来保证自己的商业利益。这在后来的中国历史中将不断出现，更典型的是明朝时的郑和下西洋。在两宋时期，朝廷如此选择的原因一是来自大陆的军事压力更猛烈，没有更多的资源分配给海军；二是朝廷要员，特别是皇帝对海外的政治军事、风土人情、经济状况等知之甚少，尤其是在理学占据优势的南宋，更像个"内陆型国家"，对外界情形表示"不屑"。

蒙古人在灭亡南宋之后，整体接受了南宋的造船能力、航海技术、海军舰只等，甚至全盘照搬南宋的外贸制度。但元世祖忽必烈（成吉思汗孙子、拖雷儿子）继承了爷爷与商人建立友谊的习惯，继承了爷爷爱打听一切外界事物的性格，继承了蒙古人尚武和国家意志超强的品质，以及继承了蒙古人对商业活动的敏感与创造力，开始充分运用南宋的"海洋遗产"，进行一系列探索。其中最有想象力的，就是"以江南为起点，控制海上航线，进而构筑一个超广范围的'蒙古圈'。"① 元朝构筑"蒙古圈"，相比以往和以后各朝代都有更加优越的条件，四大汗国横亘于欧亚大陆，陆地丝绸之路完全在蒙古人的掌控之下；拖雷第六子、占据了黑衣大食（即阿拉伯帝国阿拔斯王朝）并支持忽必烈称帝的旭烈兀，以及其创建的伊利汗国与元朝联手，把握住了海上丝绸之路的要害部位——波斯湾，叠加海路一直以来的稳定，使得海陆丝绸之路尽在蒙古人掌握。

然而，这样"史无前例"的"蒙古圈"，既需要大规模的贸易和超大规模的市场，又需要强有力的陆海军事力量的保驾护航，更需要改变汉朝以来海外贸易虽盛，但无尺寸海外领地、无关键区域控制权的不利局面。因而，大规模的对外征伐就在海陆两条战线同时展开。陆地战线的向西扩张，主要是由成吉思汗其他子孙完成的，比如旭烈兀对中东地区的征服、金帐汗国（钦察汗国）拔都的西征等，一度使陆上丝绸之路成了蒙古人的"内路"。在海洋的扩张，则是由元朝独立发动的。在蒙古人的全盛时期，五大汗国跨越欧亚大陆，确实在一定时期内构建了史无前例的"欧亚大贸易圈"②。

第一封被误读的国书。元朝灭亡南宋之后，大量收编了原南宋的海军，获得了远航、海战等方面的技术，并在广州、泉州等地大规模修造船只，为未来的海外征服做准备。

在开始大规模的海军远征之前，蒙古军队就因为蒙古使节被杀事件，进军朝鲜半岛。杉山正明在《蒙古帝国的兴亡（下）——世界经营的时代》中多次提到了蒙古军队在进攻高丽时的困境："蒙古经过多次进攻，也想和高丽签订'城下之盟'，奈何有一道海洋的墙壁挡在面前……虽然战况激烈，但战争持续时间却意外的长。"蒙古军队攻灭高丽的战争断断续续持续了

---

① 〔日〕杉山正明：《蒙古帝国的兴亡（下）——世界经营的时代》，孙越译，社会科学文献出版社，2015。
② 〔日〕杉山正明：《蒙古帝国的兴亡（下）——世界经营的时代》，孙越译，社会科学文献出版社，2015。

42年，直到高丽王世子倎（即王禃）支持忽必烈继位，忽必烈又帮助王禃继承了高丽王位，此后历经数次反复，作为忽必烈盟友的王禃（元宗）顺利坐稳了高丽王的位置。然后，元宗政府开始大规模的造船工程。

元朝对海军的重视，也是一个递进的过程。高丽迁都耽罗（今济州岛）之后，跨海战役进攻难度之大、持续时间之长都出乎蒙古人的预料。蒙古人是以战起家、以战养战的，因而对战争的一切要素都很敏感。所以，针对王禃坐稳王位迅速启动造船，在灭亡南宋之后，蒙古人也顾不上南人与色目人、汉人的区别了，大量收编南宋海军，并大规模造战舰。无论有没有用，军事器材，越多越好。

此后征讨日本的故事，在很多史料中都有详细记载。第一次对日远征是1274年（元世祖至元十一年、南宋咸淳十年）三月，忽必烈命令屯戍于高丽国的凤州经略使忻都、高丽军民总管洪茶丘率蒙汉驻扎军、女真族部队共计1.5万人、大小战船900艘，以及高丽军5600人和300艘战船出征日本，却因台风将大部分战船毁坏，只得仓促撤回。此后专门成立了征东行省（即日本行省），征调包括南宋新附军在内的海陆军队，筹备了7年后在1281年（至元十八年）正月，元军兵分两路再次远征日本，但仍然失败。

分析到这里，自然产生了一个历史问题：忽必烈为何执着地征伐日本？据中国和日本的历史记载，忽必烈在第一次征伐日本之前，从1266年（至元三年）到1274年（至元十一年）先后派出了黑的（又名赫德）与殷弘等多批使节团，其中4个团安全抵达了大宰府（即京都，镰仓幕府的驻地）。以忽必烈名义的汉文致日本国书被转交到京都的朝廷和镰仓幕府手里，但日本方面并没有给出回信，只是置之不理[①]。忽必烈打算送给日本最高统治者的国书抄本现存于日本奈良的东大寺中（见图4-6）。

---

① 〔日〕杉山正明：《蒙古帝国的兴亡（下）——世界经营的时代》，孙越译，社会科学文献出版社，2015。

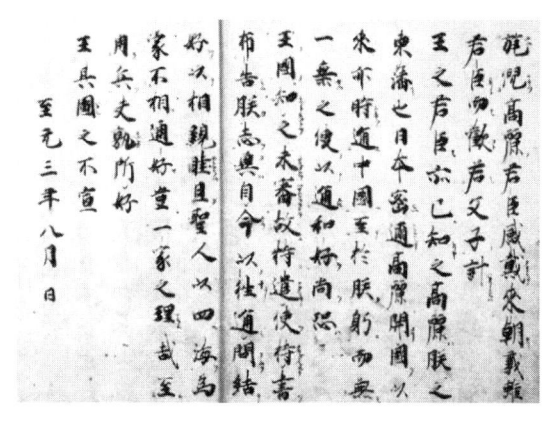

图 4-6 忽必烈给日本的国书抄本

资料来源：https://factsanddetails.com/asian/cat65/sub423/item2697.html，原图标题为 Letter from Kubla Khan to the "King of Japan"。

从这份抄本看，忽必烈一改以往中原大一统政权给周边"属国"或"蕞尔小国"的国书行文惯例，反而显得有点过度谦逊。国书中出现了"奉书日本国王"的字样，而且通篇来看就是"结好""亲睦"等友好的字样，既不是惯例的"恐吓信"，更不是战书。连续4次日本都"置之不理"，最终激怒了忽必烈，在解决南宋问题之前就第一次进攻日本。而1275年（至元十二年），忽必烈派出的使者礼部侍郎杜世忠等一到日本，就被镰仓幕府处死，更是直接导致了第二次进攻日本。

在忽必烈至元年间，日本处于镰仓幕府时期。镰仓幕府的建立标志着日本由中央贵族掌握实际统治权的时代结束了，在贵族时代地位很低的武士们登上了历史舞台。日本武士崇尚"忠君、节义、廉耻、勇武、坚忍"，结合儒学、佛教禅宗、神道，形成武士的精神支柱"武士道"，鄙视平安朝贵族萎靡的生活。日本作为从唐朝开始就十分仰慕中国文化的国家，即便在幕府时期，也是有大量精通汉语的官员，不至于对来自中国最高统治者的"亲善式问候"置之不理。

笔者觉得，日本的淡漠可能有三个方面原因。一是当时镰仓幕府的最高官员"征夷大将军"是一位三岁的小娃娃。忽必烈于1266年（至元三年）

派出黑的与殷弘作为第一批赴日使团之时，惟康亲王于当年7月宗尊亲王被废后回到京都，才3岁便就任征夷大将军。此后直到1274年（至元十一年）元军第一次征伐日本，惟康亲王也才11岁。年幼的征夷大将军是无法独立处理对外事务的，幕府政治本就是辅政，因而"置之不理"实属正常。二是镰仓幕府处于执政初期，相对比较嫌恶"日本国王"这个称谓。这可能是忽必烈的国书在行文中比较容易被日本误读的一个词。天皇已经成为傀儡，而国书是直接写给天皇的，容易激发武士道精神中"好斗"的成分。三是蒙古大军声名远播，"亲善式问候"容易带来挑衅的误读。镰仓幕府在"主少国疑"之时，很容易产生对外强硬的客观需求，扶持惟康亲王上位的第八代执权（日本镰仓幕府时期的官职名称，意指"掌握幕府权力，帮助将军处理政治"）北条时宗需要对外强硬来巩固自己家族的执权地位（此后每一代执权都是北条家族的人），因而或有刻意激怒元朝统治者的主观意愿。

此后，元朝的内乱阻止了第三次征伐日本，日本没能成为元朝的一个行省。虽然元军两次入侵日本，但没能阻止两国民间的密切交往。元朝的"市舶之盛"吸引着日本的民间商人，特别在足利幕府时期，足利尊氏和足利直义都热衷与元朝通商，日本名副其实地成了"蒙古圈"中的一员。

而两次征伐日本不利，促进了元军兵锋的南向。元军带着征伐日本的经验与教训，频繁向中南半岛出兵。与征伐日本不同的是，征伐中南半岛是陆路与海路一起出兵，但结果却一致：失败。在1287年（至元二十四年）之后，正在经历内乱的忽必烈改弦更张，把对外征伐改为友好通商，并在这一年接待了以星剌哈的威（今斯里兰卡）为首的南海二十四国的使节团。后来虽有蒙古与穆斯林联合商队"爪哇远征"等情形，但总体仍是以海洋贸易为主、军事征服为辅。

这是中国历史上比较著名的第一封被误读的国书，与此后被清朝乾隆皇帝误读的国书一样，都深刻改变了中国的历史进程。

军事强权与依法治商。在意识到陆海军事优势无法征服遥远的海外后，元朝统治者逐步把两宋时期更多的关于商贸的政策延续下来，继承了官营商业，延续了重商主义，发展了依法治商。

王孝通在《中国商业史》中谈到，元朝《刑法志》记载的关于商贾的禁令"特多"，"皆非前代所有者，比而考之，可以见其宽严之用意焉"。笔者认为其中最重要的两条，一是《市舶则法》，二是"宝钞"制度。

《市舶则法》是在总结两宋市舶管理制度的基础上产生的，并做了重大升级：即先管官、后管民。这与元朝时期定都大都（今北京）有直接关系。大都与外贸昌盛之地广州、泉州距离甚远，元朝成立初期一直在打仗，所以当时的外贸就成了地方官员敛财的主要途径。1291年（至元二十八年）参政燕公楠上书参劾在南方负责市舶事务的蒙古官员忙兀台、沙不丁等人"自己寻根利息"，元朝才开始重视，并在元世祖和元仁宗年间制订了两个《市舶则法》——至元市舶法（颁布于1293年、至元三十年）和延祐市舶法，其中延祐市舶法延续到元朝末期。延祐市舶法颁布于1314年（元仁宗延祐元年），其建构模式主要是"官法同构"，即因事设官、因官立法。作为弹劾出来的至元市舶法的"升级版"，延祐市舶法首先是规范官员的行为，比如在抽税时规定"粗货十五分中抽二分，细货十分中抽二分"，禁止官员超额征税，甚至做出了损害元朝统治阶层利益的规定，"诸王、驸马、权豪、势要、僧、道、也里可温、答失蛮诸色人等，下番博易到物货，并仰依例抽解"。这样的立法原则在严格划分人口等级的元朝比较罕见，可见外贸应在元朝财政收入中占据非常重要的地位。

"宝钞"制度即中国较早的国家金融制度与法律，把发行纸币的主体由商人和地方政府（南宋的会子仅在中国南方流通）转为大一统的中央政权，并把纸币的适用范围扩大到外贸之中。《马可波罗行纪》记载："大汗用树皮所造之纸币通行全国"，"凡州郡国土及君主所辖之地莫不通行。臣民位置虽高，不敢拒绝使用，盖拒用者罪至死也"，"凡商人之携金银宝石皮革来自印度或他国而莅此城者，不敢售之他人，只能售之君主……君主使之用此纸币偿其货价。商人皆乐受之……且得用此纸币在所至之地易取所欲之物，加之此种纸币最轻便可以携带也。"①纸币的大范围流通和臣民同用，进一步推动了元朝商贸的加快发展，也让君主能够大量支配全国财物，但反而让朝廷逐渐失去了对地方的征税权，进而失去对地方的控制，加快了元朝的衰亡。

中国古代各朝，都是外儒内法、明儒实法。但元朝由蒙古族所建立，拥有冷兵器时代最强悍的军队，以战起家、以战立国。军队最重视纪律条令，因而延伸到国家治理、社会管理，同样最重视法律的作用。特别是以重刑管理国家法定货币的发行与使用，更是开了中国历史的先河。

4.2.3 欧亚大贸易圈——带敬意的"蛮子大州"

元朝在海洋上的扩张，从商路开辟上来说，是很成功的。杉山正明在《蒙古帝国的兴亡（下）——世界经营的时代》中写道："在1293年（至元三十年）前后，南海—爪哇海—印度洋这一南方海上路线却正式并入蒙古的势力范围"②，并举了一个承载着马可·波罗和即将嫁给旭烈兀的蒙古公主的船队，途中寄停各沿岸城市，最终达到伊朗港口的例子。杉山正明还用"连锁网络"一词来形容蒙古人建立的"欧亚大贸易圈"，他说："从印度向西，伊朗、阿拉伯的阿拉伯帆船往来频繁，旭烈兀兀鲁斯的权威笼罩着这片海洋……从那以后，在以蒙古为核心的稳定的国际环境中，东西方的通商往来与交流变得异常活跃，首次出现了一个可以成为'欧亚大贸易圈'的全世界规模的整体。"忽必烈规划的"蒙古圈"，在没有通过武力的情况下实现了。

中国历史上关于元朝商人的记载较少，关于粤商的就更少了。但从《伊

---

① 〔法〕沙海昂注《马可波罗行纪》，冯承钧译，商务印书馆，2012。
② 〔日〕杉山正明：《蒙古帝国的兴亡（下）——世界经营的时代》，社会科学文献出版社，2015。

本·白图泰游记》《马可波罗行纪》《南海志》等书籍中，还是可以一窥当年粤商的繁荣。

伊本·白图泰于1347年（元惠宗至正七年）先到泉州，后辗转来到广州。他写道："秦克兰城（即广州）者，世界大城中之一也。市场优美，为世界各大城所不能及。"他认为泉州和广州的瓷器，价廉物美，运销印度等地，甚至到达他的家乡摩洛哥；丝绸极多，价钱也不贵，"一件布衣可换绸衣多件"；而泉州和广州制造的大船，"有十帆，至少是三帆。帆是用藤篾编织的，其状如席"，大船上有水手600名、战士400名；"船上造有甲板四层，内有房舱、官舱和商人舱；官舱的住室附有厕所，并有门锁"，还可以"在木槽内种植蔬菜鲜姜"。伊本·白图泰还高度评价了元朝时期的水果和治安，认为"摩洛哥出产的水果，中国不但应有尽有，而且更加香甜"，还认为"（元朝）是最安全最美好的地区。一个单身旅客，虽然携带大量财物，行程九个月也尽管放心"。这与元朝强大的军事力量和严格的法治分不开。

作为世界最著名的旅行家之一，马可·波罗和他写的《马可波罗行纪》是现代人观察中国元朝时期，特别是欧洲人观察13世纪——即欧洲最黑暗的中世纪时期的世界最好的窗口。或许受蒙古统治者蔑视原南宋故地的影响，《马可波罗行纪》中并没有直接描写广州港或其他岭南城市的景象。但马可·波罗在离开中国，从南海—爪哇海—印度洋航线回中东之后，却改变了他对"蛮子"（元朝时对岭南人带有贬义的称呼）的看法。

在商务印书馆出版的2012年版《马可波罗行纪》第一六〇章"海南湾及诸川流"中，马可·波罗记载了"其地一方面与蛮子州东南部连界，一方面与阿木（Amu）秃落蛮（Toloman）及其他业经著录之诸州相接"，文中还描述"此湾幅员之广、人民之众，似构成一新世界"。这里的蛮子州应指广州，"秃落蛮"应指香港的屯门（荷兰人在屯门与明朝东莞县驻军进行海战，屯门应在更早的时候就有驻军并得名，"屯"亦有屯军之意），万山群岛和香港列岛也符合"湾内多岛屿"的记载。马可·波罗路过的所谓"海南湾"，应是珠江口。这个版本的《马可波罗行纪》的注释，一处写了"海南湾"是往返占巴（即占城，今越南）的必经之路，并写到"沿广东东京海岸行"；另一处还写到"剌木学本后章谓渡湾一千五百哩至占巴国，则其所指者为东京湾，或以为是海南岛者误也"。

此外，马可·波罗还写道："亦产铜及他物，各岛以其产物贸易，此岛有者，他岛无之。"珠江口岛屿没有铜矿，但是从两宋以来制造工场在珠江口各地兴盛，风靡于欧亚的佛山铁锅就是明证。铜制品在岭南的制造可以追溯到南越国时期，更是元朝时期岭南制造业的又一块招牌，最有代表性的是元代铜壶滴漏（见图4-7），既体现了高超的制造工艺，又有较高的科技含量，可以计时并发布，还有较强的艺术性。马可·波罗是路过"海南湾"，不可能深入陆地上的铜矿，此处的"产铜"理应不是指铜矿产铜，而是指出产铜制品。此外，《马可波罗行纪》第一七七章注释⑤写道："剌木学本云：'蛮子船舶用铜作压舱之物'。"这里可以想象一下，马可·波罗乘

图 4-7　元代铜壶滴漏

资料来源：拍摄于广州博物馆。

船在路过珠江口时，看到船工搬运铜上船作为压舱的物品，自然好奇询问此地是否产铜，得到肯定的答复后做此记载，引起了后世历史学家的误解——以"产铜"二字否定了"海南湾"就是珠江口。

此后，马可·波罗在路过下里国（今印度西部）时，记载"蛮子船舶有木锚甚大……"，担心"蛮子"的船舶在沙滩上下锚有危险；路过马里八儿国（今印度西部）时，记载"此国输出之粗货香料，泰半多运往蛮子大州……"。首次用"大州"来形容广州，可能是他开始对"蛮子"有敬意了。

此外，元朝人陈大震的《南海志》记载，元朝时，同广州有贸易来往的国家和地区有140多个，"广为蕃舶凑集之所，宝货丛聚，实为外府，岛夷诸国名不可殚"。元朝人周致中的《异域志》特别记录了其中的三条航线：一是广州至占城（今越南），"顺风八日可到"；二是广州至三佛齐航线，"自广州发舶，取正南半月可到"；三是广州至莆家龙（今爪哇岛北岸），"顺风一月可到"。

大约1322年，《鄂多立克东游录》的作者鄂多立克经君士坦丁堡（今伊斯坦布尔）、特拉比松和埃尔兹伦、喀山、孙丹尼牙、耶兹特、百世玻里、设拉子、大不里士、巴格达等城市，在广州登岸。甫一登陆，他立即被广州密集的人口、繁荣的经济以及港口众多的船只所震惊。在回忆录里他提道："一个比威尼斯大三倍的城市，整个意大利都没有这个城的船只多。"他还对该地居民所拜之神的数目之多而感到惊讶。但鄂多立克要是看到这么一尊"神像"（见图4-8），肯定会更加惊讶。

这尊雕像即广州人口中的马可·波罗塑像，位于广州的华林寺。华林寺位于广州市荔湾区下九路西来正街，始建于527年（梁武帝大通元年）。华林寺的前身是西来庵，达摩祖师遵从师父的自训谕，西来弘化、弘扬禅宗妙旨，并于梁武帝普通年间从海上到达广州城外的珠江北岸（今下九路），结草为庵，潜心苦修，华林寺即成为中印文化交流的重要史迹、广州佛教四大丛林之首。在五百罗汉堂内，除供奉三宝佛外，还陈列着神态各

图 4-8 华林寺中的马可·波罗塑像（左一）
资料来源：《解放前夜的广州街头，烫发旗袍的女士悠闲漫步，六国饭店灯火依旧》，https://www.sohu.com/a/325228829_711096。

异的泥塑五百罗汉像，其中有这么一尊马可·波罗雕像，并有清朝光绪年间的《五百罗汉图》为直接证据。

广州人把这样一尊外国旅行家的雕像，作为信众朝拜的神像，充分反映了岭南人与上文所述一致："岭南人特别是沿海的岭南人把很多'迷信'的行为习惯延续千年，这不是偶然的。"南宋末年崖山海战的惨烈、蒙古大军的强悍、元朝初年对南人和汉人的压迫，让当时的岭南人感到不寒而栗，在高压的夹缝中低调求生存。在元朝的海外扩张失败之后，特别是在"二十国朝贡"之后，岭南人方才在一定程度上放开手脚、扬帆远航。这也是"环境稍善假说"的一个有力佐证，在环境改善之后，从马可·波罗1292年离境之时的仅能"路过"珠江口以及文中的"蛮子州"到30年后鄂多立克可以直接登陆广州，岭南人特别是广州人在低调中迎来了自己的又一个"财富春天"。

但广州人把一尊西方人塑像供奉在寺庙里，并口口相传这就是马可·波罗塑像，在一定程度上也佐证了马可·波罗确实到过中国，并受到了忽必烈的高度信任，被任命了较高的官职，因为只有这样才有"朝拜"的价值，才有护佑岭南人的可能。在蒙古军政的高压之下，岭南人的低调、敬天畏地发挥得更加淋漓尽致，在这种品质中迸发出的粤商敢为人先精神，更为难得、更为强大。

蒙古人的两个重要经历，或给了粤商两点启示。

第一是占据海外殖民地不可行。元朝征伐日本、中南半岛、爪哇岛等地都失败了，后来却通过朝贡体系结合商贸活动成功控制了这些商路，或许给了粤商很大的启示：强悍如蒙古军队，都无法成功远征、无法有效控制海外；企图通过武力控制殖民地劳民伤财，还是"和气生财"效率更高、持续性更强。因而无论粤商取得怎么样的成功，出了多少名富豪，都没有寻求武力打破"喉颈"，没有寻求建立强大的海军去占领马六甲海峡、爪哇岛等咽喉之地，始终保持着低调、稳重、热爱和平的特点。而日本在明治维新之后，始终以自己两次击败冷兵器时代最强大的蒙古军队这一历史为荣，企图以海军"出海"征服亚洲，最终成为人类历史上唯一遭受过原子弹轰炸的国家。日本战后改由制造业"出海"，取得了经济奇迹，在20世纪70年代一跃成为世界经济体量第二的国家。其中缘由，发人深省。

第二是稳定安全的局面很重要。按照"环境稍善假说"，从动荡、恶劣的环境来到相对稳定的环境时，人们更愿意在"劫后余生"、环境稍善后开启创新活动。元朝的海上远征虽然失败了，但航路沿线国家都表示臣服于元朝。蒙古人军队虽强，却并非蛮不讲理的"好战民族"。从南中国到印度洋的航线都在蒙古人控制之下，但蒙古人却秉持法治下的重商主义，甚至立法规范王公贵族的征税权。同时，蒙古人在建立了"欧亚大贸易圈"前后，推动以蒲寿庚为代表的帮助蒙古起家的伊朗系穆斯林商业势力和以阿三为代表的畏兀儿商业势力成立"斡脱"商业组织，并纳入元帝国政府行政许可的范围[①]。"斡脱"的突厥语为ortaq，即"伙伴"或"联合会"，是元朝时期公司的雏形，不同于一般意义上的企业。这些商业组织得到了蒙古人权力和武装力量的庇护，形成了与两宋时垄断战略物资所不同的崭新意

---

① 〔日〕杉山正明：《蒙古帝国的兴亡（下）——世界经营的时代》，孙越译，社会科学文献出版社，2015。

义上的国有经济体系，更类似于当前资本主义国家"民办国护"的石油、军工垄断集团。这种制度在"欧亚大贸易圈"中起到了无差别护航的效果，元朝和伊利汗国的军队肃清了海面、港口和陆地运输线，使得所有商船、商队都畅通无阻。在元朝营商的经历有着与南宋末年和明清时期显著的区别，或给粤商思维中留下了追求稳定的深刻记忆。直到虎门销烟之后，以伍秉鉴为首的十三行商人还愿意赔偿英国人的损失，以此换取和平，或许是数百年以来经历留下的对和平孜孜以求的印记吧！

4.3 海禁首现：郑和大宝船与三桅帆船禁令

"大宝船下西洋"与"三桅帆船禁令"，这听起来像是两个时代的事情，但都真实地发生在明朝。郑和下西洋是我们耳熟能详的故事，是中国古代航海史上的巅峰时刻。郑和的船队，无论是吨位、数量、载人载货量，还是使用的航海技术、总航程等，在2000多年封建历史中均无出其右者。

最典型的是《郑和航海图》和导航技术。《郑和航海图》共含20页航海地图、109条针路，以及2页4幅的过洋牵星图。其中的航海地图高20.3厘米，全长560厘米，包含500个地名。全图以南京为起点，最远至非洲东岸的慢八撒（今肯尼亚蒙巴萨）。画中标明了航线所经亚非各国的方位、航道远近、深度，以及航行方向的牵星高度；对何处有礁石或浅滩，也都一一注明。郑和使用海道针经（24/48方位指南针导航）结合过洋牵星术（天文导航）。导航技术也在图中表现出来，共列举自太仓至忽鲁谟斯（今伊朗阿巴丹附近）的针路共56条，由忽鲁谟斯回太仓的针路共53条；往返针路全不相同，表明船队在远航中已灵活地采用多条针路，这在当时已是最先进的航海导航技术。

相比郑和晚很多年的哥伦布、麦哲伦远航，不仅在船只吨位上依然不及，在造船、航海、导航等技术上也没有显著进步。他们主要使用显像仪、指南针、沙漏和绘图术等。由于完整地图的缺失，确定纬度的显像仪无法很好地发挥作用，因此起主要作用的还是指南针。

这是中华民族非常罕见的海洋高光时刻：宝船遮天蔽日，巨炮不怒自威，兵如山戟如雪，所过之处，无不臣服。然而，历史却停留在了这高光的瞬间。不到 30 年，海洋恢复平静，明朝统治者给自己加上了一圈牢固的制度和心理锁链：以民间禁止建造三桅帆船为代表的"海禁令"。400 余年的闭关锁国由此开启。

4.3.1 朝贡贸易一体化的郑和下西洋

其实，在郑和下西洋之前，以及与郑和同时代，有很多明朝使臣，曾经奉命出使东南亚。根据《明史》中各海外传记，1403 年（明成祖永乐元年），尹庆（与郑和同为宫内太监出身）出使满剌加（今马来西亚马六甲州）、爪哇、苏门答腊，以及今印度的琐里、柯枝、古里等地。1405 年（永乐三年），孙铉（职位不详）出使南洋，并把广东人移民巨港（原称旧港，又称巴邻旁，位于苏门答腊岛南部，今印度尼西亚南苏门答腊省首府，东向面对爪哇海）的情形带回了国内。同是永乐三年，明成祖派同为南海县人的谭胜受（时任监察御史）和杨信（时任千户长）去旧港招安梁道明。此后直到 1407 年（永乐五年），郑和带着巨大的船队扬帆远航，并在回程中消灭了盘踞在巨港的"海盗"陈祖义，拉开了"郑和七下西洋"的帷幕。从郑和之前其他明使"下西洋"的举动，或可管中窥豹，看出郑和下西洋的真实目的。

郑和为什么下西洋？这是历史学中一个很有价值的话题。部分历史学家论证，郑和下西洋的真实目的是寻找南京城破时失踪的建文帝；也有部分学者认为，这是改朝换代之后，重新恢复海上丝绸之路而进行的通商贸易活动；还有的学者认为，真实目的是宣扬大明帝国权威，收复海外属国。

笔者认为，"找人说"虽然是《明史·郑和传》的明确记载（"成祖疑惠帝亡海外，欲踪迹之"），但就真实目的而言，却站不住脚，更像一个借口。一方面是郑和七下西洋路径比较单一，即便是"地毯式寻找"也不应该多次重复，而且没有派人往日本、琉球等方向，难道建文帝不会逃往日本？另一方面是如此大张旗鼓找人，与派出"精锐斥候"（即侦查人员）进行明察暗访，哪一种办法效果好，不言而喻。"贸易说"也不够全面。据《明史》记载，第一次下西洋郑和在旧港"献所俘旧港酋长"，第三次在锡兰（今斯里兰卡）"出不意攻破其城"，第四次在苏门答腊"和力战，追擒之喃渤利，并俘其妻子"，都是打仗去了，因而不是纯粹的商贸活动。

而"宣威说"，则最有可能接近于明成祖屡次派郑和下西洋的最真实目的。一是《明史》中关于目标的表述："且欲耀兵异域，示中国富强"。二是关于实现方式的表述："宣天子诏因给赐其君长，不服则以武慑之"。即"向他们宣读天子的诏书，并赏赐和馈赠当地的君主、首领，有不服的就用武力镇压"。永乐年间在旧港设立旧港宣慰司，单从名字上也能够看出真实原因的蛛丝马迹：宣传明朝威仪、镇抚当地。这与元朝以前在海上贸易线港口均设市舶司这类贸易管理机构有本质的区别。三是关于成效的表述："和经事三朝，先后七奉使，所历凡三十余国。所取无名宝物，不可胜计，而中国耗废亦不赀。"郑和七下西洋，取回了很多宝物，却没有进入商贸流通而是进贡到宫里，且巨大耗费由国家财政支出。这也是大力推行休养生息政策的明宣宗朱瞻基停止了如此大规模航海的重要原因。

为什么要宣扬威仪？在古代封建王朝一统天下之后，对外恢复属国的朝贡、宣扬本朝的威仪，这是自汉朝以来汉人封建王朝通行的做法。历史学家、"中国通"费正清（John King Fairbank）曾提出过"文化中心主义"概念。他认为，中国古代对待蛮夷，主要办法是文化怀柔，辅之以军事威慑，这种文化伴随着帝国疆域的拓展而传播，即帝国的统治触及哪里，文化就普及到哪里，当蛮族认同并主动归附中华文化之时，蛮族即可入华，最终实现天下一家。来华朝贡的藩人越多，越能证明中原皇帝的正统性和天命所归，也更能证明中原皇帝有"德"。这里的"中国古代"，应主要指汉族政权；"德"更是封建帝王执政的重要法理基础。

元朝统一后，对海外主要采取的是军事进攻的方式，打算"直接兼并"而不是继续"臣属关系"。而在明朝立国之初，为了彰显自己是中华正统，树立统治的法理地位，明太祖朱元璋自然要恢复朝贡制度，这从他《北伐檄文》中提到的"北驱群虏，复汉官之威仪"可见一斑。朱元璋不仅主动确定了朝鲜、日本、琉球、安南（今越南）、真腊（今柬埔寨）、暹罗（今泰国）、占城（即林邑国故地，今越南中部）、苏门答腊、西洋（今印度境内）、爪哇、彭亨（位于马来西亚半岛）、白花（即花面国，位于苏门答腊岛西北部）、三佛齐（即室利佛逝国，主要位于苏门答腊岛，为梁道明建立新国的前身）、浡泥（今加里曼丹岛北部文莱一带）等诸国为"不征之国"，还以"祖训"的形式规定下来："四方诸夷，皆限山隔海，僻在一隅。得其地不足以供给，得其民不足以使令。"即告诫他的后代皇帝们，海外诸国相隔甚远，即便占领了也统治不了，希望朝贡体系代代相传。及至1395年（明太祖洪武二十八年），朱元璋给暹罗国王的敕书中说："朕继位以来，（朝贡方）大国十有八，小国百四十九。"万国来朝，盛极一时。

但由于定都南京，朱元璋出于安全的考虑，首先在1370年（洪武三年）取消了与首都距离最近的太仓黄渡市舶司（今苏州市）；1374年（洪武七年）又撤销了唐朝以来就存在的泉州、明州、广州市舶司，这与300多年后的乾隆朝何其相像。1381年（洪武十四年）、1390年（洪武二十三年）、1397年（洪武三十年），朱元璋多次发布命令，禁止国人"下海通番"。法令主要内容，就是若有人擅自建造三桅以上大船、带违禁货物前往外国进行交易、为海盗做向导劫掠人口，都要处以死刑，还要"枭首示众"，全家发配边卫充军；如有人打造海船卖与外国人的，为首者处以斩刑，从者发配边卫充军；对敢于买卖外国商品的人，则施以重法，货物必须在三个月内销毁。这就是明朝第一次发布以"三桅帆船禁令"为代表的"海禁令"。

这些禁令，大部分是在1390年（洪武二十三年）丞相胡惟庸"通倭谋反"败露后颁布的，既有皇帝"雷霆之怒"的原因，又有断绝对日贸易、报复日本之意。

及至明成祖朱棣即位，虽有朱元璋祖训在前，胡惟庸通倭一案也历历在目，但他依然违背祖训，派遣郑和率领如此庞大的舰队下西洋，或是以宣扬威仪为最主要目的。而在朱元璋时期已经有如此之多的国家和部族前来朝贡，明朝理应已经在海内外树立起"汉官之威仪"，延续朝贡制度、按时接受朝贡即可，多次派使臣直至庞大舰队远航"送礼"，这种反常的举动与"靖难之役"是分不开的。

"靖难之役"的过程很多史籍都有详细记载，此不赘述。朱元璋钦定的继承人，是太子朱标及其孙子朱允炆（建文帝）。作为"地位天花板"是亲王的朱棣，在封建社会皇权继承规则已定的情况下，无论采用何种方式，都会被认为是篡位、谋逆。因而相较于出身叫花子、坐天下受到诸多质疑的朱元璋，朱棣对其继位合法性的追求更加强烈且急迫。在"靖难之役"之后，本该抚慰海内、恢复经济的明成祖朱棣，却强力镇压异议者，其中以方孝孺的"诛十族"和景清的"瓜蔓抄"最为惨烈。这也就能够解释，在朱元璋时期"万国来朝"的情况下，朱棣还要派出大批使者出使南洋、西洋，派出庞大舰队去"宣召"，奉召就送礼、不奉就进攻。他需要国内外都承认他的继承是"合法"的，"找人"仅是对自己铁杆臣属一个比较名正言顺的借口。除了海路的郑和舰队之外，朱棣还在陆路派大军征伐安南，并设交趾布政使司，相当于实际上解除了朱元璋"不征之国"和祖训的约定。那么，日本为何没有纳入郑和七次远航的目的地？这是因为，日本派人来了。

为什么郑和没有去日本？曾有不少历史学家探讨过郑和是否去过日本这个话题，有的还提出"十万水师下东瀛"的说法。但笔者认为，不仅是郑和，其他永乐朝的使臣都不需要去日本，因为日本在永乐朝派出"遣明使"过来了。而且与南洋、西洋纷乱的诸国不同，日本当时虽然分南北朝，名义上还是统一的国家。日本南北朝合一前后，"唐朝迷"、时任征夷大将军足利义满在朱元璋时期，试图以"日本国王，臣源义满"的名义与明朝建立往来，然而在朱元璋的认知里和明朝的册封体制中，唯一认可的日本国统治者是南朝的怀良亲王（名义为"日本国王怀良"），故足利义满未被重视，在"不征之国"的框架下明军也没有兴师问罪。之后的1401年（惠帝建文三年），足利义满以"日本国准三后源道义"的名义试图再度与明朝建立关系，并派遣了商人肥富、僧人祖阿等。当时明朝正在"靖难之役"中，因而猜测遣明使虽未得到很好的接待，但也不至于以所谓的"册封体制"来拒绝。

朱棣登基后，当年就接见了遣明使，并要求足利义满抓捕袭扰明朝的来自日本对马（今对马海峡沿岸）、壹岐（今日本长崎）一带的倭寇浪人。义满发兵歼灭倭寇，献倭寇首领20人。足利义满频频入贡，受到了朱棣的封赏，与明朝正式建立了外交关系。明朝对日本颁发"勘合符"（即许可证），同意日本以属国的名义对明朝进行朝贡贸易，以10年为一期开展。朱棣还赏赐足利义满"日本国王"金印一枚，足利义满每次来书，都自称"日本国王，臣源义满"[①]。这样紧密的君臣关系，明朝自然不需要派遣郑和舰队前往日本。与日本类似的是李氏朝鲜（1392~1910年），也被明朝置于册封体制之中，因而郑和舰队可以专心下西洋，不需要北上。

部分史学家对足利义满评价不高，认为他是日本的"曹操"，企图立其二儿子足利义嗣为天皇，试图假借明朝为外援，把接受明朝所授予的"日本国王"封号作为篡位计划的一个环节。虽然无论是义满还是义嗣，都没有当上天皇，但他们与明朝在勘合框架下的朝贡贸易，客观上促进了日本经济文化的发展。《劝善》《内训》等百余种以儒家书籍为代表的中国书籍，以及茶器、茶叶等大量传入日本。特别是创作于1405年的《柴门新月图》是

---

① 〔日〕井上清：《日本历史》，闫伯纬译，天津人民出版社，1974。

日本现存诗画轴中最古老的作品，深受中国水墨画影响，传为如拙和尚的代表作。如拙是相国寺的画僧，生卒年不详，亦有史学家认为如拙是明朝人。

足利义满的朝贡，实现了朱棣的目标。但足利义满于1408年逝世后，接任的大儿子足利义持却与义满在对朝廷、对公家、对守护大名和对明朝贸易等很多方面持相反的意见。足利义持虽接受了明朝册封的"日本国王"称号，却在1411年正式停止了与明朝的贸易，并且对骚扰明朝海岸的倭寇持纵容态度，对明朝取缔倭寇的要求置之不理，这也是此后酿成倭寇之乱的源头之一。22年后，足利义持和足利义量相继去世，接任征夷大将军的足利义教恢复了遣明使和与明朝的朝贡贸易，直到1549年（明世宗嘉靖二十八年）最后一位遣明使策彦周良回国后基本停止。据日本史学家木宫泰彦的研究，恢复遣明使和朝贡贸易是因为日本国内急需明朝的铜钱和书籍，这些都是当时日本无法自产的。郑若曾《筹海图编》卷二中也有比较详细的记载，认为"倭好"有"丝、丝棉、布……铁锅、瓷器、古文钱、古名画、古名字、古书、药材……醋"。日本为何需要中国铜钱，大部分需求还是古铜钱？这其实是另一个有意思的话题，与下文即将讨论的"白银在明清两朝数百年的垄断地位"是一个异曲同工的话题。

释放什么样的信号？郑和七下西洋，对于中华民族而言是伟大壮举。但对于中华民族的商业史而言，则成为海洋贸易巅峰时代的一个重要转折点：服务于"朝贡贸易"的市舶使（显著不同于唐朝的市舶使）上线，服务于民间外贸的市舶司逐渐下线。朱元璋和朱棣两代帝王，均看中海外属国的政治价值，而非商贸之利。这为迅速稳固明初的政治形势，巩固大一统局面，树立明朝的合法性，并取得对北元、女真，以及北元分裂后的鞑靼、瓦剌的军事胜利奠定了基础，建立了稳固的边防与强大的军队。明军战斗力输出之稳固，在中国2200多年封建历史上是比较罕见的，对外战争一直是赢多败少。直到百余年后"帝国余晖"时期的"万历三大征"（平定蒙古人哱拜叛变的宁夏之役、抗击日本丰臣秀吉政权入侵的朝鲜之役、平定苗疆土司杨应龙叛变的播州之役），均以全胜班师。

但其后遗症也是非常严重的，几乎影响了整个中华民族300年的历史进程。最严重的后遗症，就是明清两朝的国家财政始终在困局之中或困局边缘。明初实施海禁百余年后，由民办转向官营的外贸"朝贡体系"，并没有解决国家财政的来源问题，大量本应流入市场的物品进入了皇帝的内库封存，使得整个国家的商品经济与商品流通逐渐陷入困顿，经济社会活力相比宋元时期大大减弱。反而是大胆的走私行为，带来了巨额的非法财富。这也是倭寇与东南亚走私屡禁不止的重要原因之一。走私的超额利润，始终供养着这群海盗，与"穷困"财政供养的明军周旋。明世宗（即嘉靖帝）的儿子明穆宗朱载垕（即隆庆帝）被迫改弦更张，在福建巡抚都御史涂泽民"请开市舶，易私贩为公贩"的建议之下，实施了"隆庆开关"。尽管这次开关持续时间很短（仅为6年），而且依然有诸多限制，但其获利确实是巨大的。有学者统计，隆庆开关时期流入明朝的白银总数相当于当时全世界产银量的三分之一。巨量的财政收入，也是万历年间张居正改革和"三大征"的重要经济基础。《东西洋考》记载了隆庆年间东南沿海港口的繁荣场景，"五方之贾，熙熙水国，刳舻舳，分市东西路（东西洋），其捆载珍奇，故异物不足述，而所贸金钱，岁无虑数十万"。仅仅6年的隆庆开关，就取得了如此之大的市舶之利，若明朝此后延续开关政策，或许不会再出现财政困局，中国或许从此走向新的产业革命。不过，历史没有假设。

元海军远征失败了，却巩固了近百年稳定的海上商路；

郑和下西洋成功了，却开启了近300年闭关锁国进程。

4.3.2 重农主义下白银限制与安全破局

上文讨论过的"重农主义"，实则封建社会自然经济场景下维护社会稳定、维护政权稳固的必然选择，也是生产力发展非常缓慢、生产关系长期不变下的无奈选择。但明清两朝严格实施海禁，不仅有"汉官之威仪"这一个因素，参照元朝的成例，作为游猎民族的满人也应当是天生的商人。皇帝作为当时全国拥有书籍最多、受教育最多的人，理应读到过唐宋元的"市舶之盛"，理应能够理解雄厚的财力在国家运行、政权稳固方面的重要作用。

从唐朝中期之后宰相逐步失去权力，到明初正式取消宰相一职，持续700余年的"相权"衰落，皇权得到了空前的加强。伴随皇权不断加强而产生的，就是皇帝对稳定的极致追求。无论是朱元璋初登大宝就关闭太仓市舶司，还是雍正皇帝把聚集的矿工视为"亡命之徒"，抑或是乾隆皇帝对突临大沽口三桅洋船的震怒，无不说明了这一点。他们或许从唐宋元"市舶之盛"的记载中读出来的，是商人在全国范围内流动，大量的市舶司、港口、外国人来来往往，徒增不稳定因素；或许从南宋历史读出来的是"昨夜江头长碧波，满船都载相公卤。虽然要作调羹用，未必调羹用许多"，大意是南宋末代宰相贾似道，做起生意来满江都是他贩盐的船只，但与蒙古军队打起仗来却每每脚底抹油、溜之大吉。这些史实，都在深深触动着皇帝脆弱的神经。"营商虽好，尾大不掉，于国无益"，这些忧虑始终萦绕皇帝心头；"农耕为本，民生为要，正本清源"，或坚定了皇帝重农抑商的意志。个中缘由，或更为复杂：白银、北元、倭寇，均为历史节点的关键词，其过程历经数百年，其间多有反复，但国门已关、趋势已成。

白银帝国。两宋到元朝进行了中国历史上第一轮发行纸币尝试，金融创新引领了当时世界的潮流。从北宋的交子到元朝的宝钞，纸币从民间信用证走向国家法定货币，并逐步具有了一定的信用货币的性质。徐瑾在《白银帝国》中写道："对于古代帝王而言，金属货币难以控制，钞票是最为便利的货币形式。"[①]但封建君主难以从自身角度，解决朝廷发钞的弊端：主动

---

① 徐瑾：《白银帝国》，中信出版集团，2017。

式恶性通货膨胀,只要军事吃紧,纸币就在无约束滥发下崩溃。即便是在财政收入货币化比例高达80%的两宋,依然无法解决货币超发带来的经济崩溃问题。

在1375年(明太祖洪武八年)国内外局势相对稳定之后,朱元璋命中书省仿照两宋会子、元朝宝钞的惯例,发行"大明通行宝钞"纸币,面额自一百文至一贯,共6种,汇率大概为一贯等于铜钱一千文或白银一两,四贯合黄金一两。但与宋元所不同的是,"大明通行宝钞"由朝廷统一发行,主要设计构思是全国通用货币,从制作尺寸上看也充分体现了"大",是世界上已知尺寸最大的纸币。在发行的同时,明朝还沿用元朝的做法,禁止用白银作为货币。但"大明通行宝钞"的先天不足,使其无可避免地走向失败。一是倒钞法,1376年(洪武九年)明朝立倒钞法,在各地设行用库收换不能继续使用的宝钞;1380年(洪武十三年)又规定了凡票面金额、文字可以辨认的都可以继续使用,不许对用旧钞买货者提价,而朝廷税收又只收新钞,直接摧毁了宝钞的信用。二是几乎不回笼货币,造成持续的通货膨胀,购买力下降很快,到明孝宗弘治年间,民间已无人使用。三是户口钞盐法,强制给每户成人配食盐一斤、收宝钞一贯,并强制店铺商人用宝钞交纳"门摊课",类似营业税,但收效甚微。

民间对"大明通行宝钞"不买账,自然要选取合适的替代物。白银既有保值和储存便利的优点,又比铜钱更加"值钱"(作为大额货币使用),还有较为庞大的产量(相比金而言),成了明朝民众与市场天然的选择。最终在"隆庆开关"年间,朝廷在开放的贸易框架下,历史性地接受了白银作为货币。1567年(明穆宗隆庆元年)上谕:"凡买卖货物,值银一钱以上者,银钱兼使;一钱以下止许用钱。"张居正实施的"一条鞭法"把各州县的田赋、徭役以及其他杂征总为一条,合并征收银两,按亩折算缴纳,更是让白银正式成为国家法定货币。延续将近四百年的"白银经济",虽符合当时民间的诉求,却强烈地抑制了中国经济的活力,设定了中国经济发展的"天花板"。

首先，中国是贫银国，这就决定了白银受制于人。日本在室町幕府期间重开与明朝的"朝贡贸易"，主要为了进口明朝的古铜钱，作为其流通货币。重要的原因就是日本政出多门、经济政策混乱，铸钱技术落后、铜钱偷工减料，在民间已经失去信用，甚至幕府高官都不用。明朝时期类似这种情形，但进口的白银，哪怕数量再多，都是有限的。但随着人口的增加、生产的发展和社会总财富的扩大，流通货币始终需要"温和的通胀"，来满足支付的需要并活跃民间交易，显然就在这里设定了经济发展的"天花板"。

其次，中国作为世界白银"秘窖"的抑制作用。据贡德·弗兰克在《白银资本：重视经济全球化中的东方》一书测算的数据，1545~1800年，世界白银产量为13.7万吨，其中6万吨输入中国，约合19.2亿两。255年间世界约一半的白银流入，中国被评价为世界白银"秘窖"一点也不为过。[①] 但明清两朝，确实把"窖"字的作用发挥得淋漓尽致，天量的白银既没有推动中国的工业化进程，也没有展开中国版的"地理大发现""大航海时代"，更没有发展科技与教育，没有改善人民的生活。但国家财政与皇帝内库之间的矛盾始终存在，整个国家始终在财政"紧平衡"的状态下勉强维持，可以说，不知道把白银花到哪去了、"窖"到哪里去了。

最后，国家的命运与白银紧密相连。白银流入速度加快时，虽然有大量被"窖藏"起来，但总有部分流入市场，使得国家经济社会蒸蒸日上，人民安居乐业，"之治""盛世""中兴"等褒义形容词不绝于耳；反之，整个经济就饱受通货紧缩之苦，民众反而更倾向于储存、"窖藏"白银，市场流通趋于停滞，财政进一步萎靡，最终引发战乱或农民起义。繁荣时刻的白银是锦上添花，衰败时代的白银则是压垮骆驼的最后一根稻草[②]。

[①] 〔德〕贡德·弗兰克：《白银资本：重视经济全球化中的东方》，刘北成译，中央编译出版社，2008。
[②] 徐瑾：《白银帝国》，中信出版集团，2017。

笔者以明朝最后70年为例，来粗浅解释一下"白银花到哪去了"这个问题。这70年历经万历（明神宗朱翊钧）、天启（明熹宗朱由校）和崇祯（明思宗朱由检）三个皇帝，还有一个短命的泰昌帝（明光宗朱常洛）。这些年的国家财政，其实主要花在了近百万人之多的皇家宗室身上了。如《明史》所述：朱家宗室"禄之终身，丧葬予费，亲亲之谊笃矣"。可以说是国家从摇篮管到坟墓。而宗室的待遇优厚到什么程度，从被李自成所杀的万历皇帝最喜爱却又不能立为太子的福王朱常洵可以看到冰山一角。《明史·列传八》记载："福恭王常洵，神宗第三子……，母郑贵妃最幸。帝久不立太子，中外疑贵妃谋立己子……二十九年始立光宗为太子，而封常洵福王，婚费至三十万，营洛阳邸至二十八万，十倍常制。廷臣请王之藩者数十百奏。不报。至四十二年，始令就藩。"除此之外，万历帝还一次性赏赐朱常洵"庄田四万顷"，还给了他收税、获取四川盐茶收益的权力。崇祯年间，整个国家最大宗的白银进项在澳门，据桑贾伊·苏拉马尼亚姆《葡萄牙帝国在亚洲》的记载，每年从澳门输入的白银为300万两到450万两，直到崇祯十三年（1640年）走向衰弱。[①]但哪怕按照福王的用度，这些钱还是远远不够花的，朝廷哪有钱在辽东与后金军作战？哪有钱支撑庞大的国家行政体系？而崇祯皇帝裁撤驿站和驿卒，实属财政紧缺的无奈之举，也才"可岁省金钱数十余万"，可能还不够福王一个宗室亲王一年的用度。这个治标不治本的举措，最终葬送了明朝的江山。

封锁封锁，经验丰硕。中国古代封建大一统王朝最大的安全威胁都是来自北方游牧民族。虽然明朝时真真切切第一次感受到了威胁从海上来，但倭寇一不占土地，二不攻都城，三不是正规军，始终还是"芥藓之疾"。历史学家讨论较多的明朝正规军为何打不赢倭寇，而必须训练新式"戚家军"这个问题，笔者则认为应更多从政治和"走私经济"上解释。

[①] 〔美〕桑贾伊·苏拉马尼亚姆：《葡萄牙帝国在亚洲：1500—1700》，巫怀宇译，广西师范大学出版社，2018。

终明一朝，明军始终保持强大的战力，明初时更是强悍：不仅把冷兵器时代最强的蒙古军队赶回了蒙古高原，还收复了五代十国以来就不在汉族控制之下的"燕云十六州"、唐朝以后就自立的安南国（今越南）。同时，明初的皇帝们还对北部边防进行了大幅度的调整和改造，不仅使边防指挥系统和沿边兵力部署发生了根本性的变化，也使北部边防的攻防组合得到改善，形成了以京军为后盾的分地防御的边防格局[①]，其中就包括改变了边境贸易体制。

明朝时期的北向边境贸易，主要以马市的形式存在，这一点既不同于官办民营的榷市、榷场，也与汉朝与南匈奴的关市很不一样。中国在冷兵器时代北伐较难成功的重要原因之一，就是战马的产地都在北方，南方无战马。因此，明朝与北元、鞑靼、瓦剌、女真等民族通商的目的非常明确：马。明朝的《典故纪闻》曾记载："（明成祖问兵部尚书刘携）'今天下畜马几何？'携对以兵兴耗损，所存者二万三千七百余匹。成祖曰'古者掌兵政，谓之司马，问国君之富，数马以对。是马于国为最重'。"可见将军出身的明成祖对战马的高度重视。

明朝的马市与之前的榷市、榷场和关市一样，虽然也有禁止交易的货品，但马市更加精准。马市禁止交易的物品主要有武器、铜、铁、硫黄等。按照对相关史料的分析，北宋对辽、金的榷场，南宋对金、蒙古的榷场，都是不禁止铁料交易的，但游牧民族在冶铁方面的技艺，确实不足，以至于蒙古军队多次南下，劫掠中原铁匠回草原，即便在"屠城"时亦留下铁匠、木匠等手艺人。退回蒙古高原之后的北元政权，面对天苍苍野茫茫的大草原，各类物资均奇缺，加上朱棣追亡逐北，连续进行了五次战争，基本摧毁了蒙古人的战争能力。马市上严禁一切铁、铜料的交易，使得草原上的工匠人"巧妇难为无米之炊"。以致后来的鞑靼人、瓦剌人，南下的主

---

① 韦占彬：《论明成祖对北部边防的调整与改造》，《石家庄学院学报》2000年第2期。

要目的竟然是获得铁锅。铁锅是宋朝到清朝中期广东制造业的核心竞争力。

明朝多次发动北境战争，都与马市有关。最著名的是1449年（明英宗正统十四年）瓦剌首领也先以朝廷削减马价为由，大举南犯。明英宗朱祁镇贸然亲征，兵败被俘，是为"土木之变"。及至万历年间，张居正推出重农不抑商和"一条鞭"政策，官方在马市之外允许开"私市"，汉族兵民可以农具、服饰、粮谷、铁锅等交换少数民族的马、牛、羊、毛皮、人参等。官方征收"马市抽分"作为抚赏之费。官方马市禁铁，却又开放"私市"，这可是釜底抽薪的关键手段。把铁交易由桌面"踢"到了桌底，成功推高了草原的通货膨胀。据相关记载，万历年间私市的价码，一顶头盔相当于九头骆驼或其他牲畜，一副护腕甲相当于五头牲畜，一支长矛相当于五头牲畜，甲胄（包括头盔和护腕甲）一领相当于九十头牲口，一把高档剑相当于九头牲口，一把中档剑相当于五头牲口，弓和箭筒相当于三十九头牲口。明朝成功地用更少的铁器，得到了更多的马匹等牲口。

马市禁铁，进一步减少了草原人口，使得明清两朝，均没有出现蒙古人大规模南侵建立政权的情形，更遑论再出一位"成吉思汗"了。即便"土木之变"，也是明朝内部矛盾产生了大败的裂隙。从14世纪末至15世纪后期，蒙古族人口下降到160万人；1480年（明宪宗成化十六年），达延汗重新统一蒙古之后，人口才逐渐回升，到北元末期蒙古族人口也仅有190余万人[①]，相比元朝时期大大减少。1571年（明穆宗隆庆五年），阿勒坦汗与明朝达成了封贡及互市，被明朝册封为顺义王，史称"俺答封贡"，蒙古族与汉族进一步融合。

对北元的封禁，或取得了明朝统治者意料之外的效果。此后对崛起的后金，明朝亦是采取相同的封锁策略。在辽东比较安定之时，明朝最多开设了8个马市。与面向北元、瓦剌的马市不同，辽东马市逐步发展成为综

---

① 王龙耿、沈斌华：《蒙古族历史人口初探（11世纪~17世纪中叶）》，《内蒙古大学学报》（哲学社会科学版）1997年第1期。

合市场，马市性质也由"官市"向"私市"过渡，成为明朝存在时间最长、规模最大的边贸市场。虽然"土木之变"之后，明朝从政治和军事上开始遏制辽东女真族，采取"分其枝，离其势，互合争长仇杀，以贻中国之安"①的策略，但马市继续。及至努尔哈赤起兵，辽东存在最久的马市才停止。

除了在军队体制和马市贸易制度上对北元进行限制之外，明朝在基建上还做了自秦朝以来历朝历代都没有完成的一项大工程——重筑了万里长城（汉、隋、宋等朝只是维修性质）。我们现在看到的长城，大部分都是明长城。这一项浩大的军事工程，打造了明朝陆地防御的"九边"格局，与海防上的海禁一并形成了固若金汤的防御圈。"九边"与海禁，标志着闭关锁国正式走上中国历史舞台，标志着陆上丝绸之路与传统意义上的海上丝绸之路（从扬州、泉州、宁波出海的航线）全部中断。而以广州为中心的岭南大地、粤商，以及新的东西方航路正在缓慢靠近历史舞台的正中央。

4.3.3 尝鲜"一口通商"后安享闭关锁国

与海禁基本阻断了海上丝绸之路一样，"九边"也阻断了元朝建立后重开的陆上丝绸之路。明朝时，始终没有收复新疆地区，使得"西出阳关无故人"成了事实。这也是欧洲历史上的一个重要转折点。虽然彼时全球一体化进程还没有开启，但世界已经是普遍联系的，来自东方大国的"蝴蝶振翅"，在欧洲大陆却刮起了"飓风"，何况以明朝的经济体量在当时世界的占比来说，不是"蝴蝶振翅"而是"雄鹰展翅"。

明朝陆海丝绸之路的彻底隔绝，使得中东的一众国家，因为失去了东西方转口贸易之利，而转向彻底衰落。雄踞亚欧大陆的拜占庭帝国、印度

---

① 董其昌：《神庙留中奏疏汇要·卷一·兵部类》，中华书局，2013。

半岛的德里苏丹国,以及蒙古人的金帐汗国、帖木儿汗国,这些以东西方贸易立国的国家,都无一避免地走向衰落。其中最重要的事件,就是延续超过1000年的拜占庭帝国在明代宗景泰四年(1453年),也就是"土木之变"后的第四年,终于走到了"君士坦丁堡陷落"的大结局,被奥斯曼帝国替代。一直以来都有史学家认为,把地理大发现、发现新大陆都"甩锅"给奥斯曼帝国的崛起是不公平的。笔者认为,奥斯曼帝国作为中东的新统治者,打破既有的征税模式与转口贸易模式,建立新的秩序,是必然的,也无可厚非。因此,奥斯曼帝国的新政策促进欧洲的航海家走向大海,虽算是对欧洲乃至全人类走向工业化的一个正向影响,也给亚非拉的人们带来了持续数百年的深重灾难。

大转折:1492年。以"三桅帆船禁令"为代表的明朝海禁法令,由朱元璋首次发布,历经多位皇帝政策的摇摆与反复,最终在1492年(明孝宗弘治五年),也就是郑和最后一次下西洋的59年之后[1],正式成为"闭关锁国"的国策,大意是沿海人民从此不得与来华的番船发生任何交通、贸易行为。1493年(弘治六年),朝廷发布上谕明确,今后百姓的商货下海,即以"私通外国"治罪。1585年(明神宗万历十三年),在"三桅帆船禁令"的基础上,进一步禁止民间私造双桅帆船,造了等同叛乱。

笔者认为,把"三桅帆船禁令"最终上升为具有延续性的国策,与当时在位的明孝宗朱祐樘是分不开的。毕竟朱棣就擅改了朱元璋"不征之国""不统治海外"的祖训。而朱祐樘是位好人,他励精图治、罢黜佞臣、精简开支、勤政爱民,更是公认的明朝一位难得的"好皇帝"。《朝鲜王朝实录》中记载,出使明朝的朝鲜使臣卢思慎曾对朝鲜的国王说:"今皇帝(孝宗)则铨注登庸一出于正。又性不喜宝玩之物,虽风雪不废朝会,临群臣皆以丧服(居丧期间),惟祀天祭用黄袍,臣等慰宴时不奏乐,不设杂

---

[1] 吴晓波:《历代经济变革得失》,浙江大学出版社,2013。

戏，劝花置于床上而不簪。大抵先皇帝弊政一切更张矣。"从这段话可以看出朱祐樘最大的特点就是节俭。同时，朱祐樘还取消了琉球会同馆（即琉球王设在明朝的"朝贡驿站"）开市期限限制，即类同于今天的"特惠国待遇"；叫停了在广东的朝贡贸易，真腊、安南、占城等国都未再来朝贡。个中缘由，应与《明史纪事本末·弘治君臣》中记载的"（皇帝上朝太晚）四方朝贡，奚所瞻观？矧今各边启衅，四方荐灾，尤为可虑"一致，即四方来朝贡，看到的却是皇帝不勤政，有碍观瞻，而且最近各边（明朝时以"边"代指边境）都不安宁，十分令人担忧。因而朱祐樘以"靡费甚巨"为由，停止朝贡贸易，既有追求节俭的原因，也有确保边境安全的更深层次考虑。无论何种原因，连朝贡贸易都停了，"闭关锁国"已成。巧合的是，再次形成全面开放大趋势之时，又是一位非常节俭的皇帝——清朝道光帝，史称"补丁皇帝"。朱祐樘的选择，给后代的财政留下巨大的隐忧：从明武宗朱厚照开始，直到明末，中央财政问题始终困扰着大明王朝。因此，笔者认为：节流固然重要，开源更为关键。

1492年，在世界史，特别是欧洲史和美洲史上，迎来了重要的、从中世纪向近代过渡的根本性大转折，这就是意大利航海家哥伦布带着西班牙国王给中国皇帝和印度君主的国书，向西航行抵达美洲。哥伦布探险船队的三艘远洋帆船共有船员87人。其中，"圣玛利亚"号是哥伦布探险船队的旗舰，排水量120吨，船长23.66米、宽7.84米、吃水1.98米。与唐朝楼船、"南海一号"和郑和大宝船相比，简直是"小巫见大巫"，在郑和舰队里充其量就是交通船。但正是这样一支"小船队"，却开创了崭新的世界"大历史"。此后的历史大家都耳熟能详了，美洲的金银运到欧洲，催化了工业革命；"窖藏"在中国的美洲白银，却被英国人的鸦片和坚船利炮悉数夺走；美洲诞生了美国，改变了两次工业革命、两次世界大战的进程。

保罗·肯尼迪在《大国的兴衰：1500~2000年的经济变迁与军事冲突》中写道："十六世纪初期，中西欧诸国能否在世界之林脱颖而出，显然未见端倪……郑和的大战船被搁置朽烂,尽管有种种机会向海外召唤,但中国还是决定转过身去背对世界。"①

尝鲜"一口通商"。据考证,历史上曾有三次长时间的"一口通商",这"一口"都是广州。第一次是1523~1566年(明朝嘉靖年间),共43年;第二次是1655~1684年(清朝顺治至康熙年间),共29年;第三次是1757~1842年(清朝乾隆二十二年至道光二十二年),共85年。

第一次"一口通商"的"导火索",就是著名的"争贡之役"。"弘治停贡"主要停止了东南亚诸国的朝贡,但日本在遣明使的朝贡贸易体系下,使室町幕府的高层获得了巨大的利益,因而不仅没有停止,反而继续按照10年一次坚持了下来。日本在"应仁之乱"以后,足利氏的室町幕府征夷大将军已徒有虚名,不掌握实权。各地大名(日本封建庄园主的旧称),如细川氏、斯波氏、畠山氏、大内氏等,乘战乱之机,消灭自家主君吞并领地,并开始形成新的豪族势力。到了1506年派遣朝贡贸易团之时,当时日本两个最强的大名大内氏和细川氏联合起来,不管室町幕府指定的规则,共同组成了对明贸易团,朝贡的货物为大内氏2船、细川氏1船。但是,细川氏不甘心只出1船,在了庵桂梧未启程之前,又密遣宋素卿(原名朱编,浙江鄞县人,身份等同于后来的"买办")率一船抢先赴明,但这一次的"正德新勘合"(即朝贡贸易许可证),仍发给了实力更强的大内氏正使了庵桂梧,这就给1523年的朝贡贸易埋下了风险隐患。

1523年(明世宗嘉靖二年、日本大永三年),大内氏以自己在1511年回国之时获得的正德勘合组成了新一支对明贸易团,由宗设谦道率领3船超过300人,于当年四月中旬到达宁波。细川氏得知大内氏组织对明贸易团后,也派出1船100余人,由鸳冈瑞佐和宋素卿率领,日夜兼程出发,于四月底至宁波。虽然大内氏的船队先至,但并未检验勘合,待细川氏的

---

① 〔美〕保罗·肯尼迪:《大国的兴衰:1500~2000年的经济变迁与军事冲突》,陈景彪等译,国际文化出版社,2006。

船到达的时候，宁波市舶司才开始一道验证。市舶司在检验时发现勘合有新旧之分：大内氏拿的是上一次获得的"正德新勘合"，细川氏持有的则是旧勘合，即1493年细川氏单独组成对明贸易团时弘治年间的许可证。而作为细川氏副使的"买办"宋素卿，对明朝上下的规矩非常了解，迅速行贿太监赖恩，竟先于大内氏的船进港验货。本来这就引发两个日本船队的矛盾了，而在市舶司随后宴请之时，安排席位又将细川氏的鸾冈瑞佐置于首席，大内氏的宗设谦道却居次席。这就激化了矛盾，让本就在日本国内互相敌对的两派，在宁波爆发了武斗——主要以海盗组成的大内氏贸易团，在五月初一宴会后就在宗设谦道的唆使指挥下，打开东库，抢出按规定收缴保存的武器，攻入宴会地嘉宾堂。鸾冈瑞佐等人因无武器，立刻被杀，而宋素卿逃出。此后，宗设谦道等人竟悍然纵火焚毁嘉宾堂，烧毁细川氏的船，并追寻宋素卿至余姚江岸，进攻到绍兴城下。随后在折回宁波时，沿途杀掠，杀死数名明朝军政官员后夺船逃向大洋，备倭都指挥刘锦、千户张镗率军追赶，也战死。

这一次"争贡之役"，给明朝朝野造成了极大的震动。在弘治年间大规模停止朝贡贸易基础上仅保留的日本朝贡贸易也摇摇欲坠。此后的1538年（嘉靖十七年）和1547年（嘉靖二十六年），在大内氏继续派出2次遣明使之后，遣明使就永久终止。朝廷直接废除了福建、浙江两个市舶司，仅留广东市舶司一处，形成了第一次"一口通商"。自此以后，广东市舶司基本延续至明末。

为何独留广东市舶司？除了上文讨论过多次的岭南"次大陆"、远离中原、对外贸易历史悠久、军事地理位置不重要等原因之外，还有就是明武宗正德年间恢复的抽分制度，以及1523年（嘉靖二年）发生在广东的"西草湾之战"。

恢复抽分制度。据嘉靖年间的《广东通志·卷六十六·外夷三》记载，"惟正德四年（1509年），该（广东）镇巡等官都御史陈金等题，将暹罗、满剌加国并吉阐国夷船货物,俱以十抽三",并设置牙行,由官府指定的官牙当中介,进贡内库后余下的货物作为民间贸易。正德十二年(1517年)改为"抽其十二",大意就是贡舶(即前来进行朝贡贸易的船只)所带货物,抽成由30%调整为20%。这句话看似平常,但暗含着朝贡贸易制度的重大改革。原来的朝贡贸易,所带货物悉数缴入内库,换取明朝皇帝的"赏赐",即便有附带的货物或宫里没有看中的货物,也仅是"许其从赏赐完毕之日起三日或五日间,在会同馆开市交易"①。这种交易纯属象征性的,3~5天时间,即便在21世纪的流通体制和物流效率下都较难完成,时间太短货物只能给市舶司或与其相关联的买办商人内部消化,也不存在抽成、纳税这一说。广东市舶司这一抽成规定,实则冲破了朝贡贸易制度贡完即走的规定,恢复了宋元时期广州市舶司抽成的旧制。

1514年(正德九年),广东布政史吴廷举为了大量收购进贡给皇帝的龙涎香,"不问何年,来即收货,致番舶不绝"②,进一步冲破了朝贡贸易对时间和规模的限制。龙涎香即抹香鲸肠内分泌物的干燥品,是中药里行气活血、理气化痰的著名药材,也是宫廷自古以来非常看重的香料。以明武宗朱厚照的玩闹秉性,必然是满世界寻找奇珍异宝,供自己和后宫玩乐之用以及皇帝自己强身健体之用。广东布政史大量收购龙涎香,必然能够得到皇帝的青睐而升官。广东在弘治年间停止朝贡贸易之后,以敢为人先的精神抓住了这一次难得的机会,使得商脉得以延续。从1509年"十抽三"、1514年大规模收购龙涎香"致番舶不绝"到1517年改为"抽其十二",可见短短几年时间广东民间对外贸易恢复速度之快——都可以降关税了。

"西草湾之战"增强信心。1523年(嘉靖二年)对广东而言,也是一个具有历史意义的年份,除了"争贡之役"最终保留了广东市舶司之外,还有就是对葡萄牙的"西草湾之战"。据朝鲜《世宗肃皇帝实录·卷

---

① 王孝通:《中国商业史》,东方出版中心,2020。
② 叶显恩、周兆晴:《明后期广州市场的转型》,《珠江经济》2008年第5期。

二十四》记载，当葡军进犯至西草湾时，备倭指挥柯荣、百户王应恩率军抵御。激战中，潘丁苟率先登上葡军战舰，明军齐进，生擒包括别都卢在内的四十二人，斩首三十五人，俘获被葡军掳掠的男女共十人，并俘获葡军船只两艘。但葡军残余三舰又发动反攻，将明军所俘战舰焚毁，王应恩战死，葡军残部逃走。此战与1521年（正德十六年）南头寨及东莞守御千所的明军同葡萄牙人进行的"屯门海战"一样，都是明军击败了葡萄牙军队。与"争贡之役"宁波驻守明军追击时的败绩、阵亡数形成鲜明对比，"西草湾之战"给了1523年（嘉靖二年）保留广东市舶司以很大的信心——广东不仅地理位置远离京城、远离政治中心，而且两次击败坚船利炮的葡萄牙军队。后来葡萄牙人"租借"澳门，大概率朝廷也采取了默许的态度，很可能说了"谅红毛无法掀起风浪耳"之类的话。

与葡萄牙人最早青睐香港相似的是，这一次"西草湾之战"的主战场，在现在香港的青衣一带。西草湾与屯门、葵涌一样作为历史名词，延续至今。现在香港青衣还有西草湾社区，社区里有加德士石油公司的油库和码头，说明这是香港深水良港的重要组成部分，也充分说明了葡萄牙人一直希望能够占据香港要么在香港的屯门岛或其他合适处建堡垒，这从其中一个角度佐证了笔者的相关论述。

历史事件的发生，无不是偶然之中蕴含了必然。在明朝正德年间，如果没有粤商的敢为人先（笔者推测粤官大胆的底气更多来源于商人的推动和保障），必然不可能在"争贡之役"后留下广东市舶司；如果没有唐、宋、元以来粤商的丰厚积累，必然没法用铁力木建造出能够击败葡萄牙人的"广船"；如果没有粤商2000多年的不断自我革新和勇敢探索，岭南"次大陆"的发展轨迹或许与印度次大陆类同。

粤商，历经千余年敢为人先的不懈探索，终将在地理与历史的共同作用下，走上近代中国的舞台中央。

这里摘录一段明朝《武备志》中关于"广船"基本情况的记载："广

船视福船尤大，坚固亦远过之，盖广船乃铁力木所造，福船不过松、杉之类，二船在海若相冲击，福船即碎，不能当铁力之坚也。"大意是广船比福建所造的海船更大、更坚固，主要用铁力木（迄今为止都是比较昂贵的木材，材质极重，坚硬强韧，难以加工，唯耐磨、抗腐性强，不易变形）制造，说明广东的富裕程度与工艺精度在当时已经达到了较高的水平，这也是能够持续击败侵略者的底气。直到1840年，英国侵略者依然没有在珠江口的战斗中讨到便宜。

吃的方面。五代十国和宋朝初期把水稻大规模引入长江流域，形成"苏常熟，天下足"的富足局面，使得"中国硕大的沙漏倒转了"[1]，推动宋朝成为人类历史上第一个亿级人口的庞大帝国[2]。在明朝，广东更是在海外贸易中，引进了当今中国产量最高的主粮——玉米，以及番薯、烟草、小粒花生等经济作物。其中，番薯和玉米是美洲的作物，通过地理大发现被带到欧洲和亚洲，并通过菲律宾（时称吕宋）传入中国，在此后中国的数次大饥荒中都扮演了"救命稻草"的角色。在明朝末年，大量逃亡至深山之中的流民，通过种植具备抗荒能力的玉米求生，使得明末的人口数量并没有历经"断崖式"下跌。清朝历经了康熙年间的数十次大饥荒后，于乾隆年间在《请种包谷议》中认识到了玉米的优点——"大米不耐饥，包谷能果腹"，使种植玉米得到大力推行。可以说，即便从明朝开始关闭了国门，从宋朝以来的积累，以及从"门缝"中传进来的高产作物，也使得明朝哪怕依然处于粮食紧平衡状态，也无须为粮食发愁。人口持续增加亦是明证，但明朝政府更坚定了重农主义的思想。

穿的方面。明朝在穿衣方面最重要的变革，或者算是大的改变，就是用棉布替代了丝绸和绢麻，大幅度提高了生产力和扩大了产品规模。明朝丘濬在《大学衍义补》中记载："汉、唐之世，木棉虽入贡中国，未有其种，

---

[1] 〔法〕费尔南·布罗代尔：《文明史纲》，肖昶译，广西师范大学出版社，2003。
[2] 吴晓波：《历代经济变革得失》，浙江大学出版社，2013。

民未有以为服也。"汉、唐就通过贡品进入中国的棉花,没有得到推广种植,直到宋、元两朝才开始试种,"关、陕、闽、广首得其利"。元朝还有黄道婆在海南推广纺织的故事传世。到了明朝,从朱元璋开始就大力推广棉花种植与棉布纺织:"(农民有土地)五至十亩,种桑、麻、棉各半亩,十亩以上倍之。"朝廷的鼓励措施使得棉花种植与纺织成了全国第一大手工业。吴承明指出:"明清两代,中国每年生产约6亿匹棉布,约人均每年织布两匹,商品值近1亿两白银……总产量是英国在工业革命早期时的6倍。"[1]

用的方面。笔者认为,由于整体科技进步的缓慢,整个中国古代各类用品的变革是相当缓慢的。明朝表现得尤为典型:商品化进步的缓慢,甚至在很多地区和领域"走回头路",使得用品市场整体属于停滞状态;科技与用品变革的停滞还带来了城市的离心化,明朝再也没有出现类似长安、汴京和临安这种百万人口级别的繁华城市,北京的人口加上周边的驻军及其家属在内,在明朝后期才达到18万户约100万人,中国的城市化率继续南宋开始的下降趋势[2]。而同时期欧洲由于大航海的成功与工业革命开始萌芽,人口开始逐渐涌入城市,巴黎的人口从1500年的10万人左右增加到1800年的58万人[3],历经了一个长期的城镇化过程。

纵向比较,明朝在科技方面进步缓慢,但同时期的横向比较,明朝的服饰与用品依然独步全球。6年的"隆庆开关"就通过出口收获超过3.5亿两美洲白银,无论是传统的丝绸、瓷器、漆器,还是宋元后的"新品"——棉织品、铁器等,都在中东和欧洲"热卖"。而明朝从外洋进口的货物,不仅品种很少,而且大部分是朝贡贸易而来。在占据了外贸绝对优势、拥有绝对贸易顺差的明朝,包括宋、元两朝,生产关系的进步却是极其缓慢的。其中,越是大宗商品,生产关系越稳定。比如,棉纺织行业,从14世纪到

---

[1] 吴承明:《论清代前期我国国内市场》,《历史研究》1983年第1期。
[2] 赵冈:《中国城市发展史论集》,新星出版社,2006。
[3] 〔英〕安格斯·麦迪森:《中国经济的长期表现(公元960~2030年)》,伍晓鹰、马德斌译,上海人民出版社,2008。

19 世纪 80 年代，中国没有出现过一家手工业棉纺织场，没有雇佣工人的确切记载[①]。14 世纪的中国农村，每家农户都有织机，耕作之余，无论妇孺老小都从事纺织，聚合之数，却达亿万。

明朝大规模的棉花种植叠加散户熟练的织布操作，没有引发工业化进程。而世界几次重要的革命或变革，都由纺织业开始。最著名的是英国珍妮纺纱机引发的第一次工业革命。1733 年飞梭的发明，让纺纱顿时供不应求；1765 年，珍妮纺纱机问世，大大提高了生产效率，但对能源提出更高的要求，原有的人力、水力、风力、畜力全部不满足要求；1785 年，瓦特改良蒸汽机，人类开始利用全新的能源，正式开启了工业革命。可见，这个链条发端于人们生活中最常见、需求量最大的产品——服装。衣物不同于食物，既是民生必需品，又容易商业化，还具有手工业时代技术最先进的科技。英国率先暴发工业革命，既有发明创造时间先后的偶然，又有上层建筑体系完备的必然。欧洲的封建制度连续多个世纪面临来自美洲的金银武装起来的资产阶级冲击，英国在打败西班牙和法国之后成为欧洲霸主，也在 1688 年率先完成君主立宪制的"光荣革命"，为工业革命奠定了治理基础。明朝时期政权结构稳定、封建势力强大、外部安全体系牢固，甚至与其他朝代有显著不同：鲜有武将发动叛乱，根本没有开展工业革命所需的合适土壤。中国封建王朝的历史，就在吱吱呀呀的织布机声中，从 1612 年（万历四十年）开始，走向最后的 300 年。

4.4 "一口通商"：不许片帆入海下的唯一门户

明朝的"闭关锁国"和"君士坦丁堡的陷落"，在世界范围内引发了"蝴蝶效应"。与明朝同时代的欧洲国家，由于陆海丝绸之路同时中断，被迫开始寻找新的航路，客观上汇聚了打破中世纪（公元 5 世纪后期到 15 世

[①] 赵冈、陈钟毅：《中国经济制度史论》，新星出版社，2006。

纪中期)"黑暗时代"的强大经济财富与社会力量。1488年（明孝宗弘治元年），葡萄牙的迪亚士第一次率领船队绕过好望角；1492年（弘治五年），意大利人哥伦布第一次到达美洲；1498年（弘治十一年），葡萄牙的达伽马从好望角到达印度；1522年（明世宗嘉靖元年），为西班牙效力的葡萄牙人麦哲伦实现了环球航行；1588年（明神宗万历十六年），英国海军击败了西班牙"无敌舰队"，独霸大洋；1600年（万历二十八年），荷兰人成立东印度公司。明朝时期的欧洲，虽然不能说是"一日千里"，但上升趋势已成。

中国历史走到了1644年，李自成攻进北京，崇祯皇帝自尽于煤山；吴三桂"冲冠一怒为红颜"，满族入主中原，建立中国历史上最后一个封建王朝——清朝。清朝灭亡距离现在时间不过100多年，相关史料汗牛充栋，因而笔者在一些有历史定论的事情上不再赘述。在开始本节的探讨前，笔者延续上文，提出一个问题：清朝为何在"闭关锁国"与"重农抑商"上延续明朝的做法，并在200多年间做到了极致？上文谈过，游猎民族天生就是商人，而不是农民和工人，这一点在满族人身上却没有得到体现。笔者认为，主要原因有三：一是满族人入关之时无论是在军事、政治、经济还是在人口上，均没有形成绝对的优势，甚至花了18年时间才彻底消灭南明小朝廷，到康熙年间才实现全国统一；二是清朝皇帝对执政合法性的追求，远甚于明朝皇帝，甚至在清末年间仍追求"神秘"所带来的合法性，拒绝开展国家层面的外交，地方官员各自为政、里通外国，导致长达20年的军阀混战；三是清朝皇帝对"大权旁落"的极度厌恶，甚至取消了中国封建王朝延续2000多年的太子制度，进而对臣民的行为进行了更加细致、严厉的规范，把矿工称为"亡命"之徒，提出"片帆不得下海"。从"史上最严格海禁"和"一口通商"，到被坚船利炮打开国门，沦为半殖民地半封建社会，清朝的境遇令人感慨，但粤商却以敢为人先的精神，抓住了封建社会时期最大的机遇，既铸就了"粤商"这块金字招牌，又为终结2200多年的封建社会，迎来中华民族的现代化做出了卓越的历史贡献。

4.4.1　紧闭国门与巨额顺差

探讨至此，可以对中国封建王朝"重商"或是"抑商"的历史进行简单的归纳。在1840年第一次鸦片战争之前，大一统封建王朝的安全威胁，主要来自陆上，大部分源于北方游牧民族，包括游牧民族建立的政权。面对游牧民族的威胁，皇帝们有这么三类选择：一是军事对抗，比如汉武帝、明成祖的追亡逐北；二是和亲怀柔，比如文景之治期间的和亲，北宋"澶渊之盟"后的称臣纳贡；三是边打边和，这种是更多皇帝的选择。随选择而来的经济政策，则可以归纳为"追亡逐北"时期，更多以经济政策收紧、实施"病商之政"为主，比如王安石改革把更多商品改为官营，就是希望实施北伐收复燕云十六州；"息兵纳贡"时期，更多以经济政策放开、实施"恤商之政"为主，比如唐朝中后期、南宋在经济政策上的全面放开。元朝作为蒙古族建立的大一统王朝，也面临着来自金帐汗国、窝阔台汗国等以蒙古人内部矛盾为主的安全威胁，因而可以按此归类。这样的归纳虽然不够准确，有很多特例，但也能够从大框架上说清楚对外安全形势对商业活动的影响。

清朝就属于"另类"。理论上，在康熙年间平三藩、亲征准噶尔、收复台湾、摧毁雅克萨城之后，清朝并没有面临前代那么严峻的游牧民族威胁。特别是乾隆年间，北方无骑兵压境，长城无九边烽烟，东南无海寇袭扰，60年间累计只打了11场国内战争，最长时间不超过2年；对缅甸、廓尔喀、越南的战争也是以局部战斗为主，这在中国古代史上均较为罕见，以至于一艘1000吨级的三桅帆船出现在大沽口都能引起这么大的震动。清朝前期的安全问题，确实比以往要少得多、小得多。即便史学家考证的靡费2亿两[1]或1.2亿两[2]白银才平息的嘉庆年间白莲教、天理教起义，也属于内

---

[1]　郑天挺：《清史》，天津人民出版社，2011。
[2]　〔美〕费正清：《剑桥中国晚清史》，中国社会科学出版社，2007。

部矛盾，整个帝国的国防还是前所未有的稳固。

清朝皇帝安享在如此安全的整体环境之中，却始终延续"天子戍边"的明朝紧闭国门的政策，还严格禁止人口过度流动，个中缘由令人琢磨不透。上述"优势不足假说"、"合法性假说"和"严防大权旁落假说"都是某个方面的原因，真正原因或许藏在一类商品的贸易数据之中——茶叶。

在元朝以前，茶叶一直作为中原政权的战略物资，实行国家专营专卖，其中一个重要原因就是北方游牧民族需要喝茶来祛除其以肉类为主食所产生的"痰湿"（俗称"油腻"或"脂肪"）。在唐宋以后，"盐茶"取代了"盐铁"，成为政府专卖的代名词[1]。因此，茶叶虽有出口，但始终以"内循环"为主，毕竟每一个朝代都将茶叶作为限制游牧民族、换取急需战马的重要经济手段，以边境榷场为主要载体的茶马贸易延续了数百年。清朝初年延续此例，在陕西、甘肃设茶马市，"每担纳50斤为官茶，余作商本，听商自卖，例不抽税"。[2] 但到了长城内外均为王土的场景，茶马贸易就迅速走向没落，1668年（康熙七年），朝廷裁撤茶马御史一职；雍正年间，陕西五个茶马司相继合并；乾隆年间，河西走廊全境和新疆均为王土，因而甘肃巡抚一职被裁撤，茶马贸易基本上全面终止[3]。数百年茶马贸易，在清朝走向了完结，亦从另一个侧面说明了在清朝，传统的游牧民族安全威胁非常小，不需要采取政治、军事、经济的综合手段进行全面限制。

茶马贸易的萎缩，恰逢"地理大发现"之后欧洲的大发展与欧洲对茶叶需求的快速上升。因而，茶叶的需求不降反升，逐渐成为18世纪到19世纪上半叶世界贸易的最大品类之一。很多历史学家把18世纪或19世纪命名为"茶叶世纪"。

尽管从唐宋开始，茶叶就通过陆海丝绸之路，从中东地区输入欧洲，

---

[1] 黄纯艳：《宋代茶法研究》，云南大学出版社，2002。
[2] 毕振姬：《西北之文·卷三·河西》，山右丛书初编本，1932。
[3] 仲伟民：《茶叶与鸦片——十九世纪经济全球化中的中国》，中华书局，2021。

但那时的中外茶叶贸易数量较少，其原因是欧洲处于中世纪的"黑暗时代"，贫穷落后、战乱频仍，还无法消费作为奢侈品的茶叶，特别是昂贵的武夷山茶叶（主要始发于泉州港），因此也较少有欧洲人喝茶的文献记录。根据威廉·乌克斯在《茶叶全书·上册》[①]中的记载，1610年荷兰人首次将茶叶输入欧洲，并于17世纪到18世纪初期成为欧洲最大的茶叶贩卖国。此后茶叶分别传入法国（1638年）、英国（1645年）、德国（1650年）和美国（17世纪中叶）。1651~1652年，荷兰把茶叶列为独立的商品，并在阿姆斯特丹专门举办茶叶拍卖活动。以1715年为界，低价绿茶在欧洲特别是英国市场大量出现，喝茶全面走向平民化。可以说，在清朝入关并统一全国的这10多年中（1644~1662年），欧洲就完成了认识—接受—大规模需求茶叶的过程。

清朝出口茶叶的道路，与海陆丝绸之路一样，也分为海、陆两路。

海路。前期以转口贸易为主，后期转为直接贸易。从17世纪初到1727年，荷兰人主导的中欧茶叶贸易，主要是通过巴达维亚（今印度尼西亚雅加达）的转口贸易。这个时期荷兰发展转口贸易的主要原因：一是从明朝末年延续而来的海禁政策，使荷兰人无法直接到中国的口岸进行交易，仅存的广州市舶司以朝贡贸易为主，荷兰人没有勘合，而清初广州市舶司也短期关闭；二是澳门被葡萄牙人盘踞，但葡萄牙人与荷兰人在马六甲、台湾岛等地作战，是敌对关系，无法到澳门直接交易；三是地理原因，在冬季季风和洋流的共同作用下，帆船从广州或澳门航行到爪哇海，可能比直接航行到当时荷兰人控制的马六甲要更加节约时间和成本，交易后直接用荷兰人的船只穿越印度洋通过好望角运往欧洲。

荷兰发展转口贸易得益于航海和造船技术的进一步发展。15世纪时，欧洲航海技术最大的发展，就是发明并开始建造"全帆帆船"（Full Rigged Ship），

[①] 〔美〕威廉·乌克斯：《茶叶全书》，侬佳等译，东方出版社，2011。

即上文多次描述的三桅帆船，并在每一个能够挂载风帆的地方都挂了帆：首桅、主桅挂满横帆，尾桅斜挂大三角帆，首桅与船艏直杆之间挂满三角帆。三角帆特别是尾桅可调大三角帆的应用，也是革命性的，能够适应风向，航海不必走固定航线或"等风来"。明清两朝在郑和停止下西洋之后，造船技术始终原地踏步，直到施琅收复台湾之时，还需要"乘六月的西南季风向东穿越台湾海峡"，而此时的荷兰等欧洲国家，已经无视时间窗口，横行大洋了。

到了17世纪，"海上马车夫"荷兰已经拥有各种船只1.6万多艘、水手8万多人，均超过了当时欧洲其他国家的总和。其中战舰的总吨位，超过英国一倍多；商船总吨位超过58万吨，更占当时欧洲商船吨位总和的四分之三。荷兰的巨型战舰，当时闽粤人称之为"夹板船"，排水量超过1000吨，船体下部为双层，航行稳定，抗沉性能好，此后还以铁皮覆盖船身，升级为"铁皮夹板船"。1637年（崇祯九年）后，荷兰人更拥有了制造排水量1500吨、载炮数超过百门的超巨型战舰的能力。在火炮技术上，荷兰人更走在了当时世界的前头，他们是世界上最早开发出爆破炮弹的国家，即明末军事资料中常说的"开花弹"，并解决了中世纪火炮的最大难题——炸膛问题，可以延长火炮的轰击时间。明朝在宁远会战中，正是以"红衣火炮"（即明朝在与葡萄牙的战斗中缴获并仿制的红夷火炮，因嘉靖皇帝和后金军均忌讳"夷"字而改名）击伤努尔哈赤，扭转了当时的辽东战局。荷兰人更是当时欧洲一流的水手，吃苦耐劳，坚韧勇敢，一直被当作欧洲水手精神的标杆，被称为"海洋上的蒙古人"。在航海、武器、水手等各个因素上，均拥有"顶配"的荷兰人，自然不甘心于只做转口贸易。1602年，荷兰在阿姆斯特丹成立了东印度公司，专门发展对东亚的贸易，而在荷兰东印度公司成立前一年（1601年，万历二十九年），荷兰人就不断组成船队东来，并直抵吕宋（今菲律宾）、香山澳（今中国澳门）[1]，

---

[1] 陈显泗：《中外战争战役大辞典》，湖南出版社，1992。

于 1624 年（天启四年）占领台湾岛。当时荷兰人通过吕宋同时与中国大陆、日本、马六甲和巴达维亚等地进行贸易，台湾岛的地理位置在这些航线的中点处，处于要冲的位置。但荷兰人没有立即开展直接贸易，毕竟明清交替之时始终严格海禁，不能大量交易茶叶等高价值货物，而郑成功于 1662 年收复了台湾，荷兰人只能继续做巴达维亚的转口贸易。

到了荷兰人成立东印度公司 125 年后的 1727 年（雍正五年），荷兰东印度公司决定派船直接到中国买茶①，成本大大降低、效率大为提高。据荷兰东印度公司相关资料记载，荷兰—中国直接贸易的利润率保持在 150%~200%。东印度公司的董事们在这个时间点，决策直接到岸进行茶叶贸易的真正缘由较难考证，但笔者认为与 1727 年（雍正五年）的有限放开陆海贸易，以及 1720 年（康熙五十九年）粤商组织公行，建立了公行制度或有直接的关系。公行，即后来十三行的成立，正式宣布在广州一地恢复民间进出口贸易，给荷兰人树立了信心：外贸有明确的交易对手了，出现问题能够找到合适机构申诉和解决了。这是粤商敢为人先的生动体现，为 1757 年（乾隆二十二年）清廷颁布那道著名的"一口通商"谕旨打下了第一块基石。但公行制度下的粤海关，起初依然有诸多限制，无法完全敞开贸易，因而荷兰人还是不能获得足够的茶叶，仍需要继续从事中国—巴达维亚—荷兰的转口贸易，直到 1740 年荷兰人屠杀巴城华人后才逐渐停止。

城头变幻大王旗。到了 19 世纪，荷兰人如同西班牙、葡萄牙人一样，退出了全球争霸的战场，"日不落帝国"英国正式上线。英国在 1688 年完成了"光荣革命"，建立了当时最先进的资产阶级君主立宪制政体；又在 18 世纪完成了工业革命，生产力快速提升，各方面条件均已齐备。英国由于生产力的后来居上，对茶叶的消费也实现了暴发式的增长。1664 年（康

---

① 仲伟民：《茶叶与鸦片——十九世纪经济全球化中的中国》，中华书局，2021。

熙三年）全年，英国总共进口茶叶2磅2盎司，价值3英镑左右；而到1716年（康熙五十五年），英国仅以2艘货船就从广州运回价值3.5万英镑的茶叶，占到这两艘货船总货值的80%以上[①]。此后，茶叶贸易成为英国与东方贸易最主要的商品，也是盈利最多的商品，更是中国超额顺差和英国超额逆差的"制造机"。据庄国土《茶叶、白银和鸦片：1750—1840年中西贸易结构》记载，1722年英国从中国进口货物总量为4500担，总货值21.1万两，其中茶叶货值11.9万两，占56%；1795年英国从中国进口货物总量11.2万担，总货值352.1万两，其中茶叶312.6万两，占89%。而18世纪欧洲其他国家，诸如法国、瑞典、丹麦和沙皇俄国等也大量从中国购买茶叶，并占据其对外贸易总额的60%~70%。个中缘由一方面是供本国人饮用，另一方面是绕开英国100%~120%的茶叶进口税向英国走私茶叶。直到1784年英国颁布的《抵代税条例》（Commutation Act）把茶叶关税降为12.5%，才正式由英国人垄断了茶叶贸易。

陆路。陆路主要途径沙皇俄国。这条路与古代的陆上丝绸之路有一致之处，也有不同的地方。首先来看明末清初河西走廊到中亚这个地区的局势。由于明朝长期失去对今天新疆地区的控制，明朝末年进一步失去了青海西北部、河西走廊大部和吐鲁番等地，以陕西为中心的茶马贸易比较兴盛。清朝前期，康熙皇帝多次亲征噶尔丹，举行"多伦会盟"（今内蒙古多伦县），将喀尔喀蒙古并入大清版图。在收复新疆后，晋商迅速替代陕商，开展对俄罗斯的贸易，茶叶就是重点商品之一。

晋商取代陕商成为对俄罗斯出口茶叶的主力，主要是因为路径的改变。1689年（康熙二十八年）雅克萨之战和《尼布楚条约》签订后，俄国商队频繁到北京开展贸易，也有少数在库伦（今蒙古国乌兰巴托）、归化（今呼和浩特）、张家口等地交易，晋商更加"近水楼台"。据《明清晋商资料选

[①] K.N.Chaudhuri, The Trading World of Asia and the English East India Company 1660–1760, Cambridge, 1978.

编》记载："凡内地之牛马驼羊，多取于此。贾多山右人，率出口，以茶布兑换而归。"[1] 在1727年（雍正五年），清朝和俄罗斯又签订了《恰克图条约》，确定祖鲁海尔、恰克图、尼布楚（今均属俄罗斯）三地为两国边境通商地点。此后到1755年（乾隆二十年），朝廷以入京俄罗斯商队"行为不轨"为由，把中俄贸易限制在恰克图一地进行。

恰克图这个地名很有意思，其俄语地名为Хяагта，意思就是"有茶的地方"，说明当时茶叶交易的旺盛。据日本史学家吉田金一《关于俄清贸易》统计，中俄茶叶贸易从1755~1762年的21.3万公斤，发展到1800年已经超过114.4万公斤[2]。18世纪后期，茶叶便超过棉布与绸缎，成为恰克图中俄贸易的首要商品[3]。

对于18、19世纪的欧洲来说，茶叶是一种非常重要的成瘾性消费品。与欧洲中世纪时期的糖、中国19~20世纪的鸦片，以及现代的烟草、咖啡与可乐一样，茶叶在欧洲的消费量巨大、消费频次很高，消费场景不受限制。而当时的茶叶，全世界只有中国产量最高、品质最稳定、历史最悠久，印度、锡兰和东南亚的茶叶均无法有效替代。因而，中欧之间的茶叶贸易产生了巨大的逆差，使得欧洲特别是英国通过掠夺美洲、黑奴贸易、建立殖民地"辛辛苦苦"集聚起来的黄金与白银，迅速流向中国。

清朝的统治者，不可能看不见茶叶带来的丰厚利润。笔者认为，虽然没有明说，但清朝的皇帝们更多是安享茶叶带来的持续的贵金属流入，以致把简单的对外贸易行为进行了"升级"，赋予其更多的政治意义，产生了第二封被误读的国书（第一封即日本幕府误读了元世祖忽必烈的国书）。

这一封被误读的国书，是英国使节乔治·马戛尔尼（George Macartney）带来的。《清史稿·卷十五·高宗本纪六》记载了1793年（乾隆五十八年）

---

[1] 张正明、薛慧林主编《明清晋商资料选编》，山西人民出版社，1989。
[2] 〔日〕吉田金一：《关于俄清贸易》，《东洋学报》第45卷第4号。
[3] 张正明：《明清晋商及其民风》，人民出版社，2003。

农历六月的情形:"英吉利贡船至天津。戊子,于通州起陆。命在天津筵宴之。"一个月之后,"壬寅(七月),命英吉利贡使等住宏雅园,金简、伊龄阿于圆明园分别安设贡件……庚午(八月),上御万树园大幄,英吉利国正使马戛尔尼、副使斯当东等入觐。"这是在中英贸易,特别是中英茶叶贸易暴发式发展之后,英国向中国派出的第一位官方使节,也是自洪任辉闯大沽口、广州"一口通商"34年以来,第一次有大规模的西方使团到达京津(洪任辉仅是民间的申诉团)。

根据庄国土《茶叶、白银和鸦片:1750—1840年的中西贸易结构》一文的记载,仅统计英国东印度公司从中国进口茶叶这一个大项,到1790年就超过了312.6万两白银,占总进口额的88%以上,这还不包括通过其他欧亚国家向英国转口贸易的茶叶数量[1]。中国自明朝以来,自给自足的稳定小农经济和分散型、个体型的手工业,让英国自工业革命以来的"拳头产品"——棉布,以及天鹅绒、眼镜(主要是老花镜)等散货在中国迟迟打不开销路,在1781~1790年仅对华出口了相当于进口货值1/6的货物,英国对华面临着严重的贸易逆差。据相关统计,英属东印度公司在1781~1790年,净输入中国的白银达1640万两,而到了1800~1810年则达到2600万两。因而,马戛尔尼的出使,核心目的自然是解决巨大的贸易逆差,否则英国在殖民地和英西、英法数百年战争中掠夺的金银,迟早会被中英贸易所掏空。

鉴于影响英国"国运"的重要性,马戛尔尼的出使时间,也是经过精心选择的——乾隆皇帝的八十大寿。他也精心挑选了600箱礼物,包括前膛枪等武器,望远镜、地球仪等天文学仪器,以及钟表和英国最先进的110门炮舰模型等。在抵达天津后,经北京赴承德避暑山庄觐见乾隆皇帝。其间因为觐见礼仪,主要为是否跪拜与清朝官员多次交涉和争执,最终马

---

[1] 庄国土:《茶叶、白银和鸦片:1750—1840年的中西贸易结构》,《中国经济史研究》1995年第3期。

戛尔尼同意行单膝下跪礼，可见英国使团解决问题的决心何其之坚定。在英使到达之初，乾隆皇帝对英国人的来访还是抱有期待的，从接待正使是宠臣和珅、沿途"筵宴"，到破例允许英使船队在天津登岸（洪任辉事件理应没有被忘记）都可以看出。或者说乾隆皇帝对英使带来的礼品很期待。

《乾隆上谕档》中记载的乾隆五十八年发布的连续多个谕旨，都是跟接待马戛尔尼有关的：（当年农历四月）就给直隶、山东、江苏、浙江、福建等沿海省份说"海洋风帆无定，（英国船只）或于浙、闽、江苏、山东等处近海口岸收泊，亦未可知。该督抚等如遇该国贡船到口，即将该贡使及贡物等项委派要员迅速护送进京，毋得稍有迟误"。对于船到天津之后的搬运问题，皇帝想得也很周到，提前颁下谕旨："该贡船到达天津时，若大船难于进口，着穆腾额预备小船，即将贡物拨运起岸，并派员同贡使先行进京。不可因大船难以进口，守候需时，致有耽延也。将此谕传各督抚知之。"（农历七月初十）礼品运到圆明园，乾隆皇帝命人马上将这些礼品画出图样，送到承德供他"御览"。办事官员想等礼品安装完毕后再一起绘图呈览，却引来性急的老皇帝一通训斥："贡使于十七日到园，距今已有六日。今日本报到来，朕以金简等必将如何装饰，及西洋人并首领太监在旁观看，是否得其安装方法，大概情形分析附本报具奏，乃竟无一言奏及，殊为不解……金简、伊龄阿、徵瑞著传旨申饬……仍着金简遵照昨降谕旨，逐一开具尺寸清单，一并迅速具奏，勿再迟延干咎。"乾隆皇帝虽已经年老，但在英使觐见一事上如此焦急、焦虑和"碎碎念"，还是相当罕见，其期待程度可见一斑。但为何在接见英使和看到国书之后，乾隆就做出了让马戛尔尼一行赶紧离境的决定？

我们一起来看看这封国书的主要内容。国书的开头，自然是英王向乾隆皇帝的问候和生日祝福。由于英文原版早已散失，现存的都是翻译版本，而且当时的译文需要通过清朝地方官员之手，自然改为类似于下级对上级的语气，因此不足采信。但国书之中，的确是突出了一个方面的内容，就是英国军事力量的强大，这些内容无法意译，只能直译，因此夹杂在其他"阿谀奉承"的内容之中，显得非常扎眼。

在呈送国书、赠送礼物之后，马戛尔尼还提出了6个方面的请求，大意如下：

①请中国允许英国商船在珠山（今舟山）、宁波、天津等处登岸经营商业；

②请中国参照从前俄国商人在中国通商之例子，允许英国商人在北京设一洋行买卖货物；

③请于珠山附近划一未经设防之小岛归英国商人使用，以便英国商船即行收歇，存放一切货物且可居住商人；

④请于广州附近得一与第三款同样之权利，且听英国商人自由往来不加禁止；

⑤凡英国商货自澳门运往广州者，请特别优待赐予免税。如不能尽免，请依1782年之税率从宽减税；

⑥请允许英国商船按照中国所定之税率切实上税，不在税率之外另外征收。

可以想象，当时乾隆皇帝的脸色是很难看的，他应当感觉到自己是被戏弄了：英国人祝寿是假、朝贡是借口，耀武扬威、要求开关通商是真。这里就有两个有趣的细节，或许能够描述乾隆皇帝的心理变化。

第一个是在马戛尔尼来承德途中，乾隆皇帝已经同意行单膝下跪礼，但在承德接见之时，又坚持让马戛尔尼行跪拜礼，还是三拜九叩的大礼。

第二个是对马戛尔尼所送的礼物，乾隆皇帝直接指示接待官员："可于无意中向彼闲谈，尔国所贡之物，天朝原亦有之。"就是告诉英使，你们带来的东西，我们天朝原来就有了。这就与乾隆皇帝之前一遍一遍下旨，让地方官务必及时报告英使船只航行情况、礼物安装情况、画图情况，以及亲自为大沽口卸船搬运提出指导意见有天壤之别。确实是英国人的礼物不入乾隆皇帝的法眼吗？笔者认为大概率不是，原因有三：第一，这是当时最发达的工业国精心挑选出来的礼物，不单纯为了送礼，而是为了解决贸易逆差难题而来，不至于赠送寻常物件或者偷工减料；第二，礼单早已在大沽口登岸的时候就呈送给了乾隆皇帝，皇帝看过礼单之后仍心急催促，说明应当是当时罕见的好物；第三，乾隆皇帝对礼物照单全收，并回书与回礼，认为礼物不好可以不收，所以，缘由必然出在礼物之外。

这一封国书和马戛尔尼的来意确实是被误读了。从历史记载的字面意思上看，英国人的初衷，确实是希望获得平等的贸易地位，通过扩大对华出口来解决贸易逆差问题，乾隆皇帝却希望巩固帝国朝贡体系，从他让英使按照朝贡礼仪觐见，以及给英使的回礼可以看出。同时，在乾隆皇帝给英王的回书中写道："天朝物产丰盈，无所不有，原不借外夷货物以通有无。特因天朝所产茶叶、瓷器、丝巾为西洋各国必需之物，是以加恩体恤，在澳门开设洋行，俾（使）日用之资，并沾余润。"这句话与1755年（乾隆二十年）那道著名的"一口通商"上谕有异曲同工之妙：本没有必要与你们通商（开放口岸），但考虑到你们（广东人和西洋人）的困难，考虑到这是对你们的恩泽，那就勉为其难吧！

从这句话中还能读出来一个意思，以乾隆皇帝为代表的清朝最高统治者，确实看到了茶叶等出口货物带来的巨大利润，从"余润"这个词可见一斑，意思就是"漏下点汤都够你们喝的了"。但为何仍不全面放开贸易，其中或许有更加深层次的考虑——安全。沈艾娣（Henrietta Harrison）认为，乾隆皇帝在英使来访和国书中读到了英国对清朝在国家安全方面的威胁。她在研究及分析《英使马戛尔尼访华档案史料汇编》中的600多份军机处、宫中档、内阁、内务府文件后，指出只有一两份文件与"磕头礼仪"有关，可见这个事情并不是主要矛盾，但在马戛尔尼离开北京时，朝廷颁布了很多加强军事防御、防止英国袭击的文件，下令各地严守海防口岸，做好防御的军事准备，特别是舟山和澳门地区。乾隆还颁发谕旨，严令粤海关减税，不准敲诈，特别是对于英国的商船，不能给英国人制造进攻的借口。还有大量的信件是关于各地政府如何做好军事防御的。结合乾隆皇帝在洪任辉闯大沽口事件中的反应，笔者认同沈艾娣的观点。但由于"睁眼看世界"太晚，因而清朝的备战，始终处于较低的水平。如果乾隆皇帝从当时开始仿制马戛尔尼赠送给他的步枪，那么鸦片战争的历史，或许可以改写。但以当时清朝的工业水平来看，大概率是无法仿制出来的。

历史没有如果。清军的核心任务，在嘉庆年间全面转向对内。而乾隆皇帝一手扶持、两度巩固、三次"加恩"的粤海关"一口通商"，却在他去世112年后，以留洋的学生、雄厚的财力和先进的制度，成为清王朝与2200多年封建制度的"掘墓人"。

马戛尔尼走了，清朝的大门却越关越紧了。

4.4.2 公行制度与粤商辉煌

2006年7月18日，复建的哥德堡号（即哥德堡Ⅲ号）帆船顺利停靠在广州南沙港（见图4-9），瑞典国王和王后同时到访。这是哥德堡号远航广州261年后，这一艘著名的商船再一次回到广州。哥德堡号的起点——

图4-9 复建的哥德堡Ⅲ号帆船

瑞典哥德堡港，以及终点——广州南沙港，民众都"万人空巷"式地目睹这一盛况。2022年6月8日，哥德堡Ⅲ号作为一个宣传瑞典企业在包括环境和气候方面优势的海上贸易平台，再度远航亚洲，这一次的目的地是上海。

1739年1月，哥德堡Ⅰ号（即第一艘哥德堡号帆船）从哥德堡港启程向神秘的东方航行。这是瑞典"跟风"其他欧洲强国成立东印度公司（Swedish East India Company）后的第一次航行。在抵达广州后，他们本来的目标是辣椒，但应需求购买了一批茶叶和瓷器。回程时虽然在荷兰人控制的满剌加被截停并送到巴达维亚，造成了时间和船员的损失，但总算在最后回到了瑞典。所载货物售得90万瑞典克朗，其中25%作为红利派给股东。第一次远航的巨大成功，使得瑞典人持续派出哥德堡号远航广州。第二次是在1741年2月至1742年7月，最有名的是在1743年3月至1745年9月的第三次。1745年1月11日，哥德堡Ⅰ号从广州启程回国，船上装载着大约700吨的中国物品，包括茶叶、瓷器、丝绸和藤器。这次满载而归的广州之旅，让随船商人和水手们都非常兴奋，进而因为太兴奋而出了事故，哥德堡Ⅰ号触礁沉没了，幸好事故中未有任何伤亡。人们从沉船上捞起了30多吨茶叶、80多匹丝绸和一些瓷器，在市场上拍卖后竟然足够覆盖哥德堡Ⅰ号第三次广州之旅的全部成本，并获利超过14%。船只沉没了都可以盈利，这让瑞典人在其东印度公司运作的90年间，远航了132次，直到1813年公司关闭。再度建造的哥德堡Ⅱ号商船也于不久后沉没于南非。

260多年前，以哥德堡号为代表的欧洲商船跨越大半个地球的远航，首先是为了茶叶。仲伟民在《茶叶与鸦片——十九世纪经济全球化中的中国》一书中写道："欧洲其他国家如法国、瑞典、丹麦等国的对华贸易与英国类似，茶叶亦是最重要的进口货物，一般都占这些国家进口货值的百分之六七十以上……在税率降低以前，英国市场上的茶叶大概有3/4是从法国、荷兰、瑞典、丹麦等国走私进来的。"[①]这就能够解释瑞典作为人口较少的寒冷北欧国家，为什么能够在航海中大获其利，也能够远航万里踏浪而来。哥德堡—广州是帆船时代世界最长、最危险的航路之一，瑞典人胆子确实大。

但瑞典人的胆子再大，也比不上当时的粤商。明清时期，封建统治者逐渐加大对文化领域的控制，对各类避讳、图案等要求严格，还动辄兴起"文字狱"。但在1986年从哥德堡Ⅰ号中打捞出水的400多件瓷器中，却发现不少绘有欧洲特色的图案，其中竟然还有瑞典国旗的图案（见图4-10）、瑞典皇室的图案（见图4-11），以及在当时看来"有伤风化"的图案（见图4-12）。

图4-10 哥德堡号Ⅰ打捞出来的瓷器1

图4-11 哥德堡Ⅰ号打捞出来的瓷器2
资料来源：广州博物馆官方微信公众号。

图4-12 哥德堡号Ⅰ打捞出来的瓷器3

[①] 仲伟民：《茶叶与鸦片——十九世纪经济全球化中的中国》，中华书局，2021。

这些图案在封建社会特别是理学兴盛的明清时期，必然会被认为"大逆不道"，但广州人就敢做，还大量出口欧洲。韩槐准在《南洋遗留的中国古外销陶瓷》中写道："当时欧洲贾舶（即商船）与我国通商已频繁，惟限于清廷之规定，仅惟在广州互市，其欧洲贾舶与我国交易瓷器、丝、茶等货，皆委托广州商行代行办理，至于瓷器一货，由景德镇窑烧造者，其质料多精美，已为欧人所知，故供给欧洲贾舶之瓷器，广州商行当选自景德镇。""当时广州商行亦为欧洲贾舶定造釉外彩之五彩或三彩瓷器，其素瓷多由景德镇烧成运到广州后，广州商行乃依欧人之习惯及好尚，有时专用欧人之稿本或军团之军徽，其花纹全属欧化，有时其花纹半中半西，有时习以中国画谱，由广州之瓷画手以珐琅彩及泥金，绘画于素瓷上，炉烧而成釉外五彩或三彩，而供给与欧洲。"[1]刘子芬在所著《竹园陶广彩说》中描述道："海通之初西商之来中国者先至澳门，后则径越广州，清中叶海舶云集，商务繁盛，欧土重华瓷，我国商人投其所好，乃于景德镇烧造白瓷，运至粤埠另雇工匠，仿照西洋画法加以彩绘，于珠江南岸之河南开炉烘染，制成彩瓷，然后售之西商。"这个"投其所好"，在当年尤为难得，特别是在清朝年间。

那么，是谁给了粤商敢为人先的勇气？笔者认为，就是以十三行为代表的公行制度。

对于公行的起源，史学家们众说纷纭。笔者认为，公行应主要源于"牙行"，即中外商人经营进出口贸易的介绍机构，后得到政府承认，取得对外贸易之专利权（同专营权）。牙行由来已久，有"牙店""行家""行户"等通称，其职能主要是替客商收买、评估物品。用现代语言来表述就是"中介"。唐朝时期广州的蕃坊中就有大量从事中介的中外人士，最早由翻译担任。嘉靖二年"争贡之役"时的宋素卿其实是牙行人士，嘉靖皇帝允许市

---

[1] 刘槐准：《南洋遗留的中国古外销陶瓷》，新加坡青年书局，1960。

舶司驻地设置牙行并将其纳入管理，隆庆开关时大量牙行出现。

据王孝通在《中国商业史》中归纳，公行主要有如下三个方面的职权：一是凡外商在广州贸易，必得行商之担保，买卖货物，皆须向行商接洽，不得自行直接交易，其市价由行商规定；二是外国贸易之进出口税，由行商支付，而行商则自外国贸易征从价税3%，作为代付进出口税之取偿及公行之公款，至行商所负外商之债务，亦由公行担保；三是为政府与外商之中间人，凡政府命令及外商呈文，均须经由其手，上呈下递，因而外商是否遵守通商规定，政府亦责成行商担责。公行与牙行不同的是，公行是获得政府承认、取得了专营权、可以定价的，它代行了部分政府对外贸易的管理权，是民间版、不抽税的市舶司。

从粤海关到十三行。很多史学家认为，以十三行为代表的公行建立于1720年（康熙五十九年）。但据笔者上文对十三行源于牙行的分析，以及梁嘉彬在《广东十三行考》中的考证，在1720年之前，广州已有十三行[①]。屈大均《广州竹枝词》"洋船争出是官商，十字门开向二洋。五丝八丝广缎好，银钱堆满十三行"就是证明。而屈大均于1696年（康熙三十五年）去世，说明十三行存在时间更早，但起初的十三行，并不等于公行。

粤海关的出现，成了粤商牙行制度的第一次转型。从清朝入主中原到1683年（康熙二十二年），荷兰和暹罗、苏禄（今菲律宾苏禄群岛）不断请求开关贸易，但顺治皇帝和年轻的康熙皇帝遵循明朝的朝贡贸易制度，只允许此三国开展8年一次的朝贡贸易。《九朝圣训·世祖章皇帝声讯·卷五·谕外藩》记载："（顺治十三年八月甲辰）荷兰国贡使归国……仍降敕谕曰：'尔国僻在西陲，海洋险远……朕皆不忍，著八年一次来朝，所携货物，在馆贸易，不得于广东海上私行货卖。'"这显然不是荷兰人想要的目标。1662年（康熙元年），被郑成功赶出台湾的荷兰人想到一个帮助清

[①] 梁嘉彬：《广东十三行考》，广东人民出版社，1999。

军收复台湾、进而提出开放贸易要求的好主意,就派出驻守巴达维亚的荷军统帅博特(Balthasar Bort)率领舰队抵达福州,向耿继茂(时任靖南王,耿精忠的父亲)、李率泰(时任福建总督)请求组成联军,进攻台湾的郑氏集团。耿继茂同意了荷兰人的请求,以联军攻克了金门和厦门。但在1664年(康熙三年),耿继茂暂缓进攻台湾本岛,与荷兰人发生了分歧,博特就率军单独攻下了鸡笼(今基隆市)并经营到1668年(康熙七年)①。此后,康熙皇帝采取严厉的海禁,切断郑氏集团的经济来源,迫使郑氏集团最终归降。

台湾问题解决之后,清廷于1683年(康熙二十二年)宣布解除海禁,并于1685年(康熙二十四年)成立粤海关(澳门)、闽海关(漳州)、浙海关(宁波)、江海关(云台山)等四个海关②。粤海关、闽海关与其他两关不同的是,举凡贸易之事俱以"官商"(西方典籍记载为 The Mandarin's Merchant)任之③。荷兰因为助清军攻占厦门、金门,得到了朝廷的信任,便"复以前功首请通商,(清廷)因许之。"四大海关与宋、明时期的市舶司类似,直属于内廷的内务府。据黄荩生《清代广东贸易及其在中国经济史上之意义》考证,当时的粤海关最高官员名称为 Hoppo,他认为是"户部"的意思,表明粤海关的关税均解缴至北京的户部④。梁嘉彬也支持这个观点⑤,他认为粤海关监督当时有正副二员,外人称之为"户部"(即 the First Hoppo、the Second Hoppo)。但笔者认为,Hoppo 一词,或不能用普通话来发音,而应当从粤语的发音中找到更相近的意思。粤语发音中,Hoppo 应更接近于"河舶"或"河泊",广州人通常称珠江为"河",有"河南"

---

① 林发钦:《清前期荷兰遣华使团研究(1644~1795)》,暨南大学博士学位论文,2009。
② 王之春:《国朝柔远记·卷二》,中华书局,1989。
③ 〔美〕何西阿·马士:《东印度公司对华贸易编年史(1635~1834年)》,区宗华译,广东人民出版社,2016。
④ 黄荩生:《清代广东贸易及其在中国经济史上之意义》,《岭南学报》1934年第4期。
⑤ 梁嘉彬:《广东十三行考》,广东人民出版社,1999。

（今海珠区）、"河北"（今越秀区、荔湾区）的说法。"泊"则与"拍拖"类似，就是船只停靠处、港口的意思。"河泊"或许就是港口官员的俗称。并且，民国以前民间的话语体系与官方话语体系较少相通，普通话尚未普及。同时，内务府与户部也是两个体系，内务府是内廷，是皇帝个人的私库；户部则是国家财政，从嘉靖年间的财政危机、光绪年间的颐和园工程来看，两个部门并非统一体。

正因为属于内务府体系，利润巨大的粤海关与归属内阁（康熙年间是南书房、雍正年间是军机处）、六部（包括户部在内）的广东地方行政体系之间的矛盾是显而易见的，广东巡抚、广州将军、两广总督等地方官员并不与粤海关"精诚合作"，反而默许走私者和海盗与当局发生摩擦[①]。《中华帝国对外关系史》(*The International Relations of the Chinese Empire*)[②]中指出："粤海关监督一职长期由满人把持，通常任期3年。第一年任职，粤海关监督会上缴净利润以稳固职位，第二年依然保持税率，第三年则降低利润以中饱私囊。"从上文的统计可见，仅茶叶一项就有如此巨大的进出口额，可见"三年又三年"的粤海关监督，有多少银两中饱私囊了。而"中饱私囊"的办法，就是本书第一章所述名目繁多且非正规的"规银""规礼"（西方书籍称之为The Presents），以致酿成了洪任辉闯大沽口的事件。

朝廷和皇帝虽然清楚国家有海外贸易税这么一块收入，但出于安全考虑、政治考虑，以及朝贡"面子"，即德服四海的合法性考虑，始终对此不够重视。因而虽然采取了多轮措施来理顺体制、调和矛盾，如1730年（雍正八年）粤海关由巡抚兼理8个月，1735年（雍正十三年）由粤海关副监督管辖……1743年（乾隆八年）改由广州将军兼理，1745年（乾隆十年）改由巡抚负责，1747年（乾隆十二年）又改为总督兼理……但由于缺乏一

[①] 〔美〕费正清：《中国沿海的贸易与外交——通商口岸的开埠（1842~1854年）》，牛贯杰译，山西人民出版社，2021。
[②] 〔美〕何西阿·马士：《中华帝国对外关系史》，张汇文译，上海书店出版社，2006。

以贯之的政策，以及始终抓不住主要矛盾，收效甚微。收拾粤海关的混乱局面，抓不住重点的清朝贸易体制已经基本上"失灵"了，只能依靠手持许可证的"红顶商人"和商人组织了。

这类商人均是由牙行商人发展而来的，统称为官商（The Mandarin's Merchant）。但个中分类，还是比较详细的，主要依靠这类商人的权力来源而划分。在康熙年间"三藩"（清朝初年分封的吴三桂、尚可喜、耿精忠）未平定之时，广州处于平南王尚可喜治下，因而出现了"王商"（the King of Canton's Merchant）。又因上述粤海关的管辖权曾在两广总督、广州将军、广东巡抚等官员之间流转，对应出现过"总督商人"、"将军商人"（Chunquin's Merchant）、"抚院商人"（Fuyuen's Merchant）。到1702年（康熙四十一年），在粤海关、闽海关又出现了"皇商"（the Emperor's Merchant）。这些"皇商"的出现，从侧面证实了一个事实，那就是当时的皇太子爱新觉罗·胤礽确实把手伸得太长，以致"四万二千两巨款进于皇储，而取得欧西贸易之包揽特权。"① "皇商"的垄断意味过于浓厚，外国商船均拒绝与其交易，同时其也随着皇太子于1708年（康熙四十七年）被废而逐渐消失。此时的粤商，应觉得这样的局面过于混乱，严重妨碍中外贸易的正常进行，于是开始酝酿一种更加大胆的全新制度。

此时，纵横大洋的主要贸易者，已经由荷兰人转变为英国人。粤海关和闽海关开始与英国人打交道，对英国出口茶叶数量的变化亦可作为旁证。据何西阿·马士（Hosea B. Morse）在《东印度公司对华贸易编年史（1635—1834年）》中记载，英国人在广州和澳门的"大班"（即经理、负责人）洛克耶（Lockyer）认为："Leanqua为一极诚实之商人，Anqua、Pinqua二人亦可谓为中国商人中之诚实者。"② 当时的英国人，把与他们打

---

① 梁嘉彬：《广东十三行考》，广东人民出版社，1999。
② 〔美〕何西阿·马士：《东印度公司对华贸易编年史（1635—1834年）》，区宗华译，广东人民出版社，2016。

交道的"官商"都称为"某官",qua 即是"官"的音译,此后称伍秉鉴为"伍浩官"也是这种称呼逻辑。洛克耶认为这位林姓的"官商"诚实可信,于 1720 年(康熙五十九年)与"林官"(与梁嘉彬《广东十三行考》中所提 Leanqua 是同一人)和"安官"谈判,就在他渴望取消独揽外国贸易之际,"林官"突然于当年去世,这一意外事促成了十三行与公行制度正式走上中国商贸史的舞台。

歃为血盟的十三行与约法十三章。十三行究竟包括哪些商行和商人?据《东印度公司对华贸易编年史(1635—1834 年)》中的记载[①]和《广东十三行考》中的归纳总结[②],在 1720 年(康熙五十九年)时,广东的公行行商有 16 家,共分为三等。一年之后,记载中又仅剩两家:Cumshaw 和 Cudgin(具体姓名较难考证),这里的 Cumshaw,应与广府人称呼"富二代"的习惯一致,叫作"某少",即这位是"金少"或"坤少",也符合粤语的发音习惯,笔者下文就以"金少"来称呼他。马士认为,金少〔后面改称 Seuqua(亦作 Suqua)〕是 1723 年(雍正元年)与 Cowlo(粤语发音为"高佬",并非"姓名+官"的称谓)、Quiqua(崔姓官商)、Tonqua(童姓官商)齐名的四家行商之一,或在当时就只有 4 家行商。此后到雍正二年、五年、七年,以及乾隆初期,均有 Suqua,可见这位名叫"苏金"或"苏某金"的人士是早期重要的行商。

至 1757 年(乾隆二十二年),也就是乾隆皇帝颁布著名的"一口通商"谕旨那一年,《国朝柔远记》记载广东共有行商 26 家,而《粤海关志》记载有 20 家,另有 8 家海南行;《史料旬刊》所载乾隆二十四年(1759 年,即洪任辉闯大沽口那一年)某奏折中亦称行商"共有二十余家"。这就说明"一口通商"之后行商或商人大量回归广东〔包括上述 Cowlo(高佬),

---

① 〔美〕何西阿·马士:《东印度公司对华贸易编年史(1635—1834 年)》,区宗华译,广东人民出版社,2016。
② 梁嘉彬:《广东十三行考》,广东人民出版社,1999。

亦是随 Suqua 从厦门返回广州的]。洪任辉闯大沽口之后，广东地方官员清理了一批并非行商的商人，企图杜绝外商与散商的私下贸易，并在给乾隆皇帝的一份奏折中提到了黎光华、蔡国辉这两个人名和资元、泰和、义丰、达丰这四个商行名字。黎光华即何西阿·马士记载的 Beau Khiqua，他是时任两广总督策楞确定的"保商"（Beau 即"保"的音译），开创了外贸担保的先河。义丰行当时为蔡昭复主持、泰和行为颜时瑛（何西阿·马士记载为 Yngshaw "瑛少"，可从侧面佐证 Cumshaw 即为"金少"）主持，何西阿·马士还记载了 Yongquans、Sweetia、Puankhequa、Tinqua 等 16 位名字不同的行商商人（或行商名字）。1760 年（乾隆二十五年）之后，应潘同文行（潘启官为负责人，何西阿·马士记载的 Puankhequa，即潘振承）等 9 家行商所请，分设外洋、本港、福潮三种洋行名目，以分办欧西、南洋及福州、潮州货税之事。

由此可见，十三行指的并非公行或者商行的数量，因为这个数量是一直在变化的。"十三"这个数字，究竟从何而来？笔者发现两个有意思的"十三"，或为巧合，但可能说明一些问题。

第一是约法十三章。正史记载的公行制度诞生于 1720 年（康熙五十九年），公行组织于当年农历十一月二十六[公历很巧合（或刻意为之）地为 12 月 25 日圣诞节]举行了"歃血为盟"的隆重仪式。据《东印度公司对华贸易编年史（1635—1834 年）》记载，这是一个神圣的仪式，"由最著名各商在神前宰鸡啜血共同盟誓，举行隆重的仪典，并规定共同遵守之公行行规一十三条"，即约法十三章，主要内容及点评如下。

（1）华夷商民，同属食毛践土，应一体仰戴皇仁，誓图报称（Foreign and Chinese are of one family, and owe all they have to the service of the Emperor）。

点评：拥戴清朝皇帝，这是粤商能够正常开展对外商贸的基础性条件，这一点粤商在订立盟约的时候是很清醒的。同时，这一条既把商人的地位放低——"食毛践土"；又没有给予外商"超国民待遇"——"同属"和

"一体仰戴"。但英语版本突出了"一体"(family),体现了中外合作的主要意思,但并未体现"夷"与"食毛践土"等。

(2)为使公私利益界划清楚,爰立行规,共相遵守(The Common good cannot come from individual profit, but by agreement among all)。

点评:这一条比较有意思的是先写中文条款,后翻译成英文,其字面意思是共同利益不是来自个人利益,而是来自所有人之间的协议。这里强调的是,与商人追求自身利益有区别,订立公行的规则就是要追求共同的利益。

(3)华夷商民一视同仁,倘夷商得买贱卖贵,则行商必致亏折,且恐发生鱼目混珠之弊,故各行商应与夷商相聚一堂,共同议价,其有单独行为者应受处罚(Foreign and Chinese must be on an equal footing.If the foreigners succeed in selling dear and buying cheap, the Chinese must be lose and will be tempted to sell false goods for true.The gild members will therefore meet together with the foreigners and agree upon prices; and any member acting independently will be punished)。

点评:这一条点出了公行制度的核心要义,即"共同"。有钱大家一起赚,创造双赢乃至多赢的格局——这是在以小农经济为主导的古代,粤商最有胆识的创造之一。而且,这条不仅限制外商无限升级的"买贱卖贵",也保证外商的利益,从根本上遏制了行商"以次充好"的动机。在这里,何西阿·马士称十三行为"gild",同"guild",即协会(互助性质)、同业公会的意思,阐述了十三行的公行性质和自律本质。

(4)他处或他省商人来省与夷商交易时,本行应与之协订货价,俾得卖价公道;有自行订定货价或暗中购入货物者罚(When merchants come from other places in China to trade with foreigners, the gild members will confer with them and settle the price, that the seller may receive a reasonable profit; but should it happen that any one for himself should fix a price, or buy clandestinely, he shall be punished)。

点评：这一条既是粤商的聪明、灵活之处，更是敢为人先、务实开放的重要表现。商业竞争一般都是排他的，要是能够独揽与外商的贸易，粤商应不会订立如此条款。粤商延续了第三条中"共赢"的逻辑，允许他处或他省商人到广东与外商进行交易，只需要与公行一并与外商订立货价即可。这就是小农经济时代公平性、平台型经济的雏形，粤商大胆实现对内外双向开放，成就了粤商的第一次全面辉煌。

（5）货价既经协议妥帖之后，货物应力求道地，有以劣货欺瞒夷商者应受处罚（The price being agreed and the quality found good, any attempt to impose false goods on the foreigner will be punished）。

点评：老一辈粤商，特别是广府商人时常告诫后辈，不要做一次过的生意。这一条就是不做一次过生意的生动诠释。不道地、不符合商定标准的"false goods"，骗得了一时、骗不了一世（广府粤语即为"扼得一时，扼不到一世"）。这是粤商精神之一"崇信守法"的生动体现。在商业规矩特别是国际贸易商业准则尚为空白，"无可守法"的时代，这更是粤商敢为人先精神所结的硕果。

（6）为防止私贩，凡落货夷船时均须填册，有故意规避或手续不清者应受惩罚，（In order to check unauthorized sales, all deliveries of goods to foreign ships shall be record; any evasion or malpractice to be liable to punishment）。

点评：这一条充分说明，十三行是代替了一部分海关的职权的。不登记就装入外船的货物，即属于走私，须受到惩罚。

（7）手工业品如扇、漆器、刺绣、图画之类，得由普通商家任意经营贩卖之（Small handicrafts, such as fans, lacquered ware, cmbroideries, paintings, were left free for shopkeepers to deal in）。

（8）瓷器有待特别鉴定者，任何人得自行贩卖，但卖者无论赢亏，均须以售价的30%纳交本行（Chinaware requiring technical knowledge, dealings in it left free to all, but dealer must pay 30 percent to the gild, without regard to profit or loss）。

点评：粤商在第七和第八这两条，充分继承与发扬了两宋时期"抓大放小"的商业发展精髓，以除了古瓷之外的瓷器为代表的手工业品经营与贸易的全面放开，以及扇、漆器、刺绣、图画等免于缴纳相关费用给十三行，进一步推动了广东特别是珠江三角洲（粤港澳大湾区）的繁荣，进而为全面承接"一口通商"打下了牢固的经济基础。这也是粤商能够为以哥德堡号为代表的欧洲商队定制瓷器的主要原因。只要不涉及需要技术鉴定的瓷器，都是可以自由出口的，因而欧洲尤其是欧洲皇室对广东的定制类瓷器趋之若鹜，直接从哥德堡港出发，不惜跨过半个地球来广州。

（9）绿茶净量应从实呈报，违者处罚（Net weights of green tea must be correctly declared under penalty）。

点评：18世纪和19世纪作为"茶叶世纪"，约法十三章必须有一条专门规定茶叶贸易。与仲伟民在《茶叶与鸦片——十九世纪经济全球化中的中国》中所述的一致，以1715年（康熙五十四年）为界，之前英国市场几乎都是来自福建省的武夷茶，此后以相对廉价的绿茶为主，英国茶消费市场迅速扩大，茶成了全民性饮料。[1]中国绿茶大量进入英国市场，让约法十三章中专门出现了绿茶相关条款。

（10）自夷船卸货及缔订装货合同时，均须先期交款，以后并须将余款交清，违者处罚（When goods are delivered from foreign ships, and when a contract for a cargo for foreign ships is made,"they shall be obliged to pay their money beforehand, and then all care shall be taken to complete their investments"; failure to act thus will entail punishment）。

点评：此条确实言简意赅，但中文似乎漏掉了一个细节，就是先期交

---

[1] 仲伟民：《茶叶与鸦片——十九世纪经济全球化中的中国》，中华书局，2021。

付的 money 与后期交清的 investments 有区别。因为按正常的商贸程序，卸货开始或订立合同之时付首期款，是为惯例；但尾款什么时候付、以什么方式付，确实因合同而异。从公行、商行与下文即将探讨的夷馆、商馆的关系来看，在此用 investments（投资、投资额、投资物）来描述尾款，应阐述的是华商与外商之间的合作关系，或是共同合作、担保的结果，而不是一笔简单的尾款。"保商"黎光华等人，或许就适用于这一条。我们或可设想，首笔的 money 是订金，支付现银、银元等货币，而后就是双方共同的 investments——投资。这个假设的真实性待考，若为真，则粤商在中国大地上又创造了一个新模式。

（11）自夷船欲专择某商交易时，该商得承受此船货物之一半，但其他一半须归本行同仁摊分之；有独揽全船之货物者处罚（Should a foreign ship prefer to select one merchant to deal with, he may do one-half of the ship's trade, but the other half is to be divided among the gild members. Any one engrossing the whole trade of a ship shall be punished）。

（12）行商中对于公行负责最重及担任经费最大者，许其在外洋贸易占一全股，次者占半股，其余则占一股之四分之一（Among the Gild members some, with great responsibilities and expenses, should have a whole share in the foreign trade, others a half share; others a quarter share）。

（13）头等行，即占一全股者，凡五，二等者五；三等六；新入公行者，应纳银一千两作为公共开支经费，并列入三等行内（In the frist class, with a whole share, are five hongs; in the second class five hongs; in the third class six hongs. New members may be admitted on paying one thousand teals, "towards defraying the expenses of a gild", and shall enrolled in the third class）。

点评：这三条，用今天的话来解释，就是"股份制企业"、"权责对等"、"有限责任"和"防止资本无序发展"。十三行制度是否源于荷兰、英国或瑞典的股份制企业东印度公司，历史没有明确记载，我们不得而知。但这些约定确实具有公司的雏形，可能是中国第一家现代模式的商业组织。而且第十三条亦佐证了十三行并非指十三家商行，这里共有 16 家，分头等 5 家、二等 5 家、三等 6 家，而且能够以 1000 两的会费入会。如果说典型的商行是 13 家，亦不合适，当时参与"歃血"的头等商行仅有 5 家。

即便是如此具有现代意义的组织，因为当时整个国家法律制度的不健全，也必须以更加古老的方式来维护，最有效的就是"歃血为盟"了。这个仪式通常在"讲义气"的典范——"关二爷"关羽的塑像面前举行，是中国古代乃至近代部分时期，维护松散联盟，或者暂时看不到共同利益的组织的一种民间的、有效的方式。与上文"敬畏自然更敢先"一节中所述的类似。

这约法十三章，虽然是历年来实践经验与教训的总结，但其中的共同议价、（绿茶净量）从实呈报、（自夷船卸货及缔订装货合同时）先期交款等条款，确实与商人之间相互排挤（即"商战"）、保护商业秘密、倾向于拖延账期等更符合商业本质的习惯格格不入。彼时的广东商人，创造性地以诚信来获得合作伙伴的青睐，以"抱团"来对抗官僚体系的腐败和粤海关与地方政府的矛盾，以"价格联盟"（即卡特尔）的模式来避免内部的恶性竞争。十三行的约法十三章在中国商业史上的意义是划时代的，这是现代意义上的商业联盟，是现代商会的雏形。在约法十三章的松绑下，以及公行这一官商制度的保驾护航下，粤商自然有胆量敢为人先，为欧洲人定制符合客户要求却与清朝政治和文化相悖的瓷器了。

因此，十三行，或可能是以"约法十三章"为核心的公行制度。

第二是十三商馆。《中国商业史》[①] 中论及商馆制度，并列举了"十三商馆"的外国原名：① Greek Factory；② Dutch or Kai-yi Factory；③ English, or Paouh Factory；④ Chow-chow or Fung-tai Factory；⑤ Old English or Lung

---

① 王孝通：《中国商业史》，东方出版中心，2020。

Shun Factory；⑥ Swedish or Sni-hang Factory；⑦ Imperial or Ma-ying Factory；⑧ Poon-Shun Factory；⑨ American or Kwang Yuen Factory；⑩ Ming-que Factory；⑪ French Factory；⑫ Shanish Factory；⑬ Danish Factory。王孝通认为，这些外国商馆的房屋，是向公行租得的，位于城外西南河岸，占地21英亩（约合8.4万平方米），"因由于向十三洋行租得，所以商馆之数目，亦为十三"。他还认为，十三商馆中之外商总数，则共有56家。《广东十三行考》中也提到了这样的机构，即为"十三夷馆"。

这些大部分以国家命名的商馆，其职能类似于今天的领事馆。但由于清朝前期尚未有正式的外交，因此十三商馆的功能更加偏向商贸。十三商馆的位置，就在今天广州市荔湾区的沙面岛上。清朝沈复在《浮生六记》中比较详细地记载了十三洋行的位置与景色："十三洋行在幽兰门之西，结构与洋画同。对渡名花地，花木甚繁，广州卖花处也。余自以为无花不识，至此仅识十之六七，询其名，有《群芳谱》所未载者，或土音之不同欤？海幢寺规模极大。山门内植榕树，大可十余抱，阴浓如盖，秋冬不凋……"这里除了十三洋行之外，还有两个细节：一个是位于今海珠区的海幢寺，另一个是沙面岛对岸的花地湾。广东较早开始培育和种植商品花卉，可见广州又称"花城"名副其实。

商馆制度实则延续自唐朝广州的蕃坊，均为外商聚居区。清朝的商馆始于乾隆年间。乾隆以前，并未严格规定在广州居住外商的区域，只规定"至外人抵步（同"埗"）后，即须迳入居夷馆"。[1]乾隆末年，朝廷开始限制外商的活动范围，只允许租赁行商的房子居住，并限制外商出门，只允许每个月2次（分别为农历初三和十八）到江对岸今海珠区的陈家花园（具体位置待考，并非陈家祠）与海幢寺游玩。这里就产生了一项影响深远的政策：外商禁步令。这跟马戛尔尼到访时给乾隆皇帝的那一封"被误读的

---

[1] 梁嘉彬：《广东十三行考》，广东人民出版社，1999。

国书"或许有一定的关系，可能是避免商人成为军事间谍。此后直到道光年间，对外商的控制渐趋严格，1830年（道光十年）甚至有东裕行的负责人谢五为外商请了轿子，就被革职并充军伊犁的例子①。上文约法十三章中的"食毛践土"一词，就已经规定了华商与外商"均属末流"，不得享受官员才有的乘坐轿子的待遇。朝廷对商馆的要求，还包括"领港人及买办等须向澳门华官登记"，商馆中禁止留有"女妇枪炮"②。外商在广州的诸多限制给了港口日渐淤积的澳门发展娱乐业的机会。《中央帝国》中写到，从19世纪50年代开始，"每年的溽暑季节，广州的有钱人都会举家到这里消夏；葡萄牙人抓住这个虽说不是千载难逢却也是一年只有一回的机会，舞会、餐会、音乐会、展会，当然包括假面舞会和尽显南欧万般风情的假西洋景，一应娱乐项目粉墨登场，营造出一番歌舞升平的狂欢节气象。"③

无论是约法十三章还是十三商馆，以"十三"为幸运数字的公行制度正式建立了，而以西方基督教徒不待见的"十三"作为自己的幸运数字，粤商确实在各个方面都"敢"，而且非常务实，不搞形式主义。这个制度，实则一套完整的代理人制度，彻底改变了自唐、宋、元三朝以市舶司（使）为代表的中央管理机构、以牙行为代表的商贸中介机构共同建立的相对自由的贸易体系，也改变了明朝的朝贡贸易体系。从四海关到"一口通商"，清朝皇帝们把复杂的对外贸易体系，简化为"公行代理""朝廷抽税""外商禁足"这么几个关键词。这样的极端简化，或与清朝的"祖制"——即一直以来看待商业特别是海洋贸易的态度有很大关系。

顺治皇帝曾与明军降将洪承畴有过通商相关的对话，洪承畴表现了对海商的不屑："南夷之通商，不异西戎之马市，夷人贪而无亲，求而不厌，假令姑允通商海口，则数十年后又议通商中夏矣，假令姑允通商中

---

① 梁嘉彬：《广东十三行考》，广东人民出版社，1999。
② 王孝通：《中国商业史》，东方出版中心，2020。
③ 〔英〕乔治·N. 赖特：《中央帝国》，何守源译，北京时代华文书局，2019。

夏，则数十年后又议通商朝市矣。"顺治皇帝于是严令禁止夷商进入中原腹地。洪承畴认为，贪得无厌的外国商人会以开放口岸经商为名，逐步向清朝的腹地甚至朝廷渗透。这一番言论，预言了第一次鸦片战争以后清朝被迫开放的路径，确实也把顺治皇帝吓得不轻，立即拒绝夷人进入内陆。《大清圣祖仁皇帝实录·卷二百七十》记载："（圣祖云）海外如西洋等国，千百年后中国恐受其累，此朕逆料之言。"不让洋人进入统治核心地区的政策就这样不断得到强调与巩固，作为清朝的"祖制"，一代一代延续下来，进而延伸到不允许进入除了十三商馆以外的其他地区。其正面作用与副作用都是非常明显的：正面作用主要是保证了1840年之前清朝社会结构的稳固，有利于清朝的对内统治；副作用一则是一直拒绝开展国家层面的外交与经贸活动；二则是接受外界信息渠道基本断绝，逐渐全面落后于时代。但清朝统治者却没有拒绝对外的茶叶贸易——因为利益太大了。而且，正因为拒绝开展国家层面的外交经贸活动，需要代理人全面代理对外经贸事务，这就为粤商的敢为人先和第一次辉煌打下了"祖制"与法理的双重基础。

外港公行的水土不服与"一口终成"。据梁嘉彬在《广东十三行考》中考证，公行成立、"歃血为盟"的第二年，即1721年（康熙六十年），一艘名为Macclesfield的英国商船抵达黄埔港，但拒绝执行十三行订立的制度，主要是不愿意与公行指定的商人交易、不允许丈量船只等。在Cumshaw（即苏某金，Suqua）等人的怂恿下，英国商人抵制公行制度。随后公行被迫做出让步，允许Cumshaw等人以某种条件参加对外贸易。据《东印度公司对华贸易编年史（1635—1834年）》记载，刚刚建立的公行组织随即"名存实亡"，以Cumshaw为代表的未参加公行的商人们依然直接与外商进行贸易。

及至1727年（雍正五年），雍正皇帝下诏正式放开福建的海禁。其缘由，既是考虑到闽粤地区"生齿日繁……无田可耕，流为盗贼……惟广开其谋生之路，如开洋一途……其本身既不食本地米粮，又得沾余利"[1]，这与1757年（乾隆二十二年）那道著名的谕旨类似，又是考虑到增加国家财政收入等因素，与雍正皇帝通过各种渠道增加国家财政收入有同样的出发点。同一年，荷兰东印度公司决定直接与中国开展茶叶贸易，与得知海禁放开的消息不无关系。又是在这一年，清朝和沙俄又签订了《恰克图条约》，确定祖鲁海尔、恰克图、尼布楚三地为两国边境通商地点。

开海禁、陆通商、茶直贸，三个具有历史意义的事件同时出现在1727年，标志着这个时期清廷在商贸政策上的转向。雍正皇帝虽以"亡命之徒"来形容矿工，禁止商业在陆地上的发展，但对能够增益财政的海路贸易，还是网开一面。

以Cumshaw、Cowlo为首的"苦于"粤海关的商人，在1727年前后纷纷北上，到闽海关、浙海关等地进行对外贸易。《东印度公司对华贸易编年史（1635—1834年）》中记载："（1723年，雍正元年）Suqua、Cowlo及另外几位商人从厦门到达此地（广州），按照习俗，吾侪（即我们这类人，这里主要指在广州的外国商人）前往迎接彼等到来，彼等告诉吾侪，Suqua和Cowlo已在厦门建了一所大行馆……因为彼等再也不能忍受此处官员之勒索，并希望英国人能到彼处，彼等谓不仅是商人，而且所有官员都十分希望这样，并保证吾侪会得到极好之待遇。"这也从侧面证实了福建总督高其倬所上奏疏中的内容，福建等地方政府支持放开海禁，并承诺给予更好的营商环境，吸引饱受粤海关剥削的商人北上。梁嘉彬在《广东十三行考》中还记载："Suqua和Cowlo因不堪粤关压迫，一度另在厦门组行，后复回广东贸易"。[2] 可见，北上的粤商和福建、浙江、江苏的本地商人，或仿造十三行的制度，实施组行并订立与外商的贸易规则。粤海关的贸易一度衰落，

---

[1] 福建总督高其倬上疏雍正皇帝的相关内容，参见王之春《国朝柔远记》，朝华出版社，2019。
[2] 梁嘉彬：《广东十三行考》，广东人民出版社，1999。

到1757年（乾隆二十二年）颁布"一口通商"谕旨前一年（即1756年），仅有7艘外船到广州进行贸易[①]。

虽然粤海关弊端种种，公行制度饱受诟病，但清廷最终还是把"一口通商"定在了广州。其中地理、历史、政治、军事等方面的原因，笔者在上文已经多次分析。除此之外，公行制度在外省的"水土不服"也是一个重要的因素。

一方面，闽浙等省本土商人过度追求经济利益最大化。在出现洪任辉闯大沽口案件后，负责主审的两广总督李侍尧在给乾隆皇帝的奏折中写道："英吉利夷商洪任辉等屡次抗违禁令，必欲往宁波开港……坐驾洋艘直达天津……总由于内地奸民教唆引诱，行商、通事不加管束稽查所致。查夷人远处海外，本与中国语音不通，向之来广留贩，惟借谙晓夷语之行商、通事为之交易……如奸民刘亚匾始则教授夷人读书，图骗财物，继则主谋唆讼，代作控词……臣检查旧案旧任兼关督抚诸臣所定稽查管束夷人条约非不周密，第因系在外通行文檄，并非定例，愚民畏法之心，不胜其谋利之心……"[②] 这里有几个关键点，宁波本地的行商、通事不加管束，刘亚匾（四川籍在宁波的商人）等人教洪任辉说官话，并帮忙写状纸，引导其到天津"告御状"。这就说明外省海关，虽有公行，但不像十三行这么制度完备；或虽有公行制度，但没有严格遵守惩罚机制。由此可见，十三行的"约法十三章"，既是粤商敢为人先的创造，又是守正创新的体现，以"拥戴皇仁"、讲政治顾大局为底线，而不是动不动就进京"告御状"。这或许是乾隆皇帝在洪任辉事件之后固化广州"一口通商"的重要原因。

至于时任两广总督李侍尧是否有贬损外省，为粤海关巩固"一口通商"的动机，笔者认为，李侍尧作为满族亲贵、乾隆年间始终荣辱不惊的重臣

[①] 史料旬刊·第三期，广东巡抚讬恩多奏复乾隆二十二年粤海关税收短少折。转引自梁嘉彬《广东十三行考》，广东人民出版社，1999。

[②] 史料旬刊·第九期，乾隆二十四年英吉利通商案·李侍尧折三。转引自梁嘉彬《广东十三行考》，广东人民出版社，1999。

和洪任辉案的主审官，有利用洪任辉事件打击闽浙同僚的动机，但不会有为广州和广东争利的可能。因为他并非一直任职两广，更非两广籍，此前在工部、户部任职，在1761年（乾隆二十六年），即处理完洪任辉案件第二年就调任户部尚书。而且通读李侍尧的这一篇结案性奏折，通篇不偏不倚，提出了很多改进建议，因而应当不存在为粤谋利之心。

另一方面，闽浙本地公会没有起到应有的作用。李侍尧在奏折中还谈到："行商人等亦各视为故套，漫不遵守，地方官惟图息事宁人，每多置之膜外，以致饬行未久，旋即废弛，非奏请永定章程，并严查参条例，终难禁遏……"[①]参照上文，笔者认为，这里所说的"故套"，指的应是十三行"约法十三章"中所谓的限制商人的条款，比如共同议价、（绿茶净量）从实呈报、（自夷船卸货及缔订装货合同时）先期交款等。针对"华夷商民一视同仁"条款，李侍尧在奏折中还说："惟臣访查内地民人勾引外夷作奸犯科，事端不一，总缘利其所有，遂尔百般阿谀，惟图诓骗取财，罔顾身蹈法纪。"Suqua 和 Cowlo 等商人北上，虽然"依样画葫芦"建立了公行与公行制度，但其中应当是去掉了限制商人过分逐利的部分条款（Suqua 和 Cowlo 等人正是因此北上）而失去了"约法十三章"的精髓，叠加当地政府的"睁一只眼闭一只眼"，自然难以建立一个既符合朝廷要求，又符合对外商贸发展规律的良好秩序。

至此，广州"一口通商"的地位终于形成了。与其他地方"片帆不得下海"形成鲜明对比的是，广州千舶万帆、往来如梭，一举奠定了广东经济260多年以来领跑全国、领跑整个热带和亚热带地区的优势。

我们再来看看1757年乾隆皇帝颁布的那道著名"一口通商"谕旨中谈到的四个方面理由：

①粤省地窄人稠，沿海居民俱借洋船为生，不独行商受益；

---

① 史料旬刊·第九期，乾隆二十四年英吉利通商案·李侍尧折三。转引自梁嘉彬《广东十三行考》，广东人民出版社，1999。

②虎门、黄埔在设有官兵，较宁波可以扬帆直达者，形势亦异；

③闽浙向非洋船聚集之所，海防即宜肃清；

④外船专限广州通商，不独粤民有益，且赣、韶等关均有裨益。

第一、第二条上文多次论及，此不赘述。第三条属于"强词夺理"，宁波开埠于宋朝、泉州在元朝时为"东方第一大港"、"隆庆开关"仅开了漳州月港一关等，均可予以驳斥。而第四条是否读之"耳熟"？这可以与"约法十三章"的第四条相衔接，粤商早就留好了"他处或他省商人来省与夷商交易"的接口，粤商敢为人先，以开放心态看待贸易带来的巨大利益，或许也是乾隆皇帝最终鼎定广州"一口通商"的重要基础。

4.4.3 烟火落幕与粤商北迁

十三行与广州"一口通商"的辉煌，持续了85年（乾隆二十二年至道光二十二年，1757~1842年）。85年在中国的历史长河中，在粤商千年发展史中，仅是"一簇绚烂的烟火"，而十三行如烟火般落幕、衰落直至消亡，又是因"烟"与"火"。但十三行给粤商历史中写下浓墨重彩的一笔，为粤商精神留下了难得的宝贵财富，是粤商研究无论如何都绕不过去的历史标志。

毁于"烟"与"火"的十三行。烟，即鸦片，俗称"大烟"。据仲伟民在《茶叶与鸦片——十九世纪经济全球化中的中国》[①]、龚缨晏在《鸦片的传播与对华鸦片贸易》[②]中考证，鸦片（罂粟）在中国的应用可追溯到两宋时期，主要作为药用[③]，还用作食物[④]、观赏类花卉[⑤]等。首次作为成瘾性的吸食品出现，大概在16世纪末到17世纪初，最早见于南洋华人把烟草与鸦

---

① 仲伟民：《茶叶与鸦片——十九世纪经济全球化中的中国》，中华书局，2021。
② 龚缨晏：《鸦片的传播与对华鸦片贸易》，东方出版社，1999。
③ 方勺：《泊宅篇》，中华书局，1983。
④ 李时珍：《本草纲目·卷二十三·谷部》，中国书店，1988。
⑤ 《名花谱》，《四库全书存目丛书》，齐鲁书社，1996。

片混合吸食的做法①。荷兰人从巴达维亚出发，于1624年占领台湾后，把这种吸食方法传入了台湾②。曾在乾隆年间担任广州知府的蓝鼎元在《鹿洲初集》中详细记载了厦门和台湾吸食鸦片烟的情形，并提出在他于康熙六十一年（1722年）到达台湾之时，鸦片烟"传入厦门已十余年"。可见，把鸦片与烟草混合，制作成"鸦片烟"，是鸦片成为成瘾性商品的关键之一。

关键之二是英国抹平贸易逆差的强烈动机与东印度公司鸦片产能的暴发。17世纪初叶到1770年（乾隆三十五年），这个阶段是鸦片烟在中国东南沿海缓慢发展、进口数量较少的时期。此时鸦片烟由于产能有限、进口有限，还是有钱的贵族、商人才能享受得起的"奢侈品"。从事对华鸦片贸易的主要是葡萄牙人，他们以澳门为跳板，每年将数百箱鸦片输入中国，到1767年（乾隆三十二年）达到了1000箱。而在这个时期，吸食鸦片烟已经成了一个影响社会稳定的问题，得到了最高统治者的关注。在这个缓慢发展的时期，雍正皇帝于1729年（雍正七年）颁布了中国第一道禁烟法令，对贩卖鸦片、私开鸦片烟馆等行为均严加议处，最高可判死刑③。

1770年（乾隆三十五年）后，英国东印度公司与中国的茶贸易呈暴发式发展，进口茶叶价值从1761年的65.3万两突飞猛进到1770年的132.4万两④。叠加丝织品、瓷器，以及各式各样的中国物品，产生了国际收支严重失衡的问题。从18世纪中叶起，白银就占了英国东印度公司对华输出货值的90%。在1765年、1766这两年，英国东印度公司从中国输入的商品是对华出口商品值的302%，连年不断的巨大顺差使得白银源源不断地流入中国。

---

① 〔美〕何西阿·马士：《东印度公司对华贸易编年史（1635—1834年）》，区宗华译，广东人民出版社，2016。
② 仲伟民：《茶叶与鸦片——十九世纪经济全球化中的中国》，中华书局，2021。
③ 〔美〕何西阿·马士：《东印度公司对华贸易编年史（1635—1834年）》，区宗华译，广东人民出版社，2016。
④ 庄国土：《茶叶、白银和鸦片：1750—1840年的中西贸易结构》，《中国经济史研究》1995年第3期。

据统计，1700~1840年，从欧洲和美国运往中国的白银约1.7亿两[1]，几乎把"日不落帝国"积累的贵金属都掏空了。而情形在1840年之后有了根本性的逆转，到1845年中国进口鸦片的货值就超越了茶叶。英国人在1757年（乾隆二十二年，即"一口通商"谕旨颁布当年）统治了印度之后，凭借先进的制度特别是企业管理制度，发展出完善的、生财效率奇佳的鸦片销售及制造垄断系统。后来，鸦片收入占到英属印度总收入的1/7[2]。

英国的鸦片之所以把明清以来积累的金银几乎掠夺一空，至少有三个条件推波助澜。

一是需求。当时的世界只有清朝形成了如此庞大的鸦片吸食"瘾君子"群体，无论是在1842年之前还是之后，清政府均无法根除鸦片；即便是在社会管制最严厉的雍正和乾隆年间，"瘾君子"的群体仍在不断扩大，禁烟令形同虚设。反观当时鸦片最大的种植地——印度，英国东印度公司明令禁止，印度就只有少量人吸食鸦片；英国在本土亦严厉禁止吸食鸦片，成效显著。笔者认为，鸦片在进入中国之后，一直作为"上流社会"享用的奢侈品存在，在"面子文化"盛行的年代，确实容易成为人们追逐的一种生活方式。在印度提高生产率，特别是鸦片战争让鸦片进口合法化、鸦片单价下降之后，就出现了"各种鸦片的消费量无疑都在与年俱增"的情形。清朝从表面上看，对老百姓实施高压管理，而鸦片的屡禁不止却体现出这种体制的没落与陈旧，很快就将被扫入历史的垃圾堆。

二是生产。18世纪到20世纪前半叶的鸦片生产，主要分为两个阶段。第一个阶段以英属印度为主产区，大部分在今孟加拉境内。鸦片的母体——罂粟的种植是分散小规模经营的农业，原本产量有限，但英国人为印度带来了先进的订单农业模式，英国东印度公司先定生产总量，然后为各地分

---

[1] 庄国土：《茶叶、白银和鸦片：1750—1840年的中西贸易结构》，《中国经济史研究》1995年第3期。
[2] 〔美〕戴维·考特莱特：《上瘾五百年：瘾品与现代世界的形成》，薛绚译，上海人民出版社，2005。

配具体数量，并施行统购统销，提高了印度农民生产的积极性，保证了罂粟质量的一致性，降低了生产成本。采用先进生产模式的廉价印度鸦片，打垮了一众竞争对手，垄断了中国市场。第二个阶段即鸦片的生产中心转移到中国，国内旺盛的需求给了中国农民强烈的动力自行种植鸦片，而且种植的简易、农民的自吸率很高也推动了这一进程。19世纪后期，大量农田改种罂粟。据许涤新在《中国资本主义发展史·第二卷》中统计，全国改种罂粟的耕地超过1300万亩。罂粟是秋种春收的植物，刚好避开农忙时节，单位土地产出较高，每户农民种上3亩罂粟，则基本可以温饱有余[①]。中国本土鸦片对印度鸦片构成巨大冲击，但由于生产分散、质量不一，无法替代进口的鸦片。

三是贸易。以1842年为界，在第一次鸦片战争之前，鸦片贸易在前一部分时间里可以合法进口，随后只能采取走私的方式。1729年雍正皇帝严厉禁烟，但奇怪的是拥有和传播鸦片违法，进口鸦片却不违法[②]。直到1799年（嘉庆四年），鸦片进口才被正式禁止。鸦片走私在中国的主要聚集地，其一是18世纪末到19世纪初的澳门，其二是19世纪30年代之后的伶仃岛（应是不断朔珠江而北上，所以是内伶仃岛，现属于深圳市南山区）。清政府的管辖能力越来越弱，英国人走私就越来越大胆：1805年（嘉庆十年）走私鸦片大约为3000箱，到了1839年（道光十九年）就激增到4万箱[③]。在签订了《南京条约》之后，英国人占据了香港，获得了在广州、厦门、福州、宁波和上海"五口通商"的权利，鸦片进口全面合法化。英国船只直接进港进行鸦片贸易，到1856年（咸丰六年），贩卖鸦片的收入已经占到英属印度收入的1/7。英国人还不满足，拉上法国人组成英法联军发动了第二次鸦片战争，以很小的代价，彻底摧毁了清朝的立国之本——八旗军、

---

① 仲伟民：《茶叶与鸦片——十九世纪经济全球化中的中国》，中华书局，2021。
② 〔挪〕西蒙·哈维：《走私——七个世纪的非法携运》，李阳译，三联书店，2021。
③ 〔澳〕杰克·特纳：《香料传奇：一部由诱惑衍生的历史》，周子平译，三联书店，2007。

绿营兵和蒙古骑兵的战争能力。在1860年（咸丰十年）签订《北京条约》后的20年间，英国向中国输入的鸦片量又翻了一倍。直到19世纪80年代，由于国产鸦片的替代，鸦片的进口量开始下降。随着印度、孟加拉、锡兰开始转型生产茶叶，印度于1909年（宣统元年）停止出口鸦片。持续两个多世纪的邪恶的鸦片贸易，方才宣告结束，但鸦片对中国人的残害，直到1949年才真正结束。

邪恶的鸦片走私，引发了两次鸦片战争。第一次鸦片战争的结果是中国被迫签订《南京条约》，由广州的"一口通商"变成了广州、厦门、福州、宁波和上海的"五口通商"，割让香港岛，近百年前洪任辉和马戛尔尼的诉求终于被英军的"坚船利炮"实现了，粤海关和十三行开始全面衰落。第二次鸦片战争后，鸦片贸易走向合法化，天津成为新的通商口岸，进出口均在扩大，但贸易自主权逐步丧失，割让九龙给英国促进了英国人独占维多利亚港（特别是屯门澳、葵涌澳），促进了香港的开埠、开港。广州和十三行，因"烟"而彻底终结了公行独揽对外贸易的制度。但行商改成茶行，因其长期以来的良好商业信誉，得以继续从事同外商的茶叶贸易[①]。1842年（道光二十二年）"五口通商"后，十三行独揽外国贸易的局面虽告终止，但洋行实仍继续经营茶丝大宗生理……至咸丰六年一火，十三行之运遂告终结矣[②]。由此可见，终结公行制度的不仅有"烟"，还有"火"。

这里说的1856年（咸丰六年）之"火"实则是第二次鸦片战争初期的广州城战役。是年公历10月23日，英军借口广东水师捉拿曾在香港注册的中国货船亚罗号上的海盗，大举进攻虎门诸炮台并于6日后攻入广州城。据《中国近代史词典》记载："25日，团勇及群众数千人即'欲放火尽烧十三行'，被两广总督叶名琛'饬令禁止'。12月14日夜，广州人民'积薪灌油'，向敌据点十三洋行发起火攻。美、法商馆先遭烧毁，15日午后，

[①] 仲伟民：《茶叶与鸦片——十九世纪经济全球化中的中国》，中华书局，2021。
[②] 梁嘉彬：《广东十三行考》，广东人民出版社，1999。

风大火烈,十三洋行'皆成瓦砾场'……"①英军随后也焚毁了十三行周围的民居数千家。在沙面岛的十三洋行和周边的贸易场地被焚毁之后,广州作为通商口岸的重要基础之一遭到巨大的破坏,以英国为代表的西方列强国家更下决心以武力解决贸易问题。次年(咸丰七年,1857年)公历3月,英国人派加拿大总督额尔金到华,会同来华解决广西"马神甫事件"的法军一起,大举进攻并攻陷了广州城,俘虏了时任两广总督叶名琛。

这一把火虽然烧得十三行元气大伤、行商一蹶不振,然而在1857年(咸丰七年),行商们仍以敢为人先的精神,努力调停英法联军与广州地方官员的关系,避免事态进一步恶化。在《国立中山大学文史学研究所月刊》1933年第一卷第一期中刊登了时任广东巡抚柏贵的一封函件,记载了当时柏贵檄绅商伍崇曜等议和。《星藩公家传》《番禺县续志》也记载了"当时巡抚柏贵等日坐愁城,束手无策,惟听绅商计划而已","绅商易兰、俞文昭及旧天宝行行商梁纶枢三人"一起谋划调停②。其实这个细节既充分说明了广东行商久历外事,还是敢于冒着生命危险与英法联军打交道的,但此时外来的大部分都是军人,商人很少、话语权更少;又充分说明了清朝的高级官员,在委托十三行代理对外贸易与大部分外交事宜之后,极度缺乏"通晓夷事""打通内外"的外交人才,更多的人一边作着道德文章、努力"内圣外王",一边做着升官发财、"位极人臣"的春秋大梦,直到两次鸦片战争的炮火无情地摧毁了这一切。

十三行在这一次彻底烧毁之前,1822年(道光二年)农历二月,因临街店铺失火,已经焚毁了一次。大火烧了两天两夜,据说烧毁了超过4000万两白银,把水沟都堵塞了。汪鼎雨在《韭盦笔记》中记载:"(大火)烧粤省十三行七昼夜,洋银溶入水沟,长至一二里。火息结成条,牢不可破。"③

---

① 陈旭麓、方诗铭、魏建猷:《中国近代史词典》,上海辞书出版社,1982。
② 梁嘉彬:《广东十三行考》,广东人民出版社,1999。
③ 汪鼎雨:《韭盦笔记》,载广州大典编纂委员会编《广州大典·史部》,广州出版社,2008。

有出口画（即当时中国画师以西方的颜料和毛笔，以及写实的技法，描绘出东方图景出口销售给西方人的画）描绘了当时浓烟冲天的惨烈场景。这幅画现存于美国的皮博迪埃塞克斯博物馆，博物馆中的标签为："Canton, Fire of 1822, Chinese artist, c. 1822"。梁嘉彬在《广东十三行考》中亦记载道："道光二年九月，因邻街饼店失火，延烧两日，夷馆、洋行多被焚毁……十一家洋行中幸而免者，只有五家。而外商历年存货、本年贩到货物，及所有行商之房屋货栈俱成灰烬。"道光二年，鸦片战争尚未爆发，但十三行却遭遇其"一口通商"以来最大规模的损失，这无疑是十三行衰落的"先兆"。而在大火过后的1824年（道光四年），就有丽泉、西成、同泰、福隆等商行陆续倒闭，累计拖欠粤海关的税银超过68万两，并拖欠外商货款145万多两。这虽然并非第一次有十三行内的商行倒闭，但如此大规模的倒闭之前确属罕见。《东印度公司对华贸易编年史（1635~1834年）》[1]中记载："到1829年（道光九年）能清偿债务者只有伍怡和（Howqua，即怡和行）、潘同孚（Puankhequa，即同孚行）、谢东裕（Goqua，即东裕行）三家。"

而"保商"制度的随意性与改革速度极为缓慢，完全没有起到融资和担保应有的作用，阻碍了清朝时期外贸中金融行业的发展，金融反而成为外贸发展的桎梏。洪任辉事件之后，广东地方政府查抄了当时著名的"保商"黎光华（Beau Khiqua，即当时的两广总督策楞确定的"保商"）的家产作为赔付。1776年（乾隆四十一年），粤海关处理英国东印度公司控告的丰进行商倪洪文（Wayqua）拖欠1万多两货款，不仅勒令其用家产偿还，还要求亲属代赔，不足部分在"联名担保"的其他行商内凑齐[2]。这种做法既体现为行商本身的无限责任，又体现为行商之前相互承担的无限责任，与当时东印度公司已经出现的现代有限公司雏形背道而驰。直到1833年

---

[1] 〔美〕何西阿·马士：《东印度公司对华贸易编年史（1635—1834年）》，区宗华译，广东人民出版社，2016。
[2] 何平：《广州十三行担保制度与美国存款保险制度的创立》，《学术研究》2020年第7期。

（道光十三年），清廷依然责令"保商"承担责任，并勒令夷商须以物易物，不许借给行商银两①。大火不仅烧毁了建筑物、货物与银两，还把行商"烧"得纷纷倒闭，而改革基本停滞、"抱残守缺"的清廷，均已经预示了公行制度和"一口通商"即将消亡。

两场大火、两场战争、两个不平等条约，给广州留下了千疮百孔和满目疮痍。清朝前半段"片帆不许入海"政策下"千舶万帆"的广州，其"一口通商"的历史终于落幕了。19世纪初期，十三行的关税占清廷每年总税收40%、黄埔港年均进口总值占全国比重超过80%的辉煌已不再。但粤商敢为人先的精神，一脉相承地延续了下来。

随着汕头、湛江（广州湾）等港口在第二次鸦片战争之后的陆续开埠，很多粤商转战新港，延续外贸。亦有一批粤商，北上新开辟的通商口岸，续写着十三行的外贸传奇。较为集中并产生较大影响力的，就是在上海的粤商。早在乾隆年间，广东潮州人于上海县城内外大量购置房地，并建立会馆。当时的《上洋竹枝词》就写道："东门一带烟波阔，无数樯桅闽粤船"，"近日上洋风俗改，市人尽效嚼槟榔"，足见岭南热带地区特有的食槟榔习俗，在当时就已传到了上海②。上海开埠之后，大量商人涌进上海，英国人的势力范围也随之转移到以上海为龙头的长江中下游地区。从出口英国的货值对比，即可看出这一点：1844年广州出口的货值是上海的7.7倍；而到了1852年，上海反是广州的1.7倍。马克思在1858年所写的《鸦片贸易史》一文中明确指出："五口通商和占领香港仅仅产生了一个结果：贸易从广州转移到上海。"③大量熟悉外贸的粤商，敢为人先地离开广东北上。在严格禁止人口流动、设置很多人口流动禁区（比如19世纪末以前的东北）的清朝，在国内实现大规模人口流动实属不易。就连1851年的上海道台吴

---

① 梁嘉彬：《广东十三行考》，广东人民出版社，1999。
② 郭晔旻：《沪上起南风：近代上海的广东商人》，《同舟共进》2018年第7期。
③ 〔德〕马克思：《鸦片贸易史》，《纽约每日论坛报》1858年9月25日，第5438号。

健彰，都是通过"捐官"进入官场的、十三行之一的同顺行商人，他是祖籍广东香山县前山翠微人（今珠海市香洲区翠微村）。

虽然此后因为刘丽川（广东香山人）领导了小刀会起义，以及出于保护自身经济利益的考虑，上海地方官员开始禁止广东、福建的船只驶入，广东人的移民方向亦开始转向南洋、美洲等地，到1859年左右，上海的浙江人在数量上已经超过了广东人，但直到民国时期，粤商都是上海滩商人的重要组成部分，名人最多、名气最大。"最著名的买办"——唐廷枢（广东香山人），百货翘楚、先施公司老板——马应彪（广东香山人，澳大利亚华侨），以及永安公司老板——郭乐、郭泉兄弟（广东香山人）等，都是上海滩工商界的传奇人物。1879年9月5日的《申报》上有这么一段话："广帮为生意中第一大帮，在沪上尤首屈一指。居沪之人亦推广帮为多，生意之本惟广帮为富。"1933年10月《广东旅沪同乡会月刊》创刊号则记述道："上海工商百业，政学各界，都有广东人的踪迹；南京路和北四川路，更多广东人的大商场；而且办工厂的人，也不见得少。"[①] 可以说，浙江人特别是宁波人成了上海金融界的中坚力量，而广东人特别是香山人（今中山市、珠海市大部）在上海工商界具有雄厚的实力。

除上述4位香山人之外，上海家化的前身广生行老板——冯福田（广东南海人），发明大白兔奶糖的冠生园老板——冼冠生（广东南海人），"红双喜"香烟的生产企业南洋烟草公司老板——简家兄弟（广东南海人），知名歌手胡蝶（广东鹤山人）、阮玲玉（广东香山人），以及威廉·渣甸（William Jardine）和詹姆士·马地臣（James Matheson）这两位苏格兰商人"山寨"伍怡和行创立的，横亘上海、香港、广州多地，文华东方酒店、置地地产、7-11便利店、美心饮食集团、必胜客（Pizza Hut）等知名品牌的大股东——怡和洋行（现称怡和控股）等，都把粤商敢为人先的精神带到了刚开埠的上

---

① 郭晔旻：《沪上起南风：近代上海的广东商人》，《同舟共进》2018年第7期。

海，并在世界各地发扬光大。至此，粤商不再局限于广东一地，而是走南闯北、跨越东西，成为世界级的大商帮。

粤商敢为人先精神的历史脉络，分析到此，虽仍稍显以偏概全，但笔者认为，已经比较系统地体现了历史演变与粤商发展，比较系统地展现了从南越国到清朝末年的粤商发展风貌。民国以后的粤商发展历史，相关研究与记载内容汗牛充栋，笔者不再赘述。下一节，笔者将重点探讨粤商之所以成为世界级商帮的重要源流——敢为人先、漂洋过海，以及对中国近代史的重大影响。

延伸阅读

明朝"躺平"的底气

面对封建大一统王朝在安全方面的最主要矛盾——北方游牧民族，明朝以"封锁"和"禁铁"为核心的商贸策略是成功的。明朝统治者在重农主义的整体框架下，把对北元的商贸政策复制到了海边，形成了海禁这一独特的政策体系。明朝时期的海禁，并不禁朝贡贸易，"以物易物"的官方往来还是可以的；严禁的是民间出海商贸，严禁的是民间建造三桅大船，严禁的是民间"通番"。这一政策，根本性地逆转了东南沿海地区的发展，乃至根本性地逆转了整个国家的商品流通。这也是泉州、宁波等作为唐宋元时期东亚首屈一指的大港，在明清两朝逐渐式微的重要原因。

那么"怪人"辈出的明朝皇帝们，怎么这么有底气，能够"懒政治国"？拿今天的流行词来说，就是"躺平"。而在"躺平"期间，长居豹房的明武宗朱厚照取得了"应州大捷"，这是自"土木之变"70年后第一次皇帝对蒙古亲征的大胜；潜心修道40年的明世宗朱厚熜荡平东南倭患；40多年不上朝的明神宗朱翊钧打赢了"三大征"。终明一朝，大部分皇帝都在努力地"神化"自己，尽力提高自己作为最高统治者的合法性，政事是否荒废、商贸是否发展、财政是否充足、民生是否凋敝都不在主要考量之列。学者易中天[①]、葛剑雄[②]等认为，到明朝中后期，全国人口已经达到或超过 1 亿人，还有学者认为在万历年间已经将近 2 亿人[③]，甚至有学者认为明清交替时人口谷底都超过 1.2 亿人[④]。那么，明朝在经济发展、商贸流通都受到白银规模限制的情形下，是如何依靠并不发达的科技、商业，养活这 1 亿多人的？

答案其实就藏在上文关于"重农主义下的商业乐园"的相关讨论之中——看似闭关锁国，实则吃穿刚够。

---

① 易中天：《帝国的终结》，浙江文艺出版社，2014。
② 葛剑雄：《中国人口发展史》，福建人民出版社，1991。
③ 葛剑雄主编、曹树基编撰《中国人口史·第四卷·明时期》，复旦大学出版社，2022。
④ 参见葛剑雄《中国人口发展史》，福建人民出版社，1991。

5 漂洋过海

在广州的南越王墓中出土了一只与伊朗出土的波斯薛西斯王银器类同的银盒，这是迄今在中国发现的最早的海上舶来品。而波斯薛西斯王公元前519年～公元前465年在位，这在一定程度上说明了岭南人在比公元前214年更早的时候就掌握了远洋航海技术。还有就是春秋战国时期中原的贵族就能够享受从海外进口的茶晶，亦能够说明这个时期的避难移民或与相比战国末年更早时期的对外贸易有关。正是因为在贸易过程中发现了中南半岛等地，人们才能够在出现战乱之时，在无地图向导、无导航设备的情况下及时找到新的容身之所。诚然，对这一阶段历史的研究，还非常缺乏必要的史料与古物，但岭南"移民史"的发端与缘由，值得深入探讨。

5.1 穿越珠玑巷的大移民：粤商勇闯天涯的基因库

前文多次探讨到中国北方的人们，穿越南岭移居岭南大地的历史。大规模的移居主要有四次：一是秦始皇时期，屠睢、任嚣、赵佗率50万名士卒、商贾、赘婿南征并"封五关"，定居岭南（部分或沿海南下中南半岛）；二是唐宋年间，大量中原人穿越珠玑巷南迁，标志着中国经济中心南移的大趋势正式形成；三是清朝咸丰年间席卷东南半壁江山的太平天国运动，迫使超过百万名江苏、浙江、江西、福建等地区的难民，涌入较少受太平天国运动影响的广东；四是改革开放之后，大量人口涌入广东，使广东在20世纪90年代末期一跃成为中国人口最多的省份。

5.1.1 敢为人先非冒进

"穿越珠玑巷"这个时期，从唐朝中期持续到南宋末年，超过500年。笔者认为，这是具有重要意义的北人南迁行动之一，是奠定如今广东经济地位的最重要的一次移民运动，更是第一次"非受迫"南迁。部分历史学家在探讨珠玑巷之时，首先把唐末中原之乱以及随后的五代十国之乱与南迁的缘由挂钩，笔者认为这并不准确，至少不够全面，原因有三。一是唐末中原虽乱，但以广州为中心的岭南大地也没有办法独善其身，黄巢在蕃坊屠杀12万外国商人，以及五代十国时期岭南政权也有多次更迭。二是南迁持续500年之久，必然不是简单的"避难"原因，而且来自中原的读书人、商贾甚至贵族冒着"烟瘴之地""蛮夷之地"的巨大风险持续南迁，必然有更深层次的经济原因。三是翻越南岭而来的人们，大部分并非来此寻找读书入仕、出将入相的机会，在封建社会岭南的书香气、状元和进士数量等与江浙相比有较大差距，穿越珠玑巷而来的人们当是看中了岭南大地稳定的环境、广州等地历经战火动乱快速修复的守法诚信积淀，特别是与上文多次论及的"环境稍善假说"相符合的地理与历史因素，共同促进了一代又一代北人的持续南迁，铸就了南粤大地的辉煌。而敢于在封闭的社会环境中走出自己"舒适圈""习惯圈"的"珠玑巷人"，在此后的千年岁月里，下南洋，甚至在东南亚建国；远赴北美淘金，支撑中国的资产阶级革命与新民主主义革命，确实把敢为人先、勇闯天涯的精神演绎得淋漓尽致。可以说，岭南人的闯劲最早始于大冰河末期的耕作与出海探索，而粤商的敢为人先则成于珠玑巷的大规模南迁。

今天我们穿过窄窄的珠玑巷，无不感慨先人的勇敢与智慧。先人的勇敢，在于拖家带口穿越崇山峻岭。即便是在唐朝韶关籍的宰相张九龄于716年（唐玄宗开元四年）奉命开凿大庾岭路，打通梅关驿道（即梅关古道）之后，这一条路依然瘴气升腾、人迹罕至，充满了凶险。特别是道路的前方充满了未知。因此，在越过梅关古道之后，人们既没有继续向珠江三角洲的方向前进，也没有进入南雄古城，而是选择了停下脚步，落地、观望、思考。人们仿造中原的样式修屋建舍，起初很多房屋都是就地取材，用当地常见的花岗岩，把房屋修建得如同防御的城堡或岭南常见的碉楼。没想到这一停，很多宗族、姓氏甚至停了几十年、上百年。这与上文所述一致，粤商的创新是"守正创新"，是具有文化底蕴的敢为人先，并非野蛮、乱闯或冒进。

5.1.2　四海为家非忘本

对家谱、方志等有关资料的统计和实地调查结果显示，珠玑巷南迁的姓氏达150多个，今珠玑巷景区的宣传板记载为183个姓氏，移民家族有797支之多，他们成了大部分广府家族的祖先，堪称岭南人的"基因库"。因而在珠江三角洲地区，叫"珠玑"的地名很多，江门市新会区有珠玑里，广州有珠玑路，东莞有珠玑街，南海九江有珠玑冈，等等。这也充分说明了岭南人特别是广府人"不忘本"。敢为人先并不等同于忘记过去、数典忘祖。这亦与珠玑巷的原名敬宗巷有较大的联系，背井离乡、出门闯天下，首先要"敬祖宗"。地理形态"箍住喉颈"给岭南人、给粤商带来敬畏天地、低调做人的特质，这与其他海洋文化截然不同，其历史基因或在此处。

岭南人特别是粤商四海为家但不忘本的特质，还体现在语言的传承与延续上。这就是遍布天下的唐人街，粤语都能够成为通行的语言；在东南亚、澳大利亚的唐人街里，潮汕话亦是通行语言的重要原因。

5.2 唐人街里的粤语习俗：自由贸易下的商贸移民

《萍洲可谈》[①]中记载："北人过海外，是岁不还者，谓之'住藩'。诸国人至广州，是岁不归者，谓之'住唐'。广人举债总一倍，约舶过回偿，住藩虽十年不归，息亦不增。"这一段文字，明确指出了"移民"或"华侨"的概念："住藩"与"住唐"。在外面居住十年以上的人们，回来后依然能够还得起当年的举债，这说明海外贸易获利之丰厚，与上文所述相一致。而《广东省志·华侨志》记载：根据已发现的考古材料，12~14世纪苏门答腊岛东北海岸就存在中国城（Kota China）。[②]这就与"住藩"对应上了，这也是较早的"唐人街""中国城"的相关记载。

唐人街，就是如今海外华人的聚居地。海外诸多唐人街中，广东省的方言（包括潮汕话、客家话等）均为通行语言，这也说明了千年以来，移民海外的中国人以岭南人为主。岭南人传承了珠玑巷的移民基因，沿着"通海夷道"，探索着走向世界各地。

5.2.1 移民之初体验

411年（东晋安帝义熙七年）农历八月，一艘载有200人的印度式大船，在波涛汹涌的孟加拉湾洋面上下翻飞。洋流与季风共同作用形成的气旋风暴（类似于西太平洋的台风），卷起巨浪，猛烈拍打船的两舷，很快就把这种5世纪的木船撕开了一个小口子。船破水入，船长和雇佣船只的商人为了减轻重量，要把随船装载的佛像和佛经都抛入大海。幸运的是他们很快就找到了一个岛屿，船只靠岸补给与修补后，继续满载前行。但风暴带来的持续恶劣天气让他们都失去了航向，就这样在海上漂泊了100多天，躲过了海盗的跟踪，终于来到了耶婆提国（今印度尼西亚的苏门答腊

---

① 朱彧：《萍洲可谈》，陈师道校译，中华书局，2007。
② 广东省地方史志编纂委员会编《广东省志·华侨志》，广东人民出版社，1996。

岛，一说是今爪哇岛）。随船抵达的来自东晋十六国时期后赵国的法显和尚在这里住了5个月，到第二年（412年）的春夏之交，法显又乘坐另一艘商船出发前往广州。虽然这个出航时机选择不错，与冬季乘西伯利亚的冬季季风南下、夏季乘东南风北上一致，但似乎当年的台风季来得更早了一些。法显乘坐的船只又遭遇了风暴，这就是西太平洋的台风了。船再度失去了方向，随风漂流。风浪中，法显被印度教徒视为"不祥"，险些连人带物被抛入大海。这时，一位同行的东晋商人恐吓印度教徒，表示如果敢残害汉地人士，他就会向官方告发船主的杀人行径。这才帮法显和尚逃过劫难[①]。

据《高僧传》记载，法显本姓龚，337年生，423年圆寂，后赵平阳郡武阳（今山西长治市襄垣县）人。据考证，法显是中国佛教史上第一位到海外取经求法的大师，也是杰出的旅行家和翻译家。《佛国记》《高僧传》等文献记载，399年法显以62岁高龄，与其他多名僧人从长安出发，经西域到达天竺，游历30多个大小国，收集了大批梵文佛学经典，前后历时14年，于413年归国。笔者认为，法显是有明确史料记载的第一位去而复返的"归国华侨"。虽然法显的经历并不完全符合丘汉平在《华侨问题》[②]与《辞海》中对于华侨的定义，但因为他符合华侨两个方面的核心特征：在国外居住10年以上与保留中国国籍，为便于类比分析，可以把法显归结为"华侨"。

《高僧传》[③]的原文为："……停此国（耶婆提，今苏门答腊岛）五月日，复随他商人大船……东北行，趣广州……一月余日，夜鼓二时，遇黑风暴雨。商人、贾客皆悉惶怖……诸婆罗门议言：'坐载此沙门，使我不利，遭此大苦。当下比丘，置海岛边。不可为一人令我等危险。'法显本檀越言：

[①] 法显：《佛国记》，吴玉贵释译，东方出版社，2018。
[②] 丘汉平：《华侨问题》，商务印书馆，1936。
[③] 释慧皎：《高僧传》，汤用彤校注，中华书局，1920。

'汝若下此比丘，亦并下我！不尔，便当杀我！汝下此沙门，吾到汉地，当向国王言汝也。汉地帝王亦敬信佛法，重比丘僧。'诸商人踌躇，不敢便下……遂经七十余日……商人议言：'常行时正可五十日便到广州，尔今已过期多日，将无僻耶？'即便西北行求岸，昼夜十二日，到长广郡界牢山南岸……见藜藿依然，知是汉地。"这里展示三个方面重要的信息。

一是法显一行从耶婆提国返航祖国的明确目的地是广州，说明这一条航路已经非常成熟。

二是与法显同行的东晋商人，即"法显本檀越"，"檀越"即"施主"的意思，是施予法显衣食的人，此处应为商人而非其他信众。他搬出了"汉地帝王"就能够让印度"诸商人踌躇，不敢便下"，实属奇怪。东晋十六国时战乱纷争，东晋在位的安帝司马德宗是一个据《晋书·帝纪第十》记载愚笨，不擅长说话，连冬夏都无法区别的皇帝，北方的后赵等国更是不可能具有海外威势。笔者认为，"汉地帝王"所具有的威慑力，只能是来自海外华侨群体的威慑力，特别是本节开始时论述的从战国末年开始移民中南半岛的华夏族人，以及秦汉以来在东南亚日益庞大的侨民群体所带来的威势。这里最具威慑力的不是"晋"而是"汉地"，与此后一直延续的以"唐""唐人"来称呼中国人是为异曲同工。而法显能够在斯里兰卡居住2年多并成功东归，当地的侨民群体应发挥了较大作用。

三是藜藿菜与青州长广郡牢山南岸。可以推测，法显所乘的船只"一月余日"遇到了"黑风暴雨"的台风，按理说在夏季东南风的情形下，50多天就应该靠近珠江三角洲沿岸了。突如其来的台风直接把这艘船刮到了青州长广郡牢山南岸，即今天的青岛市崂山（古称牢山）附近，与广州相隔超过1000公里的航程。说明这个时期的帆船尚不具备直接穿越南海等宽阔海面的能力，与上文所论述的造船业进展相关历史问题是吻合的。在驶入内海或内河之后，岸边的藜藿即"知是汉地"。《本草纲目》所记载的"藜，处处有之，即灰藿之红心者，茎叶稍大，嫩时亦可食"，是中国土生土长的植物种类。从这些描述可以看出，法显这些经历均无夸张或虚假记载，也符合"出家人不打诳语"的形象。因而笔者由此记载认为当时外国侨民已聚威势的假说应是可信的。

若确如笔者所分析的，在4世纪末到5世纪初，华人已经在斯里兰卡这个距离广州超过3000公里海路航程的地方，具备了初步的规模，或形成了华侨社区或相应的政治势力。而在距离更近的耶提婆国，或已经形成以"汉地帝王"为尊的"汉人街"。这一部分史料或遗迹均极为罕见，只有在目的地国的史料中有只言片语。据余媛媛在《斯里兰卡华侨华人口述史》中考证：僧伽罗（斯里兰卡的旧称）使节曾谈起斯里兰卡和中国之间有商业往来，时间为公元前一世纪和二世纪……西汉王莽就派使臣访问过斯里兰卡（当时称"已程不国"）①……据中国史料记载，在公元131年、414年、428年、435年、455年、527年、670年、712年、742年、746年、750年、762年和998年，斯里兰卡阿努拉达普勒国王共向中国派遣了13个使团。而762年，即为唐代宗宝应元年，当年唐玄宗、唐肃宗和"诗仙"李白先后去世，辉煌的唐朝正式转向衰落，此后直到北宋再度统一、宋真宗即位的第二年——998年，斯里兰卡的使团才再次来到中国。

唐朝的"通海夷道"、宋元两朝达到顶峰的对外贸易，必然带来中外大量的人员交往。与唐朝广州的蕃坊类似，以及与近代以来全球化的进程类似，若无在海外的中国人社区或落地的商贸组织，则很难提高贸易的效率。从上文多次分析的古代对外贸易的模式、工具、历史，笔者认为，自古以来中外贸易一直保持较高的水平，其使用的器具并不落后，其采用的逻辑并不混乱，其取得的成效并非不堪，值得深入研究。由此推断，满剌加、暹罗、巴达维亚、真腊等海上丝绸之路的必经之道，应有一定量的中国移民痕迹，可供进一步分析验证。

---

① 余媛媛：《斯里兰卡华侨华人口述史》，中国华侨出版社，2020。

5.2.2 第一次茶叶移民

18世纪和19世纪均是"茶叶世纪"。这个阶段的移民,都是围绕世界最大宗、利润最高的商品——茶叶来进行的。同样的,这个时期的移民,更是随着茶叶贸易的发展而发展的。

第一次大规模"茶叶移民"为中欧茶叶贸易时期,主要由荷兰人主导。1610年(万历三十八年)后,荷兰人开始向本国及其他欧洲国家输入茶叶[1]。但在1727年之前,由于尚未纳入朝贡贸易体系的缘故,荷兰人进口茶叶只能向巴达维亚的中国商人购买。

据《东南亚的贸易时代:1450—1680年(第二卷)》[2]记载:"在越南、菲律宾、北大年和万丹等地,中国人早在十七世纪初便已成为最大的外商集团……据估计,十七世纪阿瑜陀耶和万丹的成年男性华人均约为3000人。马尼拉的华人人数随着政府政策的变化而波动,但在1603年曾达到23000人,当时大多数华人都死于一场骇人听闻的大屠杀。在交趾支那的港口会安,十七世纪四十年代华人人数可能为5000人,而到了该世纪末时,人数则更多。"这里所述的北大年,即今泰国西南部港口城市,北大年府府城,在马来半岛之上,西面向着泰国湾;万丹国,即印度尼西亚巽他人在爪哇岛西部所建伊斯兰教王国(1552~1832年);阿瑜陀耶,即泰国阿瑜陀耶王朝的古都,位于今曼谷以北;交趾支那,即今越南南部、柬埔寨的东南部。相关描述说明在"茶叶世纪"正式来临之前,华人华侨在东南亚已经具有了相当的规模,并且控制了东南亚这个时期的贸易。《东南亚的贸易时代:1450—1680年(第二卷)》中举例:那些穿行于东爪哇与荷属马六甲之间的数百艘运盐船中,业主40%是华人,46%是印度

---

[1] 〔美〕威廉·乌克斯:《茶叶全书(上册)》,侬佳等译,东方出版社,2011。
[2] 〔澳〕安东尼·瑞德:《东南亚的贸易时代:1450—1680年(第二卷)》,吴小安、孙来臣译,商务印书馆,2013。

尼西亚人①。

越来越多的华人定居东南亚，使得荷兰人以及后来的英国人都改变了对与华人贸易的看法，从最初的"斗争"发展到后来的"合作"。到了17世纪30年代，荷兰人与本地化的华人达成了一种共生关系，即荷兰人从巴达维亚当地华人手中购买茶叶并运到欧洲，这一方式持续到1727年（雍正五年）。即便在这一年以后，荷兰东印度公司决定直接从中国进口茶叶，"海上马车夫"在巴达维亚等地与华商的茶叶贸易，也仍在持续。从17世纪初到18世纪30年代，因为东南亚的巨大致富机会以及国内的持续海禁，大量华人冲破封锁，移民泰国、菲律宾、印度尼西亚等地。据1952年出版的《中国通史简编》，（17世纪）南洋群岛的华侨约在10万人以上，印尼华侨人口超过1万②。闽粤人是这个时期移民东南亚的主力军，以广东人数量最为庞大。广东人移民巴达维亚等东南亚港口城市的便利在于能够更好地把国内的茶叶运过来，与荷兰人进行贸易。当时广州准"一口通商"的独特优势，以及澳门自由贸易的便利，使得大量的广东人因为茶叶出口来到东南亚，是为"茶叶移民"。巴达维亚的茶叶转口贸易，基本终结于1740年。这一年，荷兰东印度公司在巴达维亚制造了骇人听闻的"红溪惨案"。殖民当局借口搜查军火，派军队挨户搜捕华侨，并且鼓动当地居民对华侨疯狂屠杀、洗劫。屠杀持续7天，城内华侨不论男女老幼被杀近万人，侥幸逃出者仅100多人，被焚毁和劫掠的华侨房屋达六七百间，财产损失无法估计③。

此后，虽然荷兰人与中国的茶叶贸易仍在继续，但随着荷兰人的衰落，海洋霸主的地位被英国人取代。英国人在茶叶贸易中的做法，起初是以广

---

① 〔澳〕安东尼·瑞德：《东南亚的贸易时代：1450—1680年（第二卷）》，吴小安、孙来臣译，商务印书馆，2013。
② 范文澜：《中国通史简编》，人民出版社，1952，转引自李宏新《潮汕华侨史》，暨南大学出版社，2016。
③ 华业：《世界历史读这本就够了》，中国商业出版社，2012。

州为中心的直接贸易，第一次鸦片战争以后转为全面直接贸易。而英国人手段更直接，把茶叶与茶农"连根拔起"转移到印度等殖民地，直接供应欧洲市场。中国人移民东南亚的进程，却没有因为"茶叶移民"的结束而结束，反而是在不断加速。

这一阶段，除了"茶叶移民"之外，还有"矿业移民"。欧洲殖民者的到来，加速了东南亚的矿产开发。其中，主要开发的是加里曼丹岛的黄金与钻石等矿藏。据《广东省志·华侨志》[①]描述："……西加里曼丹有丰富的黄金、钻石等矿，自十八世纪中叶华侨大量迁入后，即开发为黄金产区，矿工主要来自广东潮、梅地区客属各县，他们以合股形式组成大小采矿公司……"与清朝前期禁止开矿形成鲜明对比的是东南亚的全面放开，以至于华商与工匠向东南亚移民在17世纪最后10年中尤为强劲[②]。

5.2.3 第二次"茶叶移民"

第二次"茶叶移民"的过程十分具有戏剧性，其主要发生在茶叶移植到印度时期，由英国人主导。

第一次鸦片战争让英国上下对清朝的实力有了全新的认识：这样一个外强中干的古老帝国，却因为茶叶给英国制造了巨额的逆差。英国的统治者必然特别不服气。不堪一击的清朝军队令英国与其他欧洲强国在第一次鸦片战争之后采取更极端的办法来迅速减少贸易逆差、扩大贸易顺差。一方面，英国联合法国等，不断寻衅滋事，通过一切手段来实现开战的目标，很快就发动了第二次鸦片战争；另一方面，英国在扩大鸦片出口之时，也寻求鸦片在中国的国产，以便降低运输成本，赚取更大规模的利润。同时，为应对与日俱增的本国茶叶需求，英国人开始寻求在印度、孟加拉、斯里

---

① 广东省地方史志编纂委员会编《广东省志·华侨志》，广东人民出版社，1996。
② 〔澳〕安东尼·瑞德：《东南亚的贸易时代：1450—1680年（第二卷）》，吴小安、孙来臣译，商务印书馆，2013。

兰卡等具有与中国南方相似地理环境以及自己能够更有力掌控的殖民地，种植茶叶，以求替代中国的茶叶。

1830年，来自苏格兰的布鲁斯兄弟在印度东北部阿萨姆邦开辟茶叶种植园，并于1838年"破天荒第一次装运茶叶至伦敦"[1]。但他们生产的茶叶质量太差，无法与中国的茶叶相提并论。《茶叶与鸦片——十九世纪经济全球化中的中国》[2]一书提出："印度可能有土生茶种，但在英国人统治之前，印度人基本没有对茶叶的认识，所以土生或原生茶树对印度人来说没有多大意义。"英国东印度公司为尽快在印度等地种出优质的茶叶，派出了以"植物学家"为幌子的商业间谍到中国，即"茶叶大盗"。《茶叶大盗：改变世界史的中国茶》[3]中就描述了这么一位"著名"的"茶叶大盗"：罗伯特·福琼（Robert Fortune）。

这位"茶叶大盗"也颇具传奇色彩。1842~1845年，他曾作为伦敦园艺会领导人在中国待过一段时间。在旅居中国过程中，他学习中文和远东的风俗习惯，熟练掌握了使用筷子的技巧，学习了一些常用的汉语，并制作了一条与清朝人一样的假辫子。在回国时，他还带回了100多种西方人没有见过的植物，其中包括小巧的盆景植物。他还提出一个在当时西方人看来具有颠覆性的观点：绿茶和红茶是同一种植物。福琼的经历与能力被东印度公司看中，被派往中国"偷茶"。他于1848年9月到了上海后，穿上长衫，剃了个头，还缝上了上次到中国时制作的假辫子。他找了当地的"买办"，联系上安徽、福建、广东等地的茶商，到茶园里学习种茶、制茶，并买了大量的茶籽和茶苗。据福琼自述，他从中国引走了秋牡丹、桔梗、金钟花、构骨、石岩杜鹃、柏木、阔叶十大功劳、榆叶梅、榕树、搜疏，以及12~13种牡丹栽培品种、2种小菊变种和云锦杜鹃等。2种小菊变种后

---

[1] 〔美〕威廉·乌克斯：《茶叶全书（上册）》，侬佳等译，东方出版社，2011。
[2] 仲伟民：《茶叶与鸦片——十九世纪经济全球化中的中国》，中华书局，2021。
[3] 〔美〕萨拉·罗斯：《茶叶大盗：改变世界史的中国茶》，孟驰译，社会科学文献出版社，2015。

来成为英国杂种满天星菊花的亲本。云锦杜鹃在英国近代杂种杜鹃中起了重要作用。1851年2月，他还通过海运，运走2000多株茶树小苗、1.7万粒茶树发芽种子。1853~1856年，他又到中国待了3年。

福琼1851年离开中国时，通过"契约华工"的模式，从香港带走了8名中国茶叶工人（6名种茶和制茶工人，2名制作茶叶罐的工人），聘期3年。契约华工这个模式，起源于西方殖民者从17世纪开始的对中国的人口掠夺。在1624年巴达维亚总督向荷兰东印度公司的报告中就谈到过"搜集中国人1150名……剩有571名中国人乘Zienick Zee号舰来巴城……"福琼带走的这8名工人，并未在清朝内部引起任何注意，因为第一次鸦片战争之后，清军已经失去了对海面的控制，人们出海几无限制。这给了福琼第二次到来继续找人、找苗、找种子的勇气。此后在1860年签订的中英《北京条约》中明确规定："3. 凡有情愿出国做工之华民，俱准与英民立约为凭，无论单身或愿携带家属一并赴通商各口，下英国船只，毫无禁阻"，为西方侵略者的人口掠夺、契约华工赋予了所谓的"合法性"。

至于为什么要带华工去印度种茶，主要是基于英国人对印度人的了解，以及对希望快速以印度茶占领英国市场的迫切要求。英属印度总督威廉·班提克在茶叶委员会成立之时，就明确指出必须从中国引进"有熟练技术"的"真正的"茶工。这个想法大概起源于1829年，他考察英国东印度公司的海峡殖民地新加坡和马六甲海峡时，中国人的勤劳和智慧给他留下了深刻的印象。1834年，他在成立茶叶委员会的会议上就直接提出：中国人"精力充沛、勤奋、有头脑、善于算计利益，堪比欧洲任何民族……我的想法是挑选招聘机构，他们应该去新加坡和槟城，与那里的当局和中介机构合作，在承诺优厚待遇的条件下，采取有效措施获得真正的茶树和招聘真正的种植者，雇用他们考察选择合适的气候和地区，实现茶叶种植……"[①]

---

① 〔美〕何西阿·马士：《东印度公司对华贸易编年史（1635—1834年）》，区宗华译，广东人民出版社，2016。

这里所说的槟城即槟榔屿，18世纪末被英国人占领。从1800年开始，槟榔屿就已经出现转卖契约华工的公开行情：立约劳动一年，售价墨西哥银30元[①]。新加坡与槟城由来已久的契约华工贸易，给这位印度总督以自信，能够大量使用华工替代印度人从事茶叶种植。

事实确实如此。据相关资料记载，历史学家沙马（Jayeeta Sharma）在其所著的《帝国花园》（*Empire's Garden*）中，曾经提到了从中国到印度种茶的两个人：一位名叫A Mong，从英语发音来判断像是安徽方言，意思就是"不长进的人"（或与"吴下阿蒙"类似），据称他是第一位到达阿萨姆的中国人。另一位是名叫Lamqua的人，联系到Linqua等人，这个名字就很有"广州味"了。据称这位"林官"（粤语中"林"的发音同"蓝"）曾经是加尔各答华人社区里的医生，因为有些文化且英语流利，被雇来做茶园的经理兼翻译。这从一个侧面说明了广东人很早就在印度闯荡了。按照西方的惯例，能够入职医生，理应是英语流利且受过系统的医学教育，符合这样条件的应是移民二代；而到来即入职经理，或能够推测出他应是商人二代。粤商的敢为人先，从移民领域亦可见一斑。

印度茶叶种植与生产对工人的需求，从20世纪50年代之后不断扩大，吸引着各地茶农与劳工纷纷到来。李宏新在《潮汕华侨史》中写道："受强迫或被诓骗到汕头的'猪仔'多在客栈内被限制自由，一般都是签定'赊欠旅费'的卖身合同之后，以'赊单工'的方式运到新加坡、槟榔屿两大集散港，再视情况留下或转口东南亚乃至世界各地。"[②] 同时，据《潮汕华侨史》转引的《美国迫害华工史料》[③]记载："1876~1898年，从汕头运往海峡殖民地的'旅客'就有796284人……"仅从汕头往新加坡、槟榔屿等地

---

① 陈瀚笙主编，卢文迪、陈泽宪、彭家礼编《华工出国史料汇编第四辑：关于华工出国的中外综合性著作》，中华书局，1981；转引自李宏新《潮汕华侨史》，暨南大学出版社，2016。
② 李宏新：《潮汕华侨史》，暨南大学出版社，2016。
③ 朱士嘉编《美国迫害华工史料》，中华书局，1958。转引自李宏新《潮汕华侨史》，暨南大学出版社，2016。

的契约华工就将近 80 万人，可见当时劳工规模之大。英国殖民当局必然以满足自身需求为优先选择，因而必然有相当数量的华工通过这里到了同为英国殖民地的印度，种茶必然是首要需求。华工的到来，促进了印度茶叶产量的暴增。1866 年，在英国人消费的茶叶中，只有 4% 来自印度；而到 1903 年，这个占比却上升到了 59%（见表 5-1）。以 Fortune（即财富之意）为名的福琼，确实为印度带去了财富。此后，享誉世界的英国茶中，印度红茶、锡兰红茶的比重占据大头。

表 5-1　印度、中国运销英国茶叶数量对比

单位：磅

国别	1866 年	1871 年	1876 年	1881 年
印度	4371000	13700000	26733820	48862000
中国	126872000	150295000	152168977	152559000

资料来源：Trade Reports，1881 年。转引自仲伟民《茶叶与鸦片——十九世纪经济全球化中的中国》，中华书局，2021。（原文中还有日本的对比数据，此处不需要，故删去）

这个阶段的茶叶移民，更多地来自欧洲殖民者的强迫与诱骗、贩卖，与罪恶的"黑奴贸易"、往北美的"卖猪仔"如出一辙，写下了广东人移民史中黑暗的一笔。但"橘生淮北则为枳"，中国茶苗和茶种要在印度、斯里兰卡等地，特别是在生长环境比较恶劣的喜马拉雅山南麓生根发芽，逐步超越原产地，在农业科技尚不发达的时期，实属不易。这离不开大量"茶叶移民"的努力。Lamqua 是粤商在印度茶叶产业中的一个缩影。根据元朝人汪大渊在《岛夷志略·土塔》中的记载，当时南印度就已经有一座中国人所建高数丈的土砖塔，塔上还有汉字"咸淳三年八月毕工"。宋度宗咸淳三年即 1267 年，这说明，一直到南宋晚期以前，中国已有不少商人来到印度。而"毕"这个音，在粤语中常用来表示"完成"之意，同样的意思在其他方言中并不常见。因而可以从这个细节，将移民印度的粤商与帮助印度种茶的 Lamqua 建立起某种联系来。

来自中国的移民，促成了印度茶产业繁荣，为其占据大部分西方市场做出了巨大的贡献。容闳曾在他所著的《西学东渐记》一书中谈及这一点："我在这两地停留一个多月，在这期间对于转为行销国外的红茶的焙制工序获得了充分的知识……我不知道印度或阿萨密（即阿萨姆邦，笔者注，下同）红茶以机器焙制，其工序究竟如何，想来总不致太费事。无疑自五十年代（即十八世纪五十年代）以来，为了提高茶叶的外贸比率，以手工为外国消费者焙制茶叶的古老方法，已大有改进。茶叶的大宗贸易由中国转向印度，其原因并非一个保留了手工方法，另一个采用机器焙制，主要还是因为两国的土壤不同，所产的茶叶，在质量上也有差别。印度或阿萨密红茶比中国的沏出来浓酽，以浓度来说印度茶倍胜于中国茶，但以香嫩而论，中国茶却胜于印度茶。印度茶虽然浓烈，中国茶却气味芬芳，因此就质量来说，仍为上品。欧美和俄国的上层社会饮茶人士，多喜欢中国茶，而一般群众及劳动人民则欢迎印度茶，这是因为它味浓而价廉的缘故。"[1] 时至今日，依然如此，印度、斯里兰卡和其他地区所产茶叶大部分被制作成茶包或饮料，而武夷山上好的岩茶、广东英德上好的红茶，则作为高档宴会茶饮的首选。

5.2.4 从唐人街到立国

元世祖忽必烈频频征讨日本与中南半岛，或直接建立对贸易路线沿岸的统治，或建立类似"四大汗国"的卫星国，构建"蒙古圈"、打通欧亚大贸易圈，但均告失败。在忽必烈南征中南半岛110多年后，1397年（明太祖洪武三十年），广东南海人梁道明却在东南亚建立了第一个以华人为最高统治者的国家——新三佛齐。

三佛齐国，即很多古籍记载的室利佛逝国。旧三佛齐国7世纪末起源

---

[1] 容闳：《西学东渐记》，中国人民大学出版社，2011。

于苏门答腊岛东南部的旧港，14世纪末被东南亚最强大的王国——爪哇岛东部的满者伯夷国出兵灭亡。这里有一个历史的连接点，就是满者伯夷国的创建者克塔拉亚萨曾经帮助渡海而来的元军（即蒙古与穆斯林联合商队的"爪哇远征"），共同打败了信诃沙里（1222~1292年存在于东爪哇的一个王国）国王贾亚卡特望，此后却又于1292年（元世祖至元二十九年）突然发动袭击，打败元军。而克塔拉亚萨创建满者伯夷国之后，迅速向忽必烈朝贡，进而坚定了忽必烈放弃征伐、恢复朝贡与通商的决心。

  梁道明的立国，既体现了粤商的敢为人先，又体现了粤人的敢于担当。梁启超在《中国殖民八大伟人传》（原载于《饮冰室合集》）中是这么记述梁道明立国过程的："三佛齐既亡，国中大乱，爪哇亦不能尽有其地。华人流寓者，往往起而据之。梁道明久寓其国，闽粤军民泛海从之者数千家，推道明为首，雄视一方，爪哇终无如之何。华侨得安居无恐，道明之力也。"这里有三个方面重点信息。一是"久寓其国"，说明当时的华侨已经突破了"一年住藩"的上限，已经符合现代对华侨的定义了，以广东人为主的华人已经深度融入了三佛齐等地的社会之中。二是"闽粤军民泛海从之者数千家"，与10多万人到三佛齐投奔梁道明一致。据明朝何乔远所著《名山藏·卷七·典谟记七（成祖文皇帝二）》的记载："闽、广民从为商者以数千，推道明为酋长，施进卿副之。"可以推测梁道明以粤商的身份侨居南洋，在三佛齐灭亡之前就有庞大的家族产业，并以过人的魅力、超强的能力得到广东、福建等地侨民的一致拥戴。三是"华侨得安居无恐，道明之力也"。梁道明作为商人，能够聚众抵御曾打败元军的东南亚历史上最强大王国满者伯夷的军队，保证华侨安居乐业，建立新三佛齐王国，实属不易。笔者努力查找，典籍中却罕见相关战斗或防御的记载。笔者认为，梁启超先生所记述的"泛海从之"的数千家广东与福建"军民"中的"军"一方面或许是有战斗经验的退役军人，能够为梁道明的政权提供更多军事帮助；另一方面亦与三佛齐的华侨商人长期与同为华侨的海盗陈祖义作战有一定的关联。

陈祖义生于广东潮州。在明太祖洪武年间，举家逃到南洋。据相关史料记载，陈祖义"明洪武年间，全家逃到南洋入海为盗。盘踞马六甲十几年，成为世界最大的海盗集团头目之一，成员最鼎盛时期超过万人。"[①]陈祖义一家从"逃"到南洋躲避战乱的家庭发展为海盗，应有一个转变的过程。据《潮州志·交通志》记载："元时三佛齐已有潮人足迹。"[②]12世纪到14世纪苏门答腊岛东北海岸就有中国城，说明陈祖义一家应是过去投亲靠友、躲避国内战乱的，而非直接过去落草为寇的。而陈祖义成为海盗的轨迹，应与英国人口中的"中国船长"（Captain China）李旦（Li-Dan，即郑芝龙的养父）类似，即："中国船长"起初靠在菲律宾做合法生意，也赚了不少钱，但他随之运交华盖，被西班牙人抓了起来……不过，他最终逃了出来，又在另外一伙完全不同的亡命之徒中，成为"台湾—琉球—平户"走私者的首领……[③]陈祖义进而成了1万多人海盗队伍的首领。这也从另外一个侧面说明了东南亚的"散装"贸易，即毫无规矩的贸易行为，最终使得东南亚即便有一众天然良港、季风交汇处的"风下之地"，均无法成长为广州这样的千年商都。而广州的成功，确实得益于"约法十三章"，对自由贸易的保护、正规贸易的鼓励，以及对走私的大力打击。

后来，陈祖义到了三佛齐国的旧港，三佛齐国王麻那者巫里任命其为大将。据《长春晚报》2010年6月6日所载《郑和智剿特大海盗集团》一文描述："国王死后，他（陈祖义）召集了一批海盗，自立为王。陈祖义成为了渤林邦国的国王。"而《明外史·三佛齐传》则记载："洪武九年，怛麻沙那阿者卒，子麻那者巫里嗣。明年遣使贡犀牛、黑熊、火鸡、白猿、红绿鹦鹉、龟筒及丁香、米脑诸物。其使者言：嗣子不敢擅立，请命于朝。

---

① 喻啸东：《600多年前中国人打赢了海盗郑和剿灭史上最大海盗集团》，《民间故事选刊（秘闻）》2009年第5期。
② 李宏新：《潮汕华侨史》，暨南大学出版社，2016。
③ 〔挪〕西蒙·哈维：《走私——七个世纪的非法携运》，李阳译，三联书店，2021。

天子嘉其义，命使臣赍印，敕封为三佛齐国王。是时爪哇强，已威服三佛齐而役属之，闻天朝封为国王与已埒，大怒，遣人诱朝使邀杀之。天子亦不能问罪，自是其国益衰，贡使遂绝。"《广东通志》亦有类似记载，在麻那者巫里后并没有记载其他三佛齐国王，直接写道"洪武三十年，爪哇灭三佛齐，改名旧港，广东人梁道明据之"，从正史的角度证明麻那者巫里为末代三佛齐国王，此后并无陈祖义称王的记载。渤林邦国即《东南亚的贸易时代》等多部英文文献中的Palembang，是当地人对旧港称呼的音译。因此，梁道明还是第一位在海外称王与建国的广东人。

或许是因为同样来自岭南大地，梁道明在应对陈祖义的海盗舰队上颇有办法，并因此受到华侨的广泛拥戴。但在1405年（永乐三年），明成祖派同为广东南海人的谭胜受（时任监察御史）和杨信（时任千户长）去旧港招安梁道明之时，梁道明却取消王号，带着"臣子"郑伯可一同回到中国"入朝贡方物"，受到赏赐后于第二年（1406年，永乐四年）再度来朝，且从此再也没有踏上三佛齐的土地，留下副手施进卿带领众军民。

梁道明弃国而还，同样体现了粤商在敢为人先的基础上务实低调、眷恋故土的精神。一方面，梁道明可能因为儿子被明朝的官员挟持，不得已接受招安，回归故土。《明外史·三佛齐传》中记载："我圣天子尝曰：安南、占城、真腊、暹罗、大琉球皆修臣职，惟三佛齐梗我声教……然是时爪哇已破三佛齐，据其国，改其名曰旧港，三佛齐遂亡……闽、粤军民泛海从之者数千家，遂推道明为首，雄视一方。会指挥孙铉使海外，遇其子，挟与俱来。"这里的描述是"遇其子，挟与俱来"。《广东通志》亦有记载："指挥孙铉尝使海南诸蕃，遇道明子及二奴挟与俱来奏闻，遂遣胜受等偕二奴赍敕往招谕之。"梁道明顺利接受招安，这应是重要的起因。另一方面，梁道明始终是一位商人，他并不期望与强大的明朝对抗，获取政治诉求，而是希望保境安民、延续商路。这一点，在他于永乐四年回国后，把旧港统治权交给了副手施进卿，而不是交给自己的儿子或亲属就可见一斑。还有，在第一次入贡明朝回到旧港后，梁道明还是有机会继续当"新三佛齐王"的，但他放弃了王位和权力。接替梁道明的施进卿却是"子承父业"，他的儿子施济孙承袭了旧港宣慰使的职务。旧港虽不再是国家，但梁道明保境安民的目标在强大的郑和舰队的庇护下实现了。这展现了梁道明非常务实的精神。同时，在封建社会，中原大一统王朝的皇帝具有至高无上的权威，自是无法容忍自己的子民跑到海外称王、建国，若不"明正典刑"，则皇帝的威望就难以为继。特别是明朝的洪武、永乐两位皇帝更加重视在海内外树立"汉官之威仪"，挟持梁道明的儿子回国也是出于这个目的。梁道明冒着生命危险回国，并未被"明正典刑"，既体现了他勇敢面对皇权、敢于直面强权，又体现了广东人重视家庭、顾全大局的重要精神。这样的精神，此后在孙中山为实现共和、主动辞任临时大总统，伍秉鉴为谋求和平、主动承担战争赔款等"广东时刻"，均表现得淋漓尽致。对此，梁启超在《中国殖民八大伟人传》中慷慨写道"盖南洋华侨能以匹夫崛起而得众心，握外国君主之权，使祖国增一殖民地者，自道明始"，对梁道明给予了高度的评价。

在梁道明之后，梁启超在《中国殖民八大伟人传》中还提到几位东南亚的华人国王（首领）。其中，戴燕国王吴元盛、昆甸国客长罗芳伯、昆甸国王陈兰芳、港口国王郑天赐、暹罗国王郑昭（即郑信）、柔佛槟榔屿首领叶来（即叶亚来）等为广东人。

吴元盛是今广东省梅州市人。他既属于第二次"茶叶移民"一节中所述的"矿业移民"，到加里曼丹岛后主要从事金矿开采，又属于"会党移民"。在清朝乾隆年间，随着清廷对社会控制的愈加收紧，很多天地会等秘密会党的成员在国内逐渐失去了生存的群众基础，只能远走他乡。吴元盛带领天地会部众历经艰辛来到加里曼丹岛之后，在当地创建了很有影响力的"聚胜公司"，吴元盛由会党首领转变成为从事采矿业的海外粤商。此后，聚胜公司采取类似英国东印度公司的模式运作，商、政、军一体协同。

罗芳伯于1777年（乾隆四十二年）在婆罗洲建立了以东万律（Toeng-wan-loet，今坤甸，印度尼西亚西加里曼丹省首府）为首都的兰芳共和国。虽然吴元盛的威望逐渐被取代，他却成为罗芳伯的手下将领和兰芳国的开国功臣之一。后来，吴元盛被派往兰芳国的东部要塞驻守，于1783年（乾隆四十八年）攻灭了统治残暴的戴燕王国，受到当地人和华侨的一致拥戴，就任戴燕王国新的国王。吴元盛去世后，由其妻郑云娘袭位为女王。清朝谢清高于1783~1797年出海游历南洋时，在其所著《海录》中记载了戴燕王国与女王。戴燕王国王位共沿袭四代，累计立国百余年。直至19世纪末期，才沦为荷兰的殖民地，灭国时间应与兰芳国相近[①]。

吴元盛国王的"前同事""后老板"——罗芳伯，是吴元盛的同乡，且同为天地会成员。据《中国殖民八大伟人传》等相关史料记载，罗芳伯比吴元盛早20多年就带领一批天地会部众到达加里曼丹岛（关于罗芳伯，记载为"乾隆中经商昆甸"；关于吴元盛，则记载为"国朝乾隆末流寓婆罗岛中"）。起初，"落第秀才"罗芳伯以教书为生，但他发现婆罗洲很贫穷，华人更是赤贫，因而着手组建采金公司，成为海外粤商。在带领加里曼丹岛一部分华侨解决温饱问题后，罗芳伯开始解决当地土匪横行、海盗称霸等安全问题，保护华侨的商业成果。罗芳伯依托天地会部众，组织了同乡会，联合当地统治者苏丹，迅速平定了兰腊、万诸居、斯芳坪等地的土匪海盗，被华侨们一致推举为领袖，而吴元盛应当就是在这个时期成为罗芳伯部下的。同时，罗芳伯还以计策击退了成灾的鳄鱼，声望如日中天，麾下军士超过3万人。当地苏丹主动让贤，要将王位禅让给罗芳伯。但罗芳伯坚决不就任国王，而是成立了"兰芳大统制共和国"接收了政权，就任"大唐总长"。兰芳共和国累计传位12任总长，全盛时势力覆盖整个加里曼丹岛，直到1886年才被荷兰所吞并，享国将近110年。兰芳大统制共和国

---

① 罗香林：《客家史料汇编》，南天书局，1992；柏杨：《中国人史纲（下）》，同心出版社，2005。

是亚洲第一个具有近代意义的共和国政体，对内行使国家管辖权，对外则称为兰芳公司，特别是向清朝称臣之时。1793年6月8日出版的英国《泰晤士报》在第一版就报道了兰芳公司："兰芳大统制共和国元首即罗芳伯的神奇贡献，贵在与当地婆罗洲苏丹有机联络在一起，协调各族民众，推行原始的雅典式的共和体制，经济亦有规模发展。国力虽落后于西方诸国。其意义却不逊于1787年华盛顿当选为第一任总统、实现联邦的美利坚合众国的民主共和走向……"英国人对兰芳大统制共和国给予了高度评价。

从吴元盛和罗芳伯这两位粤商在东南亚建国的历史，可以窥见粤商敢为人先精神的一角。一是继承勇闯天涯基因，梁道明因为元末明初战乱迁徙旧港，吴元盛与罗芳伯则是天地会成员，被迫出走。以他们为代表的广东人，正如秦末任嚣与赵佗大军、穿越珠玑巷而来的北方移民一样，恋家乡但不一定要留故土，可以四海为家。二是敏锐发现商机，以"避难"为主要目的来到东南亚的三位华侨代表人物，到了东南亚之后，却能够敏锐发现新的商机。梁道明的生意类型史料中并无明确记载，但应以贸易为主，生意之大受到了海盗陈祖义的觊觎。吴元盛与罗芳伯则都是关注金矿。过人的商业能力为他们抵御外敌、建立国家、保护侨民打下了坚实的经济基础。三是在军事上同样敢为人先。三人的成功建国均源于军事上的成功：或抵御外敌，梁道明逼退满者伯夷的强大军队，抗击陈祖义等海盗势力的袭击；或维护治安，罗芳伯因剿灭婆罗洲内部的土匪与海盗得到一致拥护；或保境安民，罗芳伯还因"智退鳄鱼"，得到了华侨的敬畏与爱戴。这些军事上的成功，对于这三位粤商而言实属不易，即便是会党出身的吴、罗二人，亦不可能有组织成千上万人作战的经验。而类似的事例在此后的历史中却时常出现，如"为共和革命而牺牲者之第一人"陆皓东出身北上粤商富裕家庭，惠阳同生药房的老板郑士良领导了1900年（光绪二十六年）的惠州三洲田起义，变卖家产支持孙中山革命的杨鹤龄，兴中会元老、"四大寇"之一的陈少白创立粤航公司并收回广州西堤码头等，"粤商将军""亦将亦商"层出不穷。四是政治上敢为人先。除了上文《泰晤士报》对兰芳大统制共和国的评价，认为这是共和制在亚洲第一次实践，意义不逊于美国的独立之外，还有梁道明打破父死子继的顺序，以"副国王"接替自己的位置，开创了贤者当政的新秩序；吴元盛让自己妻子直接继位国王，减少了"主少国疑"可能产生的政治矛盾，并凸显了男女平等的现代思想；罗芳伯不称王、对外称"公司"，延续了粤商低调务实的优秀品质，梁启超对此大加赞誉："以谢氏所记为证，则芳伯固未称王也。要之屡平土寇，使昆甸华侨得安厥居，以补我政府所不逮，实于我中国殖民事业，有莫大之关系，岂以王不王为轻重哉。"五是被迫挺身而出，迸发强大的创造能力。三位广东籍的国王（为方便理解，统称国王），有一个共同特点就是在自身和所在群体利益或安全受到严重威胁时，敢于挺身而出，在"被迫而为"的情境下做到最好。罗芳伯初到加里曼丹岛的时候，挺身而出成立公司，改善华侨的生活；在土匪、海盗，甚至鳄鱼威胁到华侨的生命财产安全时，三位国王挺身而出，奋勇斗争；在需要牺牲自己保境安民时，梁道明义无反顾回国，罗芳伯坚持对外不称王，而且三位都在继承问题上"传贤不传亲"。

三位国王的经历，与上文"如果说在秦朝时期到达岭南的商贾，是受迫而来；那么在南越国时期出海的商贾，也是因为客观条件主动'受迫'而去"，以及"自然条件带来紧平衡"所述的粤商精神内核高度一致。三位转变为国王的粤商具有敢为人先的精神，充满了"杀出一条血路"的拼搏精神。也正如笔者所评述的一样：这种"被迫"与"无奈"却在此后的历史进程中不断得到巩固，直至成为粤商主动的选择，以及根植在粤商骨血之中的自觉行动。梁启超评述罗芳伯："然芳伯能利用神权，智略亦绝人矣。"笔者认为，罗芳伯的智略并非天生，而是迸发于对同伴的责任，迸发于粤商敢为人先的精神内核。

"商而优则王"的粤商，在东南亚还有广东雷州人郑玖，是为柬埔寨著名的华商,在柬埔寨湄公河三角洲建立港口国(即河仙国,1670~1809 年);广东潮州人张杰绪,拒绝随郑经投降清朝,在纳土纳群岛(位于南海南部,曾母暗沙西面)建立了经营渔业与船只补给生意的"南华公司",随后成立"安不纳王国"(1683~1724 年);粤商后代、广东澄海人郑信(泰国名达信)创建泰国著名的吞武里王国,1767~1782 年在位,是泰国一位伟大的国王。粤商在东南亚的发展与进步中,以敢为人先的精神书写了浓墨重彩的一笔。时至今日,粤商精神依然在东南亚传颂与弘扬,不仅在东南亚的唐人街里通行粤语、潮汕话和客家话,并且以粤商后代——带领泰国走出亚洲金融危机的"兄妹总理"他信、英拉(祖籍广东丰顺),创立并领导新加坡成为"亚洲四小龙"的"父子总理"李光耀、李显龙(祖籍广东大埔)等为代表,持续传承着敢为人先的精神内核,演绎着"商而优则仕",直至成为国家元首的"粤商传奇"。

5.3 海禁时代的去而复返:封建社会的"终结者"

中国 2200 多年封建社会的漫漫长路,行至 19 世纪已经到了穷途末路。封建社会的生产关系,虽在历朝历代加以改进、升级,促进了生产力的发展,并曾多次助力中国成为世界第一强国,虽有改朝换代,却始终是"城头变幻大王旗",生产关系的本质没有得到改变,生产力解放的速度非常缓慢,以至于出现上文所述的情形,2000 多年来的车轮,几乎没有改变。在"地理大发现"与各国资产阶级革命之后,世界逐步走向工业近代化、经济全球化,始终处于海禁、"闭关锁国"状态中的清朝政府,无可避免地被裹挟进历史发展的洪流之中。在"闭关锁国"时代,以广州为中心的岭南大地、粤商处于历史舞台的正中央。

经过"一口通商"数百年的积累、超过千年的筚路蓝缕,粤商以雄厚的经济基础终于在近代全面走上政治舞台,成为封建社会的"掘墓人"、中华民族共和政体的开创者、近现代风气的引领者。其中大部分敢为人先的粤籍革命者,是"去而复返"的粤商侨胞,是率先出洋留学、学成毅然归来的粤商后代。他们敢于归来直面不可为的政治、稀碎的经济和充斥鸦片的社会,正如他们敢为人先地走出熟悉的故乡、来到陌生的国度一样。

5.3.1 第三次茶叶移民

18世纪和19世纪不愧是"茶叶世纪"。改变美洲和西方世界的又一重大事件——美国的诞生,亦与茶叶这个人类历史上最成功的成瘾性商品息息相关,即美国独立战争的导火索波士顿倾茶事件。在美国诞生并逐渐从大西洋沿岸向太平洋沿岸推进的过程中,广东人成批向美国移民,最终为开发加利福尼亚州的金矿、建设美国的铁路大动脉,乃至美国经济的起飞做出了重要贡献。特别是助力了旧金山湾区的腾飞,"旧金山"就是华人命名的。

波士顿倾茶事件发生于1773年。在这一年之前,作为事件的主人公,英国曾经发生了三个较为重大的历史转折。一是英法"七年战争"于1763年结束,参战双方的战线都拉得很长,从欧洲到北美洲、中美洲、西非海岸、印度和菲律宾群岛都是战场,以致双方的国力都遭到了巨大的消耗。随后于1765年,英国议会通过了《印花税法案》,主要条款就是"殖民地的报纸、年历、小册子、证书、商业单据、债券、广告、租约、法律文件以至结婚证书等,都必须贴上票面为半便士至20先令的印花税票"。在1766年取消《印花税法案》后,1767年英国又通过了一个新的税收法案《唐森德税法》,规定自英国输往殖民地的纸张、玻璃、铅、颜料、茶叶等均一律征收进口税。英国为弥补军费的亏空,开始对殖民地进行掠夺[1]。二是加大从中国进口茶叶的力度。如表5-2所示,"七年战争"期间的1761年,英国东印度公司从中国进口茶叶的货值为65.3万两白银,而到了1766

---

[1] 崔毅:《一本书读懂美国史》,金城出版社,2010。

年和1770年，从中国进口茶叶的货值则分别达到137.1万两和132.4万两。笔者认为，主要原因是法国在战后把其在北美、西印度群岛、非洲和印度的大片属地割让英国。特别是以本地治里（即Pondicherry）为中心的法属科罗曼德尔海岸（即乌木海岸）区域，向东为孟加拉湾和中南半岛，东南为斯里兰卡，扼守着科摩林角，是东亚-欧洲贸易的重要咽喉地与中转地，为英国扩大茶叶贸易提供了巨大的空间。因而英国的茶叶进口生意在数年内成倍增长。三是英国的茶叶供需失衡。在印度新开拓的殖民地，大量增加了英国东印度公司从中国输入茶叶的数量，尤其是增加了单价较为便宜茶叶的进口。1766年，英国人从中国进口的货物总量为69531担，总货值为158.7万两，茶叶货值为137.1万两；而1770年进口的货物总量为67.1万担，直接增加一个数量级，茶叶货值为132.4万两。这就说明英国人扩大茶叶进口，主要扩大的是低价茶叶的进口。英国茶叶市场的飞速发展，源于低价绿茶大量进入市场促进消费，但这一次是相反的结果。

表5-2　1750~1790年英国东印度公司从中国进口茶叶数量及货值比例

年份	数量（担）	总货值（两）	茶叶货值（两）	占总货值（%）
1750	21543	507102	366231	72
1761	30000	707000	653000	92
1766	69531	1587266	1370818	86
1770	671128	1413816	1323849	94
1775	22574	1045433	498644	48
1780	61200	2026043	1125983	55
1785	103865	2942069	2564701	87
1790	159595	4669811	4103828	88

资料来源：庄国土：《茶叶、白银和鸦片：1750—1840年的中西贸易结构》，《中国经济史研究》1995年第3期。转引自仲伟民《茶叶与鸦片——十九世纪经济全球化中的中国》，中华书局，2021。原表为1722~1799年数据，本表为摘选。

茶叶的大量进口，使得英国本土市场很快就饱和，英国东印度公司面临大量库存。茶叶经过加工制作，对保存、运输条件的要求较高，极易出现损耗。因此，为了尽快把东印度公司1766年相比1761年进口额超一倍以上的中国茶叶销售掉，英国政府于1773年颁布了《救济东印度公司条例》，赋予东印度公司到北美殖民地销售积压茶叶的专利权，免缴高额的进口关税，而之前茶叶税率为120%[①]，改为只征收轻微的茶税，并明令禁止殖民地贩卖"私茶"。因此，东印度公司垄断了美洲殖民地的茶叶市场，低廉的茶价把走私商贩和当地茶农逼迫得无法生存。这亦从侧面印证了笔者的推测，1770年英国从中国大量进口了低价的茶叶。该条例引起殖民地人民的极大愤怒和抗议，纽约、费城、查尔斯顿等地的码头工人举行罢工，拒绝从英船卸运茶叶。但分散的抗议并未奏效，英船不断更换港口卸下大量茶叶。1773年12月16日，波士顿8000多人集会抗议，60名抗议者"自由之子"在塞缪尔·亚当斯（Samuel Adams）和约翰·汉考克（John Hancock）的领导下，化装成印第安人登上了茶船，将三艘英船上价值约9000英镑的342箱茶叶全部倾倒入海[②]，是为"波士顿倾茶事件"。

波士顿倾茶事件激化了英国与北美殖民地的矛盾。1774年3月，英国议会通过了《波士顿港口法》、《马萨诸塞政府法》、《司法法》和《驻营条例》等更加严厉的惩罚性法令，通称为"强制法令"（Coervive Acts），规定英军可强行进驻殖民地民宅搜查，改变马萨诸塞殖民地的特许状，取消了马萨诸塞的自治地位，并封闭了北美最大港口波士顿港。这些因茶叶而起的强硬法令，导致了第一次大陆会议的召开[③]。1775年，美国独立战争爆发；1787年，美国正式独立。从表5-2可以看出，1775年相比1770年，英国东印度公司从中国进口的茶叶数量"断崖式"下跌，1775年的茶叶货

[①] 张亚东：《北美独立战争与英第一帝国的解体》，《云梦学刊》2004年第4期。
[②] 仲伟民：《茶叶与鸦片——十九世纪经济全球化中的中国》中华书局，2021。
[③] 崔毅：《一本书读懂美国史》，金城出版社，2010。

值仅相当于1770年的37.7%。这说明北美市场对英国东印度公司的重要性，此后，特别是在美国独立前后，如1784年英国人通过《抵代税条例》（*Commutation Act*），极大降低了茶叶关税、遏制了其他国家向英国走私茶叶，并消耗掉以往的库存之后，英国东印度公司才开始恢复大规模进口茶叶，货值从1780年的112.6万两迅速增加到1790年的410.4万两。

美国独立之后，一直通过战争、购买等各种手段向太平洋扩张：1783年获得了密西西比河东岸的土地，1803年从法国手中收购了路易斯安那，1819年从西班牙手中夺取了佛罗里达，1845~1853年通过美墨战争收购了得克萨斯、新墨西哥、俄勒冈和加利福尼亚，1867年从俄罗斯手中购买了阿拉斯加，1898年吞并夏威夷群岛。1848年，美国人在新加入的加州发现了金矿，吸引了全美乃至全世界的人们赴美淘金。

这一阶段，大量广东人以契约华工的形式登陆美国。李爱慧在《从中餐风味到社团构成，美国华人人口结构发生了怎样的变迁？》一文中写道："从美国华人人口的原籍地看，二战前粤籍华侨华人占90%。"[1] 来自广东的淘金者在美国简直是异类：没日没夜地工作，吃最差的食物，住最破的窝棚，挖最多的金子，却把所有钱都留着只为回家。广东华工与其他省份的华工，为开发加州、建设铁路做出了巨大贡献，很多人长眠在金矿边、枕木下；很多人回到了家乡，成为大家口中的"金山阿伯"。流传在江门的一段童谣就描述了这样的归家"金山阿伯"："喜鹊喜，贺新年，阿爸金山去赚钱；赚得金银千万两，返来起屋兼买田。"还有很多人顶住了1882年《排华法案》的压力，选择留在美国，并发扬粤商精神成为美籍粤商，在美国的华人中留下了深刻的"粤商印记"。

除了"卖猪仔""Casino"之外，粤商还在美式英语中留下了一个很有意思的单词"Chow Chop Suey"，音译和意译都是"炒杂碎"，这是流行于19世

---

[1] 李爱慧：《从中餐风味到社团构成，美国华人人口结构发生了怎样的变迁？》，中新社北京5月10日电。

纪和 20 世纪华人圈里的一道名菜。最早的华裔美国记者"王清福"（Wong Chin Foo）在 1888 年写道："中国人最常吃的一道菜是炒杂碎，是用鸡肝、鸡胗、蘑菇、竹笋、猪肚、豆芽等混在一起，用香料炖成的菜。炖汤汁倒进米饭里，加上一些酱油，便成了人们吃米饭时最喜爱的一种美味作料。"[1] 这里的 Wong Chin Foo 应是广东人，笔者同意李爱慧对其的注释——刘海铭认为的"王清福"应是"黄清福"，Wong 的发音更接近粤语中"黄"字的发音。对于这道菜的起源，历史学家众说纷纭，有的认为是来美的华工生活困苦，没有时间做饭，把各种能够找到的食材混炒在一起来糊口；有的认为是华人餐馆老板为了防止醉醺醺的矿工闹事，快速把一些剩菜做成大烩菜；有的认为与访美的李鸿章爱吃有关，美国著名的中式连锁快餐店熊猫餐厅甚至将其直接命名为"李鸿章杂碎"，以李鸿章之名为其加上一个"地道中餐"的识别标签，或以此解读为海外华人对腐朽清朝官员的厌恶。但于仁秋指出："李其实从未在唐人街就过餐，而且事实上在回避美国的唐人街。"[2]

根据笔者在中国北方与广东多年的生活经验对比来推测，这道北美华人名菜，应与先期到美的广东人有很大的关系。一是广东人喜爱吃各类动物内脏，广府菜、潮州菜都把三禽和猪、牛、鱼等的内脏作为重要食材，特别是鸡胗、鸭血、鹅肠、鹅肝、猪肝、牛百叶（牛胃）、花胶（鱼肚）等都是上好的粤菜食材。二是"炒杂碎"符合广东人的食物传统与务实精神。广东人有做大杂烩菜式的习惯，最近几年流行的预制菜——"广式过年盆菜"，其实就是一份大杂烩；广州酒家的名菜——八宝冬瓜盅、炒罗汉斋，也混合了 10 多种不同的食材[3]。还有就是经常出现在香港茶餐厅和电影中的

---

[1] 刘海铭：《炒杂碎：美国餐饮史中的华裔文化》，李爱慧译，《华侨华人历史研究》2010 年第 1 期。
[2] Renqiu Yu, "Chop Suey: From Chinese Food to Chinese American Food, Chinese America: History and Perspectives", *Chinese Historical Society of America*, 1987. 转引自刘海铭《炒杂碎：美国餐饮史中的华裔文化》，李爱慧译，《华侨华人历史研究》2010 年第 1 期。
[3] 赖寄丹：《时光轴上的味道：广州酒家 80 年》，岭南美术出版社，2015。

"拉杂面",其主料就是猪大肠、猪粉肠、猪血、猪皮和萝卜用八角、桂皮等香料制成的卤水炖制而成的。其实"拉杂面"与"炒杂碎"在做法上更加接近,既有各类动物内脏,又有香料,主要是名称上"炒"和"炖"的不同。笔者认为,"拉杂面"与茶餐厅等中式快餐一道出现在香港,并非偶然。自从香港开埠,就表现出与其他华人区域所不同的"气质"——超快的生活节奏、浓厚的商业氛围、世界级港口的潜质。这些食物也充分体现了快节奏的工作与生活。到加州淘金的广东人亦是如此,他们来自最注重美食的省份之一,但能够抓住自己在美国的主要任务,以非常务实的精神对待一日三餐。三是广东人人可成为粤商。来自广东的华工苦力,在淘金热和铁路建设结束之后,逐渐走进餐馆打工,直至成为餐馆老板,把一道糊口的菜式做成了在北美流行 100 多年的菜肴,并把"Chow Chop Suey"一词做进了《牛津英语词典》。在描述唐人街的 *Chinatown* 一书中,作者 Calvin Lee 在叙述炒杂碎起源之时,刻意突出了华人厨师是一个身型矮小的广东人,以此与人高马大、看起来气势汹汹的白人矿工形成强烈反差。白人矿工对炒杂碎赞不绝口。此后,炒杂碎很快成为美国西部中餐馆的招牌……每个拥有 2.5 万以上人口的城市都有一家以上的炒杂碎馆[①]。这段话充分说明,广东人无论在哪都有成为粤商的潜质,即便是卖苦力的矿工,也可以经过努力成为餐馆老板。早在 1849 年淘金热刚兴起的时候,就有一家拥有 300 张座位的餐馆在旧金山开张,主营粤菜。1920 年的人口普查显示,在已就业的 45614 名华人中,有 11438 人是厨师、侍者或餐馆经营者。到 20 世纪 40 年代末,美国大陆有大约 4300 家中餐馆,7% 的美国人经常光顾中餐馆[②]。这个数据可与《美国种族简史》[③]中相关阐述综合起来分析:

---

① Calvin Lee, *Chinatown*, USA。转引自刘海铭《炒杂碎:美国餐饮史中的华裔文化》,李爱慧译,《华侨华人历史研究》2010 年第 1 期。
② 刘海铭:《美国华人餐饮业及其文化认同》,李爱慧译,《华侨华人历史研究》2008 年第 1 期。
③ 〔美〕托马斯·索维尔:《文化与移民》,沈宗美译,中信出版集团,2015。

"'二战'前移居美国的华人,绝大部分来自中国南方的广东省。而且,他们的籍贯非常集中,多属广东省7个地区之一的台山。"由此可以推断,20世纪40年代末的4300多家中餐馆,大部分老板是粤商。敢为人先的粤商精神内核,在美国得到了发扬光大。

但更多的广东"猪仔"和苦力,则没有这么幸运了。林则徐在1839年(道光十九年)的奏折中提到,人贩子把受雇出洋的人们称作"猪崽"[1],后因粤语习惯书写为"猪仔"。而对华工的另一个蔑称——"苦力",根据历史学家的分析,应是英语单词Cooly或Coolie的音译,与黑奴贸易相对应,契约华工的出海亦被称为"Coolie Trade"——"苦力贸易"[2]。与上文所述类似,很多粤语直接把英语的音译作为新词,因而"苦力"(或书写为"咕哩")一直存在于广府粤语和香港粤语中。与来自台山的"猪仔"和"苦力"大部分到了美国不同,由于"金山阿伯"带来的财富效应的传播,叠加第二次鸦片战争之后汕头等地新开埠,1852年(咸丰二年)开始,汕头口岸也开始输出契约华工,还有大批华工从香港、澳门中转出境。同时,与奔赴美国、澳大利亚淘金的"自由移民"不同,更多签订契约的华工实则是"奴隶贩卖之性质"[3],被骗到中美洲和南美洲。与期盼"出海发财"的人们订立的契约,往往带有很大的欺骗性,既有"目的地欺骗"——最普通之手段,欺以赴加州及澳大利亚金矿做工,而运往秘鲁、古巴之热带地方[4];又有"欠债式拐卖"——诱之以赌博,博负则以债权为口实,强迫其签约,醉以毒酒,既醒则身在船中,已为大洋上之人矣[5]。更有大胆的人贩子,以暴力捕掠之[6]。从表5-3可以看出,从19世纪50年代初开始,汕头出港

---

[1] 中山大学历史系中国近代现代史教研组、研究室编《林则徐集·奏稿(中册)》,中华书局,1965。转引自李宏新《潮汕华侨史》,暨南大学出版社,2016。
[2] 李宏新:《潮汕华侨史》,暨南大学出版社,2016。
[3] 李长傅:《中国殖民史》,上海科学技术文献出版社,2014。
[4] 李长傅:《中国殖民史》,上海科学技术文献出版社,2014。
[5] 李长傅:《中国殖民史》,上海科学技术文献出版社,2014。
[6] 李长傅:《中国殖民史》,上海科学技术文献出版社,2014。

的"猪仔船"的目的地就不是美国，而是古巴、英属西印度群岛（今巴哈马群岛、牙买加、开曼群岛、特克斯和凯科斯群岛）、秘鲁，仅有一艘到悉尼。华人劳工的血泪史，实则以赴中美洲和南美洲的华工更加凄惨：不仅航程更远，往古巴和英属西印度群岛的船只还要绕行世界上风浪最猛烈的水域之一麦哲伦海峡[①]或寒冷刺骨的德雷克海峡（当时巴拿马运河尚未通航），路上九死一生。《中华帝国对外关系史》（The International Relations of the Chinese Empire）[②]中把往中美洲和南美洲的"猪仔船"称为"浮动地狱"（floating hells）。在南美洲的种植园劳作，条件恶劣，挣钱很少，不欺骗、不设局、不强掠，根本没人愿意到那里去。

表5-3　1852~1853年从汕头出港的苦力贸易船只汇总

单位：人

时间	船籍	船名	载运人数	目的地
1852年2月	西班牙	贝拉·加列加号	390	哈瓦那
1852年11月	英国	印钦南号	355	哈瓦那
1852年11月	英国	兰开斯特号	260	悉尼
1852年12月	英国	格列沙姆爵士号	347	哈瓦那
1852年12月	英国	澳大利亚号	445	英属西印度群岛
1853年2月	西班牙	圣安德烈号	383	哈瓦那
1853年3月	英国	英娜拉哈斯丁号	329	英属西印度群岛
1853年3月	英国	麦地那号	450	哈瓦那
1853年3月	英国	尼泊尔号	500	秘鲁

资料来源：徐艺圃：《汕头地区早期华工出国概论》，《汕头侨史论丛》1986年第一辑。转引自李宏新《潮汕华侨史》，暨南大学出版社，2016。

[①] 永强：《麦哲伦海峡》，《世界知识》1982年第10期。
[②] 〔美〕何西阿·马士（Hosea B. Morse）：《中华帝国对外关系史》，上海书店出版社，2000。

在美粤商于餐饮业中的成功，让孙中山先生都大加赞赏。中山先生在《建国大纲·孙文学说》中曾满怀激情地谈道："我中国近代文明进化，事事皆落人之后，惟饮食一道之进步，至今尚为文明各国所不及。中国所发明之食物，固大盛于欧美；而中国烹调法之精良，又非欧美所可并驾。""近年华侨所到之地，则中国饮食之风盛传。在美国纽约一城，中国菜馆多至数百家。凡美国城市，几无一无中国菜馆者。美人之嗜中国味者，举国若狂……"其中重要的事迹之一，就是广东矿工创造、粤商弘扬的"炒杂碎"——寻常充饥餐，登上大雅堂。这亦是粤商敢为人先精神漂洋过海、发扬光大的最好注脚之一。

5.3.2 科学梦与实业梦

中国拥有2200多年的封建王朝历史，及至明清两朝，随着海禁的步步深入、小农经济的牢不可破，整个国家陷入了封建帝制的漫漫长夜。在这个长夜中，除了有一批以粤商为代表的不甘贫穷的人们，勇敢地走出去，侨居于东南亚、美国等地，并在海外建立了自己的店铺乃至企业，还有一大批对外交往较多、"睁眼看世界"的商人，把自己的孩子送到欧美等国留学。

这里有一个疑问，就是从唐朝开始，我国一直作为世界最大最强的国家，吸纳了包括日本"遣唐使""遣明使"在内的世界各国的留学生，中华文化亦随之传播于海外，为什么到了19世纪中期，中国却涌出了大量的留学生，奔赴欧美留洋？这个问题与张翠容给张倩仪的《大留学潮——记动荡时代的逐梦青春》所作的序中提出的问题异曲同工："首先，为何历史悠久的东方国家，自十九世纪末开始，涌现到西方学习的大留学潮？"[①]

这是一个系统性的问题。但毫无争议的是，香山人容闳、黄宽、黄胜

---

① 张倩仪：《大留学潮——记动荡时代的逐梦青春》，北京联合出版公司，2016。

的首次出洋，让粤商当仁不让地成为送子女留学的先驱，容闳回国后再度选送的留学孩童亦以粤商子女为主。笔者认为，粤商的敢为人先精神，更多体现为敢于承认不足、敢于自我否定。长期的"一口通商"，让粤商更加深刻地理解中国的积贫积弱，是实业的巨大差距、是科技的全面落后。因而，大批粤商后代们，怀揣着科学梦，踏上了陌生的国度。

三人行：中国商界香山血脉的源头。1847年（道光二十七年）4月12日，一位高个子、黑头发的美国人带着三位睡眼惺忪的中国少年在美国的港口走出船舱。这是中国教育史上一个具有历史意义的标志性事件，中国第一次有非神学的留学生有组织地到国外求学。这三位少年就是容闳、黄宽和黄胜。三人到了纽约后，同时入学马萨诸塞州的孟松预备学校（Monson Academy）就读预科，此后黄胜因水土不服返回香港，容闳与黄宽顺利于两年后的1849年（道光二十九年）夏天毕业，并于第二年分别考入美国耶鲁学院（今耶鲁大学）和英国爱丁堡大学。容闳主修文学，于1854年（咸丰四年）以文学学士毕业；黄宽主修医学，于1855年（咸丰五年）以医学博士毕业[1]，成为中国第一位留欧博士。中途回国的黄胜，虽然没有喝过"洋墨水"，但创办了香港第一份完全以中文编印的报纸《中外新报》；筹建中华印务总局，翻译了《火器说略》，专门介绍西方兵器；成为香港第一位获港府认可为陪审员的华人，依然创造数个第一。

这三位同来自广东香山县的少年，并不是第一批出国"留学"的中国人。早在399年，法显就以62岁高龄到印度"留学"，学习佛教。此后，玄奘、鉴真、郑玛诺和清朝的其他120多人出国学习，但绝大部分都是以宗教为主业，或主要为宗教服务。其中，又是一位广东香山人，1633年（明朝崇祯六年）出生于澳门的郑玛诺，在加入耶稣会之前曾以22个月时间，完成欧洲中学生4年的全部课程，此后进入罗马公学学习修辞学、逻

---

[1] 黄宽：《第一个出国学医的中国人》，中华网转引自中国青年网，2017年8月7日。

辑学、物理、化学、音乐和希腊语等多门课程，毕业后还留校任教并积极学习神学，一时在意大利乃至欧洲引起轰动。郑玛诺充分展现了中国人勤奋和广东人敢为人先的本色，不仅在葡萄牙候船回国期间都能够进入哥因勃拉大学就读，而且敢于打破陈规，成为有记载的第一位华人神父[①]。他此后回国传教，得到了康熙皇帝的召见，虽在40岁时英年早逝，但他的事迹还是在香山、澳门等地传颂，为后来120多人陆续赴欧洲学习神学提供了示范。

虽然郑玛诺留欧的时间足够早，亦具有较大的国内外影响力，但康熙年间正处于闭关锁国、"一口通商"的成型期，对外交流非常少，因而郑玛诺及后来的120多位以神学为主业的留学生，未对中国的经济、社会、文化、科技等方面发展做出更多的贡献。而到容闳等三人出国时，第一次鸦片战争已经结束将近5年，清朝"天朝上国"的迷梦被英国人的坚船利炮无情击碎，从"一口通商"变成了"五口通商"，即将迎来全面的、被迫的开放，时势迥异。

若不计入中途回国的黄胜，容闳、黄宽和更早期的郑玛诺，是为中国留学事业的"香山三人行"。香山三人中，容闳是最著名的。容闳之著名，不仅在于他远涉重洋、学成归来，更在于他开创了中国人大规模出洋留学、迎回"德先生"和"赛先生"的这一段历史。中国人留学从1847年的3人发展到1874年的120人，再发展到1906年后仅在日本的留学生就有8000人，此后更是掀起留美潮、留法潮、留苏潮[②]。广东香山人无疑是这一场留学潮中的骨干力量。留学归来的香山人，不仅带动本地和广州风气为之一新，还不断北上，深刻影响上海等新埠。以容闳、郑玛诺为源头的"香山血脉"名人辈出，是粤商精神脉络的重要缩影。

[①] 陈辽、沈福宗、郑玛诺：《17世纪去欧洲的最早留学生》，《江苏师范大学学报》（哲学社会科学版）2014年第5期。

[②] 张倩仪：《大留学潮——记动荡时代的逐梦青春》，北京联合出版公司，2016。

科学梦:"环境稍善假说"的又一证据。从容闳与黄宽完成学业的时间和所获得的学位来看,黄宽更善于学习,毕业于耶鲁的容闳则具备了成为政治改革先驱的基础。这些差别,从他们回国后所选的方向就体现出来了。黄宽一直从事医学,从香港的教会医院到广州的惠爱医馆,再到担任博济医院的院长,从辞任李鸿章的私人医生到成为中国第一位实施胚胎截除术的医生,再到实施3000余次膀胱结石手术的专家[1],黄宽成为西医在中国应用的第一人。

与内向、善钻研的黄宽所不同的是,容闳始终奔走于政、商、文多个领域。政治方面,除了与太平天国有过短暂的交集外,容闳成为曾国藩(时任两江总督)、丁日昌(时任江苏巡抚)等"洋务派"的幕僚,这就让他有直接的"便利",通过这些地方官员说动清朝政府,派出留学生奔赴发达的西方国家学习。

从1868年(同治七年)容闳向曾国藩提出以选派幼童出洋留学为重点的四项条陈开始,历经2年他终于说动曾国藩上奏朝廷派出留学幼童,后获得批准正式成立"幼童出洋肄业局"。在长达2年的说服工作中,容闳的斡旋能力发挥了重要的作用,而"洋务派"向西方列强学习技术的思路逐渐成型亦是关键。从1863年(同治二年)曾国藩、李鸿章等开始筹备江南制造局,到1871年(同治十年)成立相关机构,"洋务派"必然认识到办洋务首在人才,买来的机器设备没有人才亦是一堆废铁。办洋务的起因,正是两次鸦片战争的深刻教训衍生出的"师夷长技以制夷"的迫切要求。因而从1871年至1874年(同治十年至十三年)经容闳之手派出的120名留学生,仍是以学科学、学技术、学知识为主的,为了实现"洋务派"的"科学梦"。

但甲午战争的惨败宣告了洋务运动的彻底失败,1900年的"庚子国难"

---

[1]《黄宽:第一个出国学医的中国人》,中华网转引自中国青年网,2017年8月7日。

更是直接成了压垮清政府的"最后一根稻草"。而"科学救国"的理念，却深入人心，"赛先生"作为请进来的两位"先生"之一，始终是少年、青年出洋求学的主要动力。容闳作为第一代非神学留学生，他的求学道路无疑是成功的。虽然在实现"科学梦"这方面容闳不如拿手术刀的黄宽更直接，但推动整个中国向实现"科学梦"迈出第一步，容闳无疑是敢为人先的第一人。他选派的120名留学幼童中，从事工矿、铁路、电报业者30人，其中矿师9人，工程师6人，铁路局长3人；从事教育事业者5人，其中大学校长2人（清华大学校长和北洋大学校长）；从事外交、行政者24人，其中领事、代办以上外交官12人，外交次长、公使2人，外交总长1人，内阁总理1人；从事商业者7人；从事海军者20人，其中海军将领14人。他们在中国走向现代化的进程中，发挥了"向导"和"纤夫"的双重作用[1]。笔者认为，在这一批学生中，即便是从政、从商、从军的人，必然与中国传统的人物有显著不同，因为他们都是研习过科学技术的留学生。

容闳开创的"科学救国"留学大潮为中国科学史和世界科学史留下一大串响亮的名字：钱学森、钱三强、钱伟长、王守竞、王守融、王守武、王守觉、王淑贞、王明贞、王守璨、施士元、邓稼先、朱光亚、李政道、杨振宁，等等。他们既在世界科技发展史上留下中国人的印记，更通过不同的方式，为中国走向近代化乃至实现现代化做出了不可磨灭的贡献。

这一串响亮的名字，打破了"中国人不善于科学"的错误看法，也成了"环境稍善假说"的又一证据。中国人并非不善于科学，而是2000多年的封建思想对人们的禁锢，使得人们找不到发挥创造力的"绿洲"。1840年之后思想的逐步解放，使得中国人敢于创造、敢于发挥自己的聪明才智。虽然彼时时局依然动荡，但潜心科学的那一部分中国人还是找到了那片"绿洲"。比如黄宽，即便受到清政府的各种限制与刁难，仍然能够施行西医

---

[1] 张瑞安：《容闳：中国近代留学教育的先行者》，《文史月刊》2016年第4期。

手术，甚至施行了数千台，让他在有限的40年生命中开启了中国的西医事业。彼时的香港、广州与上海，为来自恶劣、动荡环境的人们创造了相对安定的环境，促使人们主动地开启具有探索性的创新活动。而这些，皆发端于三位在太平洋和大西洋"乘风破浪"的广东香山少年。

清政府撤回留学生的决定传到美国，耶鲁大学校长朴德（Porter，或译为波特）随即写了一长函给中国总理衙门："贵国派遣之青年学生，自抵美以来，人人能尽用其光阴，以研究学术，以故于各种科学之进步，成绩极佳。即文学、品行、技术，以及平日与美人往来一切之交际，亦咸能令人满意，无间言。论其道德，尤无一人不优美高尚。其礼貌之周至，持躬之谦益，尤为外人之所乐道。职是之故，贵国学生无论在校肄业，或赴乡村游历，所至之处，咸受美人之欢迎，而引为良友。凡此诸生之尽善尽美，实不愧大国国民之代表，足为贵国增荣誉也。盖诸生年虽幼稚，然已知彼等在美国之一举一动，皆与祖国国家之名誉极有关系，故能谨言慎行，过于成人。学生既有此良好之行为，遂亦收其良好之效果。美国少数无识之人，其平日对贵国人之偏见，至此逐渐消灭，而美国人对华之感情已日趋于欢洽之地位。今乃忽有召令回国之举，不亦重可惜耶。"[1]一位美国人，尤其是一位美国顶级大学的校长对中国学生做出如此评价，实属难得。其中既有作为校长和老师对每一位学生的珍惜，更是对中国孩子善于学习、彬彬有礼，以及善于科学的最权威肯定。至今，容闳的铜像依然屹立在耶鲁大学的校园内[2]，他与他身后的数以万计的留学生重塑了世界对中国人的印象。

实业梦：广东人人可为粤商。容闳回国后，先是依靠留学生的优势，在香港最高法院、上海海关翻译处任过翻译，还当过传教士的秘书。在辞去上述职务之后，他把自己的职业定位转向了商界，开启了自己的第一段

---

[1] 王芸生：《容闳和他的〈西学东渐记〉》，《读书》1979年第6期。
[2] 《珠海向耶鲁大学赠容闳铜像　校方：容是华人典范》，中国新闻网，2004年12月22日。

从商经历。在这段从商历程中，容闳首先在一个经营丝茶生意的英国商人处任职员，在这个生意解散后，他又在宝顺公司（Dent & Co.）帮办茶叶打包装箱。容闳在茶叶产地考察了一段时间后，就敏感地发现了中国茶叶与印度茶叶的异同，进而发现了中国茶与印度茶对应市场的不同："印度或阿萨密红茶比中国的沏出来浓酽，以浓度来说印度茶倍胜于中国茶，但以香嫩而论，中国茶却胜于印度茶。印度茶虽然浓烈，中国茶却气味芬芳，因此就质量来说，仍为上品。欧美和俄国的上层社会饮茶人士，多喜欢中国茶，而一般群众及劳动人民则欢迎印度茶，这是因为它味浓而价廉的缘故。"[1] 容闳的第一段从商经历虽不成功，但足以体现出他身上所带的"粤商基因"，以及基因中敏感的商业嗅觉。

此外，容闳在《西学东渐记》中所描述的其第一段从商经历中两件必须谈的小事，则为其后来的第二段从商经历奠定了思想主干。第一件小事是他写信给美国商船的船长，告诉他们"每一个到中国来的美国人，都应该小心翼翼地保护他们所受到的高度评价，不可做出任何有损于名誉的事情"，让他们为之前的无礼行为道歉；第二件小事是他在被一位苏格兰人欺负之后奋起反击[2]。从这两件事情中，容闳推导出一句"预言"：不管怎么说，总有一天教育会启发中国人，使他们明白什么是他们的权利，在任何时候，只要公权或个人权利受到侵犯，他们都将会有勇气来维护，这种情况很快就会到来。容闳确实做到了"知行合一"，于1868年（同治七年）向总理各国事务衙门（即清政府的外交部）提出四项建议，除了为后人称赞的"建议选派青年往外国留学"之外，还包括了"组织轮船股份公司"和"设法开发矿产资源，以间接提倡铁路事业"这两条建议，促进了中国近代航运业和铁路事业的发端。容闳在《西学东渐记》中明确，他本人最重视第二项（即留学），其他三项是陪衬。这可能是因为当时中国实在是缺

---

[1] 容闳：《西学东渐记》，王蓁译，中国人民大学出版社，2011。
[2] 容闳：《西学东渐记》，王蓁译，中国人民大学出版社，2011。

乏近代航运与铁路人才，容闳深刻认识到这一点，所以直到詹天佑等容闳送出国的孩子们归国后，才能够实现容闳的实业理想。

容闳的两段从商经历都很短，但无疑都继承和弘扬了敢为人先的粤商精神。他敢于在晚清时期，整个中国逐渐滑向半殖民地半封建社会深渊之时，在四项建议中毅然率先提出"十分关切地注视着列强对中国主权之侵犯"，以及"公司的股东不得有外国人参加"等自立自强的思想，实属不易。时至今日，依然发人深省。

广东参加容闳组织的留学幼童团的孩子，归国后无论是直接投入商界，还是进入"洋务派"幕府或官府任职，有相当一部分后来投身实业。此后陆续出国留学的广东孩子，亦是如此。

还有另一位留学归来的名人——广东新会县人、出生于新加坡、中国近代第一位法学博士——伍廷芳。他随在新加坡经商的父亲伍荣彰回国后，定居广州。但天地会起义隔断了他通过私塾到科举的晋升之路，因而在14岁（1856年，咸丰六年）之时，来到香港圣保罗学院读书。在香港求学期间，曾与留美中途归来的黄胜一起创办了《中外新报》[1]，是为中国人第一份自办的具有现代意义的报纸。毕业后，伍廷芳在香港出任过多个港英政府法律部门的翻译职务。1874年（同治十三年），伍廷芳自费留学英国，入伦敦大学学院攻读法学。1877年（光绪三年）毕业，取得法律博士学位，并获大律师资格[2]。在学成回国后，伍廷芳在港出任律师、太平绅士（第一位华人太平绅士）、定例局非官方议员（第一位华人议员），同时积极投身实业发展。他推动的华人商会、电车计划、九龙填海等项目在香港发展史中均具有里程碑意义。

伍廷芳回国后成为李鸿章的幕僚。在经历了北洋水师长崎事件、甲午战争、马关谈判等重大历史事件之后，伍廷芳深刻认识到没有实业支撑的

---

[1] 范守义：《伍廷芳：中国近代外交家、法学家和实业家》，《外交学院学报》2001年第1期。
[2] 朱汉国主编《中华民国史》第6卷，四川人民出版社，2006。

国家只能一再积贫积弱，真正开始了他的实业计划。他循容闳的"设法开发矿产资源，以间接提倡铁路事业"这条建议，主持修建了中国第一条铁路开平铁路，开平铁路于1888年（光绪十四年）正式通车。此后，伍廷芳先后管理三家铁路公司，颇有业绩，并于1911年被清政府任命为轮船招商局董事长。但随着清朝皇室迅速逊位，他在轮船招商局并未发挥相应的作用。在投身铁路事业期间，伍廷芳还奉命出使美国、西班牙、秘鲁和古巴四国。出使美国期间，签订了《修建粤汉铁路借款合同》，虽然向美商出让了粤汉铁路的部分商业利益，但对中国铁路资金筹集和建设有着重要的意义。1899年（光绪二十五年），伍廷芳在任内奉命同墨西哥签订了中国自鸦片战争以来的第一个平等条约——《中墨通商条约》。可以说，伍廷芳作为粤商的后代，以粤商敢为人先的精神和商业敏锐度，为中国的铁路事业奠定了较好的基础，并开创了中外合资办公用事业的先河。

5.3.3 华侨襄赞开新章

粤商精神随着广东人走遍全球而在世界各地得到了体现与弘扬，但粤商精神最为令人称道的敢为人先精神的内核，却在于"去而复返"，广东人以巨大的勇气把世界上先进的科学技术、模式和理念带回国内，终结了2200多年封建帝制的漫漫长夜——这是广东人给中国带来的巨大影响，更是千年以来特别是"一口通商"以来拥有庞大资本和技术积累的粤商，对祖国做出的重要贡献。

中国近现代历史上许多著名先驱人物都是广东人：政界有孙中山、叶剑英等；实业界有回国兴办第一家缫丝厂的南海籍华侨陈启沅，兴办张裕葡萄酒公司的大埔籍华侨张振勋，兴办新宁铁路的台山籍华侨陈宜禧等；商业界有创建上海永安百货公司的华侨郭乐、郭泉兄弟，创建先施百货公司的华侨马应彪等；教育界有开创中国留学教育先河的珠海籍华侨容闳等；航空界有"中国航空之父"恩平籍华侨冯如；等等。此外，还有"洪门元老、一生爱国"的著名华侨领袖司徒美堂，集实业家、慈善家、领事、侨领等身份于一身的珠海籍华侨陈芳，为汕头市政建设做出贡献的泰国米业大王澄海籍华侨陈慈黉等。他们对中国近现代文明的发展做出突出贡献，他们的思想和精神延续了广东的文化血脉，在各自领域弘扬着敢为人先的精神内核。

在中国近代化的道路上孜孜以求。1860年，在江南江北两大营合围之中，烽火连天的天京（今南京），迎来了一位特殊的客人——容闳。容闳此行的起因，或是在洪仁玕的《资政新篇》中得到了共鸣，把中国近代化的希望寄托于洪家治下的太平天国。他冒着兵锋与清政府"通敌"罪名的双重风险，只是为了寻找广东老乡——当时太平天国的"干王"洪仁玕，一起探讨救国救民的道路。

或许是均有与西方人深入接触的经历，或许是同饮珠江水，容闳和洪仁玕这两位广东人的思路出人意料地一致。容闳提出的组织良好军队、设立武备学校及海军学校、建立有效能的政府、颁定教育制度等7条建议，与洪仁玕的《资政新篇》在初衷上不谋而合。《资政新篇》更是中国近代以前一部比较完备的资本主义施政纲领。在这部深深吸引容闳的纲领性文献中，洪仁玕把他的政治主张分为"设法""用人"两个主要方面。"设法"方面，提出通过"以风风之，以法法之，以刑刑之"三种方法建立法治社会、变革社会风气，要求以英、美、法等国为例着重立法，并学习西方国家的政治制度。"用人"方面，许多历史学家认为洪仁玕是针对当时太平天国在内讧之后上下离心、信仰崩溃、信心涣散等情况，提出"用人察失""禁朋党之弊"等意见。但笔者认为，洪仁玕在流亡香港7年多后，已经全盘接受了西方的法治思想，希望用严格的法治建立清明的政治，因此此处的"用人"，当与《资政新篇》中提出的28条应兴应革事项有关，需要使用更多的人才来落实这涉及方方面面的举措：既有发展实业的交通、邮政、开矿、水利、制造、银行与保险等，又有普设乡官乡兵、设立新闻官、建立公库和税务机关、发展文化教育卫生事业、奖励慈善事业等，还有破除封建桎梏的禁止迷信、禁止饮酒及吸黄烟和鸦片，以及禁止溺婴、买卖人口和使用奴婢等。洪仁玕还提出，在不干涉内政的前提下允许外国牧师和科技人员来中国工作。他甚至针对当时中国人对外国人的一系列蔑称，提出"万方来朝，四夷宾服及狄戎蛮鬼子，一切轻污之字，皆不必说也。盖轻污字样是口角取胜之事，不是经纶实际，且招祸也"。

洪仁玕的《资政新篇》与容闳的 7 条建议，异曲同工，互为补充，交相辉映。特别是洪仁玕，作为农民起义军的主要将领，能够提出这样的具有资产阶级政治纲领性质的文件，实属不易。他并非主张破坏一切，而是很冷静地进行分析，尤其是认为蔑称外国人只是"口角取胜"，已经远远地先进于他所处的那个时代。很可惜，这两位华侨的思想火花，在危如累卵的太平天国军事局势中根本没有施行的机会。及至湘军攻破天京，这位粤籍华侨的早期近代化努力也付诸东流。

在中日甲午战争战败后，以南海人康有为、新会人梁启超为代表的广东维新派学者，再次挺身而出。康有为出身官僚地主家庭，但较早接触西学，在 33 岁时就与梁启超等人共同撰写《新学伪经考》和《孔子改制考》两部著作，为维新变法奠定了思想基础。梁启超出身于士绅家庭，祖母是广东提督的女儿，其家族在家乡颇有影响力。1895 年（光绪二十一年）农历四月初八，康有为和梁启超联合各省到京应试的举人，发动"公车上书"。此后，康、梁和康有为的其他弟子得到光绪皇帝的赏识，进入清政府中枢，轰轰烈烈地开展"戊戌变法"。然而康、梁提出的一系列改革措施，触动了当时最高统治者慈禧太后及其身边一众守旧派官员的利益，遭到了守旧派疯狂反扑的"戊戌变法"仅进行了 100 多天就宣告失败。

甲午战败与《马关条约》正式宣告了湘军、淮军领袖发动的，以粤商侨民、留学生为主力军的实业救国与"同光中兴"的全面失败。而康、梁主导的"戊戌变法"，则是从政治上向 2200 多年的封建帝制打响了"第一枪"。康、梁的变法之举，表面上是顺应时代潮流，效法英国、日本等实行君主立宪制的世界强国而图强；背后则是以粤商为代表的中国商人群体已经觉醒，深深感觉到不变革落后的封建帝制，实业发展必然举步维艰。相关文献虽无明确记载，但"戊戌变法"和康、梁最早在广州举办的万木草堂，以及随后开办的强学会、保国会，都大张旗鼓募捐，既获得张之洞、袁世凯、刘坤一等督抚大员的资金支持，也得到过粤商乃至海外侨胞的资金、场地、物资的支持。

粤商赞助的内容虽然在相关文献中体现不多，但笔者从三个方面进行推测。一是粤商作为最早"睁眼看世界"的商人群体，大量接触当时欧美先进的科学技术、商业模式与政治体制，唐廷枢、容闳、郑观应等粤商实业救国的失败，引发了对政治改革的思考，特别是成书于1892年的郑观应的《盛世危言》明确提出了全面系统地学习西方社会，与郑观应写于1880年倡导实业救国的《易言》有了根本性的不同。二是根据《康南海自编年谱》的记载，万木草堂的三个选址，皆为"租赁"而来。康、梁虽出身书香门第，但并非出身粤商之家或豪富之家，应较难实现在当时的广州城中心自费办学，并负担学生的往来吃住。因而从一开始，万木草堂就得到了粤商或前来求学的粤商子弟的赞助。此后的强学会、保国会乃至创立于海外的"保救大清皇帝公司"，均沿用相关做法。三是历经长时间的"一口通商"，以及受惠于遍及海外的侨胞，粤商已经形成了丰厚的资本与实业积累。政治以经济实力为基础，而军事是政治的延伸。作为近代以来具有最雄厚实力的商人群体，粤商被推上了历史舞台。

康、梁虽然不是归国华侨，但是他们的思想基本上属于"舶来品"，浅尝辄止的维新改良是注定要失败的。而带着粤商敢为人先精神的另一批先行者，则选择了更加彻底、更加开天辟地的革命道路。其中最突出的代表，就是伟大的民族英雄、伟大的爱国主义者、中国民主革命的伟大先驱——孙中山先生。他一生以革命为己任，立志救国救民，为中华民族做出了彪炳史册的贡献[1]。

在推翻封建专制的征程上敢为人先。香山人孙中山先生的革命历程与故事，人们耳熟能详。辛亥革命能够最终取得成功，推翻2200多年的封建帝制，既因为孙中山先生先进的革命思想，又因为他在从1894年成立兴中会到1911年武昌起义成功这17年的革命历程中矢志不渝，坚持不懈。其中的支撑，不仅有孙中山先生的坚定意志，还有背后默默地、无私地提供经济支持的粤商们。

最著名的一位，就是孙中山先生的兄长——孙眉。孙眉是到美国做工，而后成为知名粤商的典范。他1871年出国赴檀香山（今美国夏威夷首府火奴鲁鲁），后来在茂宜岛（夏威夷群岛第二大岛）垦荒，经营农牧业兼营商业。仅数年之后就成为当地首富，被称为"茂宜岛王"。1878年其让孙中山赴美共同经营产业，孙中山不愿意，孙眉虽然不满，但依然支持孙中山在香港和广州求学。孙眉对弟弟无私的支持，为其后来无私支持共和革命埋下了伏笔。

中国封建帝制的漫漫长夜、2200多年的专制历史，特别是深入一代一代人骨血的封建思想，非孙中山先生这样具有坚韧不拔、百折不挠的奋斗精神的革命者，所不能撼动；非孙眉这位同样具有坚定意志与变革精神的粤商代表，所无法给予有力支持。笔者认为，孙眉堪称近代粤商的杰出代表，原因有三。一是孙眉继承和弘扬了粤商精神，特别是敢为人先的精神。他自幼贫困、从零开始，到檀香山不到7年就打开局面，成为当地的首富和"岛王"。这是千年粤商精神的积淀，更是孙眉对广东、对香山商脉中的耳濡目染和弘扬传承。"香山血脉"名人辈出，是粤商精神脉络的重要缩影。二是孙眉并非仅仅为了求财，而是心中惦念着苦难的同胞、怀揣着民族大义。据相关史料记载，孙中山在檀香山成立兴中会时，孙眉第一个赞

---

[1] 习近平：《在纪念孙中山先生诞辰150周年大会上的讲话》，人民出版社，2016。

成并慷慨资助。孙中山在国内多次发动起义但失败后，都是来到檀香山找孙眉求援，而孙眉每次都是捐资支持，甚至在 1904 年，孙眉直接将 1000 多头牲畜变卖认购孙中山发行的革命债券，并将珍藏的"龙涎香"赠给孙中山变卖作为回国旅费。1907 年，孙眉因倾家支持革命，将在檀香山数十年经营的事业全部结束，与母亲杨太夫人等举家回到香港九龙半岛居住[①]。这已经超越了一般意义上的兄弟情义，即便孙眉为孙中山革命提供经费支持，在 19 世纪末 20 世纪初那个贫困的年代都实属不易，何况还是倾尽家财支持革命，说明孙眉作为一位海外粤商，已经接受了先进的革命思想，树立了救国救民的情怀，具有了超越一般粤商的精神境界。三是孙眉完美践行了"立志要做大事，不可要做大官"的博大胸怀。及至辛亥革命成功、中华民国建立，作为孙中山最坚定的支持者，已经倾尽家财、回到香港的孙眉出任民国官员甚至要员，都不过分，当时广东有人提议孙眉出任广东都督。而孙中山很快致电广东各团体及各报社说："家兄质直过人，而素不娴政治。粤督任重，才浅肆应，绝非所宜；安置民军，办理实业，家兄当能为之"，明确表示不赞成；后又致电孙眉"粤中有人议举兄为都督，弟以政治非兄所熟习，未登舞台则众人属望，稍有失策，怨亦随生。为大局计，兄宜专就所长，专任一事，如安置民军，办理实业之类，而不必就此大任。"孙眉欣然接受了弟弟的提议。做了贡献而不谈回报，这是何等的胸怀，也是何等的敢为人先！因而孙眉堪为近代粤商的楷模。此后，孙中山为了促成南北统一，也主动辞去了临时大总统的职务。1923 年 12 月，孙中山在岭南大学怀士堂发表演说，鼓励青年学生"立志要做大事，不可要做大官"。此语振聋发聩，既是孙家好家风的传承，亦是粤商精神的实质。在纪念孙中山先生 150 周年诞辰大会上，习近平总书记认为孙中山先生"开创了完全意义上的近代民族民主革命，打开了中国进步闸门，传播了民主共

---

① 黄健敏：《孙眉年谱》，文物出版社，2006；何玲：《孙中山背后的支持者——华侨资本家孙眉事略》，《中国档案》2014 年第 1 期。

和理念，极大推动了中华民族思想解放，以巨大的震撼力和影响力推动了中国社会变革。"① 笔者认为，孙眉以粤商的身份，倾尽家财支持孙中山的革命，把粤商敢为人先的精神发挥得淋漓尽致。孙眉以他的理念与实践，成为孙中山先生"打开了中国进步闸门"重要的推力；孙眉在革命成功、建立中华民国后，以敢为人先的精神拒绝出任高官，与弟弟一起主动选择了功成身退，使得辛亥革命成为显著区别于封建农民起义的完全意义上的近代民族民主革命。

---

① 习近平：《在纪念孙中山先生诞辰150周年大会上的讲话》，人民出版社，2016。

第三部分 敢为人先的接续传承

本书第一、二部分，分别从地理基础与历史脉络，论述了粤商为何会具有敢为人先的精神。其中亦提及不少粤商乃至广东名人中敢为人先的典型人物。一代又一代灿若繁星的粤商们，在各个领域、各个方面，甚至在不同的地区所开展的敢为人先实践，就像是粤商敢为人先精神DNA中的一个个核苷酸单元，正是他们的实践构成了敢为人先DNA双螺旋不断上升的结构，代代相传、接续不断。

正如上文多次谈及的一点，无论是粤商本人，还是其后代，无论是否从商，甚至是在所有领域取得非凡成就的广东人，都能够从他们的故事中提炼出敢为人先的DNA。这说明，以千年商都广州、粤港澳大湾区为主体的广东地区，历经千年的重商、营商、兴商，已经把敢为人先这个DNA深植于广东人的精神血脉之中。本部分具体研究粤商敢为人先DNA上的"典型核苷酸单元"，即敢为人先的典型人物与案例，与地理基础、历史脉络结合起来，寻找亮点，连线成面，组成粤商敢为人先精神的星座；进一步剖析人物、分析案例，提炼粤商敢为人先的精神实质。

6 南岭逶迤腾细浪

因 2200 多年封建社会，一直都是重农、重官而轻商，所以在漫漫历史长河中，各类史料特别是具有权威性的官方文献，很少详细记载具体商人的一生行止或主要事迹。自古以来，粤商们身处所谓"德化不彰"的"烟瘴之地"，因而史料更缺乏对其事迹的记载。因此，笔者从为数不多的官方记载中寻找粤商的蛛丝马迹，是为"细浪"。虽不全面，但依稀能够窥见千年以来粤商之中的数个"典型核苷酸单元"，重组粤商敢为人先精神的传承脉络。

6.1 第一位知名粤商——刘䶮

自南越国始，至五代十国时期，粤商已经在南粤大地经济发展中发挥着重要的作用，并形成了一个具有影响力的群体。但笔者查阅大量文献，尚未发现这 759 年间有关于粤商姓名或事迹的明确记载，即便其间有大量"官商"，即便唐朝的"通海夷道"和外国商人聚居的蕃坊非常繁盛。直到五代十国中期，刘䶮作为南汉国开国皇帝与粤商的双重身份，才得以载入史册，成为第一位知名"粤商"。

6.1.1 商人后裔，血统存疑

作为南汉国的开国皇帝，刘䶮的身世一直是史学家们关注的话题。据日本藤田丰八、中国陈寅恪等历史学家考证，刘安仁为大食商人（大食即波斯，今伊朗和伊拉克等地），从西亚来到泉州，谎称河南上蔡籍，并考证唐、宋两朝的蕃客中，刘姓多为伊斯兰教徒[①]。但刘美崧认为刘䶮是岭南少数民族，而非蕃客，唐森认为刘䶮还是中原南徙之汉族[②]，一时众说纷纭。笔者认为，刘䶮身世的疑点或研究切入点，一方面反映了五代十国时期"礼崩乐坏"、正朔混乱的真实状况，城头变幻大王旗，国家和君主形似"走马灯"；另一方面，说明刘䶮及其父祖在不同历史时期都能够根据自身需求"更换"祖籍。据相关史料[③]记载"刘氏本籍河南蔡州"（唐朝时期的蔡州为今湖北枣阳市），后称帝之时国号先称"大越"，后改为"汉"，这时就称自己祖籍彭城（今江苏省徐州市，汉朝时为沛县），是为刘邦后裔，领汉朝正朔（《旧五代史》中把刘䶮记载为彭城人）。而刘䶮的祖坟，又都在福建泉州；刘䶮与其父刘谦，起家于封州（今广东肇庆市封开县）。一家人的籍贯，出现了4个不同的地名，这就说明一则有隐瞒真实祖籍，或为自己找"好祖宗"的需要；二则是刘䶮祖先确为商贾，走南闯北。这种行为被历史学家所不耻，以致很多史学家把刘䶮及其南汉国归结到"伪"的篇章，比如《五国故事·卷下·伪汉彭城氏》、《册府元龟·卷二百十九·僭伪部》和刘美崧的《南汉主刘氏族属为俚僚》等文。刘美崧在文中还认为，刘王墓不止一处，同名的南汉刘王墓出现在番禺、南海、新会等地。此言确实不虚，刘䶮及其后代为皇帝，在兵荒马乱的五代十国，因怕人报复或盗墓，确实需要诸多"疑冢"。但祖坟却较难更改，泉州一直未纳入南汉的管辖范围，无论是迁坟还是设立"疑冢"均非常不易，况且古人一直视祖坟为家庭所谓风水的源泉，因而不可能轻易改变祖坟。所以，可以相对比较确定的是，刘䶮的祖坟在泉州。而其父刘谦、兄刘隐相继从军后，才完成从商贾之家

---

① 藤田丰八：《南汉刘氏之祖先》，《东洋学报》第六卷第二号。转引自刘美崧《南汉主刘氏族属为俚僚》，《历史研究》1989 年第 5 期。
② 唐森：《南汉刘氏族属平议》，《暨南学报》（哲学社会科学）1993 年第 1 期。
③ 唐森：《南汉刘氏族属平议》，《暨南学报》（哲学社会科学）1993 年第 1 期。

向军旅强人的转变。

而还有一事或可佐证刘崇的祖辈为商人。这就是历史上唐朝大族之一的韦宙（时任唐朝岭南东道节度使），要把侄女嫁给当时作为牙将的刘谦，其时有他人说"其内（妻子）以非我族类"的，还有说"贵贱悬殊"的，来反对这门亲事。而在唐朝，牙将即为牙军的指挥官，牙军是节度使的亲兵护卫队，是最精锐、最亲近的军事力量，与广州蕃坊以雇佣兵组成的所谓"牙军"有着显著不同。《剑桥中国隋唐史》[1]中也谈到了牙军，认为牙军作为节度使的私人卫队，是节度使的主要武力；并认为"没有他们（牙军），朱温（唐朝后期最有实力的节度使之一，后梁开国皇帝）就难以维持自己在宣武的地位，更谈不上对外扩张了"。

因此，牙将无论如何都不能算"非我族类"或"贱"。这两个词，只能形容刘谦的出身。据《中国商业史》[2]中记载："唐制天下民户等级，以赀为准，富商大贾，多求与官吏往还，递向托嘱，冀居下等。"可见即便是商业发达、对外交往频繁的唐朝，商人的地位依然不高，因而有贵贱之分，有"非我族类"之说。而韦家的族类是什么？世代公卿、京兆大族，自然不可能与商人通婚。韦宙为何坚持要通婚？如果刘谦确实是一介草民"逆袭"而成牙将，或如刘美崧先生所说是俚僚（即俚族和僚族）的"武装酋领"出身，望族是不能推动族内女子"下嫁"的。而刘谦的发迹，实为与韦宙侄女结婚之后。韦宙所看中的，或是刘谦家族的财富，以及刘谦本人的能力。

至于刘崇是否真为阿拉伯人后裔，笔者认为并不重要。唐朝本来就是一个民族大融合的朝代，大量的外族来到中国，成为唐人的一部分。无论祖籍何处、出生于何处，来到岭南，特别是来到珠江三角洲（粤港澳大湾区），都能够被粤商特有的成长环境、精神传统"渲染"成为敢为人先的粤

---

[1] 〔英〕崔瑞德编《剑桥中国隋唐史：589~906 年》，西方汉学研究课题组译，中国社会科学出版社，1990。
[2] 王孝通：《中国商业史》，东方出版中心，2020。

商，历史史实和众多人物事迹一再证明这一点。

6.1.2 大争之世，敢想敢干

事实上，刘谦及其两个儿子均没有辜负韦宙的赏识。

刘谦去世后，其大儿子刘隐代任封州刺史。896 年（唐昭宗乾宁三年），刘隐出兵奇袭肇庆、广州，成为两广地区最大的割据势力。此后，刘隐虽受到两任清海军节度使的大力推荐[1]，但由于唐朝中央政府不愿意放弃岭南这个重要的税赋地[2]，迟迟不肯委任刘隐为节度使。而刘隐此时体现出了粤商精神中敢为人先与低调隐忍共存的一面，他与其他掌握绝对军权的领导者不同，对徒有虚名的朝廷委派的节度使，给予了较大的尊重[3]。而刘隐一方面保持与当时唐朝中央政府的联系，主动上缴税赋和贡物；另一方面对当时的局势有着自己的清晰判断，因而他亦与朝廷内部的实力派人物——朱温（即朱全忠）保持联系。及至朱温建立后梁代替唐朝，刘隐被朱温封为郡王，此后又获封中书令，赐爵南平王、南海王。911 年（后梁乾化元年）刘隐病逝，刘龑承袭南海王爵位。

从武功上看，刘龑的军事能力并不亚于大哥刘隐。史料中还有一段关于刘龑出身和身型的描述，说他虽然作为庶出的儿子，但从小就有非凡的"气场"，刚出生的时候就吓坏了想要杀害他的嫡母韦氏（应为刘谦生母的族人）；并说他长大以后"身长七尺，垂手过膝"，而且"善骑射"[4]。隋唐时期的一尺为现代的 30 厘米，"七尺男儿"常被用来形容身高魁梧的男性

---

[1] 《资治通鉴·卷二百六十五》：初，清海节度使徐彦若遗表荐副使刘隐权留后，朝廷以兵部尚书崔远为清海节度使。远至江陵，闻岭南多盗，且畏隐不受代，不敢前，朝廷召远还。隐遣使以重赂结朱全忠，乃奏以隐为清海节度使。

[2] 《资治通鉴·卷二百六十五》：朝廷号令所行，惟河西、山南、剑南、岭南数十州而已。

[3] 《五国故事·卷下·伪汉彭城氏》：先时唐末，天下藩镇不受代，而霸王知柔以石门亹跸功，授唐广帅，丞相齐公徐彦若复代知柔，隐皆迎纳，朝论嘉之，寻自为广帅。

[4] 《新五代史·卷六十五·南汉世家第五》：龑，初名岩，谦庶子也。其母段氏生龑于外舍，谦妻韦氏素妒，闻之怒，拔剑而出，命持龑至，将杀之。及见而悸，剑辄堕地，良久曰："此非常儿也！"后三日，卒杀段氏，养龑为己子。及长，善骑射，身长七尺，垂手过膝。

（并非刘䶮有2.1米高）。这样的样貌和身材说明刘䶮是一位具有显著不同于当时岭南男性体型的人，或可从另外一个角度佐证其血统。"垂手过膝"最早用来形容蜀汉开国皇帝刘备的身型，或为后来刘䶮追求自己称帝的"出身正溯"，称己为彭城刘邦后代的原因之一。刘隐在进攻韶州（今广东韶关市）被卢氏兄弟击败后，把军务均交给刘䶮打理。刘䶮以不俗的军事能力，逐步荡平了岭南分散的各个军寨，击杀唐朝委任的高州刺史刘昌鲁、卢氏兄弟、庞巨昭等，并以不俗的战略眼光，延续其兄刘隐的策略，在朱温当政时期继续尊后梁朝为正溯。

这一颇具"岭南人品格"的决策，为刘䶮最终能够在岭南称帝打下了坚实的基础。刘䶮与刘隐一样，均重用从珠玑巷来到岭南大地躲避战火的读书人和名门望族。刘隐重用了唐朝末年的进士、官员和名臣的后代王定保、倪曙、刘濬、周杰、杨洞潜、赵光裔、李殷衡等，刘䶮重用了中原大族的后裔杨洞潜、李衡、赵光裔等人。翻越南岭而来的人们，大部分并非来此寻找读书入仕、出将入相的机会，使得整个封建社会期间，岭南的书香气、状元和进士数量等与江浙相比有较大差距。穿越珠玑巷而来的人们应当是看中了岭南大地稳定的环境、广州等地历经战火动乱快速修复的守法诚信积淀，特别是与上文多次论及的"环境稍善假说"相符合的地理与历史因素。南迁的读书人和望族后裔，还带来了人们对改变唐朝末年战乱纷争的期盼。广东始兴人杨洞潜在刘䶮接任清海军节度使之时，就建言改变由武人担任刺史一职的惯例，认为应当广泛延请中原志士仁人，置之幕府、选为刺史，这样得以宣扬政教，使人民得到益处。刘䶮面对你死我活的大争之世，确实敢为人先，率先于五代十国选用文人担任刺史，其选任的祯州（今广东惠州市）刺史简文令"尽心民事"、得州（今广西桂平县）刺史刘博古"有惠政，民多爱之"、郴州（今湖南郴县）刺史陆光图"周恤穷民，招辑兵士，民皆呼为'陆父'"①。刺史作为五代十国时期地方最重要的官员，其所行之政直接决定了地方人们的生计，因而好的刺史均在各地的史志中久久传颂。

  在政治和地方治理上的敢为人先，让刘䶮具备了称帝的重要政治与民意基础。但最终促成其成为继赵佗之后，第二位在岭南称帝的人，还有一个方面的重要原因，就是其具有雄厚的经济基础。唐朝开启了募兵制，即设立服务于国家的常备军事力量，而非此前的在军则兵、在田则民的征兵制，也不同于分散在各大家族之中的府兵制，国家财政实力直接决定了军队的战斗力。节度使的牙军，亦为直接听命于节度使本人的常备军队。刘隐、刘䶮兄弟在唐朝末年一直未直接担任节度正使，因而需要自身财力来供养私家常备军队，以此获取与节度正使相抗衡的"资本"，但无论是唐朝还是后梁，均无财力拨款岭南供养军队。因此，刘䶮及其父兄能够从岭南快速崛起，即便在全军覆没、主帅只身逃回的极端情况下②，依然能够控制住岭南局面，迅速恢复军事实力，个中缘由无疑是其雄厚的经济实力。笔者认为，财力充裕亦是"善骑射"、军事能力更强的刘䶮在接过刘隐的指挥权之后，就能够横扫岭南大小军阀、军寨的重要原因，也是刘䶮的军队显著不同于其他军队的重要特征。从历史上看，募兵制军队的财力支撑，绝非劫掠型的粮饷供应所能够满足，必须有稳定的来源、稳定的后方。稳定的来源应是一直以来就是富商的刘氏家族，稳定的后方则大概率是在黄巢屠城之后迅速恢复元气的广州。这同样是刘䶮出身富商家庭的一个重要佐证。

---

  ① 曾国富：《南汉国主刘䶮简论》，《广东史志》1994 年第 3 期。
  ② 《资治通鉴·卷二百六十三》：是岁，虔州刺史卢光稠攻岭南，陷韶州，使其子延昌守之，进围潮州。清海留后刘隐发兵击走之，乘胜进攻韶州。隐弟陟（即刘䶮）以为延昌右虔州之援，未可遽取。隐不从，遂围韶州。会江涨，馈运不继，光稠自虔州引兵救之。其将谭全播伏精兵万人于山谷，以赢弱挑战，大破隐于城南，隐奔还。

6.1.3 皇帝营商，保境安民

《剑桥中国隋唐史》[1]中对刘䶮发展经济的成绩给予了较高的评价："在数十年间南汉的财富日益增加，扩张也越来越厉害……"这是对刘䶮在位期间开展营商活动很高的评价，在动荡不安、战争频仍的五代十国时期取得如此成就，尤为不易。

刘䶮以皇帝之尊，直接从事商业活动，主要举措有以下三个方面。一是设立邸店（唐代以后供客商堆货、交易、寓居的行栈的旧称，类似于今天的公司异地办事处）。早在唐朝时期，刘䶮就派遣心腹庞师进在荆州、汴梁等地设置邸店，并建造车乘以供给馈运。在刘䶮称帝并断绝进贡给后梁政权之后，邸店并没有被撤销，继续商业运作。一直到南汉后主被俘北上，经过荆州时，尚见到庞师进在此、邸店继续运作。《中国商业史》曾高度肯定了邸店的作用："……置邸大梁掌互市回图之事，犹近世通商各国之有驻外公使及领事，亦足见国际思想之发达矣。"[2]王孝通把邸店类比为近代的驻外使节，突出表现了其重要的作用。二是亲招客商。刘䶮经历唐末大乱，大量中原商人通过珠玑巷等通道进入岭南。据《旧五代史·卷一百三十五·僭伪列传二》记载，对于"岭北商贾至南海者"，刘䶮"召之"[3]。皇帝亲自开展的招商引资活动，效果自然不一样，于是才有了崔瑞德"在数十年间南汉的财富日益增加"的较高评价。三是官营外贸。南汉继承了唐朝时期广州造船的技术经验，并与内贸一样，均由刘䶮亲自出面招徕海商，曾国富等学者评价其"笼海商得法"。而南汉的船队通过海外贸易输入岭南的商货不下几十种，主要是各种香料、珠贝、象牙、犀角等珍物。刘䶮着意招徕海商，"笼海商得法"。外贸的兴盛，带来了南汉的"珠玉之

---

[1] 〔英〕崔瑞德编《剑桥中国隋唐史：589~906年》，西方汉学研究课题组译，中国社会科学出版社，1990。
[2] 王孝通：《中国商业史》，东方出版中心，2020。
[3] 曾国富：《南汉国主刘䶮简论》，《广东史志》1994年第3期。

富","内足自富,外足抗中国(中原王朝)"①,可称得上是"富强"②。

刘龑即位之后,依然"商心"不改,亲力亲为开展商业活动,一方面是其"商人基因"在发挥作用;另一方面是作为南汉的皇帝,需要庞大的财力支撑整个行政机构和军事力量的运作。这也是崔瑞德要把南汉财富日益增加归结为其扩张越来越厉害的原因;更重要的是,刘龑的做法充分体现了粤商敢为人先的精神。

一是抓主要矛盾。在秦始皇称帝1000多年后的唐朝末年,皇帝所代表的威权、所具有的威势,以及为维护统治所营造的神秘感,已经深入人心。很多皇帝一辈子都没有走出深宫,没有见过除了臣工、家人、宦官以外的其他人。唐朝宫禁制度虽不如其他朝代那样森严,但皇帝也是通过巍巍殿宇、高高在上来体现权威的。而刘龑即使统治疆域不大,亦算登基称帝,理应通过这些手段来维护自己统治的权威性、神秘感。然而他并没有这么做,他频繁接见来自南岭北部的商贾③,以及来自海外的商人,以至于史书中对这种行为都颇有微词。《五代史书·南汉世家》记载"岭北商贾至南海者,召之使升宫殿",但在前文却写了一句:"刘龑性好夸大",后文则是"示以珠玉之富。"④ 史书把刘龑接见商贾的原因归结为其好夸大、好炫富,笔者认为这是不够全面的。古代封建统治者确有其局限性,但笔者认为此时的刘龑,更多是希望以商贸之利,来富国强兵,这与成吉思汗在蒙古崛起前期高度重视草原行商、边境榷场的作用,多次亲自接见商贾,还投资商业活动的行为,具有异曲同工之处。刘龑抓住了此时南汉国的主要矛盾,他接见商贾的行为绝不仅是为了炫富,而是比较纯粹的商业会见与会谈,且刘龑既接见岭北商人,亦接见海商,笔者认为其更多是为了发挥

---

① 《续资治通鉴长编拾补》卷5。
② 《文献通考》卷24,《国力考》二。
③ 《十国春秋·卷六十二·南汉世家一》。转引自曾国富《南汉国主刘龑简论》,载《广东史志》1994年第3期。
④ 王孝通:《中国商业史》,东方出版中心,2020。

南汉尤其是中心城市广州的中介作用,对接海外与中原的需求和供给。中原无论再怎么混乱,对海外"珠贝"的需求仍在,需求也肯定比战国时期要大得多。皇帝亲自"招商引资",海外"珠玉"源源输入,南汉国自然成为五代十国时期难得的"净土""富土"。

二是勇于创新。作为一位开国皇帝,刘䶮从前朝而来,深知唐朝末年和后梁等政权积弊之处,因而他大刀阔斧地进行改革和创新。以文人任刺史是重要的改革举措,还有就是恢复科举考试,选拔人才,这在纷乱的五代十国时期实属罕见。刘䶮不仅选拔人才,还直接重用来自中原的现成大才,特别重视技术人才,这充分体现了他的商人本质,更关注具体的"术"。比如,他重用乐师陈用拙,但并非与其他皇帝一样只求个人的欢娱,而是资助陈用拙著书立说,写成《大唐正声琴籍》十卷,把音律传之后世;他还重用著有《极衍》二十四篇的天文学家周杰[1],其中既有询问国祚,希望南汉政权千秋万代的原因,也有重视技术的缘由。对人才的重视,叠加皇帝亲见商人,使得唐朝中期以来中国经济重心的历史性南移进一步巩固,刘䶮就是在这样的大趋势中顺势而为,实现了"内足自富"[2]。

三是维持环境稳定。政局稳定、商路稳定是商业发展的重要前提,上文多次提到唐朝中期以后,由于失去对西域的控制,通过陆路到达阿拉伯地区的商路中断,中国的经济重心历史性南移。在黄巢屠城之后,广州能够迅速恢复元气,海路贸易一直延续是非常重要的原因之一。面对五代十国中原地区纷乱的政治、经济格局,"你方唱罢我登场"的政权快速更迭,刘䶮为了"求富",自然要在一定时间内确保其国内外的稳定。因而通过通婚、遣使聘问等途径,与诸邻国建立睦邻关系。《十国春秋·卷六十三·南汉世家二》中提到:"(刘䶮)睦邻封,续旧姻,宁边鄙,弧敌兵……行李

---

[1] 《十国春秋·卷六十二·南汉世家一》。转引自曾国富《南汉国主刘䶮简论》,《广东史志》1994年第3期。
[2] 《续资治通鉴长编拾补》卷5。

往来，常勤聘问，区区岭外，晏然小安。"刘䶮甚至与不接壤的大长和国（主要疆域在中南半岛北部和中国云南省大部）都保持了联姻关系。在五代十国长达72年的乱世之中，南汉屹立了55年，加上刘䶮接任南海王爵之后实际独立的6年，使得岭南保持了60多年的相对安定，为此后两宋时期形成"海上丝绸之路"奠定了重要的经济基础，堪称第二次"东南互保"。

刘䶮虽具有敢为人先的精神，但其作为封建帝王，仍具有较大的历史局限性。刘䶮在岭南恢复商业活动，虽取得了"富强"的实效，但很快就转向了另一面。一是财力丰厚之后开始发展军队，开始扩张，进攻交趾等地。二是开始追求奢靡的生活，"悉聚南海珍宝，以为玉堂珠殿"[①]。三是狂妄自大，一方面"见北人必自言世居咸秦，耻为南蛮王，呼中朝天子为洛州刺史"，即认为自己是"天子"，称呼后唐等中原统治者为"洛州刺史"；另一方面是以酷刑来树立权威、震慑人民，并宠幸宦官，走上了唐朝末年的老路。即便如此，由于商业活动得以延续，哪怕刘䶮晚年及此后子孙多有失德、失政之举，南汉政权依旧得以延续55年。

刘䶮无法走出其作为封建统治者的历史局限性，但他以敢为人先的精神，恢复并发展了岭南的商业活动，恢复并延续了唐朝的"通海夷道"，为两宋以后"海上丝绸之路"的发展和中国经济重心的历史性南移奠定了基础，这是刘䶮的历史贡献。历史评价其"刘总百越之众，通珠贝之利，开国而为汉"，"通珠贝之利"在"开国"之前，可见南汉以商贸立国，刘䶮并非一位典型的皇帝，而是一位敢于创造、敢想敢干的商人，因而笔者将其列为"第一位知名粤商"。

---

① 《十国春秋·卷六十五·南汉世家四》，转引自曾国富《南汉国主刘䶮简论》，《广东史志》1994年第3期。

6.2 第一位北上的粤商——蒲寿庚

粤商走南闯北、下南洋赴美洲，足迹遍及世界各地。而离开广东，来到新的地区并成为当地知名商人的，较早的名人就是蒲寿庚了。

虽然蒲寿庚家族在历史上饱受争议，其本人亦具有很强的历史局限性，但与北上上海的粤商一样，敢为人先的精神确实随着蒲寿庚家族的北迁，来到了泉州，在客观上成为把泉州港推上"东方第一大港"宝座的精神动力，并在此后数百年的演变中，成为闽南地区"爱拼才会赢"精神的组成部分之一。

6.2.1 广州巨富，北上泉州

1974年8月，考古工作者在泉州湾后渚港发掘出一艘宋代海船。这艘海船残长24.2米、残宽9.15米，有13个水密隔舱，载重量200多吨，除船体上部结构损坏无存，船首残存部分结构，船身中部底板、舷侧板和水密隔舱壁、桅座、船龙骨等保存较好。专家结合船型结构特点、船舱出土遗物及沉积环境等，推断这是一艘南宋末年的远洋商船。专家从古船用材、造船工艺和"保寿孔"等方面来看，判定其为泉州建造的"福船"[①]。有意思的是，这艘沉船上出土最多的物品是香料，共有4700多斤，其中有降真香、檀香、乳香、龙涎香、沉香、槟榔、胡椒等，说明这是一艘香料船。上文多次谈到，中国不出产这些香料，说明这艘船是一艘乘着舶风、满载进口货物归港的船只。而说起泉州这个宋元之际的"东方第一大港"，绕不开的是当时的香料商人蒲寿庚。

从相关记载和部分学者的研究来看，大部分认为蒲寿庚是阿拉伯人的后裔，第一代蒲氏族人随西域罗布泊的穆斯林迁入现山东境内，第二代就

---

① 《泉州湾后渚港宋代海船：唯一已出土的海外返航古船》，http://fj.people.com.cn/n2/2022/0114/c181466-35096212.html。

迁入现广东境内，时间不详。曾昭璇考证，蒲氏入广州后，经历了五代人蒲寿庚才出生①。按照蒲寿庚1205年出生，以及一代人20年左右来估算，蒲寿庚的先祖应是在1102~1106年（宋徽宗崇宁年间）来到了广州。在"靖康之变"前，现山东境内还属于北宋的控制范围，蒲氏族人随后就到了广州，躲过了北方的战火。同时，笔者认为"蒲"这个姓氏，应是蒲寿庚的先祖们到了广州之后，汉化所得的姓，与中华民族其他蒲氏并非同一祖先。《中外交通史汇编·第二册》记载："阿拉伯人名前多有阿蒲（Abu）之音，华人遂以为其姓蒲也。"②笔者发现，"蒲"一字在普通话中的读音pú，与Abu这个阿拉伯名字的发音其实有着比较显著的不同；粤语中的"蒲"发音为pǒu，"阿蒲"用粤语发音与Abu更加接近，与现代阿拉伯人的姓氏"阿卜杜拉"（Abdullah）发音[ˌæbˈdʌlə]的前两个音也更为接近。因而，笔者推测来自阿拉伯的蒲氏族人被当时的广州人以粤语赋予姓氏"蒲"。而曾昭璇还明确提出："（蒲寿庚家族）五世居广州，当然是广州土著了。"③

南宋时期是广州对外贸易继"通海夷道"之后的又一个"高光时刻"。"南海一号"上不仅有堆积如山的瓷器，还有精美绝伦的金银饰品，以及层层叠叠的"战略物资"铁锅，无不宣示着当时广州及东南沿海的商路之发达。蒲寿庚的祖辈们在这样的商业环境里，在长达百年的广州定居史中，不可能不为所动。笔者推测，在定居广州后不久，蒲寿庚的祖辈们就开始行动，因为是"外来户"，他们的行动力或许比本地商人更强，眼界也更开阔。他们应当很快就选中了阿拉伯人的最擅长的领域——香料。

在中世纪（5世纪后期到15世纪中期），阿拉伯人凭借香料贸易，占据了国际贸易的高地，成为东方香料原产地（主要是印度）与西方主要需求地，以及东方宫廷的主要转口方。阿拉伯商人还凭借着写出《阿里巴巴

---

① 曾昭璇：《蒲寿庚是西域华化广州回民考》，《岭南文史》1991年第1期。
② 《中外交通史汇编·第二册》。转引自曾昭璇《蒲寿庚是西域华化广州回民考》，《岭南文史》1991年第1期。
③ 曾昭璇：《蒲寿庚是西域华化广州回民考》，《岭南文史》1991年第1期。

和四十大盗》《一千零一夜》等知名故事的高超"编故事"能力,为维持肉桂的高价精心编造了一个故事:"阿拉伯有一种巨大的鸟,这种鸟从遥远的地方衔来肉桂树枝,并用这些树枝在悬崖上筑巢。为了拿到这些树枝,商人们把一些很大块的牛肉放在外面。大鸟会抓住这些牛肉,带回自己的巢穴。但这些牛肉太大太重,会把巨鸟的巢穴压塌,聪明的商人也就可以捡到肉桂树枝了。"而这些所谓的用牛肉"换取"的肉桂,实则产于斯里兰卡茂密的肉桂树林。这些绘声绘色的故事推高了几乎所有品类香料的价格,甚至连生姜的单价都直追牛羊肉。

对蒲氏家族的发展而言,选择香料作为贸易的主品类,无疑是非常正确而务实的。一方面是在"茶叶世纪"之前,香料占据了国际贸易的主导地位。宋代中国的海上丝绸之路较为发达,活跃的市舶贸易为国家带来大量的财政收入。其中,以香料为主的药物贸易占据了很大的分量,受到了中印两国的重视[1]。北宋初年香料收入为全国岁入(即年度财政收入)的3.1%,到1130年(宋高宗建炎四年)达到6.8%,1131年后(宋高宗绍兴初年)达到13%,1159年(绍兴二十九年)仅乳香一项就达到24%。1077年(宋神宗熙宁十年),仅广州一地所收阿拉伯乳香即多达34万余斤[2]。另一方面是南宋之后放开了对香料的贸易管制,使得香料贸易之利可以为民间所获得。北宋初年便把香料作为专卖的重点之一,在京师设"榷院"负责专卖事宜。《宋会要辑稿·职官四四》中记载:"诸番国香药、宝货至广州、交趾、泉州、两浙,非出官库者,不得私相市易。"[3]到王安石实施新政,更是把直接供应宫闱的香料全部严加管制。而"靖康之变"后,南逃的宋廷根本无力实施贸易管制,于是全面放开管制,民间货畅其流,从而有了1130年到1131年香料占岁入比重的急剧变化。蒲氏家族乘这个时机

---

[1] 朱思行、杨丽娜、魏春宇、尚力:《宋代中印文化交流的特点及其对中医药发展的影响》,《中医文献杂志》2022年第2期,总第40期。
[2] 贾天明:《中国香学》,中华书局,2013。
[3] 贾天明:《中国香学》,中华书局,2013。

开展香料贸易，确实占据了天时与人和，叠加他们祖籍阿拉伯的地利，确实能够助推其家族成为南宋诗人刘克庄笔下的"陶猗"[①]。同时，香料在宋朝、蒙古等地还大量应用于药物中，也增加了需求。据《宋史》记载，从印度进口输入中国的药物主要有犀角、琥珀等名贵药材，以及胡椒、豆蔻等香料，这为中医治疗"温病"提供了更为宽广的药物选择余地。朱思行等认为，宋代疾病谱的变化对中医药提出了新的挑战……（香药）其芳香辟秽、化浊解毒的功效在一定程度上弥补了其他药物在治疗功效上的不足，尤其是对一些湿邪为患、瘟疫邪毒等内伤外感疾患的治疗具有不可替代的作用[②]。作为"祛湿"良药的温性香料，特别适合岭南这片"瘴气"之地。

关于蒲寿庚家族在广州的地位，日本学者桑原骘藏在《蒲寿庚考》中谈道："《桯史》之蒲姓彼时为广东第一富豪，统理外国贸易；蒲寿庚之祖先富甲两广，总理诸番互市，两相对比，恐《桯史》之蒲姓即寿庚之祖先。"《桯史》的记载中，蒲寿庚的父辈或祖辈在广州期间就已经是首富了。而《桯史》中关于"本占城之贵人也"的描述，并不影响笔者的相关探讨，因为开展海外贸易，走南闯北很正常，或许蒲寿庚的父辈或祖辈在占城居住过一段时间，发财之后才返回广州。南宋诗人刘克庄曾为蒲寿庚的哥哥蒲寿宬写过一首诗的跋："心泉蒲君示余诗百三十，古赋三。前此二十年，君家有陶猗之名，余未之识也。后君家资益落，余始为赋诗，又十年乃见君诗。"诗中的"陶"即陶朱公，"猗"即猗顿，均为春秋战国时期的知名大商巨富，"陶猗"后多用于代指大商巨富。诗句的意思就是：二十年前，蒲家就已经是数一数二的富商了。而根据《宋史·瀛国公本纪·景炎

[①] 摘自南宋·岳飞之孙岳珂（1183~1234年）所著《桯史·番禺海獠》："番禺（广州）有海獠杂居，其豪者蒲姓，号白番人，本占城之贵人也。既浮海而遇风涛，惮于复返，乃请于其主，愿留中国，以通往来之货。……岁益久，定居城中。……富甲盛一时。……余后北归。……言其富已不如曩日。……"
[②] 朱思行、杨丽娜、魏春宇、尚力：《宋代中印文化交流的特点及其对中医药发展的影响》，《中医文献杂志》2022第2期，总第40期。

元年·十二月条》关于"蒲寿庚提举泉州舶司,擅番舶利者三十年"[1]的记载,则可以推测蒲寿庚1246年左右就在泉州并任职于市舶司;部分史料记载或推测蒲寿庚1217年(宋宁宗嘉定十年)从广州迁往泉州定居。因而其父蒲开宗时期,蒲家已是能够与"陶猗"相提并论的富商了。

6.2.2 审时度势,保全泉港

1276年(元世祖至元十三年),元军攻占南宋都城临安,南宋正式灭亡。在此前后,大量南宋地方官员或擅离职守,或直接投降,中华大地历经150多年的南北分裂、东西隔绝(北宋时期的疆域无法覆盖东北、幽云十六州和西域、西藏,为疆域最小的统一王朝)之后,再度归为一统。

中华大地统一、民族大融合的趋势,浩浩荡荡,不可阻挡。虽然在钓鱼城抗击蒙古并杀死了大汗蒙哥,但在蒙古大军强大而全面的攻势下,南宋军队根本无力抵挡,直到崖山战败。而上文亦分析,南宋之亡,实亡于"官商一体"、纸币超发引发的恶性通货膨胀,统治阶层内部早已腐朽不堪。

部分历史学家因为蒲寿庚投降元朝,就将其贬为"汉贼"。这样的说法确实失之偏颇。这种说法,主要源于明太祖朱元璋颁布的"禁番令"与"海禁令"。1370年到1374年(洪武三年到七年),明朝陆续撤销了太仓黄渡、泉州、明州和广州市舶司。1381年(洪武十四年)、1390年(洪武二十三年)、1397年(洪武三十年)多次发布命令,禁止国人下海通番,甚至对敢于买卖外国商品的人,施以重法,规定货物必须在三个月内销毁。同时期,"太祖禁蒲姓者不得读书入仕。"[2]在南宋众多直接投降元朝的大臣、将军之中,朱元璋之所以紧盯蒲寿庚后人发布禁令,一则其祖上为"番人",

---

[1] 徐晓望:《关于泉州蕃商蒲寿庚的几个问题》,《福建论坛》(人文社会科学版)2013年第4期。
[2] 曾昭璇:《蒲寿庚是西域华化广州回民考》,《岭南文史》1991年第1期。

符合"禁番令"的要义；二则其为元朝对外贸易的中坚力量之一，符合"海禁令"。朱元璋还以蒲氏族人"叛宋"的"劣迹"，撤销了泉州市舶司，进而实现全面禁海，以免元军或元末东南起义军的残余势力以海洋为依托威胁南京。及至清朝在编撰《四库全书》之时，编者们却对蒲氏兄弟有另外的看法，认为没有证据说明其叛宋降元，只是因为所处时代不同[①]。

据历史学家考证，蒲寿庚虽然"擅番舶利者三十年"，但其并非一直担任泉州市舶司的主要负责人。1266年（宋度宗咸淳二年），泉州市舶司使正是王茂悦，他处理了蒲姓官商因有商舶未缴税而被起诉的案件。徐晓望分析，这里的"蒲姓官商"就是蒲寿庚。这就说明当时蒲寿庚并非市舶司一把手，否则不可能有官员来处理对他或者他家人、族人的投诉。徐晓望等学者还关注到，《藁城县志》中记载："寿庚本回纥人，以海舶为业，家资累以万计。南海诸国莫不畏服。"并认为其能够让南海诸国"畏服"，必然掌握一定权力，南海诸国有求于他[②]。实则不然，"有求于他"并不一定会"畏"，这里"畏服"的缘由，应是来自蒲寿庚剿灭海盗一事。

据明朝历史学家何乔远在《闽书》[③]中记载："咸淳十年（1274年），海寇袭泉州，官兵无能为力。蒲寿庚与其兄蒲寿宬助官宪击退之，因功授福建安抚使兼沿海都置制使（合称福建安抚沿海都置制使），安抚一路之兵事民政，执掌福建兵事民政要职。"此时距离1276年临安城破不到2年时间，整个南宋都处于风雨飘摇的战火之中。据范文澜和蔡美彪的《中国通史·第五册·第二章》[④]记载，（1274年）伯颜（元军将领）以四万兵守鄂州，自领大军东下，直指临安。一路之上，黄州、蕲州、江州、德安、六安等地

---

① 徐晓望：《关于泉州蕃商蒲寿庚的几个问题》，《福建论坛》（人文社会科学版）2013年第4期。
② 徐晓望：《关于泉州蕃商蒲寿庚的几个问题》，《福建论坛》（人文社会科学版）2013年第4期。
③ 何乔远：《闽书》，福建人民出版社，1995。
④ 范文澜、蔡美彪：《中国通史·第五册·第二章》，中国社会科学出版社，1995。

宋守将望风而降，宋军大将范文虎也在安庆降元。如此兵荒马乱之际，蒲寿庚兄弟依然能够在泉州取得对抗海盗的胜利，不得不令节节败退、处于惊弓之鸟状态的南宋朝廷刮目相看，迅速封官。《闽书》因此记载："（蒲寿庚）少豪侠无赖。咸淳末（1274年），与其兄蒲寿宬平海寇有功，累官福建安抚沿海都置制使。景炎元年（1276年），福建东建招抚使，总海舶。"

经此一役，蒲寿庚与富裕的泉州，成了南宋朝廷、元朝廷和后来的南宋抵抗势力都要争取的对象。《元史》记载了至元十三年（1276年）二月元军将领伯颜派人招降蒲氏兄弟，而在蒙古征服史中直接招降商人的案例比较罕见。各方对蒲寿庚的重视，不仅因为他的财富和战功，还因为他所拥有的军事力量。建立私人军队保护商队安全的做法，在南宋年间确实属于敢为人先之举。上文多次提及，古代海运之路并不像如今一样基本安定，而是处处皆为风险，既有台风等天灾，亦有海盗等人祸。因而王磐在《藁城令董文炳遗爱碑》中写道："（蒲寿庚）以善往来海上，致产巨万，家童数千。"[①] 这里的"家童"，肯定不仅是仆人，而是类似家将、家丁的私人军队。徐晓望亦认为，当时平海寇的海船及士兵，应当是蒲寿庚的手下。在南宋末年，因军事力量不足逐步失去对海面的控制之后，《泉州府志·纪兵》记载了泉州共发生海寇犯泉事件6起（不含山寇剧盗），而《福建通志》则记录了8起。毕竟蒲家开展的是当时货值较高、物品稀有、运程更长的香料贸易，有一支随商船的护卫力量是非常必要的，也正是这支私人军队，让海盗无机可乘。而蒲寿庚家族虽在广州经历五世、超过百年，已经充分汉化、充分"粤化"，但笔者推测，其在广州应不止一次听说过唐朝蕃坊和阿拉伯"牙军"的故事，其阿拉伯合作伙伴也应当鼓励蒲寿庚面对南宋末年越来越混乱的局面，组建自己的私人军队。何况他还有一位当过军人、

---

① 摘自《全元文·第二册》，凤凰出版社，2005。

有诗为证的哥哥蒲寿宬[1]，这支私人军队应当不是临时拼凑的"乌合之众"，而是能够让"南海诸国莫不畏服"的军事力量。

面对临安城破、南宋实亡和咄咄逼近的元军，蒲寿庚必然进退维谷。《宋史·瀛国公纪》记载，面对1276年二月元军的招降，蒲寿庚并没有立即开城，而是于当年十一月，在元军进攻福建的时候，仍邀请宋端宗赵昰入城："（帝昰）舟至泉，寿庚来谒，请驻跸，张世杰不可。"此后发生了张世杰"乃掠其舟并没其赀"的恶劣事件，使得蒲寿庚在一个月后直接迎元军入城[2]。面对元军的凌厉兵锋，蒲寿庚的谈判筹码中必然有元军难以拒绝的条件，否则从杭州到泉州的行军，也就是一个月左右的时间，不可能出现10个月后蒲寿庚才投降的局面。这个谈判的条件很可能就是——海船和水手。作为冷兵器时代的战力巅峰，蒙古骑兵在陆地上是绝对的"王者"，但在海上就无能为力了。蒙古人在灭亡南宋之后，整体接受了南宋的造船能力、航海技术、海军舰只等，进而多次征讨日本以及东南亚诸国，建立起横跨亚欧大陆、太平洋和印度洋的"蒙古圈"。而接收南宋海上力量与造船能力，应从蒲寿庚及泉州开始。也正是泉州提供了大量的载重大、抗风能力强的"福船"，以及久经风浪的娴熟水手与水兵，元军才逐渐掌握了制海权，在崖山一战中取得胜利。

蒲寿庚降元，固然有其保全家族生意、保全身家性命的主要考量，但主观上，蒲寿庚深知稳定的环境对营商的重要性，而且作为在南宋生活了70多年、经历南宋国祚（149年）近一半的商人，他应当深知腐朽南宋灭亡的必然性以及元朝统一的势不可挡，因而不愿意随着南宋这艘腐朽的破船一起沉没，不惜被文人诟病也要保全其营商环境的稳定。只是他没有料到的是，元朝一样跳不出作为封建王朝的历史周期律，而且腐化的速度更

---

[1] 蒲寿宬：《心泉学诗稿·二，文渊阁四库全书本》。诗篇如下：登师姑岩，见城中大阅，恍如阵蚁，因思旧从戎吏，亦其中之一蚁，感而遂赋。
[2] 王仁杰：《宋元之际的回回巨商蒲寿庚》，《江苏商论》2004年第3期。

快。客观上，蒲寿庚此举维护了泉州港及百姓的周全，使得泉州比广州早三年进入恢复期，而且终元一朝，都有着与广州特别是广州人不同的待遇，一举奠定了近百年"东方第一大港"的地位。而泉州降元后，南宋残余势力仍转战于岭南等地，直至1279年壮烈的崖山大战。三年的战争摧毁了广东大量的基础设施，并让此后的90多年中岭南人一直被贬称为"蛮子"，广州及珠江三角洲附近成了马可·波罗笔下的"蛮子大州"，在艰难地恢复元气。而粤商的精神，则在蒲寿庚等一批北上的广东商人群体中，得以延续。

6.2.3 首位泊官，刺桐大族

"离福州后，渡一河，在一甚美之地骑行五日，则抵刺桐（Caiton）城，城甚广大，隶属福州。此城臣属大汗。居民使用纸币而为偶像教徒。应知刺桐港即在此城，印度一切船舶运载香料及其他一切贵重货物咸莅此港。是亦为一切蛮子商人常至之港，由是商货宝石珍珠输入之多竟至不可思议，然后由此港转贩蛮子境内。我敢言亚历山大或他港运载胡椒一船赴诸基督教国，乃至此刺桐港者，则船舶百余，所以大汗在此港征收税课，为额极巨。"[1] 这是马可·波罗笔下元朝泉州的繁华景象：城池很大，使用纸币交易，贵重货物堆积如山，而且当时的香料进口规模是欧洲的百倍以上。这里用了一个词——"一切"——说明在广州于元朝期间受到打压之时，泉州或成了当时的"一口通商"之地。泉州能够在元朝迎来自己的第一次辉煌，与蒲寿庚敢为人先建立私人军队，敢为人先以私人军队为谈判筹码令泉州免于战火，都有较大的关系。同时，"香料世纪"带来的红利，让泉州得到了马可·波罗"此处一切生活必需之食粮皆甚丰饶"的高度评价，在整个《马可波罗行纪》中，对泉州的评价仅次于对北京（《马可波罗行纪》第八十三章，大汗之宫廷）的评价。而泉州的繁华，还得益于蒲寿庚在封

---

[1] 〔法〕沙昂海注《马可波罗行纪》，冯承钧译，商务印书馆，2012。

海神、修税法这两件事情上的敢为人先。

关于修税法，上文进行了较详细地阐述。元朝的《市舶则法》是在对两宋市舶管理制度的总结基础上产生的，并做了重大升级：即先管官、后管民。这部法律管束的首要对象是"官"，主要是因为元世祖忽必烈虽然建立了中央到地方的管辖制度，但泉州、广州等主要外贸地区距离大都（今北京市）路途遥远，且元朝本质上还是采用游牧民族式的管辖方式，设立诸王、万户、千户等"食邑型"的人身依附统治模式，若沿用宋法从贸易中抽税，中央政府则丧失大量税源。所以1293年（元世祖至元三十年）四月，元朝廷规定："泉州、上海、澉浦、温州、广东、杭州、庆元市舶司凡七所，独泉州于抽分之外，又取三十分之一以为税。自今诸处，悉依泉州例取之。"[1] 显然，蒲寿庚在泉州进行的外贸税法改革，是得到了元朝朝廷的肯定的，他在出让私人的海上军事力量之后，继续向中央政府出让税收利益。元朝朝廷此后将"三十分之一以为税"写进了当年八月颁布的《市舶则法》中。从制度理论（Institutional Theory）视角看，这个大胆的行为，为泉州此后进一步发展，名列七所市舶司之首，巩固了"合法性"（legitimacy）。

封海神，这是蒲寿庚敢为人先的又一例证。岭南人把敬神、礼佛、拜妈祖的传统，延续至今。特别是在广州，1400多年前人们就在著名的扶胥古港的后山，修筑了南海神庙，供奉南海神祝融；即便是广东闹市里的一家小小的杂货店、海边一艘小船的中央，都可能会供奉着关公、观音、龙母等各路神仙。蒲寿庚一家久居广州，必然对此耳濡目染，也必然对广东沿海的人们在海洋神祇的鼓舞下，就能够获得敢于出海远航、敢于与风浪搏斗的精神动力，印象非常深刻。因而，在降元的第三年，即1278年（元世祖至元十五年），蒲寿庚就正式请求元世祖忽必烈册封"海神"妈祖，并

---

[1] 王仁杰：《宋元之际的回回巨商蒲寿庚》，《江苏商论》2004年第3期。

于当年就获得了元朝朝廷的下诏确认。册封海神妈祖于第二年（1279年）就收到了"实效"，元海军取得了崖山海战的胜利，完成统一大业。此后元朝两次远征日本、频繁出海征伐东南亚诸国，以及"蒙古圈"内"海上丝绸之路"的日渐繁盛，均与妈祖对出海远航人们的鼓舞、激励有着一定的关系。蒲寿庚家族以此获利甚广，对中华海洋文化的影响也是非常深远的，澳门的英文 Macao，也就是"妈阁"的音译。

蒲寿庚把粤商的精神、做法带到了泉州，在泉州营商获得了空前的成功。从其担任泉州市舶司提举开始，就成为泉州对外贸易的实际"话事人"。《宋史·瀛国公本纪》中有关于"蒲寿庚提举泉州舶司，擅番舶利者三十年"的描述说明，实际上并非他一直担任市舶司官员的职务，而是他在离任提举等职位后，仍牢牢把握住自己的权力，并组建私人军队。部分历史学家认为其权势虽从未超出泉州的范围[①]，但这与"南海蛮夷诸国莫不畏服"并不矛盾，这里所说的"畏服"并非蒲寿庚以私人军队对诸国进行侵犯，其依然恪守商人本份，军队主要的作用就是抵御海盗。南宋末年以"蒲舶""蒲大官人"称呼蒲寿庚[②]，一则说明其已非市舶司在职官员，二则说明其在泉州的地位，蒲寿庚能够决定外来的货品能否进入泉州，所以必须"畏服"。在泉州，蒲寿庚及其家族俨然是"不怒自威"的名门望族。元末明初的《丽史》一文曾描述了蒲寿庚家族在元朝一代的待遇："元君制世，以功封寿庚平章，为开平海省于泉州，寿宬亦居甲第，一时子孙贵显冠天下，泉人被其薰炎者九十年。"[③]

蒲寿庚作为一位南宋降官，没有与其他南宋人一样，作为"南人"，位

[①] 苏基朗：《论蒲寿庚降元与泉州地方势力的关系，唐宋时代闽南泉州史地论稿》。转引自徐晓望《关于泉州蕃商蒲寿庚的几个问题》，《福建论坛》（人文社会科学版）2013年第4期。
[②] 徐晓望：《关于泉州蕃商蒲寿庚的几个问题》，《福建论坛》（人文社会科学版）2013年第4期。
[③] 摘自《丽史》（又名《清源丽史》），收录于福建泉州金志行于1555年所纂修的《金氏族谱》中。作者不详，黄天柱、廖渊泉校注。

列"蒙古—色目—汉人—南人"歧视链的最底端。一方面或因为其是阿拉伯人的后代,即使其家族在广州已历五代、超过百年,五代均迎娶的是南宋女人,可以说是纯粹的"南人";另一方面,笔者认为与秦始皇南征百越、汉武帝"元鼎出海"、成吉思汗重视商人所类同,从草原征战开始,到元朝统一中华,随后继续远征日本和东南亚,军费、财政在连年战争后已经难以为继,必须拓宽财源,而高风险、高利润的海外贸易自然成为首选。在1277年(元世祖至元十四年),元朝中央政府就恢复了泉州市舶司建制。《元史·食货志·市舶》记载:"立市舶司一于泉州,命忙古领之"。董文炳(元初官员,时任中书左丞)赐"金虎符"给蒲寿庚这件事也得到了确认,《元史·董文炳传》记载:"(至元)十四年,(文炳)又曰:'……寿庚素主市舶,谓宜重其事权,使为我扞海寇,诱诸蛮夷臣服,因解所佩金虎符佩寿庚,惟陛下怨其专擅治罪。'帝大嘉之,更赐金虎符"。元朝还于1278年下诏给中书省和蒲寿庚,明确"诸藩国列居东南岛屿者,皆有慕义之心,可因藩舶诸人宣布朕意……其往来互市,各从所欲。"[①] 可见,元世祖不仅认可了蒲寿庚在海外贸易上的能力,还展现出了迫不及待恢复贸易的诚意。蒲寿庚及其家族,亦正是在这样的大环境中乘势而上,最终成就了90多年的辉煌,客观上成就了泉州作为当时"东方第一大港"的地位。

6.3 隐忍500年再崛起——许氏家族

在民族危亡之际,有人犹豫再三,选择牺牲自己的身前身后名,保全一家一族一地的利益;有人舍生取义,选择誓死捍卫自己的祖国和民族,"留取丹心照汗青"。在宋末元初广东潮州有这么一个大族,奋起抗争强大的元军,几乎全族覆灭。其后人在五百年后的广州,以粤商的身份重新崛起,成为"抗英英雄",并为近代的商界、军界、教育界乃至文学界贡献了

[①] 王仁杰:《宋元之际的回回巨商蒲寿庚》,《江苏商论》2004年第3期。

一大批精英人物，及至红七军领导人许卓，成了粤商百年以来与党同行的先进典型。这个大族就是起源于潮汕地区，繁茂于珠江三角洲的许氏家族。

许氏家族的五百年风云起伏，充分体现了粤商的风骨不仅仅是"务实"的，更是敢为人先的，在别人所不敢处"敢"；更是"爱国奉献"的，绝不仅仅关注自己眼前的利益。许家五百年前面对亡国，舍生取义、血流成河的无畏精神，历经多代传承最终也化成了家族后人面对困难百折不挠、面对困局再度崛起的源源动力。

6.3.1 读书人风骨——驸马大族血染沙场

时间回拨到北宋年间，年轻的潮阳郡才子许珏迎娶了还在潜邸当太子的宋英宗的女儿，成为广东为数不多的驸马之一。许珏是卫尉寺丞（负责宫廷护卫和仪仗的官员）许闻诲的儿子，太子中舍（负责服务太子的官员）许因的孙子，潮州八贤之一、《高阳集》的作者和北宋著名官员许申的曾孙[1]。宋英宗继位后，许珏正式成为驸马，并在京城之外营建驸马府，许家的威势达到了第一个高峰，是潮汕地区远近闻名的书香门第、官宦世家。

宋高宗南渡后，许家后人仍在南宋朝廷任职。其中比较知名的有许君辅（官至户部主事）、许居安（官至太常寺奉礼郎）、许謇（曾任职惠州判官，后开辟潮州西湖）等。到南宋末年，许氏族人经过200多年的繁衍、发展，加上族人中官员辈出，族人应具有了相当的数量。有一些历史爱好者从相关文物介绍中推测数量为3万~8万，笔者没有找到更多合适的文献来证实猜测，但许氏家族确在潮汕地区具有较大的影响力。

蒲寿庚降元后，曾以海舶和水手助力元军进攻广东，直至取得崖山之战的胜利。据黄仲元的《四如集·卷四·夏宣武将军墓志铭》记载："宣武

---

[1] 罗仰鹏主编《潮汕人物辞典》，广东人民出版社，2019。

讳璟……是时奔走先后，捷瑞安、捷温陵、捷三阳，宣武之力居多"①，大意是泉州降将夏璟，帮助元军作战，在瑞安（今浙江省温州市境内）、温陵（即泉州市）取得了胜利，并在揭阳、海阳（今广东省潮州市境内）、潮阳三地的作战中获胜，这三地都是许氏族人大量聚居之处。元军及其仆从军在三阳发生大战，许氏族人应是大量参战、保卫家园。其直接后果就是，在《潮汕人物辞典》中，许姓缺席了整个元朝，由此可以推测宋末元军这场"捷三阳"之战的惨烈。② 许氏这个驸马大族血染沙场的证据，主要有以下两个方面。

一是许夫人。据《元史·世祖七》和《大埔县志·列女》等相关史料记载③，有一位许夫人率领畲族军队与张世杰并肩作战，一度反攻至泉州城外，因而就有夏璟的"捷温陵"。关于这位许夫人，无论是《元史》还是《大埔县志》都只谈到了其作为畲族人的身份与事迹，并未谈及她为何得名许夫人。按照中国古代女性的对外称谓，较多以丈夫的姓氏加"夫人"；而畲族人的姓氏，原本只有盘、蓝、雷等④，如同南北朝后期的冼夫人一样以自己的姓氏命名的可能性非常小。许夫人是畲族农民起义军的可能性则更小，若真为起义军不可能帮助她深恶痛绝的宋军。因而笔者推测，这位许夫人或为潮州许氏的媳妇。还有《西山杂志·许夫人起畲兵勤王》《南诏许氏家谱》等非官方文献认为许夫人就是民族英雄陈文龙的女儿陈淑祯（或为陈淑贞），其丈夫为漳州诏安县的贸易富商许文青，但这些证据均非来源于正史。其中部分史料对许文青有关于其家"有十科十中进士"的描述，与《潮汕人物辞典》所记载的潮州许氏名人事迹更吻合⑤，这样的望族在两

---

① 徐晓望：《关于泉州蕃商蒲寿庚的几个问题》，《福建论坛》（人文社会科学版）2013年第4期。
② 汕头市潮汕历史文化研究中心主编《潮汕人物辞典·古代卷》，广东人民出版社，2019。
③ 白冰、张镇升：《论潮州对许夫人的超族属信仰》，《五邑大学学报》（社会科学版）2014第2期。
④ 韩丁：《宋末潮州人民抗元斗争述略》，《汕头大学学报》1990年第4期。
⑤ 《潮汕人物辞典》，广东人民出版社，2019。

宋都比较罕见。韩丁在《宋末潮州人民抗元斗争述略》中引用了《莆田玉湖陈氏家谱》中关于张世杰护卫紧急即位的宋端宗赵昰的兵力描述——"为数只在万人左右"①。随后张世杰却敢于围攻蒲寿庚的泉州，必然是得到了许夫人等其他军事力量的支援。而许夫人能够迅速拉起一支至少能够与蒲寿庚私人军队相抗衡的队伍，一则不可能仅是临时招募的畲族人，若作为其丈夫商队的护卫力量，与蒲寿庚的私人军队性质相似，或更加顺理成章；二则张世杰进攻泉州，并在无法攻克时"乃掠其舟并没其赀"，若有当地的武装力量配合，以1万人左右的军队能够取得这样战果似乎更加令人信服。

无论如何，许夫人抗元的事迹，在广东历史上都留下了不可磨灭的一笔。此后民间自发为许夫人建立祠堂，"土人义祀之"，每逢元宵节都有汉族人来祭奠，反而畲族并没有祭奠许夫人的传统②。同时，令人感到不解的是，明朝统治者却把许夫人的祠堂定义为"淫祠"，不让祭祀，并把祠堂毁坏了③。从明太祖朱元璋时起就因为蒲寿庚降元，禁止蒲姓人读书入仕，但许夫人是抗元英雄，理应得到祭祀与宣扬。笔者认为，给予"淫祠"的定义或与明朝嘉靖年间的海禁有较大关系。据史料记载，定义许夫人祠堂为"淫祠"的是嘉靖初年任广东督学的魏校（后官至太常寺卿掌祭酒事，即负责皇族祭祀的官员）。从1523年（嘉靖二年）开始，因为浙江的"争贡之役"和广东的"西草湾之战"，全国只留下广东市舶司，开启了广州第一次官方确定的"一口通商"。在这样的背景下，魏校此举意在遏制其他地区，尤其是出海大户泉州、潮汕的海洋经济与海洋文化。这也从另一个角度为许夫人是海商许文青的妻子，以及明成祖永乐年间被加封"水部尚书、镇海王"陈文龙的女儿，提供了一层佐证。

---

① 《潮汕人物辞典》，广东人民出版社，2019。
② 白冰、张镇升：《论潮州对许夫人的超族属信仰》，《五邑大学学报》（社会科学版）2014年第2期。
③ 温廷敬：《大埔县志》，1944。转引自白冰、张镇升《论潮州对许夫人的超族属信仰》，《五邑大学学报》（社会科学版）2014年第2期。

二是"元军屠潮州"。南宋末年,摧锋军将领马发带领潮州军民镇守潮州,元军历经三次才彻底攻下。潮州城破后,马发全家殉难,元军将领唆都悍然下令屠城,"焚民室庐,火焰亘天,城中居民无噍类"①,"元唆都屠城时,传闻仅逃三人藏于巷中,故后人取以名其巷:不见唆都屠城时,滔滔漂杵血流红。三家巷口留遗念,记取胡元一劫中。"②许氏族人以其英勇不屈、敢于抗暴的精神,在中国历史上留下了浓墨重彩的一笔。

6.3.2 隐忍五百年——许家以商再度崛起

许氏族人防守家园,而惨遭屠杀。但许氏族人的精神没有因此泯灭,而是随着逃出生天的人们延续了下来。终元一朝,许氏族人始终隐姓埋名,直到明朝初立才重新走上历史舞台。根据《潮汕人物辞典·古代卷》的记载,明、清一朝,许氏族人还是以考取功名、入仕作官为主,且大部分都在广东任职③。直到乾隆年间,一位名叫许永名的人来到广州,这个潮汕的名门望族,才迎来自己隐忍近五百年(1278~1760年)后的真正再次崛起。

许永名即许家在广州第一代富商许拜庭(原名许赓扬,字拜庭④)的父亲。但许家在许永名这一代,不仅不富裕,反而有些潦倒。1780年(乾隆四十五年)前后,许永名在广州患病离世。因没有留下什么产业,所以其在广州娶的妻子黄氏带着许拜庭等三个孩子回到了许永名的老家,即今汕头市著名的旅游景区——"沟南许地"。当年的"沟南许地"还是一片杂居村寨,人多地少,生活艰难。黄氏在发现了许永名竟然在老家还有结发妻子⑤,她无法继承祖业之后,只能带着孩子们返回广州。广州虽然是黄氏的

---

① 汪廷奎:《南宋广东摧锋军始末》,《岭南文史》1988年第1期。
② 韩丁:《宋末潮州人民抗元斗争述略》,《汕头大学学报》1990年第4期。
③ 汕头市潮汕历史文化研究中心主编《潮汕人物辞典·古代卷》,广东人民出版社,2019。
④ 刘正刚、张启龙:《嘉道时期广州高第街许氏房产契约研究》,《广东社会科学》2019年第2期。
⑤ 黄蓉芳:《落户高第街200年·许氏家族传奇迭现》,《潮商》2013年第1期。

娘家，但孤儿寡母的，肯定免不了乡亲邻居的白眼。在许拜庭13岁的时候，一位舅舅伸出了援手，推荐他到盐号里当帮工。生活的窘迫让小小年纪的许拜庭非常珍惜务工赚钱的机会，努力工作一段时间之后就能够担当出海购盐的重任了。上文多次谈及，出海贸易是一本万利的好生意，但由于古代的船只都是木船、导航设备落后，路途往往非常凶险、九死一生，因此年纪轻轻的许拜庭能够随船出海，足以证明老板对他的信任。

机遇总是留给有准备的人。某一年许拜庭随船出海时，在回程途中遇到了非常猛烈的台风。清朝乾隆年间的木船，肯定是没有任何抵御台风的能力的。而许拜庭所在的这艘船，竟然穿越台风，安然抵达广州。台风过后，广州市面上一片萧条，由于其他盐商的船只都在台风中受损，因此许拜庭的老板取得了近乎垄断的地位，大赚一笔。许拜庭也因为敢于与台风搏斗的英勇表现和奇迹般的运气，在广州商界名声大噪。一段时间后许拜庭与弟弟许赓荣另立门户，逐渐成为广州盐业界的佼佼者。

许拜庭不仅在商界充分展现了自己敢为人先的精神底蕴，在"商而优则仕"方面，更是展现了许氏族人代代延续的深谋远虑与政治眼光，以及敢于创新、敢于跨界的精神底蕴。1810年（嘉庆十五年）前数年，许拜庭屡次就抗击海寇一事向历任广东官员提出建议，并回到老家潮州，招募"少年万人"成立乡军，斥巨资建造红单船、燕尾船[①]。其中红单船是广东民间经营对外贸易的大货船，船大坚固、速度较快、抗风浪性强，每艘可安炮二三十门。嘉庆年间与此后的道光、咸丰年间形势完全不同，由于闭关锁国叠加无外敌入侵，清廷保持着对各地的完全控制，并没有咸丰年间那样因内忧外患而组织乡勇、放军权给汉族官员的必要。因此，在嘉庆年间组织过万人的乡勇，在大部分地区仍处于海禁期间大量建造具有超强火力的战船，实属敢为人先。据《龚自珍全集》记载："其年，败贼于大洋；明

---

① 龚自珍：《龚自珍全集·上册》，中华书局，1959。转引自刘正刚、张启龙《嘉道时期广州高第街许氏房产契约研究》，《广东社会科学》2019年第2期。

年，盗魁自缚献百数。文敏（即时任两广总督百龄）爵轻车都尉，粤遂平，实嘉庆十五年某月也。"同时该书还谈到广东肃清海面之后大量进口洋米，"由是粤虽恶岁，米直平，许君之策也。"随后浙江闹饥荒，清朝官员推广了广东的经验："大吏召台湾米，由海入浙境。"①许拜庭所提的建议和通过粮食贸易解决饥荒在一定程度上宣告了自1757年（乾隆二十二年）以来严格海禁政策的实际结束。此后，在1824年（道光四年），时任两广总督阮元向皇帝呈报了以"洋米"为题的奏折，明确提出："准令各国夷船如有专运米石来粤……进口时照旧免其丈输船钞……似于便民绥远，均有裨益。"②粤商在农业经济与贸易上的敢为人先，反哺了农业的"先天不足"，在一定程度上为解决中原自秦朝以来长期面临的饥荒问题提供了新的路径，进口"洋米"自此逐渐开始向全国推广。

商业上的成功与积极参与地方管理事务，使得以许拜庭为首的许家从盐业界起步，逐步拓展其商业版图，逐步巩固在广州的商业地位。因1810年剿匪有功，清廷给予许拜庭议叙"府同知"加一级（即考核考察后任职，清朝时多用于"同进士"出身，朝廷赐予而非通过科举考试考取的官职），继而又获得了"晋封中议大夫"的奖赏。中议大夫在清朝时为从三品官员，虽然是闲职官员，但与光禄寺卿、太仆寺卿等"六部九卿"中的主要官员已经平级，与掌握地方经济实权的都转盐运使司运使等也是平起平坐。笔者推测，嘉庆皇帝一口气为许拜庭封了这么高的官职，一则是因为他确实剿匪有功；二则或因长期的"一口通商"，到嘉庆年间十三行在广州对外贸易中形成了垄断，需要拉拢更多商人与之抗衡；三则是当时鸦片走私愈演愈烈，如此大股的海寇或与鸦片走私有关。鸦片在明清两朝从无到有，再到形成全世界规模最大的鸦片"瘾君子"群体，让走私鸦片成为

---

① 龚自珍：《龚自珍全集·上册》，中华书局，1959。转引自刘正刚、张启龙《嘉道时期广州高第街许氏房产契约研究》，《广东社会科学》2019年第2期。
② 张鉴等撰，黄爱平点校：《阮元年谱》，中华书局，1995。

比做正当的茶叶贸易还要暴利得多的"生意"。特别是乾隆末年颁布"外商禁步令"之后，走私鸦片的"幕后老板"更多是荷兰和英国的东印度公司，他们在 18 世纪末到 19 世纪初以澳门为基地，19 世纪 30 年代之后以伶仃岛为基地，年走私数量从 1805 年（嘉庆十年）的 3000 箱左右，到了 1839 年（道光十九年）激增到 4 万箱[①]。嘉庆皇帝及广东的官员应当也看到了这一点，所以高规格加封许拜庭，推动其成为抗衡十三行、维护海面稳定的典型。

许拜庭在培养后代方面充分体现了他出身书香世家、驸马大族的优势，家中读书入仕、出将入相、接续发展之人延绵不绝。他的儿子之一许祥光，1832 年（道光十二年）高中进士，历任广西按察使（加布政使衔）、广西盐道等职务，位列三品。在第一次鸦片战争后，为对抗英国人对九龙半岛的觊觎，许祥光与父亲一样，不断向广东官员提出练兵和修筑堡垒的建议，并捐款捐物数万元（墨西哥银元，相当于一万两白银左右），修建了著名的九龙城寨，可谓"上阵父子兵"[②]。九龙城寨直到香港回归前，都是一块被英国割占而仍是中国行使领土主权的地方，身份非常特别。1849 年（道光二十九年），面对英军纠集大批军舰云集珠江口，提出进入广州城并在广州租地的无理要求，许祥光在父亲的支持下，会同广州的爱国士绅，在广州召集超过 10 万人的团勇，聚集大量钱物，并代表广州士绅和商界致信英军统帅[③]，要求英军停止非法行径，得到了广州市民的拥护。香港总督、英军司令文翰慑于广州军民的威势，不得已在洋行门前贴布告："严禁英人入城"。许祥光此举与父亲在潮汕老家征发大批乡勇应

[①]〔澳〕杰克·特纳：《香料传奇：一部由诱惑衍生的历史》，周子平译，三联书店，2007。
[②] 中国第一历史档案馆编：《鸦片战争档案史料·第 7 册》，天津古籍出版社，1992。其中关于道光二十九年三月，两广总督徐广缙在奏folosing折中说："练勇以防夷，实该道许祥光一人之力……（许祥光）二十一年捐输防夷经费，奉旨赏戴花翎。二十七年捐建九龙城寨经费。"
[③]《筹办夷务始末·卷 80，道光二十九年四月》，中华书局，1964。转引自刘正刚、张启龙《嘉道时期广州高第街许氏房产契约研究》，《广东社会科学》2019 年第 2 期。

对海盗有异曲同工之妙，充分反映了父子二人在敢为人先精神方面的一脉相承。

以许拜庭、许祥光为首的广州许氏族人，以敢为人先、敢于斗争的精神，赢得了商界的声誉，更赢得了清廷的嘉奖与庇佑，稳定了家族的财富和社会地位。自许祥光以后，除了家族生意长盛不衰之外，许拜庭的孙子辈亦是人才辈出，打破了名门望族三代而衰的所谓"惯例"：许礼光儿子许应骙，官至从一品的礼部尚书、闽浙总督，是许氏族人中的最高官员；许祥光之子许应锵，虽最高任职为道员（介于省与府之间的官员），但继承了祖父敢于斗争的精神，在中法战争期间协助练兵，仅10日便筹得练兵费用白银数十万两；许祚光之子许应鑅，官至浙江布政使、护理浙江巡抚等职，在任江苏按察使期间平反百余件冤案，被老百姓誉为"许青天"。

其中，最为有意思的是许应骙。他在戊戌变法中顽固守旧，坚定站在慈禧太后等守旧派的一边，与同为广东老乡的康有为、梁启超等维新派"斗争"，但在慈禧太后于1900年（光绪二十六年）向西方十一国宣战之时，选择了"不斗争"，参加时任两广总督李鸿章倡议的"东南互保"。许应骙此时并非不敢打仗或者不想打仗，而是深知慈禧太后只是为了独揽大权、以一己私利而发动对外战争，敢为人先地选择了"务实"，保全自己任职的闽浙两地免受战火波及。

6.3.3 开枝散叶广——近代广州第一家族

许拜庭带领许氏族人在广州不断积累声望与财富，因而另辟"许地"，成为家族的一个必然选项，这就有了高第街"许地"的诞生。

今天的高第街，是广州著名商业街区北京路的一条支巷。从20世纪80年代作为广州市第一个工业品市场起步，历经几十年的发展，已经成为全国知名的"内衣一条街"，每天人流如梭，端着奶茶、嚼着口香糖的"俊男靓女"在古老的高第街牌坊内外来来往往，极具岭南特色的骑楼默默注视着高第街数百年的风雨变迁（见图6-1）。

图6-1 改造前的高第街

资料来源：《广州1980：30年前的爸爸，可比你现在潮多了！》，https://www.sohu.com/a/239937723_430226。

在许氏族人正式于高第街置业前，高第街已经是著名的商业聚集地与商人聚居区。据相关史料记载，高第街在两宋期间已粗具规模[①]，明朝中叶就已经比较发达[②]，但仍属于广州城墙外的街区，类似于著名的西关。而直到1565年（嘉庆四十四年）广州提督吴桂芳第二次修筑南城，高第街才正式成为南城的中心区域。近代以前广州曾经两次修造南城，第一次是906年（唐昭宗天祐三年），时任清海军节度使的刘隐（刘䶮之兄）修筑南城，嘉靖年间为第二次。吴桂芳修筑广州南城，主要出于军事考虑，保护当时已经比较繁华的文德路、北京路、起义路、解放南路、大德路和状元坊等地（均为今名）不受海盗的侵害。他在《议筑广东省会外城疏》中提到"广东省城正南、归德等门外，壕畔、高第、卖麻等街，商民绸缪，财

[①] 张升所书《卧云张公彦墓表》："张之先家曲江，唐相九龄之裔。至宋，有子颐者以事迁广城高第街。"转引自林声渊、吴宏岐《广州历史上的新南城及其形成原因探析》，《城市学刊》2022年第43期卷1。

[②] 郭棐著、黄国声等点评，《粤大记·下册》，中山大学出版社，1988："（顺德人李孔修）侨居广州之高第街……"。转引自刘正刚、张启龙《嘉道时期广州高第街许氏房产契约研究》，《广东社会科学》2019年第2期。
屈大均所著《广东新语》："车由城南至藩台，观者数千万人，图其貌者以百数十计。"即：乘车从广州南城到广东布政史司（今越华路），看街道上人潮汹涌。转引自林声渊、吴宏岐《广州历史上的新南城及其形成原因探析》，《城市学刊》2022年第43期。

货集聚……城南郭外，正诸商贸易之区，生民之凑集如云，财货之集聚满市，真一省丰阜之最"①，可见当时高第街及附近街区的繁华。清朝以后，高第街延续了明朝的繁盛，著名盐商潘仕成、李念德等均为高第街大户②，许拜庭获得商业和政治上的成功之后，到高第街置业自然成为首选。

许家在高第街置业的逻辑与其他大户有着显著不同：一是许家买房都是连片式的，显示了这个家族的团结；二是与许氏族人获得政治上的表彰与封赏正相关，1808年（嘉庆十三年，许拜庭首次获封赏③）、1828年（道光八年）与1832年（道光十二年，许祥光中进士）均出手置业；三是以逆向思维置业，上文谈到在"五口通商"代替了"一口通商"之后，广州逐渐失去了往日的辉煌，很多粤商奔赴十里洋场，但许家仍坚持在广州，并且于1846年到1849年陆续买下了破产的倪家（倪衡斋家族）、李家（李念德）的房地产。至今仍镶嵌在许氏家庙的《拜庭许大夫家庙碑记》中明确写道："顾蓄志已久，而得地甚难。"许氏族人在高第街持续经营百余年，终于成就了远近闻名的广州"许地"，与汕头的"沟南许地"遥相呼应。

广州"许地"连片成面，为许氏族人提供了足够的遮风挡雨庇护地。许家确实从高第街走出了一大批优秀儿女。

许广平，中国著名的社会活动家、现代作家、文坛巨匠鲁迅先生的夫人，新中国成立后历任政务院副秘书长、全国人大常委会委员、全国政协常委、全国妇联副主席、中国民主促进会副主席、全国文联主席团委员等职务。许广平是许应骙的孙女，但在她出生的时候，父亲许炳枟这一支家道中落，因而父亲就敢为人先地让许广平上学堂、读书、学官话，培养出

---

① 陈子龙等：《明经世文编·卷三百四十二·吴司马奏议》，中华书局，1962。转引自林声渊、吴宏岐《广州历史上的新南城及其形成原因探析》，《城市学刊》2022年第43期。
② 刘正刚、张启龙：《嘉道时期广州高第街许氏房产契约研究》，《广东社会科学》2019年第2期。
③ 刘正刚、张启龙：《嘉道时期广州高第街许氏房产契约研究》，《广东社会科学》2019年第2期。

了一位优秀的女性。许广平与鲁迅结缘竟然是因为许应骙。鲁迅年轻时酷爱维新书籍，被家中顽固派叔祖发现后，罚他抄写许应骙驳斥康有为的《明白回奏折》[①]。没想到多年后鲁迅竟与许广平结为伴侣。鲁迅笔耕不辍，生活却很拮据，幸亏有许广平这位家道中落的大家闺秀，方能勉强度日。

许崇清，三次出任中山大学校长的著名教育家。许校长在留日期间就加入了孙中山领导的同盟会，曾休学回国参加辛亥革命，后筹备国民党"一大"，是孙中山先生确定中国国民党"联俄、联共、扶助农工"政策的"历史的见证人"（廖承志语）。在中山先生逝世之后筹备中山大学，并于1931年、1940年、1951年三度出任校长。许校长出身名门，参加革命功勋卓著，成为新中国高等教育事业的奠基人之一。在子女教育上，他秉承了许家的一贯作风，其后代为新中国的航空航天事业做出了较大贡献：长子许锡振先后担任过中国航空工业设计院副院长、总设计师、总工程师；大女婿朱光亚是中国科协主席、中国工程院院长，"两弹一星"的总设计师之一。许校长完美地传承了许氏家族的精神品质，为国家、为广东做出了卓越贡献。

许崇智，担任过孙中山大元帅府的陆军总长、建国粤军总司令、国民政府军事部长等要职。武昌起义爆发后，任职第10镇（相当于现在的师）第20协统领（相当于旅长）的许崇智在福建发动起义，成为辛亥革命元勋。此后许崇智一直追随孙中山，参加了二次革命、讨伐袁世凯，作为主要成员参加护法运动、讨伐段祺瑞，作为主力部队协助孙中山统一两广、建立广东国民政府（实现了第四次"东南互保"），以及参加平叛陈炯明等战斗，为革命立下了不朽的功勋。此后因"廖仲恺案"，被"结拜兄弟"蒋介石夺了军权，随之淡出国民党政军两界。抗日战争爆发后，许崇智两次拒绝出任汪伪政府的职务，宁死不当汉奸，继承了许氏族人敢于斗争的铮铮气节。

[①] 黄蓉芳：《落户高第街200年·许氏家族传奇迭现》，《潮商》2013年第1期。

许氏族人从乾隆年间到广州，传至许崇清、许崇智的"崇"字辈，已历经五代，累计超过100年。但许氏后人的骨子里，还是代代传承着读书人的基因、传承着粤商敢为人先的基因。典型的事例就是许崇智，在失去军权和政治地位之后，他寓居上海和香港。在寓居香港期间，他重操家族旧业，开了一家同德盐业公司。抗日战争胜利后回到南京，在确认自己无法恢复政治地位之后，他随即去了上海，与居正、吴铁城、戴季陶、陈仪等人合资开办成功贸易公司，自任董事长，设总公司于台北，专事台湾与大陆间的商业贸易。

6.3.4 许家红将军——开启粤商与党同行新篇章

在广西壮族自治区百色市解放街充满岭南风情的骑楼中，藏着一座祠堂式的古建筑，这就是著名的粤东会馆。该馆始建于1720年（康熙五十九年），是粤商在广西重要的驿站。历经三百多年沧桑巨变，它坚实的砖木石结构、栩栩如生的雕塑，仍然透露着当年的繁华和气派。

1929年，邓小平、张云逸等老一辈无产阶级革命家筹备发动百色起义，成立红七军。粤商们听闻此事，主动把粤东会馆捐赠出来，作为起义的指挥所[①]。从粤东会馆的建筑价值来看，历代赴广西的粤商为营建这座会馆花了大量的资金与心血[②]，直接捐赠给起义军或会给建筑乃至百色本地的贸易带来巨大破坏，但当时的粤商们义无反顾，支持革命。红七军亦注重统战工作、与粤商们相向而行，尊重广东商人的风俗习惯，没有对会馆内的摆设做任何改动；注意保护工商业者的正当权利，维护商业秩序，不扰商不扰民。他们的一系列政策和举措赢得了百色各界人士的信任和支持，为后来的根据地建设打下了良好的群众基础。这是粤商与党同行较早的一个典型案例。

---

① 《粤东会馆里的红色记忆》，《经济日报》2021年1月28日，第7版。
② 门超：《百色粤东会馆的建筑艺术设计研究》，《包装与设计》2019年第1期。

在红七军里，其实还有一位粤商后代，他就是许卓。许卓，原名许崇耆，又名许倬，生于1907年，1934年壮烈牺牲。他出生于许氏家族五宅，是许祥光的曾孙。祖父许应镕，1879年（光绪五年）中举人，未做官，曾出任广州禺山书院负责人，桃李满天下。许应镕有一子一女，子许炳蔚，女许炳晖（又名许影波）。许卓是许炳蔚的独子。由于两代单传，加上家境富裕，许炳蔚对许卓宠爱有加，雇用了三个工人来照料他的起居饮食，甚至"天天轮流抱着，一刻也不舍得放到地上"。① 而就是这样一位高第街"二世祖"（粤语中对富家纨绔子弟的称呼）候选人，却毅然走上了艰苦卓绝的革命道路。

成为"猛将"。在许卓14、15岁的时候，许崇智已经权倾广东，因而许卓成为许司令选中的族人兄弟之一，东渡日本到日本士官学校学习。十月革命一声炮响，在全世界无产者中掀起了巨大的波澜，共产主义思想深深地影响了许卓，使其成为一名热血革命青年。1923年许卓学成回国后，拒绝了许崇智到粤军任职的邀请，而把自己家当作谈论革命的"大本营"，终日与他的姑姑许影波和另外一位族兄探讨革命真理。许影波回忆说："他当时已长得很英俊魁梧，模样挺像后来日本战后崛起的电影明星宝田明……许卓除了外貌上显得老成持重、英气勃发外，还显露出相当的成熟……处处表现出思想与行动的'领袖人物'气概。"② 许卓于1924年春国共两党第一次合作时秘密加入了共产党，按时间推算，这一年他才19岁。此后，他远渡重洋到法国勤工俭学，在巴黎结识了周恩来、邓小平等同志，并致力于研究工人运动。1926年春赴苏联考察，同年夏天回到广州③。回穗后，他又毅然拒绝了许崇智邀请担任副官、月薪300元的委任，直接到叶挺独立团去当了一名排长。在北伐战争期间，他参加了汀泗桥、贺胜桥、

---

① 伊妮，高第街的失踪者——《千秋家国梦》，《南风窗》1995年第3期。
② 伊妮：《高第街的失踪者——《千秋家国梦》，《南风窗》1995年第3期。
③ 钟春林：《"对革命有功的优秀干部"许卓》，《广东党史》1996年第2期。

攻克武昌等恶战，成为北伐军中的一位"猛将"。此后奉命调到上海党中央军事部工作[1]。

广州起义。蒋介石发动"四·一二"反革命政变后，许卓受党的委派前往广州筹划起义。到了广州以后，张太雷任命其为工人赤卫队长[2]。许卓延续了许氏祖辈善于聚众成军的基因，与许拜庭、许祥光一样，在短时间内就秘密组织发展了工人赤卫队5000多人。许卓与领导广州起义的诸位同志一起浴血奋战，消灭了珠江以北市区的国民党军、保安队和警察武装，成立了苏维埃政权。但随着国民党军主力的回师，起义军很快就被打散，张太雷壮烈牺牲。其中部分参加起义的工人转入广西右江地区，与农民结合进行游击战争。许卓充分发挥其作为广州本地少爷的优势，找到了一条船，带着十几位同志星夜转往香港，保存了革命的火种。

在去香港的船上，许卓激愤地向战友说："革命就要有牺牲，坚持下去必定胜利。风雨同舟闹革命，壮志未酬不回头！"当知道许卓到了香港，年迈的母亲去信让他回家，他给母亲回信说道："孩儿已决心献身报国，家业诸事拜托义姐料理。祝母亲长寿。不肖子阿朝叩首。"充分体现了许卓舍家为国、为革命献身的英雄主义气概[3]。

百色建军。1929年5月蒋桂战争结束后，李明瑞、俞作柏等广西左派军人为对付李宗仁，掌握广西的权力，邀请部分共产党人到广西工作，希望获得中共的支持。在广西发动起义、建立革命队伍的条件越来越成熟。许卓受党的派遣，到俞作柏、李明瑞军中任教导队政治教官，开展兵运工作。正当广西革命形势好转的时候，俞作柏、李明瑞不听共产党的劝告，公开宣布反蒋，不战而败，俞作柏出走香港，李明瑞撤至左江龙州。在这种形势下，邓小平、陈豪人、雷经天等加紧了起义的准备工作，立即组织

---

[1] 钟春林：《"对革命有功的优秀干部"许卓》，《广东党史》1996年第2期。
[2] 钟春林：《"对革命有功的优秀干部"许卓》，《广东党史》1996年第2期。
[3] 叶介甫：《许崇智堂侄许卓的革命生涯》，《党史纵览》2013年第11期。

共产党掌握的武装部队，发动南宁兵变[1]。作为百色起义的前奏，南宁兵变使得邓小平、张云逸等党的领导人掌握了一批武装力量。许卓也率领教导队来到了百色，为百色起义奠定了较好的基础。

1929年12月11日清晨，驻城部队2000余人和城内工人、居民、师生、商人、郊区农民等5000多人，在百色城东门广场召开庆祝大会，宣布百色起义胜利和红七军的建立。在大会上，许卓被任命为教导大队大队长[2]。许卓的教导队在民国初期大部分时间为团级单位，人数为500~800人。教导队肩负着训练基层军官和精锐部队的重任，是为"精锐中的精锐"。许卓带来的队伍应是百色起义中的主力部队，他本人同样应具有高超的军事素养，方能胜任教导队长一职。

千里跃进。从百色起义到建立左右江革命根据地，再到红七军历经千里转移与红一方面军汇合，其间三个关键时刻，许卓以大无畏的勇气、敢为人先的战略眼光拯救了红七军。第一次是在百色起义后不久，红七军主力开赴右江下游，土豪劣绅勾结土匪2000余人进攻百色的关键时刻，许卓率教导队300多人击退了敌人的进攻，保卫了百色城，显示了其过硬的军事能力。第二次是在1930年10月，面对中央代表邓刚要求红七军进攻柳州、桂林甚至广州等大城市这一不切实际的要求，许卓果断支持邓小平抵制进攻大城市的错误意见，统一了全军的思想。许卓在邓小平赴上海向党中央汇报后，接任红七军政委[3]、前敌委员会书记[4]，与红七军总指挥李明瑞一起指挥部队突围。第三次是1931年3月，许卓在身患疟疾的情况下，凭借着顽强的革命意志，利用雾天与李明瑞一起成功率部突出了国民党军蒋光鼐、何健部绝对优势兵力的包围圈，并连续攻克茶陵、安仁、攸县、遂川四个县城，在与中央红军会师的同时配合取得了第二次反"围

---

[1] 藏修臣：《邓小平史诗》，中央文献出版社，2006。
[2] 钟春林：《"对革命有功的优秀干部"许卓》，《广东党史》1996年第2期。
[3] 钟春林：《"对革命有功的优秀干部"许卓》，《广东党史》1996年第2期。
[4] 叶介甫：《许崇智堂侄许卓的革命生涯》，《党史纵览》2013年第11期。

剿"的胜利[1]。

壮烈牺牲。1931~1933 年的一天，广州高第街突然来了两个极其狼狈的不速之客，径直找到许卓的母亲，直呼："二奶奶，我们见到了少文官！"[2] 少文即许卓的字，"官"即广州对有头有脸人物的尊称。原来这是两位国民党军官，在江西"剿共"战场被红军俘虏，却见到了久违的故人。后来，他俩被放回来了。史料中并无明确记载许卓与这两位放归的国民党军官有什么关系，但伊妮在《高第街的失踪者——〈千秋家国梦〉选载》一文中通过两人的自述认为是许卓放归了两位故人，因而带着感情写下了这样的文字："可见许卓不但是一位刚强勇猛、视死如归的红军高级将领，而且是一位重感情的革命者。"

1931 年 10 月，因"肃反"扩大化，许卓被免职审查。他忍辱负重，坚信真理，撰写了《为中华苏维埃而战斗》一文，最后一句话是："团结起来，胜利永远属于中华苏维埃。"这篇文章在红七军将士中广为传阅[3]。许卓坚定地对"审问"他的人说："我虽出生在没落的封建大家庭，但我是经过革命战争洗礼的共产党人。"[4] 说起家庭，他或许想起了自己年事已高、无依无靠的母亲；或许正是对母亲的思念给予了他动力，让他渡过难关，于 1932 年 3 月解除审查。

许卓恢复工作后，立即投身革命工作。在 1932 年 6 月后，他先后担任红五军团第十五军参谋长、红军总司令部参谋处长和作战局局长。他协助周恩来、刘伯承同志组织了宜黄、乐安等战役，为取得第四次反"围剿"作战胜利做出了重要贡献。许卓因此深受周恩来等首长的器重，当选为第二届中华苏维埃代表大会的代表。1933 年冬天，面对国民党军来势汹汹的第五次"围剿"，许卓毅然担负起赴前线检查团团长的重任，到力量薄弱的

---

[1] 钟春林：《"对革命有功的优秀干部"许卓》，《广东党史》1996 年第 2 期。
[2] 伊妮：《高第街的失踪者——〈千秋家国梦〉选载》，《南风窗》1995 年第 3 期。
[3] 叶介甫：《许崇智堂侄许卓的革命生涯》，《党史纵览》2013 年第 11 期。
[4] 钟春林：《"对革命有功的优秀干部"许卓》，《广东党史》1996 年第 2 期。

第三军分区开展工作。1934年3月4日,许卓带着参谋和警卫员赴国民党军和大刀会活动最猖獗的帽村检查防务。大家都劝他不要去,太危险,他坚决说道:"我在广州暴动时,差不多死过一回了,再死一次也不怕。"然而就是在这次检查时,他们遭到了国民党军便衣队和大刀会数十人的袭击,许卓等人奋起反击,却因为敌众我寡,全部壮烈牺牲。来自广州高第街的"许大少爷",为了自己毕生的革命理想,把生命定格在了27岁。1944年,中共中央决议称许卓是"对革命有功的优秀干部",给予了极高的荣誉。

7 南海磅礴创新章

大航海时代，欧洲人开始全面走向大洋，并把他们一直崇尚的暴力、掠夺带到了全世界。唐朝盛世以来的陆海丝绸之路，从长安、洛阳到幼发拉底河、底格里斯河"两河流域"的璀璨文明，因为一次一次的战争与"闭关锁国"走向衰落，直至君士坦丁堡的陷落，明清的"闭关"把宽阔的印度洋变成了狭窄的"小河沟"。不可能自我诞生近代文明的美洲土著秩序，被来自欧洲的新火枪和新病毒冲击得支离破碎，却孕育着新的工业文明。

粤商在这样的历史大潮下，也迎来了"黄金年代"。他们坐享"一口通商"的垄断性待遇，在"茶叶世纪"中背靠世界最大的茶叶生产基地，面向整个欧洲市场，先后涌现了第一位世界首富——潘振承、第二位世界首富——伍秉鉴，以及众多巨商富豪。在明清两朝数百年的岁月，无论国内和世界风云如何变幻，粤商始终坚持传承与践行敢为人先的精神，行荒无人烟之新路，为他人所不敢之事，终铸辉煌。

7.1 粤商第一位世界首富——潘振承

> 河洲卜筑园林胜，
> 一路松阴到画堂。
> 花竹微云清自媚，

琴樽小雨淡生凉。

这首诗是黄培芳所写的《河南访潘伯临比部园林》，描绘的正是潘家在广州河南（即珠江南岸，海珠区西北部）的"南墅"①大宅，作为别院的"南墅"与城西荔枝湾的海山仙馆、花地的潘家花园东园，以及后世的潘长耀宅邸统称为"潘家花园"。粤商潘振承及其后代们，就是在这里起居生活、言商论贸、流连赋诗的。而"南墅"与海幢寺非常近，步行仅需5~10分钟，这或与当年外商喜欢到海幢寺等地游玩，以及之后的"外商禁步令"有关系。至晚在1793年（乾隆五十八年）后，广州当地官员就把陈家花园和海幢寺确定为外商外出活动的唯二地点，这两个地点大概率是因为这里本来就是外商集中活动的地方。潘振承于1776年（乾隆四十一年）开始在仍较为荒凉的河南——海珠区营建"南墅"作为别院②（正宅在十三行所在地黄沙岛），或也作为招待外商的重要场所。正是这一所庭院深深的"南墅"，成就了粤商中的第一位世界首富。

7.1.1　敢为人先，笃守诚信

"粤省地窄人稠，沿海居民大半借洋船为生，不独洋行之二十六家而已……"1757年（乾隆二十二年），回荡在乾清宫内的煌煌圣谕，开启了广州近代最辉煌的"一口通商"时刻。

此前的1720年（康熙五十九年），"约法十三章"的公行制度就已经举行过"歃血"的仪式，此后雍正年间多有反复，最终因为一道谕旨与"洪任辉事件"成就了广州完全的"一口通商"。在1760年（乾隆二十五年）之后，应潘同文行（潘启官为负责人，即潘振承，何西阿·马士记载的Puankhequa）等9家行商所请，分设外洋、本港、福潮三种洋行名目，以

---

① 潘剑芬：《十三行商潘氏家园"南墅"小考》，《岭南文史》2015年第3期。
② 潘剑芬：《十三行商潘氏家园"南墅"小考》，《岭南文史》2015年第3期。

分办欧西、南洋及福州、潮州货税之事。在潘振承成长为19世纪世界首富的历程中，笔者认为，他的诸多优良品质中最核心的应是敢为人先和"笃守诚信"的精神。

潘振承的奋斗史，就是敢为人先的历史。潘振承1714年（康熙五十三年）生于泉州（今属福建省漳州市），即"隆庆开关"时"一口通商"的月港。而随着清朝初年海禁的不断升级，月港无可避免地衰落了，潘振承一家的生活也日渐拮据。因此，在1727年（雍正五年），雍正皇帝颁布了一道与乾隆二十五年截然相反的圣谕："生齿日繁……无田可耕，流为盗贼……惟广开其谋生之路，如开洋一途……其本身既不食本地米粮，又得沾余利"，正式放开福建的海禁。是年，13岁的潘振承毅然挑起家庭的重担，辍学到码头当帮工，因其勤劳肯干，逐步承担舵手的重任。此后他或与苏官（Suqua）和"高佬"（Cowlo）"后复回广东贸易"[1]类似，在1757年（乾隆二十二年）前后"由闽至粤"[2]。与潘月槎的《潘启传略》所记载的"及壮由闽到粤"一致，潘振承大概在40多岁（1757年为43岁）的壮年时，来到了广州。

到广州后，他敢为人先地学习了外语，实现了"夷语深通"[3]"通外国语言文字"[4]，而且据记载，潘振承不仅通晓英语，还能够听、说葡萄牙语和西班牙语，这在当时属于凤毛麟角，甚至现在的商人中都不多见，其胆量可见一斑。而直到清朝末年，很多人连北京官话都不会说。据相关史料记载，光绪皇帝在第一次召见康有为的时候就苦于听不懂康的广东口音，10多分钟就匆匆结束。至于他是如何学习外语的，很多记载认为潘振承是在

---

[1] 梁嘉彬：《广东十三行考》，广东人民出版社，1999。
[2] 《潘氏族谱·潘启官传》，敬能堂。转引自梁嘉彬《广东十三行考》，广东人民出版社，1999。
[3] 《潘氏族谱·潘启官传》，敬能堂。转引自梁嘉彬《广东十三行考》，广东人民出版社，1999。
[4] 潘月槎：《潘启传略》。转引自梁嘉彬《广东十三行考》，广东人民出版社，1999。

滞留吕宋期间学会的，可能源头并非如此，而是潘振承来到广州后在陈姓商人的商行打工，以自己的勤劳、诚信、聪颖赢得了东家的信任，一力承担商行对外事务，直接与在广州的诸多外商接触所学会的。这与潘振承随后的几件大事也有联系，比如三下吕宋、设外洋行（即"十三商馆"）、首用汇票等，都讲究直截了当做生意、亲力亲为办事情，不需要"中间商赚差价"。潘振承学外语，应是其敢为人先精神使然，而非滞留吕宋时的无奈之举。潘振承为自己的商行取名"同文行"，除了致敬自己的家乡之外，或还有"书同文"之意，与他精通外语有一定的关系。

在广州创新精神的鼓舞下，潘振承勇敢地逐浪南海。《潘氏族谱·潘启官传》和《潘启传略》都记载了他三下吕宋的故事，而且是"贩运丝茶"[①]。1727年（雍正五年）荷兰东印度公司决定派船直接到中国买茶[②]，但公行制度下的粤海关，起初依然有诸多限制，无法完全敞开贸易，因而荷兰人还是不能获得足够的茶叶，仍需要继续鼓励中国—巴达维亚—荷兰的转口贸易，直到1740年荷兰人屠杀巴城华人后才逐渐停止。因此，潘振承正是利用这段时间的"不足"，通过东南亚拓展了与欧洲的贸易。笔者在上文分别对"台风"和"明清时的海船"进行了分析。西太平洋的台风，主要策源地就是菲律宾吕宋岛以东500公里左右的洋面，台风每次都要在吕宋岛第一次登陆，然后进入南海，吕宋向来都是勇敢航海者的目的地。清朝前期的海船，依然需要"等风来"，冬天乘北风到吕宋，夏天乘东南风回广州，在天气预报技术尚未出现之时，在台风天航行很难避免，潘振承此时远航吕宋，依旧是大胆之举。

潘振承的成功，主要源于其"笃守诚信"。

对人论义："义"是古代中国人的最高追求之一，"道义""侠义""仗义"等都是出现在文学作品中的为人最高追求。潘振承作为一个商人，却

[①] 潘月槎：《潘启传略》。转引自梁嘉彬《广东十三行考》，广东人民出版社，1999。
[②] 仲伟民：《茶叶与鸦片——十九世纪经济全球化中的中国》，中华书局，2021。

做到了很多饱学之士所无法做到的"义"。潘振承即便不喜欢英国东印度公司，但仍对他的生意伙伴做到了仁至义尽。某年冬天，英国东印度公司大班（即总经理）结束在广州的交易，按清政府的要求前往澳门寄住。在此期间，该大班与葡萄牙委任的澳门总督发生严重冲突，总督欲大兴问罪。潘振承冒着得罪澳门总督的风险从中斡旋，解决了问题①。此后，英国东印度公司更加重视潘振承，将其作为更加亲密的合作伙伴。舍利为义，反而得利。

对利论信：潘振承对合作伙伴采取退赔制度，这亦是国际贸易史上敢为人先的创举。20世纪前半叶之前的国际贸易，一直没有成文的规矩和负责管理的国际机构，因而很多问题难以沟通协调。潘振承打破了"货发不赔"的规矩，仅在1783年（乾隆四十八年）就一次性赔付从伦敦退回的废茶1402箱，价值超过1万元，此后"在行商中退赔废茶成为惯例。"②龙登高等学者认为潘振承此举是"取悦外商"，笔者认为不然。其他行为如取消公行制度，或有"取悦"之意，但赔付不合格、不对板的商品，是当时难得的诚信行商的优良品质。即是在20世纪，在电子商务兴起之前，"三包"（包修、包换、包退）亦很难做到。潘振承敢为人先地做到了这一点，自然获得了外商的一致肯定，甚至追捧——有这么先进的商业规则，为何不与他做生意？因而潘振承的生意越做越大，在1760年（乾隆二十五年）后几乎形成了垄断之势，被选为十三行商总③。

对同胞论情：田中所著《十三行》中曾描"据确实传闻，往日操纵公行之著名人物，即现今洋行行商（潘正炜）之祖父Puankhequa（潘振承），曾游马尼剌（Manila，吕宋首府，今马尼拉），亲睹该地华人被外人虐待种

---

① 龙登高：《广州十三行百年第一人：潘振承》，《清华管理评论》2016年第7~8期。
② 章文钦：《十三行行商早期首领潘振承》，载《广州十三行沧桑》，广东省地图出版社，2001。转引自龙登高《广州十三行百年第一人：潘振承》，《清华管理评论》2016年第7~8期。
③ 张萌萌：《潘振承：十八世纪世界首富》，《国企管理》2018年第13期。

种痛苦，归而以其人之道，还诸其人之身，凡关于外人之待遇，以其至大势力策划于政府，故自前世纪中叶以来，外人特权之限制愈严且酷。"①笔者在上文多处论述了限制外商的原因，必然不是潘振承一家之力能够做到的，而田中之所以如此描述，必然是潘振承在回国后，曾与外人谈及菲律宾华人生活之困苦，因此其对同胞的同情之心、怜悯之意，确实为真。潘振承还始终无视走私鸦片的"巨大利润"，禁售鸦片，每年向清政府缴纳5.5万两税银，还经常捐银助军，最多一次捐献了30万两白银充当军饷②。而潘振承在1753年（乾隆十八年）时，与英国东印度公司的生丝贸易额是20.86万两白银，他的这30万两捐款，相当于捐献了自己数年的利润。可见，他在吕宋的所见所闻，确实给他较大触动，捐赠军费的原因之一或是为了同胞免受欺凌。若只想得到"红顶子"，在当时还有其他更好的渠道。

7.1.2 创新改制，世界首富

潘家究竟有多么富有？根据当时一个与潘家做过生意的法国商人发回《法国杂志》的报道，潘家每年消费多达300万法郎，财产比西欧一个国王的地产还要多。因此，潘振承被《法国杂志》评为18世纪"世界首富"。这个数字虽然略显夸张，毕竟根据《世界经济10000年》的记载，20世纪初成立的法兰西银行，最初资本为3000万法郎；1807年后两年间向工业提供的低息贷款仅为117.59万法郎，仅相当于潘家一年消费的1/3。在世界经济处于相对落后状态、工业革命方兴未艾、国际贸易风险极大的18世纪，能够积累这样的财富，不在各个领域都实现敢为人先、创新改制，实难如愿③。

首倡外洋行。1760年（乾隆二十五年）后，应潘振承等9家行商所请，

---

① 梁嘉彬：《广东十三行考》，广东人民出版社，1999。
② 张萌萌、潘振承：《十八世纪世界首富》，《国企管理》2018年第13期。
③ 〔英〕菲利浦·科根：《世界经济10000年，从石器时代到贸易战争，我们的经济是如何成形》，陈佩榆译，堡垒文化出版社，2020。

十三行分设外洋、本港、福潮三种洋行名目，以分办欧西、南洋及福州、潮州货税之事，"嗣后外洋行商始不兼办本港之事"。外洋行是专业与欧洲商人开展贸易的机构，直接与"十三商馆"建立联系。这是十三行制度的重要变革，亦是中国外贸史上的重要事件。这一变革的重要意义在于取消中间商。

1727年（雍正五年）前，荷兰东印度公司通过巴达维亚、西班牙人通过吕宋等东南亚地方与中国开展贸易，获取丝、茶。1727年后，荷兰人开始直接通过广州和开放的福建等地贸易，但间接贸易依然保留，直到1740年荷兰人屠杀巴城华人才取消。据荷兰东印度公司相关资料记载，这个时期荷兰—中国直接贸易的利润率保持在150%~200%，巨额的利润鼓励双方直接开展贸易。欧洲商人直接到广州的贸易行为，影响了清朝人向东南亚的移民：从17世纪初到18世纪30年代前，因为东南亚的巨大致富机会以及国内的持续海禁，大量华人冲破封锁，移民泰国、菲律宾、印度尼西亚等地。但因东南亚自身市场容量极其有限，1727年的直接贸易中断了他们作为"中间商"的优惠，进而导致了1740年的"巴城屠华"事件，直到广州的外洋行成立后，大规模移民东南亚才告一段落。

能够提出这样划时代的改革建议，一是因为潘振承"夷语深通"，能够直接与欧洲商人洽谈；二是因为潘振承或认为"一口通商"是取消"中间商"的最好机会，这或与他多次到吕宋，找准了取消中间商的契机有关，同时亦是他苦学外语的重要动机。在设立外洋行之后，潘振承的财富之路走上了"快车道"，到1768年（乾隆三十三年）后，他击败竞争对手，开始每年向英国东印度公司交付1000~2000担生丝，并包揽了对英国的茶叶出口，即便价格一降再降，利润依然高达30%[1]。

首用汇票。明清两朝，作为全世界白银的"窖藏"，整个广州的对外贸易都是以白银作为结算货币的，兼取一部分的墨西哥银元，或者其他金属

---

[1] 王丽英：《潘振承的成功之道》，《广东史志》2002年第4期。

货币。无论哪一种货币，在国际贸易中都是个麻烦事，大量占用船只的载重吨位。潘振承或许在他的"南墅"里、龙溪旁苦思冥想，并与他的合作伙伴们深入交流，直到1772年（乾隆三十七年）确定了以英国东印度公司伦敦董事部汇票作为自己的贸易结账手段，成为中国使用汇票第一人①。这是问世最早的信用支付手段之一，见票后12个月付款，无利息。即便在现代，都有很多商人不愿意采用信用支付手段，在当年采用一个完全新生事物进行巨额资金和货物交易，这样的敢为人先精神在当时无出其右！这一年，他用伦敦汇票支付了英国商人该年生丝合约的巨额货款②。这个额度究竟有多大，已无从考证，但可以从1753年（乾隆十八年）潘振承与英国东印度公司的生丝贸易额来推算。当年的交易额为20.86万两白银③，而当年全国的岁入（即财政总收入）为4069万两白银④，潘振承与英国商人仅生丝一项的交易就约占全国岁入的1/200。到19年之后，这个数字只会更多。这样的汇票交易，能够为双方的货船腾出大量空间，大家均获益，受到了交易伙伴的赞誉。

首开互保。潘振承的敢为人先，还在于他敢于在如战场的商场讲仁义。到1776年（乾隆四十一年），在潘振承牵头设立外洋行16年后，潘振承倡议创设行佣基金，又称"行用"，就是从进出口货交易中，按固定价格征收30%，用于各种开支。"行用者，每价银一两抽三分给洋行商人之辛工也。继而军需出其中，贡项出其中，各商摊还洋货亦出其中。"⑤而"行用"最大的作用在于帮助破产商人清还夷债⑥。清朝从朝廷到地方，由于其闭关锁国的基本国策，对欠外债、受外商挟制都是反对的。只要出现商人欠外商债

---

① 张萌萌、潘振承：《十八世纪世界首富》，《国企管理》2018年第13期。
② 王丽英：《潘振承的成功之道》，《广东史志》2002年第4期。
③ 张萌萌：《潘振承：十八世纪世界首富》，《国企管理》2018年第13期。
④ 申学锋：《清代财政收入规模与结构变化述论》，《北京社会科学》2002年第1期。
⑤ 〔美〕何西阿·马士：《东印度公司对华贸易编年史（1635—1834年）》，区宗华译，广东人民出版社，2016。
⑥ 王丽英：《潘振承的成功之道》，《广东史志》2002年第4期。

务的情况，粤海关都会立即启动清债程序。《粤海关志》记载了广东总督给乾隆皇帝的奏折，主要呈报了1780年（乾隆四十五年）行商颜时瑛、张天球破产一事。在谈这个事情的前因后果时，用了"颜时瑛、张天球明知借欠奉有例禁"、"任夷人加利滚算"、"显存诓骗之心"等语句，处理方案就是没收他们的财物，变卖后偿还债务，不足部分让潘振承等"具保商人"分10年偿还。颜时瑛、张天球两人革去职衔，流放伊犁[1]。可见清朝时期的官员对欠外债是多么厌恶。而潘振承动用了"行用"，清偿了外商的债务，维护了广州行商的信用。

包括外洋行、本港行、十三商馆在内的十三行制度，在广州"一口通商"的过程中始终发挥着中流砥柱的作用。而潘振承无疑是行商中的佼佼者，以其敢为人先的精神和笃守诚信的优良信誉，维持着整个广州外贸体系的稳定运转。

7.1.3 守正创新，开枝散叶

> 忠信论文第一关，
> 万缗千镒尽奢悭。
> 聊知然诺如山重，
> 太古纯风美百蛮。
>
> ——潘有度《西洋杂咏·之一》

潘有度，1755年生，又名潘致祥、潘绍光，潘振承第四子，继承父亲的同文行，担任十三行总商，把父亲的海外贸易事业发扬光大，与卢观恒、伍秉鉴、叶上林并称"广州四大富豪"。潘有度在《西洋杂咏》系列共20首诗歌中，把"忠信"作为整个系列开篇第一个词，而且把"诺如山重"

---

[1] 梁嘉彬：《广东十三行考》，广东人民出版社，1999。

作为自己信条。原注写道："华夷互市，以拉手为定，无爽约，即盈千累万皆然。既拉手，名为'奢忌悭'。"①可见父亲的笃守诚信对他的影响有多大。

潘振承在发家致富后非常重视儿孙的教育，后代在政、商、学等各界人才辈出。在对后辈的教育中，既有"守正"的部分，继承儒家学说中的优良传统，情系中国传统文化，重教、崇德、乐善好施；又有"创新"的内容，他们学习新的知识，喜欢和外国人讨论新鲜的问题。比如，《西洋杂咏·之三》中就写到了当时欧美人的一夫一妻制，给妻妾成群的清朝人以极大思想冲击，其他的诗篇亦有大量进步思想、行为的描写。这些"守正"和"创新"的传承，不仅让潘家的辉煌延续超过三代，而且在广州商界掀起了一股"西洋新风"，逐步吹散了萦绕在岭南人头上的封建阴霾，并开启了中国式儒商的先河。

"守正"，子孙入仕者众。潘振承后代中，考取翰林者续有三人——正常、宝鐄、宝琳；举人者有五人——正绵、正琛、正昌、宝珩、博泉；后辈中也有工于书法、擅长诗画、长于鉴赏的，而且留下了不少著作②。其实身有功名的潘家后代不止这几位，还有潘有度，官至翰林院庶吉士；潘有为，潘家第一位进士，官至内阁中书，曾参与《四库全书》的编校③；潘有科，官至兵部职分司员外郎；潘正琛，官至刑部安徽司员外郎；等等。其中，载入《广东历史人物辞典》者更多达20人。其他后代，以贡生为多，是为"买来"的功名。与许家相比，潘家的为官者并不算显赫，于家族生意并没有太大的帮助，甚至潘有为等人属于"玩票"性质，在京为官时与权贵不和，无法升迁，奉父亲之命回到龙溪"南墅"归隐。

潘家后代虽然都是读书人，但入仕均不顺，与潘振承的"守正"教育

---

① 徐晓鸿：《十三行巨贾潘有度诗歌中的西洋风俗》，《天风》2011年第10期。
② 郭展鹏：《试论行商潘氏家族人才特盛的原因》，《广州城市职业学院学报》2012年第6卷第4期。
③ 郭展鹏：《试论行商潘氏家族人才特盛的原因》，《广州城市职业学院学报》2012年第6卷第4期。

有一定关系。一方面，让孩子们遵循当时的主流途径，去考取功名、去入仕为官，正如郭展鹏在《试论行商潘氏家族人才特盛的原因》①中谈到的"自有甘当士人的追求和优越感"。另一方面，不仅是潘振承的笃守诚信品格在后人中代代相传，他的低调、务实也在后代中家家延续。据记载，带来"第二封被误读的国书"的马戛尔尼曾见过潘有度和石中和（另外一位行商，即石鲸官），他发现潘有度不过戴了一个普通的白色半透明的顶子，石中和却戴了个富丽堂皇的水晶顶子。马戛尔尼很快发现了其中的缘由：潘启官比较审慎，而石鲸官很爱炫耀②。后来，石鲸官因挪用英国东印度公司的巨额资金，被官府关进大牢，下场十分凄惨；而在潘有度的尽心呵护下，同文行的生意虽然也时有波折，但多半有惊无险，从未陷入真正的窘境。据何西阿·马士《东印度公司对华贸易编年史（1635—1834年）》③记载，到1829年（道光九年）能清偿债务者只有伍怡和（Howqua，怡和行）、潘同孚（Puankhequa，同文行的继任同孚行）、谢东裕（Goqua，东裕行）三家。同时，潘振承擅长外语，长期与英国人打交道，虽然他并不喜欢英国人，但还是或多或少建立了英国人的思维，练就了他果断、干练、耿直的性格，这里的"守正"，守的是正直、正气、正道。后代带着这样的性格进入清朝时期乌烟瘴气的官场，自然较难受到上司的赏识或重用。

创新，追债到美利坚。及至第三代，即潘正炜继承两代家业后，来华外商尊其为潘启官三世（Puankhequa Ⅲ）。到了这一代，由于家族生意已经十分成熟和稳定，潘正炜有更多时间专注于书画和收藏。据史料记载，他嗜好书画、碑贴的收藏与鉴裁，崇尚苏（东坡）、米（芾）的笔法，精于写小楷，收藏之宏富甲于粤东。同时，他更多地关注慈善救助与保境安民，先后以同文行、同孚行名义周济贫困和报效朝廷，出资白银达100多万两。

---

① 郭展鹏：《试论行商潘氏家族人才特盛的原因》，《广州城市职业学院学报》2012年第4期
② 潘刚儿、黄启臣、陈国栋：《潘同文（孚）行》，华南理工大学出版社，2006。
③ 〔美〕何西阿·马士：《东印度公司对华贸易编年史（1635—1834年）》，区宗华译，广东人民出版社，2016。

1842年（道光二十二年），潘正炜出资26万元（应为墨西哥银元，下同）作为抗英的军资和给英国人的赔款，约占广州资助总额200万元的1/8。而在1849年（道光二十九年），潘正炜与许祥光等广州士绅一道，抵抗英军进入广州城并在广州租地的无理要求。此时，潘正炜出钱、许祥光募兵，一举粉碎了英国人的图谋。这次强力支持地方政府抵御外敌，既是潘正炜延续其祖父潘振承的仁义之心，也是"自断财路"，毕竟潘家一直以英国为商业伙伴，可谓粤商历史中又一次敢为人先。

在自绝于英国人之后，广州又因"十三行大火""五口通商"等事件，不复往日"一口通商"之辉煌。上海开埠之后，大量粤商更是接连北上，广州的贸易越发艰难。在鸦片战争之后，潘正炜自愿歇业，同孚行归潘仕成顶办，并回归"主业"，专做茶生意[1]。

> 在那块神奇的土地上，
> 人生就是闲庭信步；
> 没有痛苦忧伤，没有生活的扰攘，
> 命运的天空里没有凄风苦雨。
>
> ——乔治·N. 赖特在《中央帝国》中
> 描述的广州城郊行商府第

这座府第的主人，就是丽泉行商人潘长耀。据梁嘉彬在《广东十三行考》中记载："潘长耀与潘振承原籍俱系福建同安"。何西阿·马士、小弗雷德里克·D. 格兰特[2]则认为Conseequa（即潘长耀）与Puankhequa（即潘振承）有亲属关系。从潘长耀起家的时间线来看，他应是潘振承的亲属晚

---

[1] 梁嘉彬:《广东十三行考》，广东人民出版社，1999。
[2] 〔美〕小弗雷德里克·D.格兰特:《丽泉行的败落——诉讼对19世纪外贸的危害》，周湘译，《史林》2004年第4期。

辈，至少是同族晚辈。他1794年（乾隆五十九年）开始独立卖茶，时年35岁。潘振承于7年前去世，此时应有部分亲属晚辈陆续分家出来，独立行商，而潘振承在世时，晚辈们自然是奉老太爷为首。潘长耀与其长辈潘振承一样，爱好置地建花园，他的花园成为第一次鸦片战争之后乔治·N.赖特等人竞相游览的"著名景点"。中国垦业银行在1931年发行英国华德路版一元券时，还将他家的园林水榭印在了券面上。

潘长耀继承了老太爷潘振承"夷语深通"的语言能力，不过他学的是法语，英语则比较一般，多与法国人、美国人做生意。他一改其他潘家人低调行事的风格，小弗雷德里克·D.格兰特在文章中谈到，波士顿商人柏金斯（Thomas Handasyd Perkins）的一个代理人说："（潘崑水官，即潘长耀）是一个爱空许诺，临了支吾了事的人，但他腰缠万贯，生意兴隆。赊卖货物时很随意。"[1] 正因如此，美国人才愿意跟"高调"的潘长耀做生意。

进入19世纪后，拿破仑战争、美国经济衰退和"封港令"、西班牙所属美洲殖民地爆发的革命等，都令美国和其他欧洲国家的需求减少，加上通货紧缩、美洲殖民地革命使得金银等贵金属无法到达广州，以及清朝对白银的"窖藏效应"，广州这个重要的贸易港口突然陷入了类似现代的经济危机叠加金融危机之中。而潘振承首用的伦敦汇票，此时依然无法作为一种全球性的结算手段。

由于种种原因，加上经年累月的赊账贸易，美国商人欠下了潘长耀巨额的债务。潘长耀一直通过代理人在美国索要款项，但因远涉重洋，收效甚微。因而他鼓起勇气，敢为人先地给时任美国总统麦迪逊写了一封申诉信。这封信原文标题是《中国广州城行商崑水官的陈情书》，信的主要内容就是要求美国总统勒令商人偿还欠他的债务。几经周折，美国总统历史性地于1814年（嘉庆十九年）收到了来自中国人的一封信件。

---

[1] 〔美〕小弗雷德里克·D.格兰特：《丽泉行的败落——诉讼对19世纪外贸的危害》，周湘译，《史林》2004年第4期。

但这封信大概率是"杳无音信"了，因此潘长耀于1816年（嘉庆二十一年）向美国联邦法院控告费城商人威廉·里德，里德于1805年到1806年签下多张欠款单，此后均无归还①。而在给美国总统写信之前，潘长耀已经于1813年（嘉庆十八年）向纽约州衡平法院控告纽约市的凡宁和柯尔斯公司。到1818年（嘉庆二十三年），法官判决潘长耀可获得104457.91美元的赔偿。但由于审判的拖沓、越洋联络的延误和不熟悉美国司法程序，特别是缺乏国际贸易公平的交易手段和信用系统，法院判决执行无力，潘长耀和他的丽泉行根本拿不到相关的欠款。在来回拉锯之后，丽泉行最终在19世纪20年代倒闭。虽然丽泉行倒闭了，但潘长耀作为潘家的后人，在国际贸易舞台上所展示的敢为人先精神，为近代中国对外贸易史留下了浓重的一笔。

7.2 香山胎记的粤商大姓——唐氏家族

经历"烟火之劫"（鸦片战争和十三行大火）的十三行落幕之后，大批粤商走出广州，北上新开埠的上海，正式走上了中国近代工商业的新舞台。广东人特别是香山人（今中山市、珠海市大部）在上海工商界具有雄厚的实力。近代的香山县，包括今广东珠海市和中山市的大部分。在这块热土上，涌现了一大批近代政界、工商界、教育界的名人，他们带有同样的"胎记"——"香山胎记"。其中，来自珠海市香洲区唐家湾镇的唐氏家族，在各界均创造了中国一大批"第一"，是为粤商敢为人先精神的典范。

7.2.1 唐廷枢：敢为人先典范

唐廷枢1832年（道光十二年）5月出生于唐家湾，1892年（光绪十八年）10月去世。唐廷枢的一生，就是处处闪耀敢为人先精神光辉的一生，

---

① 小弗雷德里克·D.格兰特：《丽泉行的败落——诉讼对19世纪外贸的危害》，周湘译，《史林》2004年第4期。

他在各个领域创造了数十个中国"第一",可谓中国近代工商业第一人。正如他在《瀛海采问》一书的序中写到的那样:"事事以利我国家、利我商民为务"。唐廷枢此言此行,以利国、利民、利商为念,事事争先。

第一部给中国人用的汉英词典。中国古代与近代前期,翻译都是外贸商人的摇篮,唐朝广州蕃坊牙行的翻译如是,潘振承、潘长耀、伍廷芳等近代商人亦然。唐廷枢从香港的马礼逊学堂毕业3年后,就进入港英政府工作。此后,他先后供职于上海海关、怡和洋行等。1863年(同治二年)被怡和洋行正式聘用为买办。

在出任怡和洋行买办的前一年,他写成了一本《英译集全》,并于广州经纬堂付梓出版。通俗而言,唐廷枢写的这本书就是一本汉英词典。世界上第一本汉英词典的编撰者是罗伯特·马礼逊(Robert Morrison),他是一位英国传教士,唐廷枢、容闳就读的马礼逊学堂就是为了纪念他而建的。但马礼逊于1808年编写的《华英字典》主要还是面向英国人的,里面记载了大量中国文化知识,更类似一本百科全书。中国人却无法很好地使用《华英字典》来学习英语和与英美人交流,因此唐廷枢就编写了这样一本书。正如其卷首说明写的那样:"这本书是一个来自广东的作者用广东方言写的,它主要适应广东人和外国人来往、打交道的需要。"[1]可见,这本书就是满足广东人对外交往需要的工具书。《英译集全》的问世,打破了小部分人因为通晓外文所形成的对外贸易事务垄断,几乎每一位识字的人都可以拿着这本工具书与外商交往。唐廷枢的开放思想和包容心态,为其后来接受先进的企业管理思想奠定了基础。

第一家真正意义的现代企业。唐廷枢在进入怡和洋行前,曾在香港做过一段时间的生意。相关史料对他这一段时间的商业活动描述不多,但笔者认为唐廷枢是"遗传"了粤商的投资基因和经营天赋的。刘广京在《唐

---

[1] 邓同莉:《从买办起家的中国第一位近代企业家——唐廷枢》,《江苏工业学院学报》(社会科学版)2010年第11卷第1期。

廷枢之买办时代》中记载：唐廷枢 1858 年在香港开办两家当铺，其后又在上海从事棉花生意，独自经营修华号棉花行。1861 年以后为怡和（当铺）代理生意，前后经营了四年，每年都能赚到 25~45% 的利润[①]。这个业绩，即便是在经济繁荣的时刻，也属上乘，何况是在兵荒马乱的第二次鸦片战争期间（1856~1860 年）。正是因为这样的才干，唐廷枢得到怡和洋行的赏识，正式被聘请为买办。此后直到 1873 年（同治十二年），10 年的买办生涯让唐廷枢进入了上海富商的前列，为其兴办民族企业打下了坚实的物质基础。到 1870 年（同治九年），唐廷枢已经有实力拿出部分资产率先投身慈善，投资创办了上海仁济医院，这是上海第一家也是中国人创办的第一家西医医院[②]，可见唐廷枢此时的经济实力之雄厚。

1873 年（同治十二年）1 月，李鸿章的"轮船招商公局"在上海正式开张。开办之初只筹集到股本 1 万两，经营不到半年便亏损 2.5 万两[③]。在招商局即将夭折之际，李鸿章决定聘请时任怡和洋行总买办的唐廷枢出任轮船招商局总办，以挽救危局。唐廷枢入驻轮船招商局后，充分发挥自己敢为人先的精神，在这个有户部注资的官办企业里大刀阔斧地改革：重新订立《轮船招商局章程》和局规，既把股本定为 100 万两，先收 50 万两，共 1000 股，每股 500 两[④]，确定分步走的招股计划；又把户部所占股份 10 万两确定为"只取官利，不负盈亏责任，实属存款性质。"[⑤]用现代金融的语言来表述，就是户部的投资属于"明股实债"，只取固定收益，无经营权、无投票权。这就大大减弱了政府权力对轮船招商局的干涉，为下一步建立

---

① 刘广京：《唐廷枢之买办时代》，《清华学报》1961 年第 2 期。
② 《人民政协报》，《唐廷枢少年家境贫寒 曾受命开办洋务实业》，中国新闻网，2014 年 5 月 29 日。原文网址：https://www.chinanews.com/cul/2014/05-29/6225104.shtml。
③ 邓同莉：《从买办起家的中国第一位近代企业家——唐廷枢》，《江苏工业学院学报》（社会科学版）2010 年第 11 卷第 1 期。
④ 关庚麟：《交通史航政篇·第一册》，上海出版社，1935。转引自邓同莉《从买办起家的中国第一位近代企业家——唐廷枢》，《江苏工业学院学报》（社会科学版）2010 年第 1 期。
⑤ 夏东元：《晚清洋务运动研究》，四川人民出版社，1985。

现代股份企业制度提供了可能。此后,唐廷枢大刀阔斧进行改革,引入了包括董事会选举、董事任期制、分红付息在内的各项制度。因此,轮船招商局既是中国近代史上第一家轮船运输企业,也是中国第一家近代民用企业,更是中国第一家实行现代企业制度的股份制企业,是第一家官督商办企业,开创了中国股份制企业的先河。唐廷枢的经营和管理具有划时代的意义。从1874年(同治十三年)开始,轮船招商局就开始按照章程派发利息,1874~1882年每年利率为10%~20%,证明了这种模式的巨大成功。

1876年(光绪二年)春,唐廷枢等轮船招商局的决策层经过考虑,与美国的旗昌公司达成了以222万两白银收购其全部产业的协议,既扩大了轮船招商局的业务规模,又减少了一大竞争对手。早在唐廷枢供职怡和洋行之时,就与旗昌公司打过交道,竞争过往汉口的航运业务。当时旗昌公司的管理者F.B.福士在致友人书中称:"在取得情报和兜揽中国人的生意方面,怡和洋行的唐景星(即唐廷枢)乃至琼记的买办,都能把我们打得一败涂地。"[①]可见唐廷枢在经营企业方面确实能力超群。

此后,在当年冬天,李鸿章委派唐廷枢到唐山开平勘测煤铁矿的蕴藏量,从此拉开了他经营中国近代最成功的煤矿——开平煤矿、修筑中国第一条自建铁路——唐胥铁路、建立中国第一个立窑水泥厂——唐山细棉土厂、创办第一家较具规模的保险公司——仁济和保险公司,主持钻探出第一个油井,主持铺设了中国第一条电报线的光辉历程。虽然唐廷枢在全新领域中敢为人先地成就一个又一个的"第一",但基本逻辑还是与轮船招商局一致——在引入现代企业制度、引入现代工业技术上敢为人先,这也成就了其作为中国近代工业化先驱的美名。

中国第一次在公平准则下开展市场竞争。从大航海时代始,直到世界贸易组织(WTO)建立,国际贸易才算摆脱无秩序、无规矩,或以武力建

---

① 刘广京:《唐廷枢之买办时代》,《清华学报》1961年第2期。

立秩序和规矩的局面。从 1840 年到 1949 年这 109 年间，中国的对外贸易始终受制于人，就连清朝时期的海关都由罗伯特·赫德（Robert Hart）这位英国人执掌了 47 年。公平贸易、公正对待、自由竞争，这些词均与积贫积弱的清政府和民国政府无缘。

而唐廷枢治下的轮船招商局，却在 1877 年（光绪三年）和 1883 年（光绪九年）两次与太古、怡和等外资洋行签定了齐价合同。"齐价"的意思就是形成价格联盟，不再竞相降价争夺市场份额，维持市场内经营主体的利润。唐廷枢能够坚持维护自身利益、维护华商利益，与外资洋行形成价格同盟，实属不易。轮船招商局从其诞生之日起，就受到外资轮船公司（当时统称洋行）的联合围剿，"外国侵略者不仅在运费上跌价相争，企图使招商局亏蚀而维持不下去，又对招商局的外洋航运业极尽排挤摧残之能事。"[1] 特别是兼并旗昌公司之后，太古等英资洋行更是故意减"水脚"（即运费），企图与轮船招商局打"价格战"。唐廷枢却"与虎谋皮"，经过艰苦谈判，与约翰·施怀雅（太古洋行大班）签订了合约，即齐价合同，约定分享在长江合伙经营的利润，中方占 55%；此后唐廷枢又以同样的比例与老东家怡和洋行签了约。而到了 1882 年（光绪八年）前后，轮船招商局与外资轮船公司的价格战再启战端，唐廷枢虽在 4 年前远赴唐山创办开平煤矿（此或为价格战再启的重要原因），但唐廷枢创立的现代企业制度仍在轮船招商局发挥着重要作用，因而快速引进了太古洋行的买办——郑观应入局，加上唐廷枢到英国考察后更为熟悉英商的行事风格[2]，两人共同努力与太古、怡和等洋行就北洋（今京津冀一带）、长江、浙江、福建、香港、广东等地的航运事宜，订立了为期 6 年的齐价合同，三家航运企业一起分配利润。

唐廷枢敢为人先地签定齐价合同，以出色的经济外交，平息了新生的

---

[1] 夏东元：《晚清洋务运动研究》，四川人民出版社，1985。
[2] 刘志强：《徐润年谱长编》，北京师范大学出版社，2014。

轮船招商局与太古、怡和等老牌洋行的"商战",确保了轮船招商局的正常经营,保证了1874年到1882年每年利息率为10%~20%,使轮船招商局成为当时中国最优秀的企业之一。合同既定,商战平息,轮船招商局在保住中国内河、近海航运利益的同时,还开始利用清末纷乱间一个难得的喘息期,远航南洋的新加坡、曼谷,美国的檀香山、旧金山,直到首航英国。负责东南亚贸易的怡和洋行买办帕特逊(Patterson)在致其香港的行东(即经理)约翰生(Johnson)的信中,盛赞了唐廷枢主导轮船招商局时的东南亚贸易:"关于南洋轮船生意,值得提出的是:招商局对于他们的船只迄今的盈利,感到非常满意。我听说他们从厦门发出的'末班轮船'(即航运旺季最后开出的船只),一个来回足足赚了1万元。"[1] 唐廷枢带领轮船招商局所取得的成就,令他的外国竞争对手都感到咋舌。而这些成就的取得,无不来源于唐廷枢作为粤商所继承和弘扬的敢为人先精神。

7.2.2 唐绍仪:从总理到县长

1894年(光绪二十年),日本借所谓的"东学党事件"出兵朝鲜。由于袁世凯驻朝十余年一直与日本为敌,日本视袁为其扩张势力的一大障碍,必欲除之而后快。中国驻朝官署被围,情况十分紧急。在7月18日当晚,即中日开战前的一个星期,袁世凯同时收到了李鸿章准其内调的电令和日本人密谋刺袁的情报。唐绍仪求救于英驻朝公使朱尔典,共同策划了一个救袁方案:袁世凯改装易服,从使馆后门出走;唐绍仪身配双枪双刀,骑马护送袁世凯到汉江边,登上朱尔典准备的英国兵舰。这时,距离日本人密谋动手的时间只差十几分钟。这就是袁世凯此后不断提起的唐绍仪腰挎双枪救命之恩。

---

[1] George M. Beckman, "The Economic Development of China and Japan: Studies in Economic History and Political Economy. C. D. Cowan", *The Journal of Modern History*, 1966, 38(4).

唐绍仪，字少川，1862年（同治元年）1月出生于今珠海市香洲区唐家湾镇唐家村。唐绍仪的父亲唐巨川是上海颇具实力的茶叶出口商，族叔正是唐廷枢①。1874年（同治十三年），在唐廷枢的推荐下，唐绍仪成为第三批留美幼童，赴美留学，后进入哥伦比亚大学学习。1881年（光绪七年）6月，唐绍仪被召回国，入天津水师附设的洋务学堂读书，1882年12月作为清政府派遣在朝鲜担任海关总税务司兼外交顾问、朝鲜海关创始人穆麟德（德国人，全名为保罗·乔治·冯·莫伦多夫）的助理，共同赴朝。

以文人之身匡扶朝鲜乱局。赴朝时的唐绍仪，不但年仅20岁，而且从幼年开始一直求学，即便是在天津水师学堂受过军事训练，但也仅有一年左右的时间。而唐绍仪在朝鲜危急时刻表现出来的军事素养，实可用"高超"来形容。

1884年（光绪十年）12月4日，汉城邮政局落成当晚，亲日的"开化党"举行宴会，准备将亲清朝的"事大党"一网打尽，穆麟德也在场。唐绍仪闻讯后临危不惧，立即与人携带武器驾着马车赶到邮政局，护送穆麟德和被刺伤的守旧派大臣闵泳翊回到穆麟德的家中。第二天一早，袁世凯带了200名士兵赶往穆麟德家中，了解政变的情况。在穆宅门口，袁世凯见到唐绍仪持枪守门、器宇轩昂、不卑不亢。是年25岁的袁世凯和22岁的唐绍仪相见恨晚，从此成为至交。此后，唐绍仪成为清政府驻朝的"二号人物"，直至甲午战争战败。

甲午战后，唐绍仪被清政府任命为驻朝总领事，成为第一个驻扎朝鲜的中国外交官。但袁世凯爱惜人才，很快就把他调回自己身边。唐绍仪无论是在山东处理教案，还是维护西藏主权，以及与列强谈判收回天津主权，都显示了敢为人先的精神，创立了"弱国外交"的成功典范。特别是在1902年（光绪二十八年）袁世凯主持接收被八国联军占领的天津之时，唐

---

① 珠海历史名人多媒体数据库转载《民国春秋》的《唐绍仪：从袁世凯拥趸到反帝斗士》，2014年5月20日，http://www.zhlsmrk.cn/zhlsmr/contents/107/2551.html。

绍仪到天津与八国联军先期筹商，力主把军队2000人改组为"巡警队"进驻市区，成功打破了列强关于"在天津周围二十华里内不得驻兵"的无理要求，是为成功接收天津防务的"关键一招"。在武昌起义爆发后，唐绍仪作为时任内阁总理袁世凯的特使，与南方宣布独立的17省代表伍廷芳进行谈判，最终促成了清廷逊位、南北统一、中华民国成立。唐绍仪被临时参议院任命为国务总理，走上了自己的人生巅峰。

以遵守约法力保共和大局。1912年2月15日，根据南北议和达成的协议，南京临时参议院一致选举袁世凯为中华民国临时大总统，但就谁来当总理南北双方又争执不下。同盟会认为总理必须是同盟会员，而袁世凯坚决不允。有"民国产婆"之称的赵凤昌遂建议，这个总理应该是新旧总统交替的一个桥梁，能为孙中山和袁世凯共同信任，唐绍仪最合适，不妨让唐加入同盟会[①]。袁世凯自然对唐绍仪的任命没有意见，问题就在于唐绍仪能不能加入同盟会打破僵局。而唐绍仪秉持敢为人先的精神，主动要求加入同盟会，他的第一届内阁中，总理与9位部长中同盟会会员达到半数，成功完成组阁。

唐绍仪加入同盟会并非偶然。辛亥革命的成功，让唐绍仪在美国求学时种下的"民主种子"开始生根发芽。他在参加南北议和之时，就为革命党人勤俭节约、艰苦奋斗和崇高的革命理想所打动。袁世凯的幕僚在给《泰晤士报》记者莫里循的信中写道："唐绍仪昨天晚上在铁路卧车四号房中剪了辫子。"作为朝廷命官的唐绍仪不着官服，而是一身西人装束，抵达上海。和他形成对照，前来迎接他的伍廷芳，却还穿着中式长袍[②]。这也预示着唐绍仪跟袁世凯最终的分道扬镳。在总理任内，唐绍仪始终坚持按照共和政体和内阁负责制的要求、依照《临时约法》去实施总理职

---

① 珠海历史名人多媒体数据库转载《民国春秋》的《唐绍仪：从袁世凯拥趸到反帝斗士》，http://www.zhlsmrk.cn/zhlsmr/contents/107/2551.html。
② 陈冰：《唐绍仪：〈助推中国民主革命的卓越志士〉》，https://gddazx.southcn.com/node_ad21912ce2/034501d38c.shtml。

能，践行自己的共和理想，发布的每一道政令、实施的每一个举措，都要与《临时约法》保持一致。但一心想独揽大权的袁世凯却对唐绍仪的守法施政越来越不满。直到 1912 年 6 月，袁世凯不承认直隶省议会选举王芝祥为直隶都督的结果，抛开总理附署权另行任命他人，袁与唐的矛盾彻底暴发，唐绍仪愤而提出辞呈，不再与袁世凯合作，成为中华民国第一位辞职的总理。唐绍仪以此敢为人先的壮举，坚决捍卫《临时约法》的尊严和共和制权威。

以敢为人先自降香山县长。与袁世凯分道扬镳后，唐绍仪重拾自己粤商家族后人的传承，到上海创办了金星人寿保险有限公司，自任董事长。他一方面营商，一方面仍热心于政治，盼望实现自己在哥伦比亚大学求学时的心中理想，但坚决警惕袁世凯。1913 年袁世凯纵容部下刺杀宋教仁，唐绍仪予以强烈的谴责，并拒绝袁世凯拉拢其复任北洋政府总理。1915 年袁世凯称帝后，唐绍仪主动参加护国运动，与蔡元培、汪精卫联名致电要求袁世凯取消帝制。此后，唐绍仪追随孙中山，参与了护法运动、成立广东军政府等大事件。但此后唐绍仪认为孙中山的革命过于理想主义，遂拒绝出任孙中山任非常大总统下的财政部长。

为践行自己的革命理想，唐绍仪决定从"小"做起，于 1929 年就任中山县训政实施委员会主席。当时的中山县主要包括今天的广东省中山市和珠海市香洲区，县治拟设在唐绍仪的故乡——珠海市香洲区唐家湾镇。他在就职词中表示要用 25 年的时间将中山县建成与世界大都市相媲美的新型城市，成为"全国各县之模范"[1]。唐绍仪的施政纲领颇具现代格局，主要举措有开辟自贸港、免税区，即把唐家湾建设成为国际无税商港"中山港"；修建国际交通大动脉，即联通欧亚的大铁路计划，以珠海唐家湾为起点，

---

[1] 曹丹龄、蔡如意：《唐绍仪主政"中山模范县"完整规划首曝光：港口免税，铁路环球至巴黎》，南方网，2018 年 5 月 18 日，http：//static.nfapp.southcn.com/content/201805/18/c1180618.html。

通过广州北上至北平（今北京市）、东北等地，穿过西伯利亚到莫斯科，终点为巴黎；开展国际化融资：编印《中山县发展大纲》，散发到港澳和海外，想方设法从各方面筹集资金。在一段时间内，中山县成了"粤中最繁盛之区，收入甚钜"。但这样一个规划，在当时的乱世中依然是"空想"，根本无法实施。而唐绍仪的超前规划，却为后人留下了很多经验，现在珠海和中山的城市建设中有很多唐绍仪"中山模范县规划"的影子。今天我们在全国各地高水平建设自贸区、自贸港，高速铁路四通八达、中欧班列旬日可达，珠海市还是全国为数不多的同时拥有 4E 级国际机场——珠海金湾国际机场、全国沿海最大的港口客运站之一——九洲港和高铁的城市。此盛景可慰先贤！

7.2.3　唐国安：清华首任校长

唐家湾背靠凤凰山，就是唐宋时期"香山"的主脉；东南面向珠江口伶仃洋，天气晴朗时还能够看见香港机场客机起起落落。每到这时，无人不感慨于唐家湾的山川锦绣、人杰地灵，实业先锋有之，国务总理有之，亦有中国近代教育的奠基人之一——唐国安。与许氏家族的许崇清创立中山大学一样，粤商后人、唐廷枢的族侄唐国安躬身入局，参与了"庚款办学"这一中国现代高等教育史上的重大事件，创立了清华大学并担任首任校长。

不求当大官而唯愿做大事。唐国安 1858 年（咸丰八年）10 月生于唐家湾。1873 年（同治十二年），15 岁的唐国安与唐绍仪一道作为第二批留美幼童赴美读书，后进入耶鲁大学法律系学习。1881 年（光绪七年）6 月，与唐绍仪等同时被召回国。此后，与唐绍仪进入政界和军界不同的是，唐国安先到开平煤矿、京奉铁路等处工作，参与实业；后来到上海梵王渡约翰书院任主讲，还担任寰球中国学生会会董，由此进入教育界。在 1905 年（光绪三十一年），他与颜惠庆在上海为《南方报》开辟英文版，主要面向旅居上海的外国人，对租界崇洋贬华的做法给予批评，被誉为"用英文自办日报的先驱，保障国权的楷模"。后唐国安担任寰球中国学生会董事和副会长，发表《劝告中国留学生》一文，疾呼救亡图存。他还加入上海"天足会"，任董事，极力反对妇女缠足，敢为人先地反对封建糟粕、提倡现代生活[①]。

1908年（光绪三十四年），唐国安奉调进京，担任外务部尚书袁世凯的秘书。是年，他开始负责袁世凯的国际采访、对外翻译等事务，并参与了用美国退还的庚子赔款派遣中国留学生一事，参与翻译《派遣游美学生规程（草案）》等文件。与其他人善于在显贵之间钻营、利用袁世凯的权势获益所不同的是，唐国安没有因作为当朝显贵袁世凯的秘书而得益，自然没有受到袁世凯因"足疾"回乡的影响而被免职，使得游美学务处的工作能够延续下来。是年末，光绪皇帝和慈禧太后相继离世，袁世凯作为慈禧太后执政时期的重臣，在服丧时期就开缺回籍。而唐国安在1909年（宣统元年）2月还作为"专员"（即正代表）参与了首届"万国禁烟会议"（International Opium Conference），在最后一天会上用英语发表长篇禁烟演说，得到各界的高度评价。美国《春田共和报》（*Springfield Republican*）还以《中国与鸦片问题》为题刊发了唐国安演说的部分内容，文章的副题是"北安普顿中学毕业生阐述其同胞的苦难"。可见，唐国安潜心于实务，并非只做官不做事。

此后，唐国安成为办理庚子赔款留美事务的专设机构游美学务处的会办，为全职，而周自齐（时任外务部署左丞兼学部丞参上行走）和范源濂（时任学部员外郎）属兼职[②]。唐国安一心扑在游美学务处的工作上，不仅亲自主持考试，并送学生到美国就学，其间还采取了很多创新与变

---

① 孟凡茂：《唐国安先生年谱简编》，清华大学校史馆，https://xsg.tsinghua.edu.cn/info/1003/1266.htm。
② 孟凡茂：《唐国安先生年谱简编》，清华大学校史馆，https://xsg.tsinghua.edu.cn/info/1003/1266.htm。

通的方法，比如"一面在京招考，一面由提学使考选送京复试"，以及由美国基督教青年会负责招聘教师，迅速组建了符合要求的教师队伍。清华学校校医博尔特在1914年2月发表的《北京清华学校》一文中盛赞道："由他（唐国安）主持选聘美国教师足以体现学务处负责人的远见卓识。"及至3年后，清朝灭亡、民国初立，在赴荷兰海牙开会前的唐国安还是清朝官员，1912年3月回到清华园后，周自齐和范源濂均已摇身一变成为民国官员并升迁，而唐国安则继续主持游美学务处工作并着手准备清华学堂的重新开学。是年4月29日，清华学堂重新开学，有360名学生回校[1]。

1913年，唐国安还敢为人先地派出运动队赴菲律宾马尼拉参加第一届远东运动会，开中国学校参加国际竞技之先河。清华学校参赛的6位学生运动员都获得名次：潘文炳夺得个人总分第一名、十项全能第一名、五项全能第二名、跳远第三名，杨锦魁获撑杆跳高第二名，黄元道获高栏第二名，关颂声获0.5英里接力第二名，黄纯道获1英里接力第二名，叶桂馥获880米第三名、1英里接力第二名，一扫"东亚病夫"的阴霾！

敢为人先，王府办学。清华园最早在北京大学西墙外万泉河两岸，这里是明朝万历年间武清侯李伟兴建的"京国第一名园"——清华园。后来康熙皇帝将"清华园"改为"畅春园"，成为西郊第一座皇家园林。1707年（康熙四十六年）康熙皇帝把原清华园北面的一座园林赐给第四子胤禛，他继位成为雍正皇帝后就开始在此大规模营建皇家园林，最终成就了"万园之园"——圆明园。1822年（道光二年），由于清朝国力渐衰、皇族后代激增，皇家既无力维持经营如此庞大园林的开销，又为避免出现明朝后期白银"窖藏"被掏空的困境，把除圆明园、绮春园、长春园之外的其他

---

[1] 孟凡茂：《唐国安先生年谱简编》，清华大学校史馆，https://xsg.tsinghua.edu.cn/info/1003/1266.htm。

园林陆续赏赐给皇族后代。其中，熙春园分为东西两园，工字殿（即今清华大学工字厅）以西部分称近春园，赐给"四爷"瑞亲王绵忻；以东称清华园，赐给"三爷"惇亲王绵恺[①]。此后，近春园于第二次鸦片战争和"庚子国难"两次被波及焚毁，同治年间被拆除；清华园和工字殿逃过两劫，一直在皇族间流转。

在1909年（宣统元年），为做好留学生赴美前的准备，唐国安领导的游美学务处积极筹办"肄业馆"。唐国安选中了清华园作为办学地点。此时的清华园，虽历经惇亲王奕誴、其子载濂和载瀛两代经营后交还内务府，成为一处"废园"，但仍属皇家产业。笔者认为，在最重视"皇家体面"的清朝，唐国安确实做到了敢为人先：一则敢于提出用北京最好的地方之一、皇室的产业来兴办教育，实际上已经打破了自隋朝以来教育和考试只为朝廷选拔官员的窠臼；二则试探清朝最高统治阶层办新学的决心，为中国现代高等教育事业安放第一块基石。

据相关史料记载，唐国安在卸任袁世凯秘书之后，再跟袁世凯联系已是1913年。6月下旬，他为清华学校举行毕业典礼事呈文已任中华民国总统的袁世凯，洋洋洒洒著数百言，邀请袁出席典礼，回忆起"忆斯校之建设，系蒙大总统创意于先，现在诸生学业有成，又属大总统培植于后"，认为"本校为全国英俊荟萃之区，外邦视线汇集之所，关系非浅"。[②]唐国安一手创办的清华，得此自评，实至名归。唐国安本人未就自己的功名禄位找过袁世凯，只因清华大学和中国的高等教育事业。可惜，当时唐国安已身患重病，短短2个月后，溘然与世长辞。

延续粤商"开枝散叶"传统。上文多次论及粤商的"开枝散叶"传统，无论是敢为人先精神还是爱国、务实、开放精神，无论其后代从事哪个方

[①] 孟凡茂：《唐国安先生年谱简编》，清华大学校史馆，https://xsg.tsinghua.edu.cn/info/1003/1266.htm。

[②] 孟凡茂：《唐国安先生年谱简编》，清华大学校史馆，https://xsg.tsinghua.edu.cn/info/1003/1266.htm。

面的工作，都能够找到粤商精神的影子，特别是敢为人先的事迹。粤商精神在代代传承之中，失真较少，传承较长。

唐国安作为清朝和民国的官员、游美学务处负责人和清华学校的校长，本质上还是一位教书育人、培养人才的老师。他选择的第一批留美学生，就有程义法、金涛、梅贻琦、胡敦复等47名，第二批更是群星闪耀，为赵元任、张彭春、钱崇澍、竺可桢、胡适、庄俊、易鼎新、周仁等70名[1]。与容闳选派的詹天佑、唐绍仪等留美幼童所不一样的是，这时清朝政府已无力掣肘留美学生的去留问题，学生们可以安心完成学业、自主选择回国或留在美国。而大部分学生都选择了学成后回到仍战火纷飞、多灾多难的祖国，服务于学术界、教育界、实业界、法政界，成为中华民族的社会栋梁。其中，大批学生追随唐国安老校长的脚步，积极投身新兴的民国高等教育界，梅贻琦后来掌管清华大学，蒋梦麟、胡适掌管北京大学，竺可桢掌管浙江大学，邹秉文掌管东南大学，胡敦复掌管大同大学，另有大批有成就的留学生回国任教。梅贻琦为中国近现代工业和基础学科的发展，聚拢了大批优秀人才，他敢为人先擢拔小学教员华罗庚到清华大学任教，至今为人津津乐道；胡适敢于在封建势力仍非常强大的情况下，毅然倡导"五四"新文化运动；竺可桢则敢于创新，成为历史气候学的奠基人。在校长任上，竺可桢还提出了大学要培养以天下为己任的领袖人才，把这一理念赋予了浙江大学，为国家培养了钱人元、程开甲、胡济民、叶笃正、谷超豪等3500余名高级专门人才。竺可桢与他的引路人唐国安一样成了"桃李满天下"的教育家。

由此可见，粤商敢为人先的精神，是能够代代相传、继承弘扬的。不仅在工商界，在其他领域，敢为人先精神持续激励着粤商及其后代们，以及学生们，在各自领域不断改革创新，成为引领发展的重要力量。历经千

---

[1] 孟凡茂：《唐国安先生年谱简编》，清华大学校史馆，https://xsg.tsinghua.edu.cn/info/1003/1266.htm。

年的传承，粤商敢为人先精神已经在一代一代广东人中，升华成了一种文化底蕴——即广东人在各个历史时期"敢"文化的源头之一。面对百年未有之大变局，"敢"文化必将激励包括新一代粤商在内的广东人，继续勇立潮头，敢为人先！

参考文献

〔澳〕安东尼·瑞德:《东南亚德贸易时代:1450~1680年(第二卷)》,孙来臣等译,商务印书馆,2020。

陈达:《南洋华侨与闽粤社会》,商务印书馆,2011。

〔法〕费尔南·布罗代尔:《十五至十八世纪的物质文明、经济和资本主义(第一卷)——日常生活的结构:可能和不可能》,顾良等译,商务印书馆,2018。

〔法〕沙海昂注:《马可波罗行纪》,冯承钧译,商务印书馆,2012。

蒋廷黻:《中国近代史》,人民文学出版社,2021。

李长傅:《中国殖民史》,上海科学技术文献出版社,2014。

李宏新:《潮汕华侨史》,暨南大学出版社,2016。

李新春:《日本百年老店——传统与创新》,社会科学文献出版社,2020。

梁嘉彬:《广东十三行考》,广东人民出版社,1999。

罗仰鹏:《潮汕人物辞典(古代卷)》,广东人民出版社,2019。

〔美〕费正清、刘广京:《剑桥中国晚清史1800~1911年(上卷)》,中国社会科学院历史研究所编译室译,中国社会科学出版社,1985。

〔挪〕西蒙·哈维:《走私——七个世纪的非法携运》,李阳译,三联书店,2021。

钱穆:《中国经济史》,北京联合出版公司,2016。

全汉昇:《中国社会经济通史》,叶龙整理,北京联合出版公司,2016。

〔日〕杉山正明:《蒙古帝国的兴亡(下)——世界经营的时代》,孙越译,社会科学文献出版社,2015。

(宋)周去非:《岭外代答校注》,杨武泉校注,中华书局,2012。

王孝通:《中国商业史》,东方出版中心,2020。

吴晓波:《历代经济变革得失》,浙江大学出版社,2013。

徐瑾:《白银帝国——一部新的中国货币史》,中信出版集团,2017。

〔英〕崔瑞德:《剑桥中国隋唐史589~906年》,西方汉学研究课题组译,中国社会科学出版社,1990。

〔英〕费正清:《中国沿海的贸易与外交——通商口岸的开埠》,牛贯杰译,山西人民出版社,2021。

〔英〕乔治·N.赖特:《中央帝国》,何守源译,北京时代华文书局,2019。

余媛媛:《斯里兰卡华侨华人口述史》,中国华侨出版社,2020。

张宏杰:《饥饿的盛世——乾隆时代的得与失》,重庆出版社,2016。

张倩仪:《大留学潮》,北京联合出版公司,2016。

仲伟民:《茶叶与鸦片——十九世纪经济全球化中的中国》,中华书局,2021。

图书在版编目(CIP)数据

敢为人先:粤商精神源流/万赫著.--北京:社会科学文献出版社,2023.7
ISBN 978-7-5228-1719-4

Ⅰ.①敢… Ⅱ.①万… Ⅲ.①商业史-研究-广东 Ⅳ.①F729

中国国家版本馆 CIP 数据核字(2023)第 066586 号

敢为人先:粤商精神源流

著　　者 / 万　赫
出 版 人 / 王利民
组稿编辑 / 吴　敏
责任编辑 / 王　展
责任印制 / 王京美

出　　版 / 社会科学文献出版社
地址:北京市北三环中路甲29号院华龙大厦　邮编:100029
网址:www.ssap.com.cn
发　　行 / 社会科学文献出版社(010)59367028
印　　装 / 三河市龙林印务有限公司

规　　格 / 开本:787mm×1092mm　1/16
印张:23.5　字数:322千字
版　　次 / 2023年7月第1版　2023年7月第1次印刷
书　　号 / ISBN 978-7-5228-1719-4
定　　价 / 98.00元

读者服务电话:4008918866

△ 版权所有 翻印必究